孟子新传

孟祥才　著

人民出版社

责任编辑:宫　共

封面设计:源　源

图书在版编目(CIP)数据

孟子新传/孟祥才 著. —北京:人民出版社,2021.9

ISBN 978-7-01-023667-4

Ⅰ.①孟… Ⅱ.①孟… Ⅲ.①孟轲(约前372—前289)-传记 Ⅳ.①B222.5

中国版本图书馆 CIP 数据核字(2021)第 163891 号

孟子新传

MENGZI XINZHUAN

孟祥才　著

人民出版社 出版发行

(100706　北京市东城区隆福寺街 99 号)

北京汇林印务有限公司印刷　新华书店经销

2021 年 9 月第 1 版　2021 年 9 月北京第 1 次印刷

开本:710 毫米×1000 毫米 1/16　印张:29.25　字数:432 千字

ISBN 978-7-01-023667-4　定价:85.00 元

邮购地址 100706　北京市东城区隆福寺街 99 号

人民东方图书销售中心　电话 (010)65250042　65289539

作 者 简 介

孟祥才，1940 年生，山东临沂人。山东大学儒学高等研究院教授、博士生导师。长期从事中国古代史和中国思想史的教学与研究。已在人民出版社、中华书局、中国社会科学出版社、上海古籍出版社、北京出版社、山东人民出版社、齐鲁书社等出版《孔子新传》《孟子传》《秦汉史》《先秦秦汉史论》《先秦人物与思想散论》《秦汉人物散论》《秦汉人物散论续集》《梁启超评传》《王莽传》《中国古代反贪防腐术》《齐鲁传统文化中的廉政思想》《汉代的星空》《汉朝开国六十年》《中国农民战争史·秦汉卷》《中国政治制度通史·秦汉卷》《山东思想文化史》《秦汉政治思想史》等个人专著 32 部，主编、合撰、参编著作 31 部。有关著作曾获得国家图书奖、国家社科规划项目一等奖、山东省社科著作一等奖等多种奖项。在《光明日报》《中国文化报》《大众日报》《炎黄春秋》《文物》《文艺报》《中国史研究》《历史教学》《文史哲》《东岳论丛》《山东社会科学》《齐鲁学刊》《史学月刊》《江海学刊》《人文杂志》《史学集刊》《孔子研究》等报刊发表论文 300 余篇。两次获得"山东省专业技术拔尖人才"称号，享受政府特殊津贴。曾兼任中国农民战争史研究会理事长、中国秦汉史学会副会长、山东省历史学会副会长、山东大舜文化研究会副会长、山东孙子研究会副会长和北京师范大学、山东师范大学、青岛大学等校兼职教授。

目　录

前　言

　　今日，当你乘火车沿京沪线南行，途经山东境内的邹城站时，就会看到站台上并立着两块突显的 1924 年立的石碑，一块书刻"孔子降生二千四百七十五年·孔子诞生圣地·甲子九月立"，一块书刻"孔子降生二千四百七十五年·孟子诞生圣地·甲子九月立"。在车站广场，也立着两座以黄琉璃瓦覆顶的碑亭，石碑书刻着同样的文字。现在，稍有历史知识的人都知道，与邹城毗邻的曲阜是孔子和孟子的诞生地，因为孔子的诞生地尼山和孟子的诞生地凫村以及孟子父母的葬地孟母林，都在曲阜市境。但是，应该承认，1924 年立的这两块石碑都没有错，因为当其时，孔子和孟子的诞生地都在邹县的管辖范围。

　　今日曲阜和邹城为核心的邹鲁地区，是中国古老文明的发祥地之一。这里不仅有著名的邹城野店、滕州岗上村、曲阜西夏侯、兖州王因、泰安大汶口等新石器时代的北辛和大汶口文化遗址，而且与传说中的中华民族的人文始祖太暤、少昊、炎帝、黄帝、颛顼、帝俊、帝舜、帝喾、帝尧、蚩尤、女娲等都有密切的关系。据彭庆涛在《始祖文化济宁探源》（中国社会出版社 1911 年版）一书中所作的考辨，这些人物，或者出生在这里，或者曾经在这里长期活动过，至今在这里还保留着许多他们的遗迹和传说。显然，这方热土，远在一万至五千年前，就是东夷人繁衍生息的家园，积累了丰厚的史前和文明初始时期的文化成果，成为"满天星斗式"的中华文明初始阶段的摇篮之一。

公元前 11 世纪中叶，周朝代殷成为中原王朝。在"封建亲戚，以屏藩周"的实质上是原始部落殖民的大分封中，周朝缔造者之一的周公旦被封为鲁国国君，管辖泰山之阳的广大地区。他的儿子伯禽代父执掌国君的权柄，将以"周礼"为核心的周文化全面在鲁国和周围地区推行，使周文化在与东夷文化的不断融合中创造出独具特色的邹鲁文化。而正是这个具有强劲生命力的文化孕育出后来影响深远的儒家文化和她的两个里程碑式的代表人物，这就是孔子和孟子——中国儒学发展史上的双子星座。

春秋时期（前 770—前 476 年），随着周王室的衰微、公室沦落和贵族间斗争的日趋激烈，中国开始了由奴隶社会向封建社会的过渡，出现了"礼崩乐坏"和文化下移的历史趋势，这就促成了私学的勃兴和文化成果在社会中下层的广泛传播。这种形势就为孔子这样的思想文化领袖的脱颖而出创造了条件。孔子以仁学与礼学的交融互补，构筑了他政治和社会思想的核心内容。他一面大力提倡以重礼乐、倡教化、明等级为主要内容的礼学，同时又极力弘扬以血缘亲情为基础的"爱人""立人""达人"的人文精神，强调人的道德自觉和主动求善的内动自律，推出很高的道德境界与人格理想。而他的天命观和鬼神论则充满了昂扬向上的主观能动精神。他整理的五经不仅为保存中国古代文化典籍立下不世之功，而且为儒家学派选定了最基本的思想资料，加上他创办私学，吸引了一大批志同道合的弟子，这一切就使他顺理成章地成为儒家学派的创始人。他广收门徒，周游列国，广泛传播儒家思想，加上其后学的努力，既使儒学日益成为引人注目的显学，也为战国百家争鸣思潮的勃兴起了"金鸡一鸣天下晓"的作用。特别是鲁文化与齐文化一开始就进行频繁的交流，增强了相互之间的渗透与融汇，展示了两种具有紧密亲缘关系的亚文化之间异质互补的特征。由于孔子站在前所未有的理论高度上将传统的政治与道德思想提升到一个新的境界，因而给齐鲁文化注入了新的灵魂。有了儒家学说，齐鲁文化才真正具有了民族、地域的超越性，才真正能够担负起领导中国文化不断前进的历史使命。

历史发展到战国时期（前 475—前 221 年），一方面，奴隶社会向封建社会的过渡基本完成，同时通过酷烈的兼并战争使数以十计的大大小小的诸侯国覆社灭宗，形成了七雄并立的局面。一方面，各大诸侯国以不同形式的变法进行封建化的改革，以巩固和发展封建的经济基础和上层建筑，同时促成了思想文化上空前活跃的"百家争鸣"局面的出现。儒、墨、名、法、道、阴阳、兵、农、杂、纵横等各学派相继或同时出现在当时的思想论坛上，著书立说，互相辩诘，争奇斗艳，各展风华，形成了中国思想史上最具魅力的一部多姿多彩、气势恢宏的活剧。在墨学突显、道家杨朱派耸动远近视听、法家和纵横家驰骋政坛，极尽风光，而儒学陷入低迷的情势下，子思和孟子相继登场，联手创造了影响深远的思孟学派。子思是联系孔子和孟子的桥梁，他创造了"天道性命""正心诚意"以及从"正身""导民"到"修身、齐家、治国、平天下"的全套理论。孟子宣扬"性善"，倡导"仁政"，主张"民贵君轻"，要求"制民恒产"，"五亩之宅，树之以桑"，"百亩之田，勿夺其时"。他呼唤君子人格，强调以天下为己任的责任意识，大力弘扬"杀身成仁，舍生取义"的价值理想和"富贵不能淫，贫贱不能移，威武不能屈"的大丈夫精神。他高扬孔子的学说，高举儒学的旗帜，以锐不可当的气势，凌厉无比的词锋，辟杨、墨，斥农家，贬纵横，继孔子之后，再次占领当时中国思想领域的制高点，推动了儒学又一次辉煌的崛起。由此，孟子就成为中国儒学史也是中国思想史上承前启后的关键人物之一。没有孔子，不可能创立儒家学派；没有孟子，儒家学派不可能在战国时期重振雄风，蔚为大观，儒学也不可能对后世的中国和世界产生如此巨大和深远的影响。儒家学派因为有了孔子和孟子这两个里程碑式的人物和他们在思想上的创造，其理论更加完备，内容更加充实，体系更加严整，视野更加宏阔，从而具备了日后被推尊为主流意识形态的最基本的要素，具备了与世界各大思想体系相比肩和互相对话的资格。显然，孟子被推尊为仅次于孔子的"亚圣"，是实至名归的，对他来说，应该是当之无愧的。

《孟子》一书作为中国传统文化的元典，集中展现了孟子博大精深的理论和学说，蕴涵着许多具有永恒价值的极其宝贵的思想遗产。

孟子在中国历史上首次推出国家一统的观念。当梁惠王问他"天下恶乎定"时，他毫不犹豫地对以"定于一"。从此以后，中国的统一观就成为最重要的民族大义而被后世所丰富发展和不断强化。这其中所包含的深厚的爱国主义情怀，成为众多志士仁人前赴后继为祖国的统一、独立和富强而不惜流血牺牲、不懈奋斗的原动力，也是中国五千年文明史统一多于分裂、民族英雄得到全社会尊崇的思想理论基础。

孟子反对一切不义之战，怒斥"春秋无义战"，力主"善战者服上刑"，大倡"天时不如地利，地利不如人和""得道多助，失道寡助"，使"正义必胜"的理念深入人心，从而在很大程度上铸就了我国传统文化的战争观，使热爱和平、崇尚正义成为中华民族的光荣旗帜。

孟子将孔子"仁"的理念发扬光大为"仁政"理想，丰富和发展了自周公、孔子以来"以民为本"与和谐社会的理论。要求建立一个君仁、臣忠、民富、国强、取民有制、使民以时的老有所养、少有所教、壮有所为、人人各得其所的和谐社会。在这个社会里，君王"率己正人"，官吏清正廉明，百姓遵纪守法，一切都在既定的规章中有序运行。"徒善不足以为政，徒法不足以自行"，"德治"和"法治"得到完美的结合。这一充满人文主义、人道主义的美好政治和社会理想，成为后世中国所有志士仁人矢志追求的目标，长期激励和鼓舞中国人民为实现这一目标进行着不倦的奋斗。

孟子发扬儒家重视教育事业的优良传统，情系教育，忠诚教育，终生从事教育，以"得天下英才而教育之"为人生最大乐事。由于儒家和其他各学派的身体力行，使中国形成了长期重视和发展教育的恒久传统。由国家、社会和家庭组成的教育网络，即使在烽火连天的动乱岁月也没有中断运行，从而使中国优秀的传统文化通过教育得到传承和发展，也使中国成为世界上少数几个历史和文化得以长期延续的文明古国。

孟子强调每一个人，尤其是社会上的仁人君子，必须承担起对国家民族和社会的责任，以"当今之世，舍我其谁"的气概，"平治天下"，安定民生。他一生风尘仆仆于列国的王廷，周旋于国君和权臣之间，不遗余力地推行自己的仁政理想，虽四处碰壁而不悔，知其不可而勉力躬行，期望澄清天下，救民水火。他以自己一生的言行树立了一个为民救世的典范，诠释着永不言败的责任意识。此后，以天下为己任的国家民族观念和责任担当意识，就成为中国绝大多数知识分子责无旁贷的人生理念。

孟子一生推尊"杀身成仁，舍生取义"的价值理想。鼓吹"富贵不能淫，贫贱不能移，威武不能屈"的大丈夫精神，追求遗世独立、行我心之所善的仁人君子品格。为此，他要求人们一生不倦地学习知识、刻苦地修养品德，"养浩然之气"，践行仁、义、礼、智、信的道德理想，将人性中的善端发挥到极致，以达到与天地同流，参天地之化育的"天人合一"的最高境界。这一境界成为绝大多数知识分子的终极追求，而正是在这一不倦的追求中不断涌现出众多国家和社会的坚强脊梁，支撑着中华民族在艰难险阻中英勇奋起，一次次在几近毁灭中浴火重生。

孟子是文章圣手，写作巨匠。《孟子》七篇，如高屋建瓴，凌绝览山，气势宏伟，激情澎湃，议论纵横，犀利风发，是先秦诸子散文的典范之一。其匠心独运的谋篇布局，无懈可击的逻辑推导，强化立论的引经据典，生动形象的比喻运思，绘声绘色的故事叙述和声情并茂的人物描绘，给一代又一代文学家以用之不竭的启迪，对中国文学的发展产生了深远而巨大的影响。

孟子是同孔子一起，随着"五经""四书"等典籍的传播为域外所知晓的中国思想文化巨人。先是在东亚文化圈，继而是在欧美和世界其他国家和地区，他的思想作为中国思想文化的重要因子不断得到传播和诠释，产生了越来越大的影响。作为世界级的思想文化巨人，他为中华民族赢得的是历久不衰的无上荣耀。

孟子和他的思想具有不朽的意义和永恒的价值。请读者随着作者的笔触，仔细品味中国的历史如何孕育了孟子，而孟子和他的思想又是如何影响了当时和以后的中国和世界。

第一章　公族苗裔

公元前372年（周烈王四年·秦献公十三年）① 夏历四月二日② 的黎明，在邹国凫村（今山东曲阜凫村）一户孟姓平民家庭的茅屋里，传来一个刚刚诞生的男婴清亮的啼哭声，这个男婴就是孟轲。后来他被公认为中国思想发展史上仅次于孔子的儒学大师，尊为孟子，被元朝皇帝封为"亚圣"，在孔庙的大成殿中，他作为"四配"之一，与曾子、颜渊和子思一起享受陪伴孔子的殊荣，接受历代帝王供奉的绵绵不绝的香火。他诞生的日子后来被定为他的祭日。明清以来，春天祭孟，秋天祭孔，成为定制。

让我们检视有关这位思想巨人的主要历史资料，寻觅他生活和思考的轨迹。

第一个比较翔实记载孟子事迹的文献是《史记·孟子荀卿列传》，其中说：

> 孟轲，邹人也。受业子思之门人。道既通，游事齐宣王，宣王

---

① 孟子的生卒年，学术界有多种说法。焦循《孟子正义》、狄子奇《孟子编年》等均主张孟子生年为公元前372年，卒年为前289年，但钱穆《先秦诸子系年》主张其生年为公元前390年，卒年为前305年，侯外庐《中国思想通史》、孙开泰《孔子孟子传》等著作亦主此说。

② 孟子诞生的具体时日，已经难以稽考。明清两代撰修的《孟子世家谱》均载为古历四月二日，孟氏宗亲也一直在此日举行祭祀孟子的活动。不管准确与否，这一天已经成为一个约定俗成的日子。

不能用。适梁，梁惠王不果所言，则见以为迂远而阔于事情。当是
之时，秦用商君，富国强兵；楚、魏用吴起，战胜弱敌；齐威王、宣
王用孙子、田忌之徒，而诸侯东面朝齐。天下方务于合从连衡，以
攻伐为贤，而孟轲乃述唐、虞、三代之德，是以所如者不合。退而
与万章之徒序《诗》《书》，述仲尼之意，作孟子七篇。①

这里，司马迁虽然将孟子所处的时代作了准确的记述，但并没有追述孟子
的家世。而在孟子与其弟子合作的《孟子》7篇中，也没有关于他家世的
记载。之所以如此，原因可能是，孟子诞生的时候，他的家庭就是极普通
的平民百姓。到孟子蜚声列国时，他觉得自己已经能够与国君般的大人
物"分庭抗礼"，实在也没有必要以曾经显赫的家世为自己增光添彩，所
以压根就不提自己的家世。到司马迁写《史记》的时候，可能已经找不到
关于孟子家世的确切资料了。再说，这个列传主要是为思想家作传，司
马迁关注的是他们的思想，而不是他们的出身。在这个列传中出现的人
物，除孟子外，还有驺忌、驺衍、驺奭、淳于髡、慎到、环渊、接子、田
骈、荀卿、公孙龙、剧子、李悝、尸子、长卢、吁子、墨翟等十余人，他
们当中，肯定有能够确切认定的贵族后裔，但司马迁却没有记述任何人的
家世。

那么，孟子是否有一个可信的家世呢？

最早提及孟子家世的是孟子殁后400多年的东汉人赵岐。他在《孟
子题辞》中说："或曰：孟子鲁公族孟孙之后，故孟子仕于齐，丧母而归
葬于鲁也。三桓子孙既已衰微，分适他国。"此后，金代孙弼所撰《邹
公坟庙之碑》、明代所撰《孔颜孟三氏志》《三迁志》《孟志》、清代阎若
璩所撰《孟子生卒年月考》、焦循所撰《孟子正义》，还有《重修三迁
志》等书，均承袭赵岐的观点，认定孟子是鲁国贵族孟孙氏的后代。清
同治四年（1865年）所修的《孟子世家谱》，就将孟子的谱系追溯至

<hr>

① 司马迁：《史记》卷七十四《孟子荀卿列传》，中华书局1959年版，第2343页。

黄帝：

> 孟子，邹人也，系出于鲁。鲁之先始自周公，周公之先溯自后
> 稷。后稷出自黄帝。帝前之史已详，无庸叙列。自周公封于鲁，鲁
> 公传至隐公。隐公弟为桓公，桓公子为庄公。庄公有异母弟三人，
> 即共仲、叔牙、季有，谓之"三桓"其长曰共仲，字庆父，初称仲
> 孙，后更称孟孙。《春秋》经书仲孙，《左传》则称孟孙。故仲孙、孟
> 孙并称。叔牙之后称叔孙，季友之后称季孙。

撇开黄帝与周公的血缘联系不论，以上记载的自周公至孟孙氏的传
承关系史有明载，是没有疑义的。该书对孟孙氏至孟子的世系又作了详细
的编排：

> 共仲生穆伯敖，敖生文伯谷，谷生献子蔑，蔑生庄子速，速生
> 孝伯羯，羯生僖子貜，貜生懿子何忌，何忌生武伯彘，彘生敬子捷，
> 为鲁大夫。捷生庐墓，墓生敏，敏生激。孟母梦神人乘云攀龙凤自
> 泰山而来，将止于峄。母凝视久之，忽见祥云坠而寤，时间巷皆见
> 五色云覆孟氏居，而孟子生焉。孟子名轲，缘孟子之先系出于鲁孟
> 孙氏也。而孟孙为世卿之后，惟世职方称孟孙，其他庶支则称孟。
> 《左传》孟庄子疾丰点谓孝伯曰：从余言必孟孙是也。若他孟公绰、
> 孟之侧、孟椒之属俱以孟为姓。至宗清殁，若国人以族称，仪只称
> 孟矣。传记所载孟献子、孟庆子、孟僖子、孟懿子之称，是以姓为
> 氏之源也。

这一编排尽管将孟子的世系梳理得一清二楚，但因为没有确切的文献作根
据，其可信度是值得怀疑的。此前焦循在《孟子正义》一书中虽然认可孟
子为孟孙氏后裔，但同时又谨慎地认为其"世系不可详"。正因为从孟孙
氏至孟子的"世系不可详"，所以有些学者甚至怀疑孟子作为孟孙氏后裔

的真实性。刘培桂《孟子先祖新考》[①]一文可作为此一观点的代表。我们认为，《孟子世家谱》编排的孟子世系的确是值得怀疑的，因为没有确切的文献支持。但由此认为孟子作为孟孙氏后裔的身份也值得怀疑，则有点疑古过头了。

在中国历史上，春秋战国（前770—前221年）的五个半世纪，是社会剧烈变动的时代，仅春秋时期的近300年间的争战，就造成了"弑君三十六，亡国五十二，诸侯奔走不得保其社稷者，不可胜数"[②]的局面。从鲁桓公（前711—前694年）去世到孟子降生，其间相隔322年，孟孙氏一支也应该传下十五六代人，他们的后裔显然已经是子孙绳绳的大家族，而其中的大多数单立门户的家庭肯定是作为平民"散而至四方"。孟子祖先一支迁到与鲁国毗邻的邹国谋生，经过十余代的平民生活，他们的贵族意识已经相当淡薄。孟子纵使知道自己是孟孙氏后裔，但很可能也搞不清楚自己的世系，或根本就不屑于追溯自己的世系。而司马迁在为他作传时关注的是他的思想而非家世。如此一来，就造成《孟子》和《史记》对于孟子世系的失载。

虽然《孟子世家谱》编排的孟子世系值得怀疑，但孟子作为孟孙氏后裔却应该肯定。因为，东汉赵岐认定孟子是孟孙氏后裔显然不是无根据的任意猜测，而是至少有着口头传说的根据。再说，到东汉时期，孟子的地位已经在上升，他的后裔也成为人数众多的群体，他们之中也肯定流传着许多关于祖先的故事，世系应该是其中之一。赵岐作为那个时代声名卓著的学者，他不是用全称判断而是用"或曰"将孟子与孟孙氏联系在一起，展示了十分审慎的态度。唯其如此，我们更应该认定他的判断是比较符合实际的。

在孟子身上，我们很难找到作为鲁国贵族的孟孙氏的影响。因为孟子身上很少展现贵族气质，倒是较多地表现了平民的心态，这在他对民本

---

① 刘培桂：《孟子与孟子故里·孟子先祖新考》，中国文史出版社2001年版。
② 司马迁：《史记》卷一百三十《太史公自序》，中华书局1959年版，第3297页。

思想的阐发中屡屡凸现。不过，鲁国文化对他的影响却是异常显著的，这突出表现在他对儒学的继承和弘扬。正是鲁国浓厚的儒学氛围给予他"润物细无声"般的浸润和熏陶，使他在潜移默化中攫取了儒学的精髓，从而在时代大潮的推动下将儒学推向一个新的高潮。

第二章　孟母三迁

自宋朝以来，《三字经》就成为中国流传最广影响最大的童蒙读物。"昔孟母，择邻处。子不学，断机杼"，这家喻户晓的名句，将孟母教子的佳话几乎传遍了中国的每一个角落。这些故事最早见于西汉时期韩婴所著的《韩诗外传》和刘向所著的《列女传》。

"三迁"的故事出自《列女传·邹孟轲母》：

> 邹孟轲之母也，号孟母。其舍近墓。孟之少也，嬉戏为墓间之事，踊跃筑埋。孟母曰："此非吾所以居处子。"乃去，舍市旁。其嬉戏为贾人炫卖之事。孟母又曰："此非吾所以居处子也。"复徙舍学宫之旁。其嬉戏乃设俎豆，揖让进退。孟母曰："真可以居吾子矣。"遂居。及孟子长，学六艺，卒成大儒之名。君子谓孟母善以渐化。[1]

"断机杼"的故事先出自《韩诗外传》：

> 孟子少时，诵，其母方织。孟辍然中止，乃复进。其母知其谊也。呼而问之曰："何为中止？"对曰："有所失，复得。"其母引刀裂

---

① 董治安主编：《两汉全书》第 9 册，山东大学出版社 2009 年版，第 5057 页。

断其织，以此诫之。自是之后，孟子不复谊矣。①

《列女传》在《韩诗外传》所记故事的基础上，进一步加工成一个更完备的故事：

孟子之少也，既学而归。孟母方绩，问曰："学所至矣。"孟子曰："自若也。"孟母以刀断其织。孟子惧而问其故。孟母曰："子之废学，若吾断斯织也。夫君子学以立名，问则广知。是以居则安宁，动则远害。今而废之，是不免于斯役而无以离于祸患也。何以异于织绩而食，中道废而不为，宁能衣其夫子而长不乏粮食哉！女则废其所食，男则坠于修德，不为盗窃则为虏役矣。"孟子惧，旦夕勤学不息。师事子思，遂成天下之名儒。君子谓：孟母知为人母之道矣。②

另外，还有一个孟母对子守信的故事也出自《韩诗外传》：

孟子少时，东家杀豚。孟子问其母曰："东家杀豚何为？"母曰："欲啖汝。"其母悔而言曰："吾怀是子，席不正不坐，割不正不食，胎教之也。今适有知而欺之，是教之不信也。"乃买东家豚肉以食之，明不欺也。《诗》曰："宜尔子孙绳绳兮。"言贤母使子贤也。③

还有一个孟母劝止孟子出妻的故事也出自《韩诗外传》和《列女传》。《韩诗外传》：

孟子妻独居，踞。孟子入而视之，白其母曰："妇无礼，请去之。"母曰："何也？"曰："踞。"其母曰："何知之？"孟子曰："我

---

① 董治安主编：《两汉全书》第 2 册，山东大学出版社 2009 年版，第 774 页。
② 董治安主编：《两汉全书》第 9 册，山东大学出版社 2009 年版，第 5057 页。
③ 董治安主编：《两汉全书》第 2 册，山东大学出版社 2009 年版，第 774 页。

亲见之。"母曰："乃汝无礼也，非妇无礼。礼不云乎：将入门，问孰存；将上堂，声必扬；将入户，视必下。不掩人不备也。今汝往燕私之处，不有声，令人踞而视之，是汝无礼，非妇无礼也。"于是孟子自责，不敢去妇。①

《列女传》：

孟子既娶，将入私室，其妇袒而在内，孟子不悦，遂去不入。妇辞孟母而求去，曰："妾闻夫妇之道，私室不与焉。今者妾窃在室，而夫子见妾勃然不悦，是客妾也。妇人之义盖不客宿，请归父母。"于是孟母召孟子而谓之曰："夫礼，将入门，问孰存，所以敬也；将上堂，声必扬所以戒人也；将入户，视必下，恐见人过也。今子不察于礼而责礼于人，不亦远乎?"孟子谢，遂留其妇。君子谓：孟母知礼而明姑母之道。②

在《孟子》一书中，记载了孟子厚葬母亲的情节；在《史记·孟子荀卿列传》中，始终看不到孟母的影子。而在《韩诗外传》和《列女传》记述的故事中，孟母则作为主角出现。这些故事很可能长期在民间流传，而《韩诗外传》和《列女传》则使其作为文献永久地保存并流传后世。后来，孟母姓仉的事儿也被杜撰出来，以致山西省榆次市一个众多仉姓人家居住的村庄自认是孟母的故乡，那里还流传着一系列与孟子和孟母有关的故事。不管民间流传的故事和小说之类文学作品编撰的故事距历史的真实有多远，但有一个基本事实应该承认：孟母是一个伟大的母亲，一个具有深厚家庭教育理论修养和实践经验的教育家，是她为我们的民族养育了一个世界级的伟人。

---

① 董治安主编：《两汉全书》第2册，山东大学出版社2009年版，第779页。
② 董治安主编：《两汉全书》第9册，山东大学出版社2009年版，第5057—5058页。

"三迁""断机杼"、对子守信和劝止出妻的故事，为我们展示了孟母教子的理论和实践，不啻为中国教育史上家庭教育的经典范例。

教育由学校（官学和私学）教育、社会教育和家庭教育三个部分组成。学校教育和社会教育是公教育，家庭教育是私教育。孟母教子是家庭教育的成功范例。"三迁"的故事使我们看到，孟母懂得社会环境与儿童成长的关系。儿童从其出生时起，就生活在一定的社会环境中。这个环境如何，对以模仿的方式学习和适应社会的儿童来说具有不可估量的影响，"蓬生麻中，不扶自直；白沙在涅，与之俱黑"。孟母通过"三迁"，终于为自己的儿子找到了一个最适宜儿童学习和成长的环境，这就是与学校毗邻的居住地。孟子的时代，学校已经存在了数千年，"夏曰校，殷曰序，周曰庠，学则三代共之"①。学校成为传授文化知识的主要场所，而文化知识的获取又在很大程度上决定了个人在社会上的地位和作用。孟母不仅为儿子选择了与学校毗邻的居住环境，而且支持儿子到学校去接受较长期的正规教育，使他拥有了那个时代最渊博的学识，从而为他日后登上时代思想的高峰奠定了基础。

"断机杼"的故事使我们看到，孟母懂得儿童在学习过程中，锻炼和坚持锲而不舍、持之以恒精神的重要性。儿童的专注精神较成人差，兴趣容易转移。一旦在获取知识的道路上放弃追求，其潜能就不可能开发出来，其一生就会与平庸相伴。而知识的积累是一个循序渐进、永无止境的过程。在这个过程中，锲而不舍、持之以恒的精神特别重要。她用"断机杼"的例子说明，学习如织布，一经中断，再接续就困难了。他要求儿子，在学习知识的道路上，认定目标，坚定信心，鼓足勇气，矢志不移，努力再努力，坚持再坚持，无论遇到什么艰难险阻，永不气馁，永不服输，永不言败。我们在孟子后来的言行中，特别是在他对理想的执着追求中，不难发现，孟母的教导产生了多么深巨的影响。同时，孟母在这里还提到"修德"的问题，"女则废其所食，男则坠于修德，不为盗窃则为虏

---

① 《孟子·滕文公上》，《十三经注疏》，中华书局 1980 年版，第 2702 页。

役矣"。这话尽管说得有点绝对，但将学习知识与修德联系起来，强调读书和明理的紧密关系，应该说是孟母在教育思想上的一个有着深远意义的创造。

　　孟母守信的故事使我们看到，她对儿子的教育，不仅表现在对知识的追求上，更表现在对品德修养的关注上，特别注重大人对孩子的言传身教上。从一定意义上说，父母是孩子的第一个老师，孩子模仿的第一个对象，父母品德对孩子品德潜移默化的影响是其他任何影响所不及的。孟母明白身教重于言教的道理，以身作则，使孟子从小养成诚实守信的良好品德，对他以后为学做人和做事都产生了深远的影响。当然，孟子后来也说过"大人者，言不必信，行不必果，惟义所在"①的话，这只说明他对诚信的理解达到了更高的层次，展示的是他思想上强烈的辩证意识。

　　孟母劝止儿子出妻的故事，使我们看到，她教育儿子在为人处事上要坚持严以律己、宽以待人的原则。对待妻子，自己要首先做到不违礼；即使妻子有违礼之举，也要省察她的行为是否因为自己违礼而引起的。后来，孟子做人和为学都特别注重自我省察，这固然与他继承曾子"吾日三省吾身"的理念和实践有关，但也显然与母亲的教导有着紧密的联系。

　　孟母的伟大，既表现在她成功培育了孟子这样的伟人，更表现在她为中国古代的家庭教育思想贡献了新的内容：这就是为孩子选择和创造良好成长的环境，着重培养孩子的优秀品德和健全人格，以便与学校和社会提供的政治道德教育和知识教育形成互补和良性互动。这些内容，对中国的教育，尤其是家庭教育产生了巨大而深远的影响。作为一位伟大的母亲，在中国古代的历史上，她与孔子的母亲颜征在、岳飞的母亲姚氏，可谓无独有偶，鼎足而三，成为所有母亲学习的榜样，获得历久不衰的景仰和颂扬。

　　与孟母相比，孟子的父亲似乎要逊色得多。有关他的记述少之又少，只是在《春秋演孔图》和明朝人陈镐著的《阙里志》等书中，才记载他名

---

① 《孟子·离娄下》，《十三经注疏》，中华书局 1980 年版，第 2726 页。

激，字公宜。于是有人认为他可能与孔子的父亲一样早逝，如《三迁志》就说"孟子三岁而父激卒，母仉氏有贤德"，孟子是他母亲一手拉扯成人的。而事实是，孟子的父亲虽然较其母亲去世为早，但起码是在孟子成人之后。因为鲁平公准备见孟子时，被他的小臣臧仓阻止，理由是孟子对母亲厚葬，对父亲薄葬，是"后丧踰前丧"①，说他孝道有亏。这说明其父去世时，孟子已经成人，所以他应该对薄葬父亲一事负责。否则，如果其父是在他很小的时候去世，薄葬的责任能由他承担吗？如此看来，孟子的父亲并非早逝，只是他作为一介平民百姓，或者过于平庸，对孟子的成长基本没有影响；或者终日劳碌，无暇顾及儿子的教育。但他的劳动保证了孟子母子的生活，这也应该算是重要贡献。由此也可以推断孟子家庭的经济状况似乎应是较富裕的平民，他们家的日子较一般平民好得多，基本能够保证衣食无虞，并且保持了重视教育的传统。从这里依稀可以发现贵族家风的影响：在三代，只有贵族子弟才有受教育的权利。春秋以降，尽管平民百姓的子弟也拥有了这种权利，但与贵族之家相比，他们的子弟能够受教育者还是凤毛麟角。

---

① 《孟子·梁惠王下》，《十三经注疏》，中华书局1980年版，第2686页。

第三章　战国风云

　　孟子生活的年代（前 372—前 289 年），是战国（前 470—前 221 年）晚期。按照郭沫若关于中国古代历史分期的观点，孟子降生的时候，中国封建社会已经走过了近百年的岁月。这是一个怎样的时代呢？

　　这是一个社会生产力迅速发展的时代，是封建生产关系普遍建立和成长的时代，是汹涌澎湃的变法浪潮冲击每个社会角落的时代，是大国争战推动中国历史走向统一的时代。

　　如果说春秋时期先进的诸侯国已经开始使用铁器，那么，到战国时期，铁制工具的使用就更加普遍。近代以来，从东海之滨到川陕地区，从辽河流域到江淮流域的广阔沃野，几乎到处都有战国时期的铁器出土。如河南辉县魏墓出土有犁铧、钁、锄、锸、镰、斧，湖南长沙的楚墓、河北兴隆的燕国遗址，都发现了铁制农具和制造这些农具的铁范。在河北石家庄市庄村赵国遗址中，铁制工具占了全部出土工具的 65%。辽宁抚顺莲花堡燕国遗址出土的铁制工具，占了全部出土农具的 90% 以上。这表明，经过春秋战国 500 多年的发展，铁制工具在社会生产中已经占了主导地位。

　　与铁制工具使用和推广差不多同时，牛也开始广泛应用于耕田，《国语·晋语》"宗庙之牺，为畎亩之勤"，就是使用牛耕的最早记载。而到春秋晚期，牛与耕的联系已经大量反映到人名上。如晋国大力士名牛子耕，孔子弟子冉耕字伯牛，司马耕字子牛等，这意味着中原大地牛耕已经相当普遍了。铁器和牛耕的使用，使人类获得了远比木、石、骨、蚌等作为原料的工具更强大的生产力。铁"是在历史上起过革命作用的各种原料中最后的和最重要的一种原料。……铁使更大面积的农田耕作，开垦广阔的森林地区，成为可能；它给手工业工人提供了一种其坚固和锐利非石头或当时所知的其他金属所能抵挡的工具"①。由于铁器和牛耕的使用与推广，给农业向深度和广度的发展提供了可能，土地的大规模开垦和精耕细作同时并进，使人类征服自然的能力空前提高。许多草莽丛生的不毛之地变成了良田沃野。如西周初年"蓬蒿藜藿"一望无际的郑国，春秋时已经是一个农、工、商比较发达的中原强国。西周时期"地潟卤，人民贫"的齐国，到春秋战国时期已经变成"膏壤千里，宜桑麻"②的兴旺发达的东方强国。而西周初年"筚路蓝缕以处草莽"③的楚国，到春秋战国时期也已经成为南方政治、经济、文化的中心了。铁器还为大规模兴修水利工程提供了强有力的工具。吴国开凿的沟通长江和淮河的邗沟，成为后世南北大运河的奠基工程。魏国邺令西门豹"引漳水灌邺"，把大片盐碱地改造成良田。秦国蜀郡太守李冰父子，主持修筑了都江堰，使万顷土地得到灌溉，成都平原从此以"天府之国"的美名代代相传。战国末期，秦国在关中地区修筑了著名的郑国渠，使四万顷土地得到灌溉，为秦国后来统一中国奠定了物质基础。铁的应用，还为手工业提供了重要的工具和大量原料，使钢铁制造的兵器、生产工具和生活用具应用到社会生活的方方面面。

生产力的发展是生产关系变革的前提。铁制农具的使用为一家一户的个体农业生产方式创造了最基本的条件。从春秋时期开始，奴隶主奴役奴隶集体耕作的制度逐渐瓦解，个体农民的劳作、租佃制下的佃农的劳作，成为主要的劳动形式。与此同时，西周时期占主导地位的井田制，即

① 恩格斯：《家庭、私有制和国家的起源》，《马克思恩格斯选集》第4卷，人民出版社1972年版，第159页。
② 司马迁：《史记》卷一百二十九《货殖列传》，中华书局1959年版，第3265页。
③ 杨伯峻：《春秋左传注》，中华书局2009年版，第1339页。

奴隶制的土地国有制逐渐被地主阶级的土地私有制所代替。奴隶社会的上层建筑也逐渐被封建社会的上层建筑所代替。与此同时，各国的新兴地主阶级成长起来，作为新的生产关系的代表，他们有的由原来当权的国君和贵族转化而来，有的则由低级贵族转化而来，他们在各诸侯国开展了向原国君为代表的奴隶主阶级的夺权斗争。"三家分晋"和"田氏代齐"，标志着这个夺权斗争的完成，也标志着中国的历史完成了由奴隶社会向封建社会的转化。

伴随着生产力发展、新生产关系成长和新的阶级关系调整的，是汹涌澎湃的遍及战国七雄的变法浪潮。

领导七国变法运动的是一批被称作法家的新兴地主阶级的政治家和思想家，他们是最能深刻理解新兴地主阶级的历史使命和建立新的社会制度必要性的人物。他们不畏艰险，勇于进取，锐意改革，为扫除奴隶制残余，为封建生产关系的成长和完善，进行了不计成败、前仆后继、艰苦卓绝的斗争。在与守旧贵族进行的浴血搏斗中，他们之中的不少人以自己悲壮的牺牲做了封建制度的开路先锋。

地处中原的魏国首先举起了变法的旗帜。魏文侯在其执政的 50 多年中，先后任用法家著名人物李悝、吴起、西门豹等，进行了一系列的改革。李悝制定了新兴地主阶级的第一部成文法典《法经》，根据"食有劳而禄有功"的原则，推行"重本抑末""尽地力之教"的政策，促进了封建生产关系的成长，提高了农民的生产积极性。再加上西门豹主持兴修水利，改善了生产条件，就使魏国的农业生产获得显著发展，社会财富迅速增加。更由于吴起创设了具有极强战斗力的常备兵"魏武卒"，从而使魏国登上战国首强的宝座，在战国初期的兼并战争中获得一系列的辉煌胜利。与此同时，赵烈侯（前 409—前 397 年）也实行了"选练举贤，任官使能""节财俭用，察度功德"之类的改革。紧接着，赵武灵王"胡服骑射"，大胆改革军制，力量一度强大起来，在廉颇、赵奢等名将的指挥下，在兼并战争中打了几次出色的胜仗。稍后，韩昭侯（前 362—前 333 年）

任用申不害为相，进行了诸如"修术行道"①、"内修政教"②之类政治改革，加强了中央集权。

　　与赵国变法差不多同时，吴起在楚悼王（前401—前381年）的信任和支持下，也在楚国进行变法。他推行"捐不急之官，废公族疏远者，以抚养战斗之士"③的政策，大力削弱旧贵族的势力，通过选贤任能为新兴地主阶级参政创造条件。这些改革使楚国很快焕发出勃勃生机，威力强大的楚军"北并陈蔡，却三晋，西伐秦"④，一时再现楚庄王"饮马黄河，问鼎中原"的雄风。但是，吴起的变法一开始就受到势力强大的旧贵族的反对。公元前381年，楚悼王一死，旧贵族立即发动叛乱，将伏身王尸的吴起乱箭射死。吴起的鲜血中止了楚国改革的步伐，使它只能在列国剧烈的竞争中蹒跚而行。齐国也在威王（前356—前320年）时期任用田忌进行过一些改革，但由于采取了与旧贵族妥协的方针，改革不够全面和彻底，因而未能使齐国的潜能最大限度地发挥出来。所以，尽管终战国之世齐国都不失为东方大国，但最后却没能改变被秦国灭亡的命运。

　　燕国虽然也是拥地千里的北方大国，但由于奴隶制残余一直严重存在，因而长期国势不振，在列国竞争中经常处于被动挨打的局面。燕王哙（前320—前314年）曾搞过一次禅王位给相国子之的闹剧，却由于没有进行全面改革而很快失败。继位的燕昭王礼贤下士，筑黄金台延揽人才，尽管使燕国一度显出朝气，但由于缺乏有力度的政治经济改革措施，历史给它选择的也只能是被秦国兼并的命运了。

　　在七国变法中，改革最彻底、成效最显著的是商鞅在秦国的改革。他在秦孝公的支持下，先后在前359年和前350年推行了两次大规模、强力度的变法，坚持了20多年不间断的改革。在秦国废除了"世卿世禄"，建立军功爵，实行什伍编制，强化君主专制集权。废井田开阡陌封疆，

---

① 司马迁：《史记》卷四十五《韩世家》，中华书局1959年版，第1869页。
② 司马迁：《史记》卷六十三《老子韩非列传》，中华书局1959年版，第2146页。
③ 司马迁：《史记》卷六十五《孙子吴起列传》，中华书局1959年版，第2168页。
④ 司马迁：《史记》卷六十五《孙子吴起列传》，中华书局1959年版，第2168页。

"重农抑商"，奖励农业生产。彰明法令，禁止游学，焚毁儒家经典《诗》《书》。这就全面触及了经济基础和上层建筑，成效显著。"行之十年，秦民大悦"，"乡邑大治"，使秦国由过去僻处西方一隅、经济文化落后、被中原先进国家看不起的小国，一跃而成为"兵革强大，诸侯畏惧"[1]的大国，奠定了统一中国的基础。尽管后来商鞅遭到旧贵族的残酷杀害，但他代表的历史潮流，却是不可阻挡的。

战国时代的变法运动持续了200多年，尽管道路崎岖，千回百折，洒满了改革者的鲜血，但这种顺应历史潮流的封建化运动却为社会的进步建树了不朽的功勋。正是通过地主阶级改革派这种自上而下的改革，从政治经济和思想文化领域一次又一次地扫荡了奴隶制的残余，以法典的形式巩固和扩大了封建的政治、经济和文化的成果，为封建生产关系的进一步发展开辟了广阔的道路。到战国末期，无论在哪个领域，封建因素都占了主导地位。战国七雄的那些君主和谋臣们，尽管主观上还可能意识不到，然而历史的车轮已经驰过无数尸骨和废墟，把他们带进封建社会的绚丽国度了。

春秋战国时期的社会大变革，是伴随着激烈的争霸和兼并战争进行的。

春秋时期的争霸战争，其目标是争夺对各诸侯国号令一切的权力。誉为"春秋五霸"的齐桓公、晋文公、秦穆公、楚庄王和越王勾践[2]等，你来我往，各领风骚，称雄一时，相继取得"执牛耳"的地位，又一个一个地走向没落。在争霸战争烽烟所波及的地区，民族在迁徙中走向融合，人口在苦难中四处流动，荒野在开辟，技术在进步，古老的生产方式，陈旧的社会观念，都受到巨大的冲击。不少国君被臣下杀掉，众多诸侯国在地图上消失，数不清的卿大夫在疲于奔命中失掉家园。七个脱颖而出的诸侯大国展示出它们迷人的风姿。

---

① 刘向：《战国策·秦策一》，上海古籍出版社1985年版，第75页。

② 春秋五霸还有齐桓公、晋文公、楚庄王、秦穆公、宋襄公和齐桓公、晋文公、楚庄王、吴王阖闾、越王勾践二说。

历史进入战国，兼并战争的规模和残酷都达到了前所未有的水平。钢铁兵器逐渐代替铜兵器，速决战让位于持久战，复杂的步骑协同代替了简单的战车冲锋，高山密林的埋伏奇袭取代了堂堂正正的两军对垒。魏国首强，西挫强秦，东败齐鲁，"魏武卒"名扬天下。齐国继起，联赵抗魏，桂陵马陵，连胜魏兵，孙膑展示了杰出的军事才能。尔后，燕国乐毅伐齐，连下72城，田单反攻，反败为胜，兵临燕都。再后，秦国崛起，频频东征。六国合纵抗秦，收效甚微。秦国施连横之计，拆散齐楚联盟。宜阳之役，臣服韩国。长平之战，赵国大丧元气。千里伐楚，血战丹阳，楚国从此一蹶不振。最后，秦王嬴政登基，"续六世之余烈，振长策而御宇内"①，十年之中，连续对东方用兵，刀锋指处，势如破竹，所向披靡，完成了中国的统一。

连绵不断的战争，虽然给劳动人民带来深重的灾难，但却以优胜劣败的铁的规律，推动了各国封建化的改革，完成了由奴隶制向封建制的转化。由于秦国的改革进行得最彻底，封建生产关系发展得最充分，封建制度的优越性得到最大限度的发挥，巨量的社会财富从八百里秦川和千里巴蜀日夜涌流，就使其后来居上，成为战国后期最强大的诸侯国，最后顺利摘取了统一的果实。

兼并战争促进了人才的成长。战争不仅是政治、经济和军事力量的比拼，更是文臣武将智谋、韬略和胆识的竞赛。因此，此时各国国君，无不礼贤下士，拼命延揽人才，以致具有一技之长的鸡鸣狗盗之徒、引车卖浆者流也能大摇大摆地走进各国君王宏丽的庙堂。智能之士，待遇优厚，言论自由。他们或出将入相，执掌政治、军事、外交大权，建立赫赫功业；或高车驷马，不治而议，从事讲学和著述，由此形成思想文化领域空前的"百家争鸣"的局面。著名的政治家、军事家、思想家、文学家，人才辈出，犹如群星闪烁。他们留下的大量思想遗产，构成了中华民族思想文化的元典，深深影响了中国和世界历史的发展，至今作为中华民族的文

---

① 司马迁：《史记》卷六《秦始皇本纪》，中华书局1959年版，第280页。

化瑰宝，继续给炎黄子孙博得世界性的荣誉。

孟子就生活在这样的时代。当他降生的时候，孔子（前551—前479年）已经逝世107年，子思（前483—前402年）逝世30年。墨子（约前468—前376年）约逝世4年，生卒年不详的杨朱即使在世，大概也快接近生命的终点。此时的商鞅（约前390—前338年）已经是一位踌躇满志的18岁少年。而在孟子的青少年时期，正是商鞅在秦国叱咤风云，一言九鼎，轰轰烈烈进行变法的岁月。孟子肯定不时听到这位大人物的非常之举，当然也怀着异常复杂的心绪思索他被车裂而死的消息。庄子（约前369—前286年）基本与孟子同时，但因为他一生的大部分时间处于隐居状态，因而失去了与孟子相见的机会。不然，他们之间应该有一场精彩绝伦的辩诘吧？荀子（约前313—前238年）比孟子晚生了近60年，当他从赵国来到当时的思想文化中心临淄的时候，孟子已经离开了稷下学宫的殿堂。历史没有安排他们碰面的机会。依时间推断，居于故乡的孟子，在他离世的前夕，有可能听到一些荀子在稷下学宫的消息，但他怎么也不会想到，这位未来集先秦儒学之大成和集先秦百家之大成的巨擘，正是他思想的猛烈的批判者。作为孔子之后儒家学派的两大翘楚，孟子和荀子都在各自的领域中树起了一面迎风招展的旗帜。

第四章　私淑弟子

　　孟子的家庭尽管已经沦落为平民百姓，但却保持了重视教育的优良传统。这一方面表现在他自小受到良好的家庭教育，一方面也表现在他能够及时接受正规的学校教育。孟子的时代，"学在官府"的局面已经打破，由孔子等创立的私学成为官学教育的重要补充。孟子很可能是在私学中完成自己的教育的。

　　孟子是孔子思想的最重要的继承人之一，他对孔子的赞誉也几乎超过历史上的任何思想家。然而，他与孔子是隔了三四代的人，他不仅无缘亲炙孔子，连孔子亲炙过的弟子也无缘相见："予未得为孔子徒也，予私淑诸人也。"[1] 孟子在学校接受教育时，肯定遇到过不少老师，然而，在有关孟子的文献中，却没有他自己提及的任何一位老师的记载。那么，他的老师究竟是谁呢？

　　《史记·孟子荀卿列传》记载孟子"受业子思之门人"，即子思的再传弟子。

　　《孟子外篇·性善辩》记载孟子是子思的儿子子上的弟子。

　　《列女传》则记载孟子是子思的弟子。

　　以上三种说法，以《史记·孟子荀卿列传》的记载最接近真实，即孟子是子思的再传弟子。上面提到，孟子降生的时候，子思已经去世约

---

① 《孟子·离娄下》，《十三经注疏》，中华书局 1980 年版，第 2728 页。

30 年，所以《列女传》记载孟子是子思的亲炙弟子显然是讹误。《孟子外篇·性善辩》的记载尽管从时间上看似乎能够吻合，但可能性较小。因为如果子上真是孟子的老师，从孟子与子思的思想继承关系来说，这是十分荣耀的事情，《孟子》应该提及，《史记·孟子荀卿列传》也应该记载。《孟子》压根不提此事，《史记·孟子荀卿列传》也不予记载，说明这个师承关系的可能性甚小。

既然孟子是"受业子思之门人"，为什么这位子思的门人没有在《孟子》中出现？看来只能这样解释：或者给孟子授业的这位子思门人在思想和学术上没有任何值得称道的成就，只是一个极为普通的知识传授者，后来蜚声列国的孟子认为没有必要提及他；或者给孟子授业的子思门人是多位一般化的教师，孟子也认为没有必要提及他们。联系到孟子故里不远处即是子思书院，子思在这里肯定教授过大批邹鲁的学生，他们中的不少人都有可能成为孟子的先生。

孟子所在的邹鲁地区有着重视教育的优良传统，他的母亲又善于引导儿子努力向学，更由于孟子具有超常的智商和刻苦追求的嗜学精神以及正确的学习方法，他在学业上肯定很快成为同龄中的佼佼者。

孟子在读书求学的过程中，特别专心致志，持之以恒。他在同公都子的谈话中说了这样一段有名的话：

> 虽有天下易生之物也，一日暴之，十日寒之，未有能生者也。吾见亦罕矣，吾退而寒之者至矣，吾如有萌焉何哉？今夫奕之为数，小数也；不专心致志，则不得也。奕秋，通国之善奕者也。使奕秋诲二人奕，其一人专心致志，惟奕秋之为听。一人虽听之，一心以为有鸿鹄将至，思援弓缴而射之，虽与之俱学，弗若之矣。为是其智弗若与？曰：非然也。[1]

---

[1] 《孟子·告子上》，《十三经注疏》，中华书局 1980 年版，第 2751 页。

这里，孟子举了两个例子，说明在学习上专心致志、持之以恒的重要性。一个是植物的生长，必须有一个适宜的温度和环境，如果"一曝十寒"，它就无法生长起来。一个是学习下棋，即使是由全国闻名的下棋高手奕秋做教师，如果学生不专心致志，老想着拿起弓箭去射天空飞来的天鹅，那无论如何也是学不好的。

在谈到学习上的坚持精神时，孟子还说了如下影响深远的一句话："有为者辟若掘井，掘井九轫而不及泉，犹为弃井也。"① 意思是，做一件事情犹如凿井，挖到六七丈不见泉水就停下来，这口井仍然是一口废井。读书做学问也是如此，只有坚持到底才能取得预想的成就。显然。孟子一生都是在对知识学问锲而不舍的追求中度过的。他之所以取得傲视同辈的卓越成就，实在是渊源有自。

同时，孟子还能将博、约结合起来，一方面广博地获取知识，一方面深入地钻研学问，将外在的知识学问深化为自己的东西。他说：

> 君子深造之以道，欲其自得之也。自得之，则居之安；居之安，则资之深；资之深，则取之左右逢其原，故君子欲其自得之也。
> 博学而详说之，将以反说约也。②

这段话的意思是，君子依循正确的学习方法得到高深的造诣，就是要求他在学问上自觉地有所得。这自觉所得的学问内化为自己的东西之后，就能牢固地掌握而不动摇。如此一来，学问的蓄积就会越来越深厚，一旦运用起来，就会左右逢源，得心应手。而在将广博的知识融会贯通之后，就能汲取知识的精华，并用最简洁的语言表述出来。他认为，学习的目的是获取渊博的知识和学问，而不是为了言过其实的虚荣而炫耀，这表现在他对水的赞扬。一次，弟子徐辟问他："孔老夫子几次赞扬水，感慨万端地说：

---

① 《孟子·尽心上》，《十三经注疏》，中华书局 1980 年版，第 2769 页。
② 《孟子·离娄下》，《十三经注疏》，中华书局 1980 年版，第 2726—2727 页。

'水呀，水呀！'他看中了水的什么呀？"孟子回答说：

> 原泉混混，不舍昼夜，盈坷而后进，放乎四海。有本者如是，是之取尔。苟为无本，七八月之间雨集，沟浍皆盈；其涸也，可立而待也。故声闻过情，君子耻之。①

孟子的回答颇具哲学意蕴。是呀，只有有本源的泉水才能汩汩地往下流，昼夜不停，把洼下注满之后，又继续向前奔流，一直流到海洋去。有本源的就是这样啊！孔子看中的就是水的这个品格了。假如没有本源，一到七八月间，雨季来临，一时大雨如注，霎时大小沟渠都满了；但雨过天晴，不一会儿也就干枯了。这就好像名誉超过实际的人的表现，君子是引为耻辱的。一个学识渊博的人，就像永不枯竭的泉水一样，始终是"原泉混混，不舍昼夜"。正是因为孟子视知识学问如永不枯竭的泉水，所以他一生都处在对知识学问的不断的追求中，成为他同辈中知识最广博、思想最敏锐的学者和思想家。一部《孟子》，使我们不时看到，孟子在与学生和从国君到社会上各色人物的对话时，总是侃侃而谈，口若悬河，掌握着谈话的主动权，旁征博引，游刃有余。各种知识、诗文、典故，随手拈来，用得恰到好处。

孟子在学习知识的过程中，特别坚持独立思考的原则。他对所学的知识学问，总是用一种怀疑的眼光加以审视，用一种理性的思考进行评估。他讲过如下一段有名的话：

> 尽信书，则不如无书。吾于《武成》，取二三策而已矣。仁人无敌于天下，以至仁伐至不仁，而何其血之流杵也？②

---

① 《孟子·离娄下》，《十三经注疏》，中华书局 1980 年版，第 2727 页。
② 《孟子·尽心下》，《十三经注疏》，中华书局 1980 年版，第 2773 页。

这里，我们似不必同意孟子怀疑的内容。因为他将自己"仁人无敌"的理念太过理想化了。周武王的伐纣之役，据《尚书》和《史记》等书的记载，无疑是三代时期的一场大战，数以万计的将士在牧野的平原上展开的是血肉纷轮的拼搏，"血之流杵"真可能是战况的实录。

不过，孟子的怀疑精神是值得肯定的。正是因为他具备了这种可贵的怀疑精神，才使他在对以往全部知识重新审视的基础上，完成了对孔子以来儒学思想的又一次具有里程碑意义的升华。

孟子在学习知识和做学问上的最过人之处，是他敢于同圣人比肩的气魄和高瞻远瞩的眼光。他认为"舜，人也；我，亦人也"①，"人皆可以为尧舜"②。不要看轻自己，对自己的品格、能力要有强烈而执着的自信，要有"天将降大任"于己身的志存高远的社会担当意识。同时又要有登泰山而俯视天下，临大海而鸟瞰波涛的如炬目光：

> 孔子登东山而小鲁，登泰山而小天下。故观于海者难为水，游于圣人之门者难为言。观水有术，必观其澜。日月有明，容光必照焉。流水之为物也，不盈科不行；君子之志于道也，不成章不达。③

正因为孟子有如此的胸襟和眼光，才使他在为学行事上始终自立于一种"先知先觉者"的位置上，顽强地坚持自己的观点，以一个帝王师的气度，力图指导国家和社会的运行，虽一再碰壁而毫无悔意。

孟子在学校的学习生活究竟持续了多长时间？史无明载，估计在他20岁上下的时候，即公元前352年前后，结束了在学校的比较单纯的学习生活，进入社会，以讲学与从事学术活动和政治活动，开始了此后60多年多姿多彩的人生征途。

孟子十多年的学校学习生活，使他熟读了孔子教授学生的全部教材，

---

① 《孟子·离娄下》，《十三经注疏》，中华书局1980年版，第2730页。
② 《孟子·告子下》，《十三经注疏》，中华书局1980年版，第2755页。
③ 《孟子·尽心上》，《十三经注疏》，中华书局1980年版，第2768页。

即《诗经》《尚书》《礼经》（包括后世三礼《周礼》《仪礼》《礼记》的主要内容）《易经》《乐经》《春秋》，获得和掌握了当时作为知识分子应该具有的基本学识以及礼、乐、射、御、书、数所代表的基本技能，也就具备了作为知识分子在社会上谋生的基本学识和技能。特别是，通过对儒家经典的刻苦学习和钻研，使孟子的智能和潜力得到最大限度的开发，将他锻炼成了一个对儒学具有高深造诣和坚定信仰的青年才俊，儒学队伍中一颗冉冉升起的耀眼的新星。由于他具备了为儒家学派继往开来的卓越禀赋，他也就将在未来中国历史发展的节点上，在"百家争鸣"的舞台上，发出震撼寰宇的世纪长鸣！

第五章　诲人不倦

作为一个饱读诗书的平民出身的青年才俊，孟子所具有的知识和技能使他能够远离从事农业和手工业的体力劳动，在社会上找到以智力支出为特点的谋生职业，这就是教书或做官从政。在这两类职业中，做官从政的条件是必须得到当权者的欣赏和接纳，这就不能完全由自己决定。而开办私学，聚徒讲学，如儒家创始人孔子那样，以束修维持生活，却是能够由自己决定的：条件是人们认可你的学识，愿意送子弟跟你读书。可以想象，当痴迷读书、不断被老师和家长赞扬的孟子走出校门的时候，他的学识在小小的邹国已经有了不小的影响。所以，当他像当年孔夫子开办私学一样地聚徒讲学时，邹国和周围的百姓都愿意将自己的子弟送给他教导。这样，孟子大概在走出学校不久，就来了一个华丽转身，由受教育者变成了教书育人的教育者。从此，在孟子的一生中，虽然角色也不断转换，但一直没有脱离教师这个职业，而他自己也终生乐此不疲，从而作为一个伟大的教育家名垂青史。

孟子虽然讲过"人之患在好为人师"①这样的名言，但他对自己作为教师的职业却充满由衷的自豪，直到晚年，他还将教书育人誉为"君子三乐"之一加以宣扬：

---

① 《孟子·离娄上》，《十三经注疏》，中华书局 1980 年版，第 2723 页。

> 君子有三乐，而王天下不与存焉。父母俱存，兄弟无故，一乐
> 也；仰不愧于天，俯不怍于人，二乐也；得天下英才而教育之，三乐
> 也。君子有三乐，而王天下不与存焉。①

你看，这里孟子将"得天下英才而教育之"与父母健康、兄弟无灾的家人健康和乐以及抬头无愧于天、低头无愧于人的人格期待相提并论，凸现了他对教育社会意义的认识。因为教育不仅肩负着培育健康社会公民的重任，而且肩负延续和创造民族思想文化的职责。所以，孟子可以几度对高官厚禄弃之如敝屣，却终生不放弃教师这个职业。直到生命的最后时刻，他也没有离开自己的学生。这里展现的，应该是孟子的社会责任意识和民族思想文化永续不竭的传承情结。

孟子一生从事教育，走到哪里，就把学校办到哪里，所以桃李满天下。其弟子彭更就曾说他"后车数十乘，从者数百人，以传食于诸侯"②，而齐宣王在震惊他办学的成就之余，更"欲中国而授孟子室，养弟子以万钟，使诸大夫国人皆有所矜式"③。可见其办学的规模、气势都远远超过了他"高山仰止"的孔老夫子。但是，可能由于其弟子中成就大才、大名的人物较少，所以留在文献记载中的并不多。东汉赵岐首注《孟子》，在《孟子章句》中确认的孟子弟子是乐正子、公孙丑等15人。北宋政和五年（1115年），经太常建言，孟子弟子18人被朝廷诏命赐予封爵，并"配享"或"从祀"孟子庙。④这18人中，包括了赵岐确定的15个弟子和"学于孟者"中的孟仲子、告子、盆成括3人。后来，作《孟子集注》的朱熹，对赵岐所定15人中的季孙、子叔二人的孟子弟子身份提出异议。⑤全祖望除赞同朱熹的观点外，又对高子的孟子弟子身份提出异议。⑥再后，

---

① 《孟子·尽心上》，《十三经注疏》，中华书局1980年版，第2766页。
② 《孟子·滕文公下》，《十三经注疏》，中华书局1980年版，第2711页。
③ 《孟子·公孙丑下》，《十三经注疏》，中华书局1980年版，第2698页。
④ 脱脱等：《宋史》卷一百五《礼志》八，中华书局1995年版，第2551页。
⑤ 朱熹：《孟子集注》卷之二，电子版文渊阁四库全书。
⑥ 全祖望：《经史问答》，电子版文渊阁四库全书。

还有不少学者对孟子弟子进行考证，或增或减，难以达成共识。邹城学者刘培桂所撰《孟子弟子新考》一文，对《孟子》一书中涉及的75人进行了分类考证，最后确定22人为孟子弟子，他们是：乐正子、公孙丑、万章、公都子、充虞、屋庐子、陈臻、徐辟、高子、陈代、彭更、咸丘蒙、桃应、孟仲子、浩生不害、滕更、周霄、盆成括、曹交、景春、宋勾践、貉稽。① 这个名单，或许比较接近事实。

　　孟子的学生众多，流品复杂。他招收学生，似乎是依照孔老夫子的原则："自行束修以上，吾未尝无诲焉。"② 来者不拒，去者不留，给学生以充分的自由。于是发生了这样一个故事：一次孟子带着一大群学生到了滕国，住在一个档次比较高的旅馆里。不久，有一双还没有织好的草鞋放在窗子上不见了，旅馆的人寻找不着。有人便问孟子："这双草鞋，该不是您带来的学生藏起来了吧？"孟子很不高兴，就冷冷地反问："你以为他们是为着偷草鞋才来你们这里住吗？"问话的人面对孟子的反问有点难为情，就解释说："大概不是吧。不过，您老人家开设课程，对学生没有严格的管理制度，去的不追问，来的不拒绝。只要他们怀着学习的目的而来，您都接受。"言外之意，你的学生良莠不齐，你能保证他们之中没有品行不端的人吗？

　　孟子大概在公元前345年去齐国以前，即他27岁之前，一直在自己的故乡邹国专门从事教学活动。自前345年去齐国后，他也像孔子一样，开始周游列国，从事政治活动，但仍然兼及教学活动。他在教学中使用的教材大概不脱《诗》《书》《礼》《易》《乐》《春秋》六经，所教科目大概不脱礼、乐、射、御、书、数六艺。他的教学方法，可能有集中的教材讲授，对初入学者尤需如此。但主要通过言传身教、随时答问的方式向学生传授知识学问，特别是为学和做人的道理。他在谈到自己的教学方式时，讲过这样一段话：

---

① 刘培桂：《孟子与孟子故里》，中国文史出版社2001年版，第67页。
② 《论语·述而》，《十三经注疏》，中华书局1980年版，第2482页。

君子之所以教者五：有如时雨化之者，有成德者，有达财者，有答问者，有私淑艾者。此五者，君子之所以教也。①

显然，孟子的教学方法最大的特点是一般和个别相结合，普遍施教与因材施教相结合。"有如时雨而化之者"，即像及时的雨水那样沾溉万物，这对所有学生都是适用的。由于孟子对教育有着特殊的理解，对学生倾注了全部的热情，所以他对学生的教育就犹如"随风潜入夜，润物细无声"的春雨，仿佛不经意地，但实际上却无时无刻不滋润着他们的心灵，让他们像春天的禾苗那样健康成长。"有私淑艾者"，即以流风余韵让后人私自学习，这对所有愿为其"私淑弟子"的人也都是适用的。可以毫不夸张地说，孟子的流风余韵在他死后两千多年间一直奔流不息，成为广大士子们学习的榜样。尤其是宋代《孟子》被列为"四书"之后，其影响更是如日中天，澎湃激扬。从一定意义上说，孟子及其思想文章对士子的滋润之功已经后来居上，比孔子和《论语》有过之而无不及了。其他三种方法，即成全品德、培养才能、解答疑难，都属于因材施教范围，即根据学生不同的特点使用不同的方法，为了不同的培养目标使用不同的方法。而所有这一切，基本上是针对不同的学生，通过身教和答疑进行的。

孟子十分注意对学生进行道德教育，他要求学生必须有耻辱之心，说："人不可以无耻，无耻之耻，无耻矣。"②认为人到了不知道什么是无耻，那真是无耻到家了。又说，有无耻辱之心对于人关系重大，凡是干机谋巧诈事情的人是没有地方用得着耻辱的。如果一个人不以赶不上别人为耻辱，他怎么能赶得上别人呢？他要求学生应该具有恭、俭的品德，说："恭者不侮人，俭者不夺人。侮夺人之君，唯恐不顺焉，恶得为恭俭？恭俭岂可以声音笑貌为哉？"③意思是，恭敬别人的人不会侮辱别人，自己节俭的人不会掠夺别人。有些诸侯，老是侮辱别人，掠夺别人，只怕别人不

---

① 《孟子·尽心上》，《十三经注疏》，中华书局 1980 年版，第 2770 页。

② 《孟子·尽心上》，《十三经注疏》，中华书局 1980 年版，第 2764 页。

③ 《孟子·离娄上》，《十三经注疏》，中华书局 1980 年版，第 2722 页。

顺从自己,那怎么能够做到恭敬和节俭呢?恭敬和节俭这两种品德难道是可以光凭好听的声音和好看的笑脸作出来的吗?孟子要求学生特别注重孝道,为此,必须将事亲与守身结合起来。他说:

> 事,孰为大?事亲为大;守,孰为大?守身为大。不失其身而能事其亲者,吾闻之矣;失其身而能事其亲者,吾未之闻也。孰不为事?事亲,事之本也;孰不为守?守身,守之本也。曾子养曾皙,必有酒肉;将彻,必请所与;问有余,必曰,"有。"曾皙死,曾元养曾子,必有酒肉;将彻,不请所与;问有余,曰。"亡矣。"将以复进也。此所谓养口体者也。若曾子,则可谓养志也。事亲若曾子者,可也。①

这里孟子认为,事亲与守身是孝道的根本,为了能够事亲,就必须守住自己,不使自己陷于不义。自己的品德节操无所失者,就能侍奉父母;自己的品德节操已经陷于不义者,就难以做到侍奉父母了。他还特别重视"养生"与"送死"在孝伦理上的意义,说:"养生者不足以当大事,惟送死可以当大事。"②他要求学生坦然面对"不虞之誉"和"求全之毁",重然诺,不要陷入轻诺寡信,而且应该谦虚谨慎,不要"好为人师"。

乐正子是孟子比较中意的学生,孟子在齐国的时候,乐正子正在做邹国大夫王子敖的家臣,因公事随王子敖来齐国。他来齐国后,没有马上拜见孟子,而是等公事安排就绪后才到孟子那里拜望老师。孟子认为他没有做到尊重师长,两人见面时,于是就有了师生如下一段对话:

> 乐正子见孟子。孟子问:"你是来看我吗?"
> 乐正子有点不解地反问:"先生为什么说这样的话呢?"

---

① 《孟子·离娄上》,《十三经注疏》,中华书局 1980 年版,第 2722 页。
② 《孟子·离娄下》,《十三经注疏》,中华书局 1980 年版,第 2726 页。

孟子问："你什么时候到齐国？"

乐正子回答："昨天。"

孟子说："既然是昨天，那么，我不应该说这样的话吗？"

乐正子辩解："住所没有找好呀。"

孟子说："你听说过，要住所找好了才来见长辈吗？"

乐正子只好承认："是我错了。"①

孟子显然对乐正子至齐而没有立即拜见自己很不满意，同时对他到王子敖家中服务也不予认可，就批评乐正子说："你跟随着王子敖来，只是为着饮食罢了，我没想到你学习古人的大道竟然是为着饮食啊。"②这里孟子对乐正子的批评看起来很不客气，实际上是因为对他期之重，所以责之严。总体上，他对乐正子的评价是很高的。所以当浩生不害问他"乐正子何人也"的时候，他赞扬乐正子是"善人"和"信人"，即好人、实在人。并解释说，那人值得喜欢便叫好；那些好处实际存在于他本身便叫实在；那些好处充满于他本身便叫作"美"；不但充满，而且光辉地表现出来便叫作"大"；既光辉地表现出来了，又能融会贯通，便叫作"圣"；圣德到了神妙不可测度的境界便叫作"神"。乐正子正是介于好和实在两者之中，"美""大""圣""神"四者之下的人物。③

万章也是孟子比较中意的学生之一，《孟子》一书记载了他们之间的不少对话，比较典型地展示了孟子因材施教的场景。一次，万章请教交朋友的原则，孟子回答说："不倚仗自己年纪大，不倚仗自己地位高，不倚仗自己兄弟的富贵。交朋友，是因为朋友的品德而去交他，所以心目中不能存在任何有所倚仗的观念。以孟献子为例吧，他是一位具有一百辆车马的大夫，他有五位朋友，乐正裘、牧仲，其余三位，名字我忘记了。献子同这五位相交，自己心目中并不存在自己是大夫的观念。这五位，如果也

---

① 《孟子·离娄上》，《十三经注疏》，中华书局1980年版，第2722页。

② 《孟子·离娄上》，《十三经注疏》，中华书局1980年版，第2722页。

③ 《孟子·尽心下》，《十三经注疏》，中华书局1980年版，第2775页。

存在着献子是位大夫的观念，也就不会同他交友了。不仅具有一百辆车马的大夫是如此，纵使小国的国君也有朋友。费惠公说：'我对于子思，则以为老师；对于颜般，则以为朋友；至于王顺和长息，那不过是替我工作的人罢了。'不仅小国的国君是如此，纵使大国之君也有朋友。如晋平公与亥唐就是朋友：亥唐叫他进去，他就进去；叫他坐，他就坐；叫他吃饭，他便吃饭。即使饭食是糙米饭和小菜汤，也不曾不饱。然而，晋平公也只能做到这一步了。他不会同亥唐一起共有官位，不会同亥唐一起治理政事，更不会同亥唐一起享受俸禄。严格说来，这只是一般士人尊敬贤者的态度，还不是王公尊敬贤者应有的态度。舜谒见尧，尧请他这位女婿住在另一处官邸中，也请他吃饭，舜有时也请尧吃饭，互为主人和客人。这是以天子高位同百姓交友的范例。以职位卑下的人尊敬高贵的人，叫作尊重贵人；以高贵的人尊敬职位卑下的人，叫作尊敬贤者。尊重贵人和尊敬贤者，道理是相同的。"这里孟子教导学生交友必须遵循的两个基本原则，一是平等相待，以各自的品德互相吸引，忘却彼此的身份地位；二是不要企图通过交友捞好处。这就是说，朋友关系不要掺杂功利，而只是出于互相倾慕的纯情。最后，孟子要求在交友中还要坚持"物以类聚，人以群分"的原则：一个乡村的优秀人物便和那一个乡村的优秀人物交朋友，全国性的优秀人物便和全国性的优秀人物交朋友，天下性的优秀人物便和天下性的优秀人物交朋友。认为和天下性的优秀人物交朋友还不够，便又追论古代的人物：吟咏他们的诗歌，研究他们的著作，不了解他们的为人，可以吗？所以要讨论他那一个时代。这就是追溯历史与古人交朋友。[1]

咸丘蒙同样是孟子比较中意的学生，孟子同他的一段对话，突出了孟子在教授知识时所展示的新见解：

咸丘蒙问曰："语云，'盛德之士，君不得而臣，父不得而子。'舜南面而立，尧帅诸侯北面而朝之，瞽瞍亦北面而朝之。舜见瞽瞍，

[1] 《孟子·万章下》，《十三经注疏》，中华书局 1980 年版，第 2742 页。

其容有蹙。孔子曰:'于斯时也,天下殆哉,岌岌乎!'不识此语诚然乎哉?"孟子曰:"否;此非君子之言,齐东野人之语也。尧老而舜摄也。《尧典》曰,'二十有八载,放勋乃徂落,百姓如丧考妣,三年,四海遏密八音。'孔子曰:'天无二日,民无二王。'舜既为天子矣,又帅天下诸侯以为尧三年丧,是二天子矣。"

咸丘蒙曰:"舜之不臣尧,则吾既得闻命矣。《诗》云,'普天之下,莫非王土;率土之滨,莫非王臣。'而舜既为天子矣,敢问瞽瞍之非臣,如何?"曰:"是诗也,非是之谓也;劳于王事而不得养父母也。曰,'此莫非王事,我独贤劳也。'故说诗者,不以文害辞,不以辞害志。以意逆志,是为得之。如以辞而已矣,《云汉》之诗曰,'周余黎民,靡有孑遗。'信斯言也,是周无遗民也。孝子之至,莫大乎尊亲;尊亲之至,莫大乎以天下养。为天子父,尊之至也;以天下养,养之至也。《诗》曰,'永言孝思,孝思维则。'此之谓也。《书》曰,'祗载见瞽瞍,夔夔齐栗,瞽瞍亦允若。'是为父不得而子也?"①

这里咸丘蒙提出的第一个问题:舜代尧做了天子,尧便率领诸侯向北面去朝他,舜的父亲瞽瞍也向北面去朝他,舜见了瞽瞍,显得有点局促不安,这是真的吗?这或许是真实的历史。但孟子从"天无二日,民无二王"的尊君理念出发,坚决与以否认。咸丘蒙根据《诗·北山》"普天之下,莫非王土;率土之滨,莫非王臣"提出第二个问题:如果舜做了天子,而瞽瞍却不是臣民,又是什么道理呢?孟子先是否认咸丘蒙对《诗·北山》的解释,不正面回答咸丘蒙的问题,而后就是大讲贵为天子的舜以天下养父母,已经达到了孝敬父母的极点,所以这里根本就不存在舜是不是瞽瞍儿子和瞽瞍是不是舜的臣民的问题。人们在阅读《孟子》时,可能不止一次地发现他对经典解释的随意性,其实所有这些解释,都是为宣扬和论证他的基本理论服务的。

---

① 《孟子·万章上》,《十三经注疏》,中华书局 1980 年版,第 2735—2736 页。

孟子在教育学生时，一方面强调规矩，即学习必须遵守一般的原则和规程，另一方面更强调"心领神会"，掌握规矩之外的技巧，即自己创新的能力。他说："羿之教人射，必志于彀；学者亦必志于彀。大匠诲人必以规矩，学者亦必以规矩。"① 意思是，古代的神箭手后羿教人射箭的时候，一定拉满弓；学习的人也一定要求努力拉满弓。而有名的木工匠人教诲徒弟，一定是依循规矩，学习的人也一定是依循规矩。这就是"无规矩不能成方圆"。然而仅仅依靠规矩，还不能获得创新的"巧"："梓匠轮舆能与人规矩，不能使人巧。"② 意思是，木工以及专作车轮或者车厢的人，虽然能够把制作的规矩准则传授给别人，却不能够使别人一定具有高明的技巧，这种技巧是要靠自己去寻找和体会。这实际上是要求学生既要中规中矩地跟老师学习知识和各种技能，又要用心获取知识和技能之外的创新能力，这才是最重要的。所以他又说："大匠不为拙工改废绳墨，羿不为拙射变其彀率。君子引而不发，跃如也。中道而立，能者从之。"③ 意思是说，高明的工匠不因为拙劣的工人改变或者废弃规矩，后羿不因为拙劣射手而变更拉开弓的标准。君子教导别人，正如射手，张满了弓，却不发箭，作出跃跃欲试的样子，启发和引导学习者跟着来。要求学生一方面要遵循规矩，一方面更要在老师的启发下，努力创新。

在强调规矩的同时，孟子也强调学习知识必须遵守循序渐进的规律，从小到大，由浅入深，从易到难，由简单到复杂，脚踏实地，一步一个台阶，不能任意躐等，更不能想当然地超越。为了说明这个道理，他讲了那个后来中国人家喻户晓的"拔苗助长"的故事：

> 宋人有闵其苗之不长而揠之者，芒芒然归，谓其人曰："今日病矣！予助苗长矣！"其子趋而往视之，苗则槁矣。天下之不助苗长者寡矣。以为无益而舍之者，不耘苗者也；助之长者，揠苗者也，非徒

---

① 《孟子·告子上》，《十三经注疏》，中华书局 1980 年版，第 2754 页。
② 《孟子·尽心下》，《十三经注疏》，中华书局 1980 年版，第 2773 页。
③ 《孟子·尽心上》，《十三经注疏》，中华书局 1980 年版，第 2770 页。

　　无益，而又害之。①

　　孟子通过这个故事，讲清的是这样一个道理：时刻关注和帮助学生成长，但却不能违背规律，像宋人拔苗助长那样帮他成长。因为这样做不但对他的成长无益，反而害了他。

　　孟子知道做一个高明的老师并不容易，他必须具有渊博的学识，对所教授的内容有透辟的了解；他最不能容忍的是老师糊糊涂涂，却要求学生明白所学的一切。他无限感慨地说，贤人教导别人，必先使自己彻底明白，然后才去使别人明白；今天的人教导别人，自己还模模糊糊，却要求被教的人明白，这怎么可能呢？他要求学生努力学习，勤于思考，使自己经常处于"温故而知新"的状态。他对可能有些懒散的学生高子说，山坡的小路只有一点点宽，经常走它就变成了一条路；只要有一个时期不去走它，它就会被茅草堵塞了。现在，茅草也把你的心堵塞了。②

　　孟子自己不迷信权威，他也要求学生不迷信权威，不怕向顶尖级的古人、今人以及贤人挑战，敢于同他们比肩。但他同时要求学生放低身段，虚心求教，千万不要自以为是，自恃高明，傲视老师和同辈。他对弟子滕更所以很不满意，就是因为这个学生缺乏虚心向学的态度：

　　　　公都子曰："滕更之在门也，若在所礼，而不答，何也？"孟子曰："挟贵而问，挟贤而问，挟长而问，挟有勋劳而问，挟故而问，皆所不答也。滕更有二焉。"③

　　这里，公都子问孟子，滕更在您门下的时候，似乎应该在以礼相待的行列，可是您却不回答他提出的问题，究竟为什么呢？孟子回答说，倚仗着自己的势位而来发问，倚仗着自己贤能而来发问，倚仗着自己年纪大而来

---

① 《孟子·公孙丑上》，《十三经注疏》，中华书局1980年版，第26865页。
② 《孟子·尽心下》，《十三经注疏》，中华书局1980年版，第2775页。
③ 《孟子·尽心上》，《十三经注疏》，中华书局1980年版，第2770页。

发问，倚仗着自己有功劳而来发问，倚仗着自己是老交情而来发问，都是我所不回答的。在这五条中，滕更就占了两条呀。这就是说，孟子对于学习态度不端正的学生，是不屑回答他提出的问题的。除此之外，可能还有一些学生，如愚蠢而不可理喻者，孟子也不屑教诲。他这样做，并不是放弃教育的责任，而是让学生深思痛悔，转变学习态度。所以他说："教育也有很多方式，我不屑于去教诲他，这也是一种教诲呢。"①

孟子特别教育自己的学生明白，任何成才成功的优秀人物，都要经过艰苦的磨炼，只有历尽千辛万苦、九死一生的人，才能当得起天下大任。对此，他说过一段脍炙人口的话：

> 舜发于畎亩之中，傅说举于版筑之间，胶鬲举于鱼盐之中，管夷吾举于士，孙叔敖举于海，百里奚举于市。故天将降大任于是人也，必先苦其心志，劳其筋骨，饿其体肤，空乏其身，行拂乱其所为，所以动心忍性，曾益其所不能。人恒过，然后能改；困于心，衡于虑，而后作；征于色，发于声，而后喻。入则无法家拂士，出则无敌国外患者，国恒亡。然后知生于忧患而死于安乐也。②

孟子对学生们语重心长地说，想想历史吧，五帝之一的舜是从田野之中兴起来，商朝的名臣傅说是从筑墙的工作中被提举出来，胶鬲是从鱼盐的工作中被提举出来，齐国的管夷吾是从狱官的手中被释放而提举出来，楚国的孙叔敖是从海边被提举出来，秦国的百里奚是从买卖场所被提举出来。所以，天将要把重大任务落到某人身上，一定先要苦恼他的心志，劳动他的筋骨，饥饿他的肠胃，穷困他的身体，使他的每一个行为总是不能如意，这样，便可以震动他的心志，坚韧他的性情，增加他的能力。一个人，错误常常发生，才能改正；心志困苦，思虑阻塞，才能有所发愤而创

---

① 《孟子·告子下》，《十三经注疏》，中华书局 1980 年版，第 2762 页。
② 《孟子·告子下》，《十三经注疏》，中华书局 1980 年版，第 2762 页。

造；表现在面色上，吐发在言语中，才能被人了解。一个国家，国内没有有法度的大臣和足为辅弼的士子，国外没有相与抗衡的邻国和外患的忧惧，经常容易被灭亡。我说这些，无非是让你们明白，忧愁患害足以使人生存，安逸快乐却足以使人死亡的道理。孟子还教育学生，人生天地间，要坚持自己的独立人格，有所为，有所不为。他说："无为其所不为，无欲其所不欲，如此而已。"① 不干那些我所不愿干的事，不要那些我不愿要的物，这样就行了。因为坚持独立人格，所以比谁都不矮一头，在谁面前都立得起，站得正。他意气昂扬地说：

> 说大人，则藐之，勿视其魏魏然。堂高数仞，榱题数尺，我得志，弗为也。食前方丈，侍妾数百人，我得志，弗为也。般乐饮酒，驱骋田猎，后车千乘，我得志，弗为也。在彼者，皆我所不为也；在我者，皆古之制也，吾何畏彼哉？②

孟子知道，在他的时代坚持独立人格，必须在当时最显赫的权势者——诸侯国君面前挺起脊梁，所以他告诉学生，向诸侯进言的时候，就要藐视他，不要把他高高在上的地位放在眼里。为什么？你那些显示权势和享受的东西我不稀罕！殿堂的基础两三丈，屋檐几尺宽，我如果得志，不这样干。菜肴满桌，姬妾数百，我如果得志，不这样干。饮酒作乐，驰驱田猎，跟随的车子千把辆，我如果得志，不这样干。他所干的，都是我所不干的；我所干的，都符合古代的制度，我为什么怕他呢？

　　孟子就这样，终生坚韧执着、无怨无悔地从事着他钟情的教育事业。一拨又一拨的学生走进他的门庭，沐浴他的教泽；一拨又一拨的学生离开他的门庭，走向四面八方。可能因为孟子一直站在该时代思想的制高点上独领风骚，他的学生辈中，没有出现一个在学问和名气上超过老师的人

---

① 《孟子·尽心上》，《十三经注疏》，中华书局1980年版，第2765页。
② 《孟子·尽心下》，《十三经注疏》，中华书局1980年版，第2779页。

物，而且随着历史的筛选和淘汰，他的许多学生的名字和事迹都湮灭了，但是，孟子从事的教育事业对中国思想文化的发展仍然有着不可磨灭的贡献。因为正是由于他的出现，儒学得以在战国时代"杨、墨之言盈天下"的氛围中重振雄风，他教育出来的大批学生，成为这支儒学队伍的中坚。而正是这支队伍在儒学的传承中起了承前启后的作用，从而形成了战国晚期儒学的浩荡大军。孟子和他的学生创造的学术环境，为战国儒学最后一位登上思想制高点人物荀子的出现提供了极其有利的条件。而当荀子以思想学术大师的姿态出现在稷下学宫的讲坛上激扬文字、挥斥方遒的时候，"百家争鸣"的历史就要画上圆满的句号了。

第六章 首次入齐

孟子的教学活动虽然取得了很大的成功，他的名字和政治主张也逐渐在列国传扬，但是，教育毕竟与政治有着不小的距离，这对于有着强烈政治理想和社会责任意识的孟子来说，还是心有不甘。他渴望投身政治活动，企盼以自己的努力影响战国时代的历史走向。不久，这个机会终于等来了，雄才伟略、励精图治的齐威王向活跃在列国政治舞台和思想论坛上的文士和武士发出了招贤纳士的信息。

这时的齐国，已经进入了它最辉煌的岁月，而它建起的稷下学宫，恰恰为战国时代的思想家搭建了一个互相交流、切磋和辩诘的平台，由此使齐国的首都临淄成了当时全中国的思想文化中心，一个无可争议的"百家争鸣"的舞台。

战国时代齐国的国君，已经不是那位百岁老人姜太公的子孙，而是陈国（今河南淮阳）厉公之子陈完的后代了。陈完在一次陈国的内乱中出逃至齐国，此时正是齐桓公十四年（前672年）。他被齐桓公任命为管理手工业生产的工正，从此在齐国立定脚跟。可能因为其在齐所食采邑在田，陈完又不愿意称本国故号，他们家族以后就以田氏命名了。

田氏在齐国代代做官，与姜氏国君保持着良好的关系。六传至田乞，为齐景公大夫。他顺应春秋晚期社会变革的潮流，"其收赋税于民以小斗受之，其禀予民以大斗行，行阴德于民，而景公弗禁。由此田氏得齐众心，宗族益强，民思田氏"①。不久，田乞在齐国的一次内乱中战胜高、鲍两家贵族，立阳生为齐君（简公），自任齐相，专断齐国之政。田乞死后，其子田常继任齐相。他继承老子的改革政策，"以大斗贷，以小斗收"，进一步得到齐国民众的拥护，"齐人歌之曰：'妪乎采芑，归乎田成子！'"②不久，齐国内乱再起，田常借机诛杀权臣监止、子我，并杀齐简公，立其弟为平公，进一步专断齐政，同时割平安以东的齐国领土为自己的封邑，地盘超过平公的领地。至此，姜齐实际上已经变成田齐。后传至田和，在前 386 年得到周安王批准列为诸侯，姜齐正式被田齐所取代，而齐国也由奴隶社会过渡到封建社会。

公元前 356 年，齐侯田和的孙子齐威王继位，也是在这一年，姜齐的最后一个国君康公死去，因其无后，他那点可怜的领地也归并到田齐名下，自此，在原姜齐的土地上，田齐一统天下。

据历史记载，齐威王刚继位的时候，"好为淫乐长夜之饮，沉湎不治，委政卿大夫。百官荒乱，诸侯并侵，国且危亡，在于旦暮，左右莫敢谏"，如此持续三年。这时，齐国的一个善隐语的大夫淳于髡就以隐语讽喻他说："国中有大鸟，止王之庭，三年不飞又不鸣，王知此鸟何也？"齐威王明白这是讽喻自己，立即浩气冲天地说："此鸟不飞则已，一飞冲天；不鸣则已，一鸣惊人。"③ 于是振奋精神，励精图治。首先是整顿吏治，对治绩优异，"田野辟，民人给，官无留事，东方以宁"的即墨大夫大加表彰，"封之万家"。对"田野不辟，民贫苦"，又不能御敌保边，但却千方百计贿赂国王身边之臣"以求誉"的阿大夫处以烹刑。很快树立正气，国内人人自励，国力迅速强大起来。接着，积极主动地反击周边诸侯国的侵扰，"遂起兵西击赵、卫，败魏于浊泽而围惠王。惠王请献观以和解，赵人归我长城。于是齐国震惧，人人不敢饰非，务尽其诚。齐国大治。诸侯

---

①　司马迁：《史记》卷四十六《田敬仲完世家》，中华书局 1959 年版，第 1881 页。

②　司马迁：《史记》卷四十六《田敬仲完世家》，中华书局 1959 年版，第 1883 页。

③　司马迁：《史记》卷一百二十六《滑稽列传》，中华书局 1959 年版，第 3197 页。

闻之，莫敢致兵于齐二十余年"①。特别重要的是，齐威王真心实意地招揽贤士，使稷下学宫迎来第一次的辉煌。

稷下学宫因建于齐国国都临淄西门，即稷门而得名。这个学宫始建于田齐第三代国君齐桓公田午统治时期（前374—前357年），"昔齐桓公立稷下之宫，设大夫之号，招致贤人而尊宠之，自孟轲之徒皆游于齐"②。"齐有稷下先生，喜议政事。邹忌既为齐相，稷下先生淳于髡之属七十二人，皆轻（邹）忌"③。尽管现存文献对齐威王时期的稷下学宫的盛况语焉不详，但我们从邹忌在齐威王时期为相，而淳于髡等一大批各学派的领军人物齐聚这里的情况看，其繁盛程度是不言而喻的。齐威王在公元前320年（齐威王三十七年）去世后，他的儿子宣王（前319—前301年）继位，在他当国的18年中，稷下学宫迎来了它第二次的繁盛局面。《史记·田敬仲完世家》记载：

> 宣王喜文学游说之士，自如邹衍、淳于髡、田骈、接予、慎到、环渊之徒七十六人，皆赐列第，为上大夫，不治而议。是以齐稷下学士复盛，且数百千人。④

《史记·孟子荀卿列传》记载：

> 自邹衍与齐之稷下先生，如淳于髡、慎到、环渊、接子、田骈、邹奭之徒，各著书言治乱之事，以干世主，岂可胜道哉！……于是齐王嘉之，自如淳于髡以下，皆命曰列大夫，为开第康庄之衢，高门大屋，尊宠之。览天下诸侯宾客，言齐能致天下贤士也。⑤

---

① 司马迁：《史记》卷四十六《田敬仲完世家》，中华书局1959年版，第1888页。
② 徐干：《中论·亡国第二十八》，电子版文渊阁四库全书。
③ 刘向：《新序·杂事》，董治安主编《两汉全书》第9册，山东大学出版社2009年版，第5181页。
④ 司马迁：《史记》卷四十六《田敬仲完世家》，中华书局1959年版，第1895页。
⑤ 司马迁：《史记》卷四十六《田敬仲完世家》，中华书局1959年版，第1888页；司马迁：

正因为齐威王时期的田齐达到了它兴旺的顶点，不仅周边的诸侯国无可比拟，就是与西方突起的秦国相比，也毫不逊色。更重要的是，那里还有一个规模宏大的稷下学宫，是交流思想，切磋学问的理想基地。胸怀大志、渴望为济世救民成就一番功业的孟子，自然将目光投向了这一片神奇的土地，希望在那里找到展示自己思想和学问的舞台。于是就在齐威王十年（前347年），毅然离开邹国，带着他的一帮学生，踏上了去齐国的道路。他们穿越鲁国，经过齐鲁边界的长城关口，进入齐国的土地，最后到达齐都临淄。历史有时惊人地相似：整整170年前，公元前517年，孔子也是从这条路上，一路颠簸地来到齐国。至今犹存的青石关，仍然矗立在齐长城夹谷山涧的一个隘口，关门下的青石上，还留着深深的车辙印迹，它们就是当年两位圣人行迹的历史见证。这一年，孟子26岁，是一个血气方刚的青年人。大概因为他太年轻，在列国思想学术界还没有多大名气，所以他的到来并没有引起当时齐国最高统治者和达官贵人的注意，也没有令人难以忘怀的隆重热烈的欢迎仪式，所以他进入临淄的场面在《孟子》和其他文献中也就没有记载。不过，可能由于齐国有比较规范的接纳人才的政策，孟子和他的弟子就被安排到稷下学宫，在这个全新的环境里，开始了他生命史上极其有意义的一个阶段。

《史记》卷七十四《孟子荀卿列传》，中华书局1959年版，第2346—2348页。

第七章　稷下交游

　　由于孟子入齐时比较年轻，在思想学术界没有多大影响，与早他进入稷下学宫的淳于髡、慎到、接子、环渊、田骈、邹奭等人还不能相比，一时难以受到当权者的重视，也没有就"列大夫"的位子。在齐威王当国的 20 多年间，没有这位君王与孟子直接接触的纪录，可见，终威王之世，孟子可能都没有直接进入"资政"者的行列。不过，既然来到稷下学宫，接触到各家学派的学者，孟子与他们的思想交流和学问切磋还是时刻进行的。正是在这一系列的活动中，孟子展示了自己的思想和学说，影响日渐扩大，到威王后期，尤其是宣王当国时期，他就成为被人们"刮目而视"的举足轻重的人物了。

　　淳于髡是稷下学宫领袖群伦的人物，在威、宣、闵三代半个多世纪的岁月里，他是稷下学宫的掌门人。正是在他的领导运作下，稷下学宫盛况空前，达到了辉煌的顶点。他之所以能够起到如此重大的作用，一是因为他是稷下学宫中又议又治的人物，具有杰出的外交才干，多次完成齐王交办的重要的外交使命。他直言敢谏，多次为齐国推荐优秀人才，因而获得齐王的绝对信任，由此使他成为稷下学宫与齐王联系最密切的人物：在齐王眼里，他是学者；在稷下学者眼里，他又是官员，是齐王的代表。这种一身兼二任的身份，就使他成为稷下学者与齐王联系的纽带和桥梁。同时，由于淳于髡博闻强记，学无所主，就使他处于超然地位，具有那些学派立场鲜明的人物所没有的亲和力、吸引力，从而被各学派看成自己的知音，也就很容易成为各学派都能接受的领袖人物。如果说稷下学宫是一个巨大的磁场，淳于髡就是这个磁场的中心。正是通过他的组织和协调，使稷下学宫作为战国时代的思想学术中心，较长时间处于最佳运行状态，最大限度地调动和激发了各学派代表人物的积极性和创造性，推出了一大批具有永恒魅力和不朽价值的思想学术成果，将中华民族的思维水平大大提升了一步。特别是由于淳于髡的精心组织和协调，由于一代又一代稷下学者的不断努力，培育出了兼容、独立和自由的学术精神。而这种学术精神具有超越时空的恒久价值，因为思想和学术的创新只有在这种精神的照耀下才能获得成功。

然而，可能由于思想和性格差异太大的缘故，淳于髡与孟子的关系并不很协调。《孟子·离娄上》记载了他们的一段对话：

淳于髡曰："男女授受不亲，礼与？"孟子曰："礼也。"曰："嫂溺，则援之以手乎？"曰："嫂溺不援，是豺狼也。男女授受不亲，礼也；嫂溺，援之以手者，权也。"曰："今天下溺矣，夫子之不援，何也？"曰："天下溺，援之以道；嫂溺，援之以手，子欲手援天下乎？"[①]

从淳于髡与孟子的这段对话可以看出，孟子是一直宣扬儒家坚持的那套自西周传下的礼制，认为"男女授受不亲"是不容置疑的。而淳于髡可能对此礼制持怀疑态度，所以由此发问，引出孟子关于制度的刚性与执行中灵活变通相结合的理论。淳于髡大概早就对孟子戮力煽扬的那些治世救民的迂阔之论有不同看法，于是借机语带讽刺地追问他：现在天下的人都掉在水里了，你不去救援，是何道理？孟子对他挑衅性的追问作了极其高明的回答：现在天下的人都掉在水里了，必须用"道"即我推出的那套"仁政"理论去救援，可是包括齐王在内的当今统治者没有一个接受我的理论。难道你让我变通，用手去救援天下那些陷于水深火热的人吗？在孟子

[①]　《十三经注疏》，中华书局 1980 年版，第 2722 页。

的回答中，我们看到的是他对自己的"道"不得行于世的悲愤和无奈。这里透出的是他在齐国不受重用的境况。《孟子》一书记载的他与淳于髡的对话，除了这一次，再就是他离开齐国时的一次并不愉快的问答，可见他与稷下学宫的这位掌门人之间的关系是比较冷漠的。孟子在威王时期之所以始终处于不得志的状态，这恐怕是重要原因之一。

《孟子·公孙丑下》还记载了他与齐大夫蚔鼃的故事：

> 孟子谓蚔鼃（蛙）曰："子之辞灵丘而请士师，似也，为其可以言也。今既数月矣，未可以言与？"蚔鼃（蛙）谏于王而不用，致为臣而去。齐人曰："所以为蚔鼃（蛙）则善矣；所以自为，则吾不知也。"公都子以告。曰："吾闻之也：有官守者，不得其职则去；有言责者，不得其言则去。我无官守，我无言责也，则吾进退，岂不绰绰然有余裕哉？"①

这个故事说的是，齐大夫蚔鼃先是做灵丘县长，后来辞职转任治狱官，这是一个能够向国王进言的位子。他干了几个月，却没有向国王进言。孟子于是问起他向国王进言的事。面对孟子的询问，蚔鼃觉得自己有点失职，就赶紧向国王进言，提出建议，但国王没有采纳，蚔鼃就辞职而去了。对于这件事，齐国有人议论说，孟子为蚔鼃考虑的可算周到的了，可是他怎么替自己考虑呢？意思是，以你自己在稷下学宫的地位，你该如何尽上自己的职责呢？孟子的弟子公都子将上面的议论转告他，孟子听了，就说了下面一段话："我听说过，有固定职务的，如果难以尽其职责，就可以不干；有进言责任的，如果言不听，计不从，同样可以不干。我既没有固定的职务，又没有进言的责任，那我的行动，不就有了无限回旋的余地吗？"孟子这里讲的，是权力和责任的关系，其基本观点是，在其位必谋其政，不在其位则不必谋其政，职位和职责应该是统一的。孟子讲这些话的时

---

① 《十三经注疏》，中华书局1980年版，第2695页。

候，显然既没有负有行政责任的官位，也没有可以进言的官位，只是拿一定俸禄的既不治也不议的稷下先生，处在"无官一身轻"的闲散之地。

文献记载的孟子此期在齐国交往的人并不多，其中最突出的是与将军匡章的交游。这个匡章曾在公元前335年（齐威王二十二年）统率齐军打败秦军，他的事迹在《战国策·齐策一》有着生动的记载：

> 秦假道韩魏以攻齐，齐威王使章子将而应之。与秦交和而舍。使者数相往来，章子为变其徽章，以杂秦军。候者言章子以齐入秦，威王不应。顷之，问候者复言章子以齐兵降秦，威王不应。而此者三。有司请曰："言章子之败者，异人而同辞，王何不发将而击之？"王曰："此不叛寡人明矣，曷为击之？"顷间，言齐兵大胜，秦军大败，于是秦王拜西藩之臣而谢于齐。左右曰："何以知之？"曰："章子之母启得罪其父，其父杀之而埋马栈之下。吾使者章子将也，勉之曰：'夫子之强，全兵而还，必更葬将军之母。'对曰：'臣非不能更葬先妾也。臣之母启得罪臣之父，臣之父未教而死。夫不得父之教而更葬母，是欺死父也。故不敢。'夫为人子而不欺死父，岂为人臣欺生君哉？"①

这里出现的匡章是一个勇谋兼备的将军，当秦军假道韩、魏两国领土进攻齐国的时候，齐威王派他率齐军迎敌。两军相遇后，大概秦军并没有立即向齐军进攻，而是摆出一副友好的姿态。匡章明白秦军的意图，也采取相应的姿态，向秦军示好，还故意让齐军与秦军"交和而舍"，即让齐军的营帐夹杂在秦军的营帐中，使两军混在一起，进而数次派使者与秦军通款往来，麻痹秦军，同时命令部分将士将齐军的徽章改为秦军的徽章，使秦军无法辨识。匡章的举措自然逃不出威王派出的情报人员，他们接连三次报告匡章率军投敌，但威王丝毫不为所动。有关人员焦急地对威王说：

---

① 刘向：《战国策》，上海古籍出版社1985年版，第327—329页。

"报告匡章投敌的人异口同声，大王为什么还不发兵进击这支已经叛变的军队呢？"威王胸有成竹地回答："匡章决不会背叛我，为什么要打击他？"很快，齐军战胜秦军的消息传来，由于吃了败仗，秦国国君也向齐君谢罪。原来匡章在秦军失去警惕的情况下，突然发动进攻，轻而易举地取得了胜利。威王左右的人都感佩他的料事如神，就问他如何知道匡章不会叛变？威王说："匡章的母亲启得罪了他的父亲，被他父亲杀死后埋到马圈里。我让使者对匡章说：'以你的智谋和勇敢，一定能凯旋，到时我会下令更葬你的母亲。'匡章说：'臣并非不能更葬先母。可是，臣的母亲是因为得罪先父而死的。臣的父亲是在未教臣更葬母亲的情况下去世的，如果我更葬母亲，就是欺侮死去的父亲呀。所以不敢。'作为儿子不欺侮死去的父亲，难道作为臣子就敢欺骗在世的君主吗？"这里出现的威王同样是一个知人善任的君主，如此之君和如此之臣，是齐军战胜秦军的最重要的条件。

不过，孟子与匡章交游的时候，齐秦之战还未发生，匡章还背着"不孝"的罪名被不少人疏远和指责。而对孝道特别重视的孟子居然同这样一个人交起了朋友，孟子这样做，不仅一般人不理解，就连他的弟子也疑惑重重，于是就有了公都子与他的一段对话：

　　公都子曰："匡章，通国皆称不孝焉，夫子与之游，又从而礼貌之，敢问何也？"孟子曰："世俗所谓不孝者五，惰其四支，不顾父母之养，一不孝也；博弈好饮酒，不顾父母之养，二不孝也；好货财，私妻子，不顾父母之养，三不孝也；从耳目之欲，以为父母戮，四不孝也；好勇斗狠，以危父母，五不孝也。章子有一于是乎？夫章子，子父责善而不相遇也。责善，朋友之道也；父子责善，贼恩之大者。夫章子，岂不欲有夫妻子母之属哉？为得罪于父，不得近，出妻屏子，终身不养焉。其设心以为不若是，是则罪之大者，是则章子已矣。"①

---

① 《孟子·离娄下》，《十三经注疏》，中华书局 1980 年版，第 2731 页。

孟子显然是一个特立独行的人，在众人都对匡章误解和不解的时候，他主动与之交往，因而引来弟子的责难。孟子借此机会，对弟子讲了他对"不孝"的理解，并为匡章进行辩护。他说，一般人所谓不孝的事情有五件：四肢懒惰，不管父母的生活，一不孝；好下棋饮酒，不管父母的生活，二不孝；好货财，私妻子，不管父母的生活，三不孝；放纵耳目的欲望，使父母因此受耻辱，四不孝；好勇逞强，打仗斗殴，危及父母，五不孝。在这五项中，章子有一项吗？如果说章子有过失的话，就是父子之间以善相责，搞坏关系罢了。以善相责，这应该是朋友相处之道，父子之间以善相责，就是很伤感情的事了。章子难道不想有夫妻母子的团聚吗？就是因为得罪了父亲，不能和他们亲近，还因此把自己的妻室也赶出去，把自己的儿子也赶到远方，终身不要他们侍奉。他可能是这样想，不如此，那罪过就更大了。这就是章子的为人呀。从孟子的解释可以看出，匡章之不被人们理解，是因为他同父亲有些感情隔阂，起因是自己的母亲。父母有了矛盾，最难处的是子女。大概他对父亲杀死生母表达了不同意见，父子之间难以沟通。而他为了得到父亲的谅解，不惜赶走妻子，放逐儿子，实在太不容易了。这样的人，难道还要谴责吗？孟子与匡章的交往，一方面可以看出他对孝道的高出常人的理解，一方面更可以看出他的知人之明：秦、齐之战，不仅洗刷了匡章不孝的罪名，也显示了孟子的知人之明和不为流俗左右、坚持自己理念的品格。

　　孟子作为一个年轻的学者，尽管一开始不受重视，但随着时间的推移，他特立独行的品格和深邃的思想还是在稷下学宫内外产生了越来越大的影响。大概是在匡章率齐军战胜秦军之后，孟子的识人之准、知人之明也传到威王那里，或许就是在此之后，他进入"列大夫"的行列。威王不仅提高了他的级别和待遇，而且还派人专门送给他黄金（黄铜）一百镒①以示优宠。但孟子没有接受。这件事不为弟子们所理解，所以后来在薛地，弟子陈臻还问他："过去在齐国，威王赠您金百镒，您为什么拒绝接

①　此时的金为铜，镒是重量单位，据赵岐《孟子题辞》注，一镒为 20 两或 24 两。

受呢?"孟子回答说:"那时在齐国,威王送我百金,可当时我却没有接受的理由。没有理由送我钱,等于收买我,君子是可以拿钱收买的吗?"当时孟子在齐国,母亲妻子都跟在身边,还有一大批学生,经济上并不宽裕,他之坚持不收齐王的馈金,正是实践孔子"君子爱财,取之有道"的原则。

根据有关文献推断,孟子的父亲可能是在他去齐之前去世了,所以他去齐国的时候,就带着自己的母亲和妻子。《列女传·邹孟轲母》有一段他与母亲事迹的记载:

> 孟子处齐,而有忧色。孟母见之,曰:"子若有忧色,何也?"孟子曰:"不敏。"异日间居,拥楹而叹。孟母见之,曰:"乡见子有忧色,曰'不也'。今拥楹而叹,何也?"孟子对曰:"轲闻之,君子称身而就位,不为苟得,而受赏不贪荣禄。诸侯不听,则不达其土;听而不用,则不践其朝。今道不用于齐,顾行而母老,是以忧也。"孟母曰:"夫妇人之礼,精五饭,羃酒浆,养舅姑,缝衣裳而已矣。故有闺内之修,而无境外之志。《易》曰:'在中馈,无攸遂。'《诗》曰:'无非无仪,惟酒食是议。'以言妇人无权制之义,而有三从之道也。故年少则从乎父母,出嫁则从乎夫,夫死则从乎子,礼也。今子成人也,而我老矣。子行乎子义,吾行乎吾礼。"君子谓孟母知妇道。《诗》云"载色载笑,匪怒伊教",此之谓也。①

这个记载说明,孟子尽管在稷下学宫已经获得了"列大夫"的尊位和比较优厚的俸禄,但由于以威王为代表的齐国当权派并不认可他的以"仁政"为核心的治国行政理念,"道不用于齐",使他很为失落,遂思谋离开齐国。不过碍于年老体衰的母亲,他又犹豫不决。在他的母亲表明自己坚决实践女子"三从"的伦理观念、一切依儿子的意志为依归后,孟子并没有

---

① 董治安主编:《两汉全书》第9册,山东大学出版社2009年版,第5058页。

立刻离开齐国。原因可能是，孟子毕竟是大孝之人，他不忍心看着年迈的母亲随自己周游，遭受颠簸之苦。同时，他已经在齐国待了近 20 年，尽管在政治上不受重用，难以事事顺心，但环顾其他诸侯国，能否像齐国这么对待自己，也是未知数。特别是，哪一个诸侯国也找不到如同齐国这样宽松的政治和学术环境，找不到如同稷下学宫这样的学术机构，在保证充足物质供应的前提下，让一大批学者来去自愿，"不治而议"，能够自由地思考，自由地辩论，自由地著书立说。在这里，自己虽然政治上无所作为，但借助这个平台，自己不遗余力地宣扬了儒家学说，培育了一批忠实的信徒，使一度低迷的儒家思想走出低谷，重振雄风，展示了良好的发展前景。尤其值得告慰自己的，是通过近 20 年的努力，自己已经由昔日不为人知的年轻学子，变成了在思想学术界具有相当影响力的思想家和学问家。连心高气盛、睥睨一切的齐威王也对自己另眼相看，还派人送来百镒巨款以示关怀。所以，在没有更好去处的情况下，还是待在齐国，静观天下，待机而作为好。

就这样，孟子在犹豫竣巡中守着逐渐老迈的母亲，几分不愿，几分留恋，几分无奈地在齐国继续待下去。

第八章　回鲁葬母

公元前327年（周显王四十二年　齐威王三十年），孟子的母亲在齐国病逝。按照当时的礼制，孟子必须奉母亲的灵柩回故乡安葬。由于他是孟孙氏的后裔，他就回到孟氏族人聚居的鲁国殡葬母亲。

回到鲁国以后，孟子以隆重的大夫之礼殡葬母亲，让她与已经葬于马鞍山麓的父亲同穴。孟子母亲的葬地后来形成了一个颇具规模的孟氏宗族墓地，这就是后来被命名为山东省重点文物保护单位的孟母林。

殡葬母亲以后，孟子依照西周传下并为儒家认可和大力宣扬的三年之丧的礼制，从公元前327年至公元前324年，居于家乡的祖屋，为母亲守完三年的丧期。也就在这一年，他又回到齐国，继续做他的稷下先生，享用着"列大夫"的俸禄，继续教育学生，继续进行思想的创造。

公元前324年（齐威王三十三年），孟子在母亲的坟茔前举行了一次隆重的祭祀之后，宣告三年之丧礼成，就与一帮学生踏上回齐国的旅程。一天，行至嬴县（今山东兖州境）停留休息的时候，孟子与弟子充虞有一段关于葬礼制度的对话：

> 孟子自齐于鲁，反于齐，止于嬴。充虞请曰："前日不知虞之不肖，使虞敦匠事。严虞不敢请。今原窃有请也：木若以美然。"曰："古者棺椁无度，中古棺七寸，椁称之。自天子达于庶人，非直为观美也，然后尽于人心。不得，不可以为悦；无财，不可以为悦。得之

为有财，古之人皆用之，吾何为独不然？且比化者无使土亲肤，于人心独无恔乎？吾闻之也，君子不以天下俭其亲。"①

充虞显然是孟子信得过的一个弟子，所以他在孟子母亲治丧期间被派去监理棺椁的制造。由于孟子自己以大夫的身份殡葬母亲，所以棺椁比较高档，与当年殡葬父亲差距太明显了。事后，充虞向孟子发问：您这样做，是不是有点太过了？对于充虞的提问，孟子心平气和地回答，讲了丧葬制度和作为孝子的心情。他说："上古对于棺椁的尺寸，没有一定规矩；到了中古，才规定棺厚七寸，椁的厚度以相称为准。从天子一直到老百姓，讲究棺椁，不仅是为着美观，而是要这样做，才算尽了孝心。为等级所限，不能用上等木料，当然不称心；能用上等木料，没有财力，也还是不称心。有了用上等木料的地位，财力又能负担得起，古人都这样做了，我为什么不能这样做呢？而且，仅仅不使死者的尸体与泥土相接触，对孝子来说，就足以称心了吗？我听说过，在任何情况下，儿子都不应当在父母身上省钱。"孟子从孝的观念出发，认为对先人的殡葬，在地位和财力允许的情况下，应该尽量做得好一点。这对死者是一个交代，对生者是一种自我安慰。他的这种观念，长期影响了中国的丧葬习俗。

孟子回到齐国的稷下学宫以后，虽然一切如旧，但他的失望情绪却越来越浓。因为孟子不是一个单纯的学者，而是一个具有改造社会理想的思想家和政治家。他不满足于优厚的俸禄和优越的做学问的环境，而是渴望得到一定的官位，能够进行他理想的政治实践活动。可是这时的齐国，威王信任和重用的是田忌、邹忌之类带有法家倾向的政治家和孙膑之类谋略超众的将帅，是能够立竿见影地给他带来实际功利的人。孟子极力宣扬的"仁政"，在威王和他周围的臣子看来，美则美矣，妙则妙矣，但却是无法即刻验证的"迂阔"之论。给你优厚的俸禄吃饭，给你高门大屋居住，给你一个平台让你能够夸夸其谈地宣扬自己的学说和教导自己的

---

① 《孟子·公孙丑下》，《十三经注疏》，中华书局 1980 年版，第 2697 页。

学生，已经很对得住你了。你想要一个官位推行那些理想，那是万万不能的。因为我的江山社稷怎么能让你随便拿来进行那难以把控前景的试验呢？

经过 20 余年的观察，孟子认定，他继续待在齐国在政治上不会有什么出路。与其坐以待老，不如趁自己精力充沛之时到别处碰碰运气。正在孟子殚精竭虑思谋出路的时候，传来宋偃王承袭王位并准备实行"王政"的消息。这一消息，好似阴霾的天空漏出一线阳光，让孟子似乎看见了一个充满希望的未来。他于是毅然决定离开齐国，到宋国去寻觅一方新的天地，企望命运之神向他发出一次会心的微笑。

第九章　宋国之行

宋国是殷人后裔建立的诸侯国。当年周武王伐纣成功，取代商朝成为天下共主。在推行"封邦建国"的政策时，封纣王的儿子武庚继续在原殷的统治中心做诸侯国君，祭祀殷的宗庙，延续殷的社稷。同时将管叔、蔡叔、霍叔分封在武庚的周边，对其行监视之责，史称"三监"。武王死后，成王年幼，周公旦监国。"三监"勾结武庚，发动叛乱。周公举行二次东征，诛杀武庚，处死管叔、蔡叔，流放霍叔，又封纣王的庶兄微子启于宋国，以取代武庚的地位。这样，微子启就成为宋国的第一代国君。春秋时期，宋国在襄公时期一度比较强盛，数次参加争霸战争，被有些史书定为"五霸"之一。实际上，他与齐桓公、晋文公、秦穆公是不可比拟的。到战国时期，宋国已经沦为一个微不足道的小国，夹在齐、楚、赵、魏等大国间苟延残喘。公元前327年（周显王四十二年　齐威王三十年　宋君偃十一年），宋君偃称王，颇思振作，努力刷新政治，将都城由商丘迁至彭城（今江苏徐州），连连对外用兵，开疆拓土。东面打败齐国，夺取五城；南面战胜楚国，获得三百里的土地；西面击败魏国，使傲视群雄的魏惠王低下他那高贵的头颅。一时间，战国七雄聚目宋国，思索这个一直畏畏缩缩的小国何以迸发出如此令人震惊的能量。在接连取胜的情势下，顾盼自雄的宋偃王扬言在其国推行"王政"。孟子得到这一消息，兴奋得夜不能寐，因为终于有一个国君对他鼓吹的"仁政"作出了积极的响应。公元前323年（周显王四十六年　齐威王三十四年），50之年的孟子，带着一大帮弟子兴冲冲地来到宋国。

对于孟子舍弃齐国优厚的待遇和安定的生活而去处于四战之地的宋国，他的弟子们几乎都疑惑不解。于是就有了万章和孟子的一段对话：

> 万章问曰："宋，小国也，今将行王政，齐楚恶而伐之，则如之何？"孟子曰："汤居亳，与葛为邻，葛伯放而不祀。汤使人问之曰：'何为不祀？'曰：'无以供牺牲也。'汤使遗之牛羊。葛伯食之，又不以祀。汤又使人问之曰：'何为不祀？'曰：'无以供粢盛也。'汤使亳众往为之耕，老弱馈食。葛伯率其民，要其有酒食黍稻者夺之，不授者杀之。有童子以黍肉饷，杀而夺之。《书》曰："葛伯仇饷，"此之谓也。为其杀是童子而征之，四海之内皆曰：'非富天下也，为匹夫匹妇复仇也。''汤始征，自葛载'，十一征而无敌于天下。东面而征，西夷怨；南面而征，北狄怨。曰：'奚为后我？'民之望之，若大旱之望雨也。归市者弗止，芸者不变，诛其君，吊其民，如时雨降。民大悦。《书》曰：'徯我后，后来其无罚！''有攸不惟臣，东征绥厥士女，匪厥玄黄，绍我周王见休，惟臣附于大邑周。'其君子实玄黄于匪以迎其君子，其小人箪食壶浆以迎其小人；救民于水火之中，取其残而已矣。《太誓》曰：'我武惟扬，侵于之疆，则取于残，杀伐用张，于汤有光。'不行王政云尔；苟行王政，四海之内皆举首而望之，欲以为君，齐楚虽大，何畏焉？"①

在这段对话中，万章对宋国实行"仁政"可能遭遇齐楚等大国干涉的疑虑并不是多余的，而孟子的回答则完全是一种理想化的诉求。他以商汤征葛国为例，说明以仁义之师征伐葛伯这样不敬鬼神、乱杀无辜的暴君，一定能够得到百姓的拥护，一定是所向披靡。他说，汤的作战，便从征伐葛国开始，连征11次，没有能抗拒他的。向东方征伐，西方的人便不高

---

① 《孟子·滕文公下》，《十三经注疏》，中华书局1980年版，第2712页。

兴；向南方征伐，北方的人便不高兴，说："为什么不先征伐我们这里？"
老百姓盼望他，正如久旱不雨的年岁盼望雨水一样。作战进行的时候，做
买卖的人照常营业，种地的人照常在田野劳动。因为杀掉那些暴虐的君
主，安慰那些可怜的百姓，这就如同及时雨落下一样，老百姓是欢欣鼓舞
的。《书》也说："等待我的王！王来了我们就不再受罪了！"……再如周
朝东征攸国的时候，攸国的官员们把那些黑色和黄色的束帛放在筐子里，
请求介绍和周王相见，与官员会面。老百姓用竹筐盛饭，用壶盛酒浆来迎
接那些出征的士兵。可见周王的出师只是救民于水火，杀掉那些残暴的君
主罢了。《太誓》上说："我们的威武要发扬，攻到邢国的国土上，杀掉那
些残暴的君王，所有那些该死的都得砍光，这样的功绩比汤还辉煌。"宋
国不实行仁政便罢了；如果真的实行仁政，天下的人都会抬起头来盼望着
他来做君主；齐国和楚国纵然强大，又有什么可怕呢？这里，孟子显然将
他的"仁政"理想化了，认为只要宋偃王将"仁政"的旗子一举，天下就
会云集响应，他鼓吹的"仁政"的天堂顷刻之间就会降临人间，普天之
下，就会莫非"仁"土了。在孟子看来，各个诸侯国，不论国家大小，力
量强弱，只要能实行"仁政"，就能够称王于天下，统一全中国。在《孟
子·公孙丑上》中，记载了他信心十足的一段话：

> 孟子曰："以力假仁者霸，霸必有大国；以德行仁者王，王不待
> 大：汤以七十里，文王以百里。以力服人者，非心服也，力不赡也；
> 以德服人者，中心悦而诚服也，如七十子之服孔子也。《诗》云：'自
> 西自东，自南自北，无思不服。'此之谓也。"①

这里孟子的意思再明确不过了：称霸以力，能者必须是大国。王天下以仁
德，能者就不必是大国了。因为商汤就是仅用他纵横各 70 里的土地，文
王也就是仅用他纵横各百里的土地，由于实行了仁政，而使人心归服，从

---

① 《孟子·公孙丑上》，《十三经注疏》，中华书局 1980 年版，第 2689 页。

而统一了天下。显然，仗恃实力来使人服从的，人家不会心悦诚服，只是因为他本身的实力不够的缘故；依道德来使人服从的，人家才会心悦诚服，就像当年70多位大弟子都归服孔子一样。《诗经》说过："从东从西，从南从北，无不心悦诚服。"正是这个意思。很明显，孟子在强调"仁义"的作用时，将其与霸力对立起来。他不明白，在现实社会中，无论多么正确的理论，如果不与相当的"执行力"结合在一起，它也无法在实践中实行并取得预期的效果。

与孟子的预期相反，当他兴冲冲来到宋国，向宋偃王及其臣子们兜售他的"仁政"理想时，他发现，这个宣扬要实行"王政"的统治集团，对自己的主张一点也不积极。这时，孟子就希望从改革税收政策入手，一步步地推进改革。他找到宋国主管税务的大夫戴盈之，建议在宋国废除什一税外的一切苛捐杂税，但遭到戴盈之以拖延为手段的抵制。《孟子·滕文公下》记载了他们之间一段有趣的对话：

> 戴盈之曰："什一，去关市之征，今兹未能，请轻之，以待来年，然后已，何如？"孟子曰："今有人日攘其邻之鸡者，或告之曰：'是非君子之道。'曰：'请损之，月攘一鸡，以待来年，然后已。'如知其非义，斯速已矣，何待来年？"①

战国时期，列国之间几乎无日不进行战争，军费开支浩繁，其他各种用项也与日俱增。各诸侯国税收改革的目标主要是增加收入。孟子此时却反其道而行之，这自然只能触霉头了。尽管孟子与戴盈之的谈话显示了他的机智，使戴盈之像个偷鸡贼一样处于尴尬境地，但他的改革计划却在切入点上即被扼杀了。建议税收改革的失败，使孟子的热心陡然冷下来。他痛惜宋偃王周围没有贤臣，认定宋国之事不可为，这就坚定了他离开宋国的决心。在离开前，孟子还与另一宋国大夫、也是自己学生的句践，就

---

① 《孟子·滕文公下》《十三经注疏》，中华书局1980年版，第2714页。

游说诸侯的态度进行了一番讨论。大概这位句践看到孟子像当年孔子一样，热衷于周游列国，游说诸侯，他也可能有点心向往之，于是请教孟子，引来一番酣畅淋漓的议论：

> 孟子谓宋句践曰："子好遊乎？吾语子遊。人知之，亦嚣嚣；人不知，亦嚣嚣。"曰："何如斯可以嚣嚣矣？"曰："尊德乐义，则可以嚣嚣矣。故士穷不失义，达不离道。穷不失义，故士得已焉；达不离道，故民不失望焉。古之人，得志，泽加于民；不得志，脩身见于世。穷则独善其身，达则兼善天下。"①

孟子这段话，在一定程度上可以看作他处世立身的宣言，是他特立独行品格的再一次显现。他宣告，无论别人是否理解我的思想和理论，我都始终坚持。因为我崇尚德，喜爱义，并坚持到底，所以我"自得其乐"。作为一个知识分子，穷困时不能失掉义，得意时也不能离开道。穷困时不失掉义，所以能自得其乐；得意时也不离开道，所以百姓不致失望。古代的志士仁人，得意时惠泽普施于百姓，失意时修养个人品格。这就是"穷则独善其身，达则兼善天下"呀！孟子这里表达的，是自己的人生哲学：无论外界环境如何变化，我都坚持自己的仁政理想；得意时为百姓谋福利；不得意时也保持自己高洁的品性，决不放弃理想，更不同恶势力同流合污。这是多么了不起的一种精神境界！

　　孟子在宋国的时候，曾与时为滕定公世子、后来做国君的滕文公两次会面。当时的滕国（地域在今之山东滕州一带）是介于鲁、宋之间的一个方圆仅 50 里的小国，但其历史却是相当悠久的。它的第一代国君是周文王的儿子错叔绣，他是西周初年大分封的时候被封到这里做国君的。可能由于它的历代国君都是奉公守法、忠于职守、谨守封域、从不惹是生非的人物，所以尽管历时七八百年，目睹了数以百计的大大小小的诸侯国寿

① 《孟子·尽心上》，《十三经注疏》，中华书局 1980 年版，第 2764—2765 页。

终正寝，但它却依然故我地存在并延续下来，国土既没有扩大，也没有缩小。这在春秋战国风云激荡、征战连年、不少诸侯国"覆社灭宗"司空见惯的时代，不能不说是一个奇迹。

滕定公世子其时要去楚国办事，中途正好经过宋国都城彭城。因为当时的孟子已经是列国间颇有名气的人物，世子于是亲到行馆向孟子讨教。这次孟子"言必称尧舜"，对他大讲了一通"性善论"。世子从楚国返程时，又经过彭城，再次与孟子会面。这次孟子告诫他不要因国小而无所作为，鼓励他振作精神，把滕国治理成一个好的诸侯国：

> 滕文公为世子，将之楚，过宋而见孟子。孟子道性善，言必称尧舜。
>
> 世子自楚反，复见孟子。孟子曰："世子疑吾言乎？夫道一而已矣。成覸谓齐景公曰：'彼，丈夫也；我，丈夫也；吾何畏彼哉？'颜渊曰：'舜，何人也？予，何人也？有为者亦若是。'公明仪曰：'文王，我师也；周公岂欺我哉？'今滕，绝长补短，将五十里也，犹可以为善国。《书》曰：'若药不瞑眩，厥疾不瘳。'"①

孟子对滕国世子的谈话，通篇是鼓励的话语，充满昂扬向上的调子。他举了成覸的例子，赞扬他敢于同齐景公相比肩。举了颜渊的例子，赞扬他向舜看齐的勇气。举了公明仪的例子，赞扬他对文王和周公理想的向往。最后鼓励世子不要看轻自己，你有一个小国作平台，只要有决心，有毅力，忠于理想，努力奋斗，就能够把这个小国治理成一个社会安定、百姓富裕的诸侯国。孟子这一席话，对世子产生了很大影响。后来他继承君位后，颇有一番振作的举措。

孟子在宋国的时间不长，只有几个月，就明白这里不是他实现他理想的地方。他决定离开宋国，到强势的魏国去碰碰运气。临行前，他接受了宋偃王赠送的 70 镒黄金（1400 两金）的盘缠，路过薛，又接受了齐国

---

① 《孟子·滕文公上》，《十三经注疏》，中华书局 1980 年版，第 2701 页。

贵族靖郭君田婴 50 镒（1000 两金）的馈赠。因为此前孟子离开齐国时拒绝接受齐王 100 镒黄金的馈赠，他的弟子陈臻甚为疑惑，于是师徒之间就有了下面的对话：

> 陈臻问曰："前日于齐，王馈兼金一百而不受；于宋，馈七十镒而受；于薛，馈五十镒而受。前日之不受是，则今日之受非也；今日之受是，则前日之不受非也。夫子必居一于此矣。"孟子曰："皆是也。当在宋也，予将有远行，行者必以赆；辞曰：'馈赆。'予何为不受？当在薛也，予有戒心；辞曰：'闻戒，故为兵馈之。'予何为不受？若于齐则未有处也。无处而馈之，是货之也。焉有君子而可以货取乎？"①

陈臻对孟子接受馈赠的不同态度产生疑问当然是可以理解的：过去在齐国，齐王送你黄金 100 镒，你拒绝。可后来在宋国，国君送你 70 镒，在薛，薛君送你 50 镒，你都接受了。如果说过去不接受是对的，今天接受就错了；如果说今天接受是对的，过去不接受就错了，二者之中，一定有一个是错误的吧？孟子的解释肯定出乎学生的意外，他说："我两种做法都是正确的。你想，当在宋国的时候，我准备远行，对远行的人一定要送些盘费，他说要送一点盘费，我为什么不能接受呢？当在薛的时候，我听说路上有危险，需要戒备，他说要送我一点钱买些兵器，我为什么不能接受呢？至于在齐国，就没有什么接受的理由。没有什么理由却要送我一些钱，这不等于用金钱收买我吗？哪里有君子可以拿金钱收买的呢？"孟子的这番话，揭橥的仍然是孔子那个"君子爱财，取之有道"的原则。孟子的活动，都在既定原则指导下进行。不论在什么时候，什么情况下，他都是我行我素，行我心之所安，行我原则之所许。成功与否，在所不计。这就是孟子之所以为孟子。孟子的这种原则性，既是他有时碰壁的原因，也是他人格光辉的闪现。

---

① 《孟子·公孙丑下》，《十三经注疏》，中华书局 1980 年版，第 2695 页。

第十章 返回故乡

　　孟子原本决定自宋国去魏国，但后来却没有直接去魏国，而是经薛地回到了自己的故乡邹国。他在经过薛地时，接受了薛君赠送的 50 镒黄金。此时薛地的统治者，已不是春秋时期的薛国，那个薛国已经被齐国灭亡了。此时的薛地是齐威王儿子田婴的封邑。这个田婴可不是一般因血统而获得权力和财富的贵族，而是一个相当有本事的政治谋略家。他在威王后期曾与邹忌、田忌一起主持齐国政务，参与指挥救韩伐魏的战事。宣王时，又与田忌、孙膑共同指挥了大败魏军的马陵之战。再后来，任齐相11 年。由于孟子长期在齐国稷下学宫从事教学和研究，他与田婴肯定是熟悉的。此次孟子路经薛地，不管田婴在不在封地，在当时列国国君和贵族都"礼贤下士"的情势下，他自己或由下人出面招待和馈送盘费给孟子都是顺理成章的事情。

　　孟子这次回到邹国，距其第一次离邹赴齐已经过去 24 年。他已经由一个风华正茂的青年人变成两鬓星霜的 50 老翁，身份、名气、境界已今非昔比。对于此时在邹国当政的小国之君邹穆公来说，孟子已经不是他随意支配的子民，而是需要仰望的大人物了。孟子回到故乡的时候，正碰上邹鲁两国刚刚发生的一场冲突，33 个邹国官吏在冲突中被杀死，悲哀的气氛笼罩着邹国的宫廷。邹穆公听说孟子回来，连忙前去拜访，两人进行了一次很有意义的对话：

邹与鲁哄。穆公问曰："吾有司死者三十三人，而民莫之死也。诛之，则不可胜诛；不诛，疾视其长上之死而不救，如之何则可也？"孟子对曰："凶年饥岁，君之民老弱转乎沟壑，壮者散而之四方者，几千人矣；而君之仓廪实，府库充，有司莫以告，是上慢而残下也。曾子曰：'戒之戒之！出乎尔者，反乎尔者也。'夫民今而后得反之也。君无尤焉！君行仁政，斯民亲其上，死其长矣。"①

邹穆公见孟子的时候，满脸悲戚地诉说："这次冲突，我的官吏牺牲了33个，可老百姓都在那里袖手旁观，没有一个同他们一起战斗。杀了他们吧，杀不了那么多；不杀吧，他们瞪眼看着自己的长官被杀却不去营救，实在是太可恨了！您说应该怎么办呢？"孟子听了，十分严肃地回答说："想想您自己的所作所为吧：当灾荒年岁，您的百姓，年老体弱的死于山沟荒野之中，年轻力壮的便四处逃荒，这样的人有几千了；而您的谷仓中却堆满了粮食，库房里装满了财宝，这样的情形，您的官员谁也不来报告，这就是在上位的人不关心百姓，并且还残害他们呀。曾子曾经说过：'提高警惕，提高警惕！你怎样去对待人家，人家就怎样回报你。'现在，您的百姓可得着报复的机会了。您不要责备他们吧！您如果实行仁政，您的百姓自然就会爱护他的长官，情愿为他们去牺牲了。"孟子这里宣传的是他政治思想的核心"仁政"，而"仁政"的核心内容则是"民本"。在他看来，一个国君，只有对百姓实行"仁政"，解决百姓的切身利益，才能得到百姓的拥护，关键时刻他们才会甘愿为自己的长官牺牲。据说孟子的一席话使邹穆公豁然开朗，毅然推行"仁政"，施惠于百姓，使小小的邹国一时出现了政通人和的局面。贾谊《新书·春秋》记述了邹穆公的几个故事：

邹穆公有令：食凫雁者必以粃，毋敢以粟。于是仓无粃而求易

---

① 《孟子·梁惠王下》，《十三经注疏》，中华书局1980年版，第2681页。

于民，二石粟得一石粃。吏以请曰："以粃食雁，为无费也。今求粃于民，二石粟而易一石粃。以粃食雁，则费甚矣。请以粟食之。"公曰："去！非而所知也。夫百姓煦牛而耕，曝背而耘，苦勤而不敢惰者，岂为鸟兽也哉？粟米，人之上食也，奈何其以养鸟也。且汝知小计，而不知大会。周谚曰：'囊漏贮中。'而独弗闻与？夫君者，民之父母也，取仓之粟移之于民，此非吾粟乎？鸟苟食邹之粃，不害邹之粟而已。粟之在仓与其在民，于吾何择？"邹民闻之，皆知其私积之与公家为一体也。

楚王欲淫邹君，乃遗之技乐美女四人。穆公朝观而夕毕，以妻死事之孤。故妇人年弗称者弗蓄，节于身而弗众也。王舆不衣皮帛，御马不食禾菽，无淫僻之事，无骄燕之行，食不众味，衣不杂采，自刻以广民，亲贤以定国，亲民如子。邹国之治，路不拾遗，臣下顺从若手之投心。是故以邹子之细，鲁卫不敢轻，齐楚不能胁。邹穆公死，邹之百姓若失慈父，行哭三月，四境之邻于邹者，士民乡方而道哭，抱手而忧行，酤家不雠其酒，屠者罢列而归。傲童不讴歌，舂筑者不相杵，妇女抶珠瑱，丈夫释玦轩，琴瑟无音，暮年而后始复。故爱出者爱反，福往者福来，《易》曰："鸣鹤在阴，其子和之。"其此之谓乎？①

贾谊这里讲了三个故事。一是邹穆公下令全国不准用粟，只准用粃即谷糠喂雁，结果使得粃的价格是粟的一倍。当时公家喂了不少雁，而仓库里却没有粃，只得以二升粟去换百姓的一升粃。主事官员认为公家太吃亏了，就请求穆公批准以粟养雁。穆公说，用公家仓库里的粟换百姓的粃，使粟藏到百姓家里，也没有流到别国去，有什么不好？这个故事说明，穆公心里想着百姓，以藏富于民的办法使百姓受益，体现的正是"仁政"和民本的理念。二是穆公不为声色犬马所动，自奉简约，"自刻以广民，亲贤以

---

① 董治安主编：《两汉全书》第 1 册，山东大学出版社 2009 年版，第 287—288 页。

定国，亲民如子"，结果使邹国社会秩序良好，上下团结一心，以一个弹丸小国挺起腰杆直立于大国之间，"鲁卫不敢轻，齐楚不能胁"，创造了邹国历史上最兴盛的黄金时代。三是穆公死后，不仅邹国的百姓如丧考妣，就是邻国的百姓也同声哀悼，说明百姓对实行"仁政"的统治者给予加倍的真情回报。贾谊记述的这些故事不见得就是真实的历史，最大的可能是，这些故事在民间流传，经贾谊的整理润色而保留下来，在一定程度上反映了历史的影子和民心的走向。

孟子这次回到故乡，人来人往，访客不断。其中因任国人问礼而引出孟子对礼的议论，可以看出孟子对孔子礼论的继承和弘扬。任国是太皞氏的后裔建立的一个小国，国都在今之山东济宁，与邹国为邻。一个任国人看到孟子弟子在任国，就近便向他请教关于礼的问题，于是引出这一段师徒问答：

　　任人有问屋庐子曰："礼与食孰重？"曰："礼重。""色与礼孰重？"曰："礼重。"曰："以礼食，则饥而死；不以礼食，则得食，必以礼乎？亲迎，则不得妻；不亲迎，则得妻，必亲迎乎？"屋庐子不能对。明日之邹以告孟子。孟子曰："于答是也，何有？不揣其本，而齐其末，方寸之木可使高于岑楼。金重于羽者，岂谓一钩金与一舆羽之谓哉？取食之重者与礼之轻者而比之，奚翅食重？取色之重者与礼之轻者而比之，奚翅色重？往应之曰：'紾兄之臂而夺之食，则得食；不紾，则不得食，则将紾之乎？踰东家墙而搂其处子，则得妻；不搂，则不得妻，则将搂之乎？'"①

这里，孟子对屋庐子转告的任人提出的问题，作了充满智慧的回答。孟子的弟子屋庐子显然平时从他的教导中就了解孟子思想的真谛，所以当任人提出礼和食、礼和娶妻哪个重要时，他坚定地回答"礼重要"。可是当

---

① 《孟子·告子下》，《十三经注疏》，中华书局1980年版，第2755页。

任人提出——以礼找食就饿死，不以礼找食就能活；以礼娶妻就找不到妻子，不以礼娶妻就能得到妻子——这样近乎刁钻的问题后，屋庐子却难以做出圆满的回答，他只得回来请教孟子。孟子说："答复这个问题有什么困难呢？如果不揣度基地的高低，而只比较其顶端，那一寸厚的木块若放在高处，也可以使它比高楼还高。我们说，金子比羽毛重，难道说三钱多重的金子比一大车的羽毛还重吗？拿吃的重要方面和礼的细节相比较，礼哪能比吃的重要？拿婚姻的重要方面和礼的细节相比较，礼哪能比娶妻重要？你这样去答复他吧：扭着哥哥的胳膊，抢夺他的食物，便得到吃的；不扭，便得不到吃的，你会去扭吗？爬过东邻的墙去搂抱女子，便得到妻室；不这样做，便得不着妻室，你会去搂抱吗？"其实，孟子这里所阐发的理念，依然是礼重于食，不以合乎礼的方法得到的食不能吃；礼重于娶妻，不能以违礼的办法和手段得到妻子。这实际上涉及了一个社会道德规范的问题。任何社会都必须在一定的社会规范和道德规范的制约下运行，否则，一旦社会离开了规范，一切唯力是视，唯利是视，这样的社会能够存在和发展吗？

孟子在故乡时，还去过一次任国，与当时任国的代理国君季任即孟季子交往。季任是任国国君的弟弟，此时因国君去邻国朝会，他暂代国君主持政务。《孟子·告子下》记载了他们的交往：

> 孟子居邹，季任为任处守，以币交，交受之而不报。处于平陆，储子为相，以币交，受之而不报。他日，由邹之任，见季子；由平陆之齐不见储子。屋庐子喜曰："连得问矣。"问曰："夫子之任，见季子；之齐，不见储子，为其为相与？"曰："非也；《书》曰：'享多仪，仪不及物曰不享，惟不役志于享。'为其不成享也。"屋庐子悦。或问之，屋庐子曰："季子不得之邹，储子得之平陆。"①

---

① 《孟子·告子下》，《十三经注疏》，中华书局1980年版，第2757页。

这个故事是说，当孟子在邹国的时候，季任代理任国国政。他送来礼物与孟子交友，孟子接受了礼物，但并不回报。后来孟子在平陆的时候，储子做齐国的卿相，也送来礼物与孟子交友，孟子同样接受了礼物，但并不回报。过了一段时间，孟子从邹国到任国，拜访了季子；从平陆到齐都，却不去拜访储子。经常跟随孟子并屡屡发问的屋庐子高兴地说："这次我可找到老师的岔子了。"于是便问道："老师到任国，即拜访季子；到齐都却不去拜访储子，是因为储子是卿相吗？"孟子答道："不是。《尚书》说过：'享献之礼可贵的是礼节，如果礼节不够，礼物虽多，只能叫作没有享献，因为享献人的心意并没有用在这上面。'这是因为他没有完成那享献的缘故。"这里孟子对屋庐子的解释，显示的依然是对礼的执着。孟子之所以对季任储子的送礼采用不同的回报方法，是因为在他看来，季任的做法符合礼仪，而储子的做法则稍有欠缺。就在孟子访问季任的时候，季任、公都子和孟子之间有一场关于"义"的对话：

> 孟季子问公都子曰："何以谓义内也？"曰："行吾敬，故谓之内也。""乡人长于伯兄一岁，则谁敬？"曰："敬兄。""酌则谁先？"曰："先酌乡人。""所敬在此，所长在彼，果在外，非由内也。"公都子不能答，以告孟子。孟子曰："敬叔父乎？敬弟乎？彼将曰：'敬叔父。'曰：'弟为尸，则谁敬？'彼将曰：'敬弟。'子曰：'恶在其敬叔父也？'彼将曰：'在位故也。'子亦曰：'在位故也。庸敬在兄，斯须之敬在乡人。'"季子闻之，曰："敬叔父则敬，敬弟则敬，果在外，非由内也。"公都子曰："冬日则饮汤，夏日则饮水，然则饮食亦在外也？"[①]

这里孟子他们讨论的是一个哲学问题，即"义"是人的内在的东西，还是外在的规范？孟季子认为"义"是外在的东西，举的例子是，内心恭敬兄长，但却要向年长的乡邻先敬酒，而这个先敬，表现的就是"义"在外。

---

① 《孟子·告子上》，《十三经注疏》，中华书局 1980 年版，第 2748 页。

公都子无法解释，就请教孟子。孟子自然主张"义"在内，他以对叔父和弟弟的恭敬为例，平时叔父在先，但当弟弟成了受祭代理人时，他又先于叔父成为受恭敬的对象。因为本乡长者处于尊位，所以先敬酒给他，这只是暂时的，平常情况恭敬在于兄长。孟子的解释没能说服孟季子，反而使他坚定了自己的看法，他说："对叔父也是恭敬，对弟弟也是恭敬，这不就证明'义'是外在的，而不是由内心出发的。"公都子大概从老师的回答中得到启发，就回敬他说"冬天喝热水，夏天喝凉水，难道饮食也是外在的了吗？"其实，在这场辩论中，孟子与孟季子都没有搞清内容和形式的关系。他们讨论的问题是，义——恭敬之心，是发自内心，还是表现外在？孟季子认为是外在表现，他看重的是表现出来的形式。孟子确认恭敬之心出自本性，但对其外在表现的矛盾没有作出令人信服的解释，于是这场辩论打成平手，谁也没有说服谁。这里展示的是义的内涵和外在表现的矛盾。恭敬之心对兄长和乡里长者自然不可同日而语，敬酒先乡里长者并不是对乡里长者的恭敬超过兄长，而仅仅是礼节的需要。这就是说，外在的形式必须符合礼，但这与发自内心的义并不矛盾。

　　孟子在故乡，曹国国君的弟弟曹交前来拜访，并要求孟子收他做弟子。最后，孟子虽然拒绝收他为弟子，但他们关于"人皆可以为尧舜"的讨论还是很有意义的。《孟子·告子下》对他们的讨论作了详细记述：

　　　　曹交问曰："人皆可以为尧舜，有诸？"孟子曰："然。""交闻文王十尺，汤九尺，今交九尺四寸以长，食粟而已，如何则可？"曰："奚有于是？亦为之而已矣。有人于此，力不能胜一匹雏，则为无力人矣；今日举百钧，则为有力人矣。然则举乌获之任，是亦为乌获而已矣。夫人岂以不胜为患哉？弗为耳。徐行后长者谓之弟，疾行先长者谓之不弟。夫徐行者，岂人所不能哉？所不为也。尧舜之道，孝弟而已矣。子服尧之服，诵尧之言，行尧之行，是尧而已矣。子服桀之服，诵桀之言，行桀之行，是桀而已矣。"曰："交得见于邹君，可以假馆，愿留而受业于门。"曰："夫道若大路然，岂难知哉？

人病不求耳。子归而求之，有余师。"①

孟子可能说过"人皆可以为尧舜"的话，所以曹交上来就问，有这话吗？
在得到肯定的回答以后，曹交有点丧气地说，我的身材虽然比文王矮，比
汤高，却只会吃饭，要怎样做才能成为他们那样的人呢？孟子鼓励他说：
"这有什么关系呢？只要去做就行了。有人一只小鸡都提不起来，便是毫
无力气的人了；有人能够举重三千斤，便是很有力气的人了。显然，能举
得起乌获所能举的重量的人，也就是乌获了。人难道以不能胜任为忧吗？
只是不去做罢了。比如说，慢点儿走，走在长者之后，便叫悌；快点儿
走，抢在长者之前，便叫不悌。慢点儿走，难道是人所不能的吗？只是不
那样做罢了。尧舜之道，也不过就是孝和悌而已。你穿尧的衣服，说尧的
话，做尧的所作所为，便是尧了。你穿桀的衣服，说桀的话，做桀的所作
所为，便是桀了。"孟子在这里特别讲到人的主观能动性的作用：事在人
为。不要看轻自己，不要自暴自弃，要坚定信心，鼓足勇气，以尧舜为做
人的目标，想尧舜之所想，为尧舜之所为，你也就是尧舜了。就孟子强调
人的主观努力，要求人们奋发有为而言，他的上述观点有不可忽视的积极
意义。不过，尧舜并不是人人皆可为，将"人皆可以为尧舜"看得轻而易
举，显然是片面的。当曹交要求留在邹国做孟子的弟子时，被孟子婉言谢
绝了。理由是很堂皇的：道就像大路，不难寻找，你自己认真寻找，随时
都可以找到老师。孟子的这一举动，似乎与他对求学者来者不拒的既往方
针不协调。他之所以这样做，可能与作为贵族公子的曹交尊师不够虔诚的
态度有关，孟子那高傲的神经怎么能容忍一个对自己不屑的人呢！

孟子在邹国的时候，滕定公死了，他的儿子继位，是为滕文公。不
久前，这位滕文公作为世子出使楚国时，曾在宋国国都彭城两次与孟子会
面，谈得十分投机。这时，他知道孟子正在邹国，就赶忙让师傅然友前去
请教如何安排父亲的葬礼。因为邹国距滕国不过几十里，乘坐马车当天就

① 《孟子·告子下》，《十三经注疏》，中华书局1980年版，第2755—2756页。

可以回来。由于孟子坚持传统的三年之丧与滕国原来的制度不一致，受到国内一些臣子的非议，然友于是奉文公之命再次赴邹国请教孟子，大概因为文公觉得孟子阐述的理由比较充分，最后还是采纳了他的意见。对于这件事的折冲，《孟子·滕文公上》有着比较详细的记载：

> 滕定公薨，世子谓然友曰："昔者孟子尝与我言于宋，于心终不忘。今也不幸至于大故，吾欲使子问于孟子，然后行事。"然友之邹问于孟子。孟子曰："不亦善乎！亲丧，固所自尽也。曾子曰：'生，事之以礼；死，葬之以礼，祭之以礼，可谓孝矣。'诸侯之礼，吾未之学也；虽然，吾尝闻之矣。三年之丧，齐疏之服，飦粥之食，自天子达于庶人，三代共之。"然友反命，定为三年之丧。父兄百官皆不欲，曰："吾宗国鲁先君莫之行，吾先君亦莫之行也，至于子之身而反之，不可。且《志》曰：'丧祭从先祖。'曰：'吾有所受之也。'"谓然友曰："吾他日未尝学问，好驰马试剑。今也父兄百官不我足也，恐其不能尽于大事，子为我问孟子。"然友复之邹问孟子。孟子曰："然；不可以他求者也。孔子曰：'君薨，听于冢宰，歠粥，面深墨，即位而哭，百官有司莫敢不哀，先之也。'上有好者，下必有甚焉者矣。君子之德，风也；小人之德，草也。草尚之风必偃，是在世子。"然友反命，世子曰："然；是诚在我。"五月居庐，未有命戒。百官族人可，谓曰知。及至葬，四方来观之，颜色之戚，哭泣之哀，吊者大悦。①

滕文公对孟子在彭城的两次谈话，显然留下了深刻印象。他之决定让然友询问孟子后再定夺父亲的葬礼，是因为此时他认定孟子会给他一个满意的答复。然友见到孟子，孟子毫无保留地和盘托出了自己的意见说，"对于父母的丧事，应该尽上自己最大的努力。曾子就说过，'当他们在世的时

---

① 《孟子·滕文公上》，《十三经注疏》，中华书局 1980 年版，第 2701 页。

候，依礼去侍候；他们去世了，依礼去举行葬仪，依礼去祭祀，这可以说尽孝了。'诸侯的礼节，我虽然不曾研究过，但也听说过。夏、商、周三代的时候，实行三年的丧礼，人们穿着粗布的孝服，吃着稀粥，终日在悲戚中度过。从天子一直到老百姓，都是这样的。"然友带着孟子的意见回去复命，太子就决定依照孟子的意见实行三年之丧。然而，滕国的父老官吏却都不满意。他们对太子说："我们的宗国鲁国的历代君主没有实行过三年之丧，我们滕国的历代祖先也没有实行过三年之丧，到你这一代便改变祖先的做法，显然是不应该的。而且《志》上不是说过么，'丧礼祭礼一律依从祖宗的传统。'道理就在于我们是从这一传统继承下来的。"面对父老官吏的反对意见，太子让然友再次去邹国向孟子讨教。他说："我过去不曾搞过学问，只喜欢跑马舞剑。今日，我要实行三年之丧，父老官吏们都对我不满，恐怕这一丧礼难以使我尽心竭力，你再替我去问问孟子该怎么办吧。"然友于是再去邹国向孟子咨询。孟子说："这种事是不能够苛求别人的。孔子说过：'君主死了，太子把一切政务交给首相，喝着粥，面色灰黑，就临孝子之位便哭，大小官吏没有人敢不悲戚，是因为太子亲身带头的缘故。'在上位的有什么爱好，在下面的人一定爱好得更厉害。君子的德好像风，小人的德好像草，风向哪边吹，草就向哪边倒。这一件事情完全决定于太子。"然友将孟子的意见原原本本回报给太子，孟子的意见坚定了太子志向，他说："孟子说得对，这事应该决定于我。"于是太子居于丧庐中 5 个月，不曾颁布过任何命令和禁令。官吏和同族的人们都很赞成，认为这才是知礼。等到举行葬礼的时候，四方的人都来观礼，太子容色的悲戚，哭泣的哀痛，使来吊丧的人都非常满意。滕文公完全听从孟子的意见，毅然力排众议，实行三年之丧，这一方面说明，在孔孟之乡，儒学的影响源远流长；另一方面也说明，到公元前 323 年前后，孟子的地位和影响已今非昔比了。由于孔子和孟子不断地宣扬，更由于西汉确立了儒学在思想上的独尊地位，三年之丧就成为中国古代社会公认的丧葬制度，一直延续到清朝灭亡。

第十一章　失意鲁国

可能是在公元前 322 年（周显王四十七年　秦惠文王更元三年　魏惠王后元十三年　齐威王三十五年），孟子决定到鲁国去，恰在此时，他的得意门生乐正克受到鲁平公的重用，被委以主持国政。孟子听到这个消息，竟然高兴得连觉也睡不着了。他天真地认为，在鲁国推行他的政治理想、实行"仁政"的时机终于到来了。可是，当他兴冲冲地赶到鲁都曲阜的时候，连鲁平公的面也没有见到。原因是鲁平公身边的一个被宠幸的小臣臧仓从中阻挠，使孟子与鲁平公失之交臂。《孟子·梁惠王下》记载了这一事件的经过：

　　鲁平公将出，嬖人臧仓者请曰："他日君出，则必命有司所之。今乘舆已驾矣，有司未知所之，敢请。"公曰："将见孟子。"曰："何哉，君所为轻身以先于匹夫者？以为贤乎？礼义由贤者出；而孟子之后丧逾前丧。君无见焉！"公曰："诺。"乐正子入见，曰："君奚为不见孟轲也？"曰："或告寡人曰：'孟子之后丧逾前丧'，是以不往见也。"曰："何哉，君所谓逾者？前以士，后以大夫；前以三鼎，而后以五鼎与？"曰："否；谓棺椁衣衾之美也。"曰："非所谓逾也，贫富不同也。"乐正子见孟子，曰："克告于君，君为来见也。嬖人有臧仓者沮君，君是以不果来也。"曰："行，或使之；止，或尼之。行止，非人所能也。吾之不遇鲁侯，天也。臧氏之子焉能使予不遇哉？"①

看来鲁平公是从乐正克那里知道了孟子已经来到鲁国的消息，并且很有可能是乐正克劝说他前去拜访孟子。这说明，孟子在一定程度上已经赢得了鲁平公的尊重与好感。可正当他准备出发去拜见的时候，他宠幸的小臣臧仓却阻止他前去。理由是两条：一是不能放下国君的身段去拜访一位平民百姓；二是孟子的德行有亏。他煽惑说："您以为孟子是贤德之人吗？贤德之人的行为应该合乎礼义，可是，孟子操办他母亲的丧事大大超过以前办他父亲的丧事，这能算贤德之人吗？我劝您还是不要去拜访他。"臧仓一席话，打消了鲁平公拜访孟子的念头。乐正克知道鲁平公爽约后，显然心里不是滋味，就去见平公，问他为什么不去见孟子？平公似乎理由十分充分：孟子的品德有问题，证据是"办他母亲的丧事大大超过以前办他父亲的丧事"。乐正克听了，立即为自己的老师辩解说："您所说的超过，究竟是什么意思呢？是办他父亲的丧事用士礼？办他母亲的丧事用大夫之礼吗？是办父亲的丧事用三个鼎盛放供品，办母亲的丧事用五个鼎盛放供品吗？"平公说他指的超过是"棺椁衣衾的精美"。乐正克立即纠正说，那不能叫"超过"，只是表明前后贫富不同罢了。由于一桩好事没有办成，乐正克带着歉意对老师说明原委，他本来等着孟子发一通牢骚，但听到的是孟子一番非常达观的话："一个人要干成一件事情，一定是有一种力量在支使他；就是不干，也一定是有一种力量在阻止他。干与不干，显然不是单凭个人力量所能做到的。我不能与鲁侯相遇，是由于天命呀。臧家那小子，他怎么能使我不和鲁侯相遇呢？"孟子的解释，有点自我安慰的味道。其实更深一层的意思，孟子虽然没有说出来，但可以猜测得到：由于鲁平公因一个微不足道的小臣的阻挠而放弃同孟子见面，只能说明他不是一个明智之君，孟子因而也没有必要在他身上寄予太大希望，见面与否，已经没有多大意义，所以孟子发挥了一通"天命论"之后，就达

---

① 《孟子·梁惠王下》，《十三经注疏》，中华书局 1980 年版，第 2682 页。

观地将这件事丢到脑后去了。

孟子到鲁国后，因为没有能够与鲁平公相见，感到整个鲁国的气氛不适宜久留，就萌生了尽快离开的打算。正在此时，继位不久的鲁平公不自量力，打算任用慎滑釐与齐国开战，以夺回被齐国侵占的南阳（今泰安一带）地。孟子坚决反对这场没有胜算、徒然给鲁国百姓带来灾难的战争。为此，他同积极主张开战的慎滑釐进行了一场辩论：

> 鲁欲使慎子为将军。孟子曰："不教民而用之，谓之殃民。殃民者，不容于尧舜之世。一战胜齐，遂有南阳，然且不可。"慎子勃然不悦曰："此则滑釐所不识也。"曰："吾明告子。天子之地方千里；不千里，不足以待诸侯。诸侯之地方百里；不百里，不足以守宗庙之典籍。周公之封于鲁，为方百里也；地非不足，而俭于百里。大公之封于齐也，亦为方百里也；地非不足也，而俭于百里。今鲁方百里者五，子以为有王者作，则鲁在所损乎，在所益乎？徒取诸彼以与此，然且仁者不为，况于杀人以求之乎？君子之事君也，务引其君以当道，志于仁而已。"
>
> 孟子曰："今之事君者曰：'我能为君辟土地，充府库。'今之所谓良臣，古之所谓民贼也。君不乡道，不志于仁，而求富之，是富桀也。'我能为君约与国，战必克。'今之所谓良臣，古之所谓民贼也。君不乡道，不志于仁，而求为之强战，是辅桀也。由今之道，无变今之俗，虽与之天下，不能一朝居也。"[1]

慎滑釐[2] 被任命为将军后，积极备战，以期在战场上一显身手。孟子找到

---

[1] 《孟子·告子下》，《十三经注疏》，中华书局1980年版，第2760页。

[2] 这个慎滑釐，只在这里出现一次。赵岐认为他是一个兵家，焦循《孟子正义》认定他是慎到，还有人认为他是墨家学派的禽滑釐。后两种说法似难以成立。赵岐的说法或许接近事实：他是鲁国的一个军事人才，一度被任命为将军，但没有指挥过有影响的战事，因而文献缺乏对他事迹的记载。

他，陡然给他头上泼下一瓢冷水。孟子说："不先教导百姓便用他们打仗，这就是加害于百姓。加害于百姓的人，在尧舜的时代是不被容纳的。你即使作战一次便打败了齐国，因而得到了南阳，也是不可以的。"孟子这里的意思是，慎滑釐的对齐作战，根本没有必胜的把握；即使侥幸取胜，也是不可取的。慎滑釐对孟子的看法自然无法苟同，因为他正被想象中的胜利鼓舞着。他反问孟子，既然一次能够打败齐国，为什么不可以？孟子于是推出了自己的反战理论："我明白告诉你：天子的土地纵横一千里；如果不到一千里，便不够接待诸侯。诸侯的土地纵横一百里；如果不够一百里，便不够来奉守历代相传的礼法制度。周公被封于鲁，是应该纵横一百里的；土地并不是不够，但实际上少于一百里。太公被封于齐，也应该是纵横一百里的；土地并不是不够，但实际上少于一百里。如今鲁国有五个一百里的长度和宽度，你以为假如有圣主明王兴起，鲁国的土地应该减少呢？还是应该增加呢？不用兵力，白白地取得那国来给这国，仁人尚且不干，何况杀人来求得土地呢？君子侍奉君王，只是专心一意地引导他走向正路，有志于仁罢了。"这里孟子以古老的周礼作为不要战争的依据，是没有说服力的。因为战国时代，中国走向统一只能通过战争的途径。不知是孟子的劝告起了作用，还是鲁国君臣意识到战争不合算，反正这场战争没有打起来。

孟子在讲了上面的道理以后，意犹未尽，接着又大骂那些醉心于通过战争开拓土地的臣子都是"民贼"："今天侍奉君主的人都说：'我能够替君主开拓土地，充实府库。'今天的所谓好臣子正是古代的所谓民贼。君主不向往道德，无意于仁，却想使他钱财富足，这等于使夏桀钱财富足。又说：'我能够替君主邀结盟国，每战一定胜利。'今天的所谓好臣子正是古代的所谓的民贼。君主不向往道德，无意于仁，却想替他勉强作战，这等于帮助夏桀。从目前这样的道路走下去，也不改变今天这样的风俗习气，纵使把整个天下给他，他是一天也坐不稳的。"这里，孟子将他的反战理论又大大发挥了一通，这既是说给慎滑釐听的，也是说给鲁国君臣听的。不过，尽管孟子对自己的反战理论坚信而执着，但在当时的历史条件下，是不会产生实际效果的：言之谆谆而听之藐藐，这是"迂远而阔于事情"的儒家学说在当时遇到的尴尬局面。

　　孟子在鲁国待的时间很短，大概只有几个月。由于同鲁平公和慎滑釐都处得不愉快，他深知在这里已经难以有所作为，所以很快又回到邹国。回到邹国以后，他面临一个向何处去的问题。这时候，孟子已经年过50岁，理论上也建立起自己的体系，在列国更是声名远播。他实在太希望得到一个诸侯国君的重用，将自己的理论推行到实践中去。然而，在所有接触到的国君中，没有找到一个赏识自己的人，这不能不使他感到丝丝凉意。他大概已经有时不我待的急迫感。是呀，自己服膺的孔老夫子，不是50岁以后也已主政中都，进而在大司寇的位子上任意挥洒了吗！怎么办？孟子突然想到近在咫尺的滕国。滕国的新君文公刚刚即位，不久前在彭城的两次谈话也比较投机，而在其父的葬礼问题上他又完全听从了自己的建议，比较所有接触过的国君，他或许是最有可能信任并重用自己的人物。于是，孟子毫不犹豫地带领弟子们，意气昂扬地来到滕国。

第十二章　滕国论政

孟子在滕国受到滕文公的热情款待，他们曾就非常广泛的问题进行交谈。当时的滕国很小，夹在齐、楚两个大国之间。向南数十里的薛地（今山东枣庄薛城）就是齐国贵族靖郭君田婴的封地，此前不久，田婴曾命人在这里修筑城防。《战国策·齐策一》对此事做过有趣的记载：

> 齐将封田婴于薛。楚王闻之，大怒，将伐齐。齐王有辍志。公孙闬曰："封之成与不，非在齐也，又将在楚。闬说楚王，令其欲封公也甚于齐。"婴子曰："愿委之于子。"
>
> 公孙闬为谓楚王曰："鲁、宋事楚而齐不事者，齐大而鲁、宋小。王独利鲁、宋之小，不恶齐大何也？夫齐削地而封田婴，是其所有弱也。愿勿止。"楚王曰："善。"因不止。
>
> 靖郭君将城薛，客多以谏。靖郭君谓谒者，无为客通。齐人有请者曰："臣请三言而已矣！益一言，臣请烹。"靖郭君因而见之。客趋而进曰："海大鱼。"因反走。君曰："客有于此。"客曰："鄙臣不敢以死为戏。"君曰："亡，更言之。"对曰："君不闻大鱼乎？网不能止，钩不能牵，荡而失水，则蝼蚁得意焉。今夫齐，亦君之水也。君长有齐阴，奚以薛为？夫齐，虽隆薛之城到于天，犹之无益也。"君曰："善。"乃辍城薛。[1]

---

① 刘向：《战国策·齐策一》，上海古籍出版社 1985 年版，第 303—305 页。

上面的故事主要展现纵横家们的智慧和雄辩。你看，由于惧怕楚王之怒，公孙闬在田婴几乎封薛无望的情况下，跑到楚王那里一番滔滔雄辩，田婴的封薛就得以顺利进行。一个齐人一席话，田婴城薛的初衷就动摇了，不过此前这一工程肯定进行了一段时间，所以孟子到滕国的时候，尽管田婴已经停止城薛的工程，但估计薛城也初具规模了。所以，滕文公与孟子见面的时候，就问起城薛的问题：

> 滕文公问曰："齐人将筑薛，吾甚恐，如之何则可？"孟子对曰："昔者太王居邠，狄人侵之，去之岐山之下居焉。非择而取之，不得已也。苟为善，后世子孙必有王者矣。君子创业垂统，为可继也。若夫成功，则天也。君如彼何哉？彊为善而已矣。"①

小国之君滕文公的神经是很敏感的，田婴在他毗邻的南部边境筑城，他就意识到逼近自己的危险，于是请教孟子怎么办？孟子的回答是行"仁政"，告诉他说，从前太王居于邠地，狄人来犯，他就避开，搬到岐山之下住下来。这不是太王主动选择的办法，实在是迫不得已呀！要是一个君主能行仁政，即使他本人没有成功，他的后代子孙也一定会成功的。有德君子创立功业，传之子孙，正是为着一代一代地能够继承下去。至于能不能成功呢？也还得依靠天命。您怎样去对付齐人呢？只有努力实行仁政罢了。这里孟子的回答是比较灵活的。他从滕国作为一个处于劣势地位的小国的实际出发，认为对付强大的齐人，只有避其锋芒，实行仁政，争取民心，培养国力，等待时机，即使这一代看不到效果，将来子孙肯定发达。因为滕国处于齐、楚等大国之间，时时受到侵扰，如何周旋于大国之间，使自己的利益不受或少受损害，是文公日夜萦绕脑际的紧迫问题，所以他一再询问，期望孟子给他一个满意的回答：

---

① 《孟子·梁惠王下》，《十三经注疏》，中华书局 1980 年版，第 2681 页。

　　滕文公问曰："滕，小国也，间于齐、楚，事齐乎？事楚乎？"孟子对曰："是谋非吾所能及也。无已，则有一焉：凿斯池也，筑斯城也，与民守之，效死而民弗去，则是可为也。"

　　滕文公问曰："滕，小国也；竭力以事大国，则不得免焉，如之何则可？"孟子对曰："昔者大王居邠，狄人侵之。事之以皮币，不得免焉；事之以犬马，不得免焉；事之以珠玉，不得免焉。乃属其耆老而告之曰：'狄人之所欲者，吾土地也。吾闻之也：君子不以其所以养人者害人。二三子何患乎无君？我将去之。'去邠，踰梁山，邑于岐山之下居焉。邠人曰：'仁人也，不可失也。'从之者如归市。或曰：'世守也，非身之所能为也，效死勿去。'君请择于斯二者。"①

孟子对滕文公提出的问题，第一次回答是团结百姓，深沟高垒，对外来侵犯誓死抵抗："把护城河挖深，把城墙筑牢，同百姓一道来坚守，宁肯献出生命，也决不屈服。"第二次回答时，则指出两条道路让文公选择，一是避让，二是反抗。孟子在讲述自己观点的时候，总是举出历史事实启发对话者的思考，他说："古时候太王居于邠地，狄人来侵犯。太王先用皮裘和丝绸去孝敬他，可狄人没有停止侵犯；又用好狗名马去孝敬他，狄人还是没有停止侵犯；再用珍珠宝玉去孝敬他，狄人还是没有停止侵犯。太王于是便召集邠地的长老，向他们宣布：'狄人所要的是我们的土地，土地只是养人之物，我认为，有道德之人不能为养人之物反而使人受到祸害。你们何必害怕没有君主呢？狄人不是也可以做你们的君主吗？我准备离开这儿，免得你们受害。'于是离开邠地，越过梁山，在岐山之下重新建筑一个城邑定居下来。邠地的百姓说：'这是一位仁德的人呀，不可以抛弃。'追随而去的人好像赶集一样踊跃。也有人这么说：'这是祖宗传下来教我们子孙代代应该保守的基业，不是我本人所能擅自做主而把它舍弃的。宁可献出生命，也不要离开。'以上两条道路，您可以选择其中的任

_____

① 《孟子·梁惠王下》，《十三经注疏》，中华书局 1980 年版，第 2681—2682 页。

何一条。"事实上，一直持反战观点的孟子，在回答如何对付强加的侵犯和战争时，内心是矛盾的。他不希望发生战争，鼓吹通过实施"仁政"争取民心，以解决诸如统一、秩序、和平和发展等问题。然而他面临的真实情况是，战争几乎天天都在进行，不仅各国之间经常进行战争，就是一国之内，各政治集团之间也经常为了各自的利益而诉诸武力。面对强加的战争和毫无理由的侵犯，一味退让只能助长强势集团的气焰。因乎此，孟子也只能鼓吹和支持团结御侮，以战争手段对付战争了。

孟子在与滕文公的谈话中，谈论最多的是"仁政"，因为"仁政"是孟子政治理论的核心，所以他此行最大的愿望是，滕文公接受他的"仁政"理论，并进而将这一理论变成具体的政策措施，在实践中认真加以推行。请看他的说教吧：

滕文公问为国。孟子曰："民事不可缓也。《诗》云：'昼尔于茅，宵尔索绹；亟其乘屋，其始播百谷。'民之为道也，有恒产者有恒心，无恒产者无恒心。苟无恒心，放辟邪侈，无不为己。及陷乎罪，然后从而刑之，是罔民也。焉有仁人在位罔民而可为也？是故贤君必恭俭礼下，取于民有制。阳虎曰：'为富不仁矣，为仁不富矣。'夏后氏五十而贡，殷人七十而助，周人百亩而彻，其实皆什一也。彻者，彻也；助者，藉也。龙子曰：'治地莫善于助，莫不善于贡。'贡者，校数岁之中以为常。乐岁，粒米狼戾，多取之而不为虐，则寡取之；凶年，粪其田而不足，则必取盈焉。为民父母，使民盼盼然，将终岁勤动，不得以养其父母，又称贷而益之，使老稚转乎沟壑，恶在其为民父母也？夫世禄，滕固行之矣。《诗》云：'雨我公田，遂及我私。'惟助为有公田。由此观之，虽周亦助也。设为庠序学校以教之。庠者，养也；校者，教也；序者，射也。夏曰校，殷曰序，周曰庠，学则三代共之，皆所以明人伦也。人伦明于上，小民亲于下。有王者起，必来取法，是为王者师也。《诗》云：'周虽旧邦，其命维新。'文王之谓也。子力行之，亦以新子之国。"

使毕战问井地。孟子曰："子之君将行仁政，选择而使子，子必勉之！夫仁政，必自经界始。经界不正，井地不均，谷禄不平，是故暴君汙吏必慢其经界。经界既正，分田制禄可坐而定也。夫滕，壤地褊小，将为君子焉，将为野人焉。无君子，莫治野人；无野人，莫养君子。请野九一而助，国中什一使自赋。卿以下必有圭田，圭田五十亩；余夫二十五亩。死徙无出乡，乡田同井，出入相友，守望相助，疾病相扶持，则百姓亲睦。方里而井，井九百亩，其中为公田。八家皆私百亩，同养公田；公事毕，然后敢治私事，所以别野人也。此其大略也；若夫润泽之，则在君与子矣。"[1]

孟子这一番说教，不啻可以看作他的"仁政"纲领。这一纲领的内容是：一，为了使民有"恒心"，必须使民有恒产。因为老百姓只有有一定的产业收入，才有一定的道德观念和行为准则。若没有一定的产业收入，便不会有一定的道德观念和行为准则，他们就会胡作非为违法乱纪，什么事也能干出来。所以，贤明之君不仅要使他们有一定的产业，还要有一个"取民有制"的税收制度，让百姓负担得起。二，实行"井田"制度，让百姓得到"恒产"，能够获得稳定的收入，足以供养父母妻子，不致使他们衣食无着，"老稚转乎沟壑"。三，兴办学校，教育人民了解人与人之间的各种必然关系以及相关的各种准则，并一体遵守。这样一来，诸侯、卿、大夫与广大百姓都各得其所，就会和安相处，社会也就太平安定了。孟子希望滕国也像当年的周文王创业那样，以小小的国土为基地，真心真意推行"仁政"，迎来国运的新气象。可能孟子的"仁政"理论激起了滕文公的政治热情和改革希望，又特使臣子毕战去孟子那里询问井田制的具体情况，孟子根据自己的理解，对这个问题作了详细解释。他认为，实行"仁政"，一定要从划分整理田界开始。田界划分得不正确，井田的大小就不均匀，作为俸禄的田租收入也就不会公平合理，所以暴虐的君主以及贪官污吏一

---

[1]　《孟子·滕文公上》，《十三经注疏》，中华书局 1980 年版，第 2702—2703 页。

定要打破正确的田间界限。田间界限正确了，分配人民以田地，制定官吏的俸禄，都可以毫不费力地作出决定了。接着，孟子谈了他理想的土地占有、使用和劳动成果的分配办法。他说，滕国的土地狭小，却也得有官吏和人民。没有官吏，便没有人来管理劳动人民；没有劳动人民，也没有人养活官吏。我建议，郊野用九分抽一的助法，城市用十分抽一的贡法。公卿以下的官吏一定有供祭祀的圭田每家 50 亩；如果他家还有剩余的劳动力，便每一劳动力再给 25 亩。无论埋葬或者搬家，都不离开本乡本土。共一井田的各家，平日出入，互相友爱；防御盗贼，互相帮助；一有疾病，互相照顾，那么百姓之间便亲爱和平了。办法是：每一方里的土地为一个井田，每一井田有 900 亩，当中 100 亩是公有田，以外 800 亩分给 8 家作私田。这 8 家共同来耕种公有田。先把公有田耕种完毕，再来料理私人的事务，这就是区别官吏与劳动人民的办法。以上这些规定不过是个大概，至于怎样去修饰调度，那就在你的君和你本人了。

在中国历史上孟子是第一个提出井田制的人，由此给后世留下了至今聚讼纷纭的关于井田制的争论。也有一些学者认为井田确实存在。如郭沫若就说"井田制是断然存在过的"①。他认为井田制"是由于两层用意所设计出来的：一是作为榨取奴隶劳力的工作单位，另一是作为赏赐奴隶管理者的报酬单位"②。也就是说，"周王把井田分封给诸侯和百官，用作计算俸禄的单位"，"周朝的各级奴隶主贵族，把他们得到的井田分配给自己的奴隶集体耕种，作为课验勤惰的单位，以榨取奴隶们的血汗"③。这种表述可能比较接近历史的真实。田昌五基本认同郭沫若的观点又有所发展。他认为"井田制有两层含义：一是用来计算大面积的封地，包括山泽邑居在内；二是用来进行赋敛，限可耕地。"④ 显然，郭沫若与田昌五都将井田制认作当时土地的一种计量的方法与制度。这里孟子所讲的土地占有、使

① 《郭沫若全集·历史编》2，人民出版社 1982 年版，第 25 页。
② 《郭沫若全集·历史编》2，人民出版社 1982 年版，第 34 页。
③ 郭沫若主编：《中国史稿》第 1 册，人民出版社 1976 年版，第 244—245 页。
④ 田昌五：《中国古代社会发展史论》，齐鲁书社 1992 年版，第 359 页。

用和劳动成果分配办法，主要有这样几项内容：一，郊野实行九一税制度，城市（即国中）实行十一税制。二，除拥有大片土地的公、卿两级贵族之家外，其他官吏每家有圭田 50 亩和按每个劳动力 25 亩的数量分得土地。三，郊野实行 8 家共井的井田制和劳役地租。不管孟子描述的井田制度是否在西周历史上存在过，也不管他这套方案在当时是否具有实行的条件，但有一点可以肯定，即他企图通过这种办法抑制土地朝少数人那里集中的倾向，实现民有恒产的目标，以便使生产者与生产资料相结合，从而使社会生产得以顺利进行，国家税收得到保证，社会上最贫苦无告的那部分人的生活也能够维持，由此使当时的社会回归孟子理想的有序运行的轨道。

第十三章　驳斥许行

　　孟子在滕国的时候，正好农家的代表人物许行也由楚国到了这里。农家是战国诸子中的一个学派。因为他们的代表作《神农》汉代以后已经失传，这一学派完整的理论体系已难以稽考，后人只能从保存他们学说片段较多的《吕氏春秋》《淮南子》和其他先秦诸子的记载中窥视其学术风貌。大体说来，农家的政治理想是建立一个人人共同劳动、共同消费，没有阶级、没有剥削和压迫的农耕社会，因而他们重视农业科学和农业技术的研究与推广，对中国农学的发展作出了重要贡献。孟子与许行的弟子陈相就社会分工问题进行了激烈的辩论。《孟子·滕文公上》比较详细地记载了这场辩论：

　　　　有为神农之言者许行，自楚之滕，踵门而告文公曰："远方之人，闻君行仁政，愿受一廛而为氓。"文公与之处。其徒数十人，皆衣褐，捆屦织席以为食。陈良之徒陈相与其弟辛负耒耜而自宋之滕，曰："闻君行圣人之政，是亦圣人也，愿为圣人氓。"陈相见许行而大悦，尽弃其学而学焉。陈相见孟子，道许行之言曰："滕君则诚贤君也；虽然，未闻道也。贤者与民并耕而食，饔飧而治。今也滕有仓廪府库，则是厉民而以自养也，恶得贤？"孟子曰："许子必种粟而后食乎？"曰："然。""许子必织布而后衣乎？"曰："否；许子衣褐。""许子冠乎？"曰："冠。"曰："奚冠？"曰："冠素。"曰："自织之与？"

曰："否；以粟易之。"曰："许子奚为不自织？"曰："害于耕。"曰：
"许子以釜甑爨，以铁耕乎？"曰："然。""自为之与？"曰："否；以
粟易之。""以粟易械器者，不为厉陶冶；陶冶亦以其械器易粟者，岂
为厉农夫哉？且许子何不为陶冶，舍皆取诸其宫中而用之？何为纷
纷然与百工交易？何许子之不惮烦？"曰："百工之事固不可耕且为
也。""然则治天下独可耕且为与？有大人之事，有小人之事。且一人
之身，而百工之所为备，如必自为而后用之，是率天下而路也。故
曰，或劳心，或劳力；劳心者治人，劳力者治于人；治于人者食人，
治人者食于人，天下之通义也。当尧之时，天下犹未平，洪水横流，
氾滥于天下，草木畅茂，禽兽繁殖，五谷不登，禽兽偪人，兽蹄鸟
迹之道交于中国。尧独忧之，举舜而敷治焉。舜使益掌火，益烈山
泽而焚之，禽兽逃匿。禹疏九河，瀹济漯而注诸海，决汝汉，排淮
泗而注之江，然后中国可得而食也。当是时也，禹八年于外，三过
其门而不入，虽欲耕，得乎？后稷教民稼穑，树艺五谷；五谷熟而民
人育。人之有道也，饱食、煖衣、逸居而无教，则近于禽兽。圣人
有忧之，使契为司徒，教以人伦，父子有亲，君臣有义，夫妇有别，
长幼有序，朋友有信。放勋曰：'劳之来之，匡之直之，辅之翼之，
使自得之，又从而振德之。'圣人之忧民如此，而暇耕乎？尧以不得
舜为己忧，舜以不得禹、皋陶为己忧。夫以百亩之不易为己忧者，
农夫也。分人以财谓之惠，教人以善谓之忠，为天下得人者谓之仁。
是故以天下与人易，为天下得人难。孔子曰：'大哉尧之为君！惟天
为大，惟尧则之，荡荡乎民无能名焉！君哉舜也！巍巍乎有天下而
不与焉！'尧舜之治天下，岂无所用其心哉？亦不用于耕耳。"①

《孟子》一书中记载他与人辩论的事件可谓多矣，但这场与陈相的辩论是
其所有辩论中最精彩的场次之一。整个辩论围绕着社会分工和分工是否是

---

① 《孟子·滕文公上》，《十三经注疏》，中华书局 1980 年版，第 2705—2706 页。

"厉人"即剥削进行。辩论以陈相转述许行指责滕君"厉民而以自养"开始。他说："滕君确实是个贤明的君主,虽然如此,但也还不是真正懂得道理。贤人一定要和人民一道耕种,自己做饭,而且也要替百姓办事。如今滕国有储存谷米的仓廪,有存放财物的府库,这不是损害别人奉养自己么,又怎能叫作贤明呢?"因为孟子认定农、工、商等不同行业和管理国家与社会事务的国君及各级官吏都是社会需要的分工,他们以各自的服务与其他行业交换,这里根本不存在谁剥削谁的问题,所以他首先从分工谈起,让陈相承认许行一伙用谷物交换衣服、帽子、锅、田器是谁也不剥削谁的正当行为,而且必须有这样的分工和交换社会才能正常运转。他进而咄咄逼人说:"农夫用谷米换取锅甑和农具,不能说是损害了瓦匠铁匠,那么,瓦匠铁匠用锅甑和农具来换取谷米,难道说是损害了农夫吗?而且,为什么许子不亲自烧窑冶铁,做成各种器械,什么东西都储存在家中随时取用?为什么许子仍然要一件件地和各种工匠做买卖?为什么许子这样不怕麻烦?"在陈相承认一个人不可能同时从事农业又做各种工匠后,孟子进而引申,管理国家的各项事务也是社会分工,如同农民种田、工人织布、烧窑、冶铁、制器一样,都是社会不可或缺的工作。他振振有词地说:"那么,难道管理国家就能一方面耕种又能同时干得了分内的工作吗?社会上分工众多,既有官吏的工作,也有小民的工作。只要是一个人,各种工匠的成品对他都是不可缺少的,如果一件件东西都要自己造出来才去用它,这是率领天下的人疲于奔命。所以我说,有的人劳动脑力,有的人劳动体力;脑力劳动者统治人,体力劳动者被人统治;被统治者养活别人,统治者靠人养活,这是普天下的共同原则。"接着,孟子举出历史上圣帝名王殚精竭虑,救民水火的例子,极力说明,脑力劳动绝不比体力劳动轻松,而贡献也远远超过体力劳动。他热情洋溢地宣讲历史:"当尧的时候,天下还不安定,大水为灾,四处泛滥,草木密密麻麻地生长,鸟兽成群地繁殖,谷物却没有收成;飞鸟野兽危害人类,到处都是它们的足迹。尧一个人为此忧虑,把舜选拔出来总领治理工作。舜命令伯益掌管火政,益便将山野沼泽地带的草木用烈火烧毁,使鸟兽逃跑隐藏。禹又疏濬九河,治理济水和漯水，引流入海，挖掘汝水和汉水，疏通淮水泗水，引导流入长江，中国才可以耕种。在这个时候，禹八年在外，三次经过自己的家门都不进去，纵使想亲自耕田，可能吗？后稷教导百姓种庄稼，栽培谷物。谷物成熟了，便可以养育百姓。人之所以为人，吃饱了，穿暖了，住得安逸了，如果没有教育，也和禽兽差不多。圣人又为此忧虑，便使契做司徒的官，主管教育。用关于人生的大道理以及行为准则来教育人民，使之父子之间有骨肉之亲，君臣之间有礼义之道，夫妻之间挚爱而有内外之别，老少之间有尊卑之序，朋友之间有诚信之德。……圣人为百姓考虑如此周到而不倦，还有闲暇耕种吗？尧把得不着舜这样的人才作为自己的忧虑，舜把得不着禹和皋陶这样的人才作为自己的忧虑。把自己的田地耕种得不好作为忧虑的，那是农夫。把钱财分给别人的叫作惠，把好的道理教给别人的叫作忠，替天下人民找到出色人才的便叫作仁。在我看来，把天下让给别人比较容易，替天下找到出色人才却困难些。所以孔子说：'尧做天子真是伟大！只有天最伟大，也只有尧能够效法天。尧的圣德广阔无边呀，竟使人民找不到恰当的词语来赞美他！舜也是了不得的天子！那么使人敬服地坐了天下，自己却不享受它，占有它！'尧、舜治理天下，难道不用心思吗？只是不用在种庄稼上罢了。"孟子这一番口若悬河的议论，把君主作为社会分工一分子的观点作了充分的论证。其中，最为后世诟病的是"劳心者治人，劳力者治于人；治于人者食人，治人者食于人，天下之通义也"这一段话，被判为"剥削有理论"加以批判。实在说来，这是对《孟子》一书的误读。孟子这里是讲社会分工，认定脑力劳动和体力劳动是不同的社会分工并不错，至于"治人"和"治于人"这些有点刺激性的字眼，只要作理性的理解，就不难通过了。当你将"治"诠释成管理，问题就迎刃而解了。再说，将脑力劳动同剥削，体力劳动同被剥削简单等同起来，显然是没有道理的。孟子充分肯定脑力劳动和体力劳动分工的积极意义，在他与弟子公孙丑的谈话中也着力强调过，《孟子·尽心上》记载了这次谈话：

公孙丑曰："《诗》曰：'不素餐兮'，君子之不耕而食，何也?"

孟子曰："君子居是国也，其君用之，则安富尊荣；其子弟从之，则孝弟忠信。'不素餐兮'，孰大于是?"①

在这次谈话中，公孙丑所引的诗句出于《诗经·魏风·伐檀》，全诗以伐木者的口吻，讽刺那些"不稼不穑""不狩不猎"的"君子"是一群"素餐"即白吃饭的剥削者。公孙丑也疑惑君子不耕而食就是白吃饭。孟子却从体、脑分工的角度，将君子变换为知识分子，对他们的作用做了充分肯定。他说，君子住在一个国家，君王用他，就会平安、富足、尊贵而有名誉；少年子弟信从他，就会孝父母、敬兄长、忠心而守信实。"不白吃饭"，还有比这更好的吗？从这里可以看出，孟子在体、脑分工问题上的观点始终是以一贯之的。

大概是孟子的辩驳还没有完全说服陈相，他又提出农家学说可以避免价格欺诈的观点，但也被孟子有力地驳斥了：

"从许子之道，则市贾不贰，国中无伪；虽使五尺之童适市，莫之或欺。布帛长短同，则贾相若；麻缕丝絮轻重同，则贾相若；五谷多寡同，则贾相若；屦大小同，则贾相若。"曰："夫物之不齐，物之情也；或相倍蓰，或相什伯，或相千万。子比而同之，是乱天下也。巨屦小屦同贾，人岂为之哉？从许子之道，相率而为伪者也，恶能治国家?"②

表面上看，陈相的说法的确令人神往：如果听从许行的学说，那就会做到市场上的物价一致，人人没有欺诈。纵令打发小孩子去市场，也没有人来欺骗他。因为许子的交易准则是：布匹丝绸的长短一样，价钱便一样；麻

---

① 《孟子·尽心上》，《十三经注疏》，中华书局 1980 年版，第 2769 页。

② 《孟子·滕文公上》，《十三经注疏》，中华书局 1980 年版，第 2706 页。

绵丝绵的轻重一样，价钱便一样；谷米的多少一样，价钱也一样；鞋的大小一样，价钱也一样。然而，陈相所转述的农家的这个观点，却有一个致命伤：他们标榜的数量一样就价格相同的观念，没有将质量计算在内。所以孟子反驳说：各种东西的品种质量不一致，这是自然的，由此也就导致价格的不一致，有的相差一倍五倍，有的相差十倍百倍，有的相差千倍万倍；你要不分精粗优劣，完全使它们一致，只是扰乱天下罢了。试想，大小相同的好鞋和坏鞋一样价钱，制鞋人难道还肯去做质量好的吗？恰恰相反，听从许子的学说，不仅不会避免欺诈，而且必然率领大家走向虚伪，怎能够治理好国家呢？孟子这里触及一个重要的经济学问题，即商品价值的问题，他已经意识到商品价值，不仅由数量，而且由质量即由凝结其中的物化劳动的多少决定的，数量相同但质量不同，价格也就不同：同样数量的布帛，因质量不同价格可以相差数倍、数十倍甚至上百倍，原因就在于凝结于其中的物化劳动是不一样的。在中国经济史上，孟子是第一个发现商品价值秘密的人。令人惊异的是，古希腊发现商品价值秘密的人亚里士多德（前 384—前 322 年）是孟子同时代的人，他在论证这个问题时，与孟子一样也是以鞋子作例子的。

应该承认，孟子对农家学派的批判是有积极意义的。因为农家学派主张的人人劳动、君民共耕、自食其力、反对分工的理论，是一种倒退到原始社会的理论，既是一种空想，也不具有进步和积极意义。而孟子看到了社会分工尤其是体、脑分工的积极意义，看到了发展商品经济的积极意义，即使其中有为剥削辩护的因素，也不应该否定其积极意义。因为在孟子的时代，剥削正为推动历史的发展发挥着巨大的原动力的作用。

第十四章　辟杨距墨

在与农家辩论的差不多同时，孟子还对杨朱和墨翟进行过猛烈的批判。

杨朱（约前395—前335年）是与孟子同时代或略早的道家学派的代表人物之一。他没有著作流传下来，其思想资料散见于诸子中，《孟子》是保存其资料较多的著作之一。虽然秦汉以后已经很难窥见杨朱思想的全貌，但在战国前中期，他却是思想界极其活跃的人物，他所代表的学派与儒、墨两家成鼎足之势，纵横一时，耸动远近视听。孟子对他的批判，集中在"为我"之论，说他是"拔一毛利天下而不为"，是一个"无君"的绝对个人主义者。其实杨朱的思想反映了战国时代个体生命自主意识的觉醒。他认为每一个人都是一个独立的个体生命，每一个人都是他自己生命的主人，只有自己有权支配自己的一切。即使拔一毛利天下，也要看他自己愿不愿意拔这根毛。他要求尊重个体生命，尊重个人自由，无论是个人还是集体，都无权侵犯别人的利益。这种对于个体生命意识的张扬，在当时奴隶的解放潮流中显然具有积极意义。墨翟（约前480—420年）是墨家学派的创始人，他与弟子组成一个组织严密、纪律严明的团体，是战国时代唯一代表"农与工肆之人"的一个学派，在战国前期声势浩大，齐、楚、燕、韩、赵、魏、秦的王宫里几乎都能看到他们的身影。他们还是战国诸子中在自然科学方面取得最多成就的学派，在数学、物理、光学、医学和军事工程等学科都作出了划时代的贡献。墨翟及其后学留下一部《墨子》，是后学了解和研究这个学派的最重要的资料。墨翟曾提出十大纲领性的主张，即"兼爱""非攻""尚同""尚贤""天志""明鬼""非乐""非命""节用""节葬"，既反映了"农与工肆之人"的美好愿望，也显示了他们不可避免的局限。孟子之所以对这两个学派发起猛烈批判，一是因为他们是当时最负盛名、最有势力的学派，严重威胁到儒家学派的地位。二是因为他们的思想和主张在很多方面与儒学针锋相对，严重危及儒家思想的传播和弘扬。《孟子·滕文公下》记载了孟子对杨朱和墨家学派的批判：

公都子曰："外人皆称夫子好辩，敢问何也?"孟子曰："予岂好辩哉? 予不得已也。天下之生久矣，一治一乱。当尧之时，水逆行，泛滥于中国，蛇龙居之，民无所定；下者为巢，上者为营窟。《书》曰：'洚水警余。'洚水者，洪水也。使禹治之，禹掘地而注之海，驱蛇龙而放之菹；水由地中行，江、淮、河、汉是也。险阻既远，鸟兽之害人者消，然后人得平土而居之。尧舜既没，圣人之道衰，暴君代作，坏宫室以为污池，民无所安息；弃田以为园圃，使民不得衣食。邪说暴行又作，园圃、污池、沛泽多而禽兽至。及纣之身，天下又大乱。周公相武王诛纣，伐奄三年讨其君，驱飞廉于海隅而戮之，灭国者五十，驱虎、豹、犀、象而远之，天下大悦。《书》曰：'丕显哉，文王谟! 丕承哉，武王烈! 佑启我后人，咸以正无缺。'世衰道微，邪说暴行有作，臣弑其君者有之，子弑其父者有之。孔子惧，作《春秋》。《春秋》，天子之事也；是故孔子曰：'知我者其惟《春秋》乎! 罪我者其惟《春秋》乎!'圣王不作，诸侯放恣，处士横议，杨朱、墨翟之言盈天下。天下之言不归杨，则归墨。杨氏为我，是无君也；墨氏兼爱，是无父也。无父无君，是禽兽也。公明仪曰：'庖有肥肉，厩有肥马，民有饥色，野有饿莩，此率兽而食人也。'杨墨之道不息，孔子之道不著，是邪说诬民，充塞仁义也。仁义充塞，则率兽食人，人将相食。吾为此惧，闲先圣之道，距杨墨，放淫辞，邪说者不得作。作于其心，害于其事；作于其事，害于其政。圣人复起，不易吾言矣。昔者禹抑洪水而天下平，周公兼夷狄、驱猛兽而百姓宁，孔子成《春秋》而乱臣贼子惧。《诗》云：'戎狄是膺，荆舒是惩，则莫我敢承。'无父无君，是周公所膺也。我亦欲正人心，息邪说，距诐行，放淫辞，以承三圣者；岂好辩哉？予不得已也。能言距杨墨者，圣人之徒也。"①

这是《孟子》一书中记载孟子一次谈话最长的篇幅之一。由公都子的问话引起，他解释自己的所谓好辩乃是出于不得已。孟子从历史讲起，先述尧、舜、禹领导百姓战胜自然灾害的筚路蓝缕之功，接着讲文、武、周公诛纣、伐奄、驱飞廉、灭叛逆之国五十而使天下太平的丰功伟绩，之后就大讲对邪说淫辞的批判。他说，春秋以来，"太平之世和仁义之道都逐渐衰微，荒谬的学说、残暴的行为又盛行起来，臣子杀死君王、儿子杀死父亲，屡见不鲜。孔子深为忧虑，著作了《春秋》一部历史书。书中对历史上的人和事有所赞扬和指责，这本来是天子的职权，孔子不得已而做了。所以孔子说：'了解我的，就在于《春秋》这部书！责骂我的，也就在于《春秋》这部书！'自那以后，圣王也不再出现，诸侯无所顾忌，一般人士也乱发议论，杨朱、墨翟的学说充满天下，于是所有的主张不属于扬朱派，便属于墨翟派。杨朱主张'为我'，否定了对君上的尽忠，就是目无君上；墨派主张'兼爱'，否定了对父亲的尽孝，就是目无父母。目无君上，目无父母，那就成了禽兽了。公明仪说过，'厨房里有肥肉，马厩里有肥马，但是，老百姓脸上有饥色，野外躺着饿死的尸体，这就是率领着野兽来吃人呀。'杨朱、墨翟的学说不消灭，孔子的学说就无法发扬，这便是荒谬的学说欺骗了百姓，而阻塞了仁义的道路。仁义的道路被阻塞，也就等于率领着野兽来吃人，人与人也将互相残杀。我因而深为忧虑，便出来捍卫古代圣人的学说，反对杨墨的学说，驳斥错误的言论，使发表谬论的人不能抬头。那种荒谬的学说，从心里产生出来，便会危害工作；危

---

① 《孟子·滕文公下》，《十三经注疏》，中华书局 1980 年版，第 2714—2715 页。

害了工作，也就危害了政治。即使圣人再度兴起，也会同意我这番话的。"孟子接着讲历史说，"从前大禹制服了洪水，天下才得着太平；周公兼并了夷狄，赶跑了野兽，百姓才得着安宁；孔子著作了《春秋》，叛乱的臣子、不孝的儿子才有所害怕。《诗》说过，'攻击戎狄，痛惩荆舒，就没有人敢于抗拒我。'像杨墨这样目无君上目无父母的人，正是周公所要惩罚的。"又进一步发挥说，"我也要端正人心，消灭邪说，反对偏激的行为，驳斥荒唐的言论，来继承大禹、周公、孔子三位圣人的事业，这难道是喜欢辩论吗？我是不能不辩论的呀。能够以言论来反对杨墨的，也就是圣人的门徒了。"孟子以少有的激愤发出了对杨墨的猛烈批判，其火力之猛，义愤之烈，给两人所加罪名之重，在他批判过的人中几乎无出其右。如果我们检视孟子批判杨墨的主要内容，就不难发现，这里更多反映的是他作为当时儒家学派代表人物的思想和学术偏见。你看，孟子批判杨朱的主要罪名是"为我"，"为我"就能与"无君"联系起来吗？这里孟子首先将杨朱说成是一个绝对的个人主义者，全然不看他"为我"的前提是反对损害别人的利益，一个人在此前提下维护个人的正当利益有什么错呢？儒家思想特别注重社会担当意识自然是积极奋发的人生态度，但在当时各阶级权利和义务极不平等的条件下，儒家要求被剥削被压迫阶级承担的义务显然是不公平的。正由于孟子的批判，后人几乎都将杨朱定位为绝对的个人主义者，这是有失公平的。孟子集中批判墨子的"兼爱"，"兼爱"能同"无父"联系起来吗？墨子以"爱无等差"的平等意识反对儒家"爱有等差"的等级观念，反映了"农与工肆之人"这个劳动者群体争取自身权利的觉醒。当然，这个理想只不过是美丽的空想。尽管孟子对杨墨的批判在学理上大有商榷的余地，但是，由于他的近乎"欲加之罪"的批判，再加上其他原因，这两个学派在战国后期就呈现出不可挽回的衰颓之势。

孟子在滕国住了两年多的时间（前322—前320年），他虽然没有在这里担任具体职务，但一直受到滕文公极高的礼遇。他与滕文公多次会面，阐发"仁政""井田"等一系列的治国方略，同时对许行为代表的农家学派和杨朱、墨家学派进行了痛快淋漓的批判，比较全面地展示了自己的思想学术观点，显示了他大气磅礴、挥斥方遒的行事和辩论风格，产生了广泛的影响。然而，经过两年多的观察，孟子明白，滕国不是施展他抱负的地方。因为尽管滕文公对他谦恭礼遇，但并不是大有为之君。对自己讲的那些"仁政"理想和小国可以由弱变强、统一天下的未来期许，他是既没有能力也没有魄力付诸实践的。更令孟子失望的是，两年来滕文公虽然对他礼遇有加，却一直将他放在客卿的位置上，使他不能担任实质性的执政官员推行自己理想的政策。再说，即使滕文公让他执政，处于大国夹缝中、随时有灭国危险的滕国也已经没有多少回旋发展的空间了。想到此，孟子毅然决定离开滕国，到其他地方寻找更大的发展空间。这时，他把目光投向了位于中原"卑礼厚币以招贤者"的魏国。

第十五章　惠王问政

公元前 320 年（周慎靓王元年　魏惠王后元十五年　齐威王三十七年）53 岁的孟子离开滕国，激情满怀地来到地处中原、在七雄中举足轻重的魏国，期望在这里有所作为，实现自己的理想。

作为战国七雄之一的魏国，是公元前 403 年与赵国和韩国"三家分晋"后建立的诸侯国。此前，韩、赵、魏作为晋国最有实力的大夫，不断在自己的领地推行顺应历史潮流的封建化改革，同时也利用自己手中掌握的权力，对晋国的政治经济进行封建化改革，在不断削弱和消灭守旧贵族的过程中，也不断削弱晋君的权利，使自己的领地日益扩展。到公元前 403 年周威烈王发布命令承认他们三家诸侯国地位的时候，这三个诸侯国已经雄踞黄河中游的肥田沃野，成为与老牌诸侯国齐、楚、燕、秦并驾齐驱的大国了。三国之中，魏国的势力最大。它的第一代国君魏文侯是战国前期推行封建化改革的领军人物。他任用李悝、吴起、段干木、西门豹等改革派的一批精英，一方面按《法经》的原则进行政治改革，一方面实行"尽地力之教"推进经济改革，兴修水利，治理漳河，开凿鸿沟，改造农田，大力发展农业生产，同时实行精兵精器的军事改革，练出了威震四方的"魏武卒"，南征北战，东进西讨，在战国前期稳居七雄首强的地位。不过，此时的魏国已经失去昔日的辉煌气势，因为后起改革的齐、秦两国逐渐后来居上，在国力和军力上压倒了魏国。公元前 364 年（周显王五年　秦献公二十一年　魏惠王六年），秦败魏于石门，斩首 6 万。公元前362年，秦败魏于少梁，俘魏相公孙痤。逼得魏国将国都由安邑（今山西夏县北）迁往大梁（今河南开封）。公元前353年，魏攻赵，齐围魏救赵，孙膑为军师，败魏于桂陵，生擒魏军统帅庞涓。公元前352年，卫鞅任秦大良造，将兵攻取魏安邑。公元前343年，齐魏在马陵激战，齐田忌用孙膑计，大破魏军，庞涓自杀，魏太子申被俘。第二年，商鞅帅秦兵伐魏，俘公子卬。此后，魏国每况愈下，30年后，公元前331年，秦败魏，俘其将龙贾，斩首8万。第二年，秦再败魏，俘其将龙且，逼使魏献河西之地于秦。下一年，秦渡河取魏汾阴、皮氏、焦等地。再下一年，面对秦军咄咄逼人的攻势，魏国只得献出上郡15县赂秦，希冀获一时之安。这时，焦头烂额的魏惠王颇思振作，"惠王数被于军旅，卑礼厚币以招贤者。邹衍、淳于髡、孟轲皆至梁。梁惠王曰：'寡人不佞，兵三折于外，太子虏，上将死，国以空虚，以羞先君宗庙社稷，寡人甚丑之。'"① 孟子就是在这种情况下，应着惠王的召唤，意气昂扬地踏上魏国的土地的。

孟子到了大梁，梁惠王立即招见他，开始了他们之间内容广泛的论政。《孟子·梁惠王》上下篇，集中记述了他们谈话的内容：

> 孟子见梁惠王。王曰："叟！不远千里而来，亦将有以利吾国乎？"孟子对曰："王何必曰利？亦有仁义而已矣。王曰，'何以利吾国？'大夫曰，'何以利吾家？'士庶人曰，'何以利吾身？'上下交征利而国危矣。万乘之国，弑其君者必千乘之家；千乘之国，弑其君者必百乘之家。万取千焉，千取百焉，不为不多矣。苟为后义而先利，不夺不餍，未有仁而遗其亲者也，未有义而后其君者也。王亦曰仁义而已矣，何必曰利？"②

孟子这里由惠王问利开始，全面展开对仁义、仁政的阐述。他将"义"和

---

① 司马迁：《史记》卷四十四《魏世家》，中华书局1959年版，第1847页。

② 《孟子·梁惠王上》，《十三经注疏》，中华书局1980年版，第2665页。

"利"作为对立的两极展开论证说，大王您为什么一开口就说到利益呢？我看只要讲仁义就行了。如果王、大夫和一般士子以致老百姓都说强调怎样才对我本人有利，这样就会使上上下下的人都互相追逐私利，国家便会发生危险了。因为在拥有一万辆兵车的国家里，杀掉那个国君的一定是拥有一千辆兵车的大夫；在拥有一千辆兵车的国家里，杀掉那个国君的一定是拥有一百辆兵车的大夫。在一万辆兵车的国家中，大夫拥有兵车一千辆；在一千辆兵车的国家中，大夫拥有兵车一百辆；这些大夫的产业与一般百姓相比，不能不说是很多的了。但是，假若轻公义、重私利成为时尚，追逐私利成为人们生活的唯一目标，那大夫若不把国君的产业夺去，是永远不会满足的。从没有讲"仁"的人会遗弃他的父母，也没有讲"义"的人会对他的君上怠慢的。在我看来，王只讲仁义就行了，为什么一定要讲利益呢？接着，孟子对惠王讲君主必须"与民同乐"：

> 孟子见梁惠王。王立于沼上，顾鸿雁麋鹿，曰："贤者亦乐此乎？"孟子对曰："贤者而后乐此，不贤者虽有此，不乐也。《诗》云：'经始灵台，经之营之，庶民攻之，不日成之。经始勿亟，庶民子来。王在灵囿，麀鹿攸伏，麀鹿濯濯，白鸟鹤鹤。王在灵沼，于牣鱼跃。'文王以民力为台为沼，而民欢乐之，谓其台曰灵台，谓其沼曰灵沼，乐其有麋鹿鱼鳖。古之人与民偕乐，故能乐也。《汤誓》曰：'时日害丧，予及女偕亡。'民欲与之偕亡，虽有台池鸟兽，岂能独乐哉？"①

当惠王得意地向孟子展示他鸟兽成群的池塘园囿，问有道德的人是否也高兴享受这种欣赏美景的快乐时，孟子告诉他，只有"与民同乐"，才能享受这种快乐。他侃侃而谈："只有有道德的人才能够享受这种快乐，没有道德的人纵使有这种快乐也是无法享受的。为什么这样说呢？还是让我举

---

① 《孟子·梁惠王上》，《十三经注疏》，中华书局1980年版，第2665—2666页。

出文王和夏桀的例子来说明吧。《诗经·大雅·灵台》说：'文王开始筑灵台，测量规划，营建起来。众人一起修建经营，没有多久便已建成。始建之令并不紧急，众人自愿来此效忠。王在灵苑，游乐融融，母鹿驯熟，伏地不惊。母鹿成群，肥硕美好，白鸟戏水，洁羽浩浩。王在灵沼，游乐陶陶，啊，满池锦鳞，跳跃逍遥。'这段诗足可证明，文王虽然用了百姓的力量来兴建高台深池，可是百姓非常高兴，把那一个台叫'灵台'，把那一个池沼叫'灵沼'，还高兴他有许多种类的鸟兽鱼鳖。这就是因为他与民同乐，所以他能得到真正的快乐。夏桀与文王恰好相反，所以百姓怨恨他。可是他却自比太阳，狂言太阳什么时候消失，他就什么时候灭亡。《汤誓》中记载着百姓的怨歌：'太阳呀，你什么时候消失呢？我们宁肯跟你同归于尽！'作为国家的帝王，竟使百姓怨恨到不想再活下去的程度，他纵然有高台深池，奇禽异兽，难道能够独自享受吗？"再进一步，孟子就对惠王讲"仁政"的具体内容，主要是"民本"：

　　梁惠王曰："寡人之于国也，尽心焉耳矣。河内凶，则移其民于河东，移其粟于河内。河东凶亦然。察邻国之政，无如寡人之用心者。邻国之民不加少，寡人之民不加多，何也？"孟子对曰："王好战，请以战喻。填然鼓之，兵刃既接，弃甲曳兵而走。或百步而后止，或五十步而后止。以五十步笑百步，则何如？"曰："不可；直不百步耳，是亦走也。"曰："王如知此，则无望民之多于邻区国也。不违农时，谷不可胜食也；数罟不入洿池，鱼鳖不可胜食也；斧斤以时入山林，材木不可胜用也。谷与鱼鳖不可胜食，材木不可胜用，是使民养生丧死无憾也。养生丧死无憾，王道之始也。五亩之宅，树之以桑，五十者可以衣帛矣。鸡豚狗彘之畜，无失其时，七十者可以食肉矣。百亩之田，勿夺其时，数口之家可以无饥矣。谨庠序之教，申之以孝悌之义，颁白者不负载于道路矣。七十者衣帛食肉，黎民不饥不寒，然而不王者，未之有也。狗彘食人食而不知检，涂有饿莩而不知发；人死，则曰：'非我也，岁也。'是何异于刺人而杀

　　之，曰，'非我也，兵也。'王无罪岁，斯天下之民至焉。"①

　　这是孟子与梁惠王十分著名的一段对话。一开始，梁惠王有点自负地对孟子说，我对于国家，真是费心尽力了。你看，河内地方如果遭了饥荒，我便把那里的一部分百姓迁移到没有饥荒的河东，同时把河东的一部分粮食运到河内。假如河东遭了饥荒，我也是这么办。我曾考察过邻国的政治，没有一个国家能像我这样替百姓打算的。可是，令我疑惑的是，那些国家的百姓并不因此减少，我的百姓并不因此加多，这是什么缘故呢？孟子并不直接正面回答他的问题，而是以战争为比喻切入。说："王不是喜欢战争吗，那就让我用战争来打个比喻吧。战鼓咚咚擂响，枪尖刀锋一接触，士卒就丢盔卸甲、拖着兵器向后逃跑。有的一口气跑了一百步停住脚，有的一口气跑了五十步停住脚。那些跑五十步的士卒竟来耻笑跑一百步的士卒，讥笑他胆子太小，可不可以呢？"梁惠王说："不可以；只不过他没有跑到一百步罢了，他不也是逃跑吗？"至此，孟子看到梁惠王已经被他引入预定轨道，就开始讲他的仁政——民本理论了。他说，大王您如果懂得这个道理，那就不要再希望您的百姓比邻国多了。想想看吧，如果在农民耕种收获的季节，不去征兵兴徭役，妨碍生产，您的粮食便会吃不尽了。如果细密的渔网不到大的池沼里去捕鱼，那鱼类也会吃不完了。如果砍伐树木有一定时间，木材也会取之不尽了。粮食和鱼类吃不完，木材用不尽，这样百姓便不会对生养死葬产生不满。百姓对生养死葬没有什么不满，就是王道的开端。再进一步，使每家有五亩大的宅园，种植桑树，那么，50岁以上的人都可以穿上丝棉袄了。鸡狗与猪等家畜家家都有工夫去饲养，那么，70岁以上的人都可以有肉吃了。使每家有一百亩的耕地，不要去妨碍他们的生产，那么，几口人的家庭就不会忍饥挨饿了。再好好地办些学校，反复地用孝顺父母、敬爱兄长的大道理训导他们，那么，人人都会敬老尊贤，须发花白的人也就不会头顶着、背负着重物件风尘仆仆

————————
① 《孟子·梁惠王上》，《十三经注疏》，中华书局1980年版，第2666页。

于道路之上了。70 岁以上的人有丝绵衣穿，有肉吃，一般百姓也饿不着，冻不着，做到这一步还不能使天下归服的，是从来没有的事。但是，现在的情况却不是这样。富贵人家的猪狗吃掉了百姓的粮食，却不加以检查和制止。道路上有饿死的人，却不打开仓廪加以赈济。老百姓死了，竟然说"这不是我的罪过，而是年成不好造成的。"这种说法和拿着刀子杀了人却说这不是我杀的，而是兵器杀的，又有什么两样呢？大王假若不把饥荒归罪于年成不好，而是从自己的行政治理上找原因，这样，别的国家的老百姓就都投奔您的国家了。如此一篇义理昭然的说教，将梁惠王逼得表态愿聆听孟子的教诲，于是引来下面的对话：

> 梁惠王曰："寡人愿安承教。"孟子对曰："杀人以梃与刃，有以异？"乎曰："无以异也。""以刃与政，有以异乎？"曰："无以异也。"曰："庖有肥肉，厩有肥马，民有饥色，野有饿莩，此率兽而食人也。兽相食，且人恶之；为民父母，行政，不免于率兽而食人，恶在其为民父母也？仲尼曰：'始作俑者，其无后乎！'为其象人而用之也。如之何其使斯民饥而死也？"[①]

这里，孟子再一次将梁惠王引入预定轨道，先问用棍棒打死人和用刀子杀人有什么不同，再问用刀子杀人和用政治害死人有什么不同，在得到梁惠王的肯定回答后，孟子就毫不客气地指责他说："现在您的厨房里堆满了鲜美膘肥的肉，您的马厩里簇拥着膘肥体壮的马，可是老百姓却个个面带饥色，野外躺着那么多饿死的尸体，这等于是在上位的人率领着野兽来吃人呀。兽类自相残杀，人们尚且厌恶它；做老百姓父母官的，主持政治，却不免于率领着野兽来吃人，这又怎么能够做老百姓的父母官呢？孔子说过，'第一个造作木偶土偶来殉葬的人该会断子绝孙吧！'孔子为什么这样痛恨他呢？就是因为木偶土偶很像人形，却用来殉葬。用像人形的木偶土

---

① 《孟子·梁惠王上》，《十三经注疏》，中华书局 1980 年版，第 2667 页。

偶来殉葬尚且不可，又怎么可以使老百姓活话地饿死呢？"

话说到这里，梁惠王又转换一个话题，请教孟子：魏国到他当国时为什么急剧衰败？

> 梁惠王曰："晋国，天下莫强焉，叟之所知也。及寡人之身，东败于齐，长子死焉；西丧地于秦七百里；南辱于楚。寡人耻之，愿比死者一洒之，如之何则可？"孟子对曰："地方百里而可以王。王如施仁政于民，省刑罚，薄税敛，深耕易耨；壮者以暇日脩其孝悌忠信，入以事其父兄，出以事其长上，可使制梃以挞秦楚之坚甲利兵矣。彼夺其民时，使不得耕耨以养其父母。父母冻饿，兄弟妻子离散，彼陷溺其民，王往而征之，夫谁与王敌？故曰：'仁者无敌。'王请勿疑。"①

梁惠王满含忧愁地对孟子说："建国初期，魏国的强大有目共睹，当时天下没有哪个国家能够赶得上。这一点，您自然清楚。但到了我当国的时候，情势就大不同了。东边和齐国打一仗，杀得我军大败，连我的大孩子都牺牲在战场；西边又败给了秦国，丢失河西之地七百里；南边也被楚国夺去了八个城池。这对我来说真是奇耻大辱啊！我时刻都想着能够为死去的战死者报仇雪恨，您说要怎么办才能实现我的愿望呢？"其实，魏国的衰落之势当时已难以逆转，梁惠王的愿望永远是无法实现的梦想。孟子却告诉他，只要实行仁政，实现你的愿望易如反掌。他意气昂扬地说："只要拥有纵横各一百里的小国，并且实行仁政，就可以使天下归服，何况您有魏国这样的大国呢！您假若能对百姓实行仁政，减免刑罚，减轻赋税，让百姓能够深耕细作，早除杂草；同时使年轻人积极向上，在闲暇时间来学习和修养孝顺父母、敬爱兄长、为人尽心尽力、待人忠诚守信的道德，进而运用这些道德，在家侍奉父兄，上朝尊敬上级，这样，就是使用木棒

---

① 《孟子·梁惠王上》，《十三经注疏》，中华书局1980年版，第2667页。

也可以抗击拥有坚实盔甲、锐利刀枪的秦、楚军队了。这是为什么呢？因为秦、楚两国无时不在征兵兴徭役，侵占了百姓的生产时间，致使他们不能耕种来养活父母，造成父母受冻挨饿，兄弟妻子四散奔逃。就这样，秦王楚王使他们的百姓陷入痛苦的深渊，这时，您率军去讨伐他们，他们国家还有谁来抵抗您呢？所以老话曾经说过：'仁德之人无敌于天下。'您就不必怀疑了吧！"

孟子虽然不断与梁惠王谈仁说义，期望他有所觉悟而能在魏国实施仁政——民本的政策，但实际上，此时的梁惠王却压根不会听从孟子的那套说教。因为他必须应付日益惨烈的与周边国家的战争，为此他又必须聚敛巨量的财富，因此就只能加剧对百姓的搜括，这一切与孟子的理念实在是南辕北辙。这一点，孟子很快就看出来了，所以在私下与弟子谈话时，他就毫无顾忌地贬斥梁惠王是"不仁"之君：

> 孟子曰："不仁哉梁惠王也！仁者以其所爱及其所不爱，不仁者以其所不爱及其所爱。"公孙丑曰："何谓也？""梁惠王以土地之故，糜烂其民而战之，大败，将复之，恐不能胜，故驱其所爱子弟以殉之，是之谓以其所不爱及其所爱也。"①

孟子贬斥梁惠王是"不仁"之君的理由是：仁人把他对待所喜爱者的态度推而及于他不爱的人，而梁惠王却把他加给所不喜爱者的祸害推而及于他所喜爱的人。当公孙丑对孟子的理由表示不理解时，他这样解释：梁惠王因为争夺土地的缘故，驱使他所不喜爱的百姓前去作战，使他们暴尸荒野，骨肉糜烂。被打得大败了，预备再战，怕不能得胜，又驱使他所喜爱的子弟去战，这个便叫作把他加给所不喜爱者的祸害推而及于他所喜爱的人。孟子这里所讲的，显然与不久前发生的齐魏马陵之战和商鞅伐魏之战是有关联的。

---

① 《孟子·尽心下》，《十三经注疏》，中华书局1980年版，第2773页。

　　孟子通过与梁惠王的接触，尽管私下贬斥他是"不仁"之君，感到他们之间对仁政的理解还有不小的距离，但也觉得同他还能谈得来，对自己的一些话，他似乎也在洗耳恭听。所以孟子还想在魏国待下去，幻想梁惠王给他一个施展抱负的机会，将仁政理想变成政策推行到政治实践中去。然而，人算不如天算。在孟子入魏的第二年，公元前319年，梁惠王后元十六年，这位孟子寄予点点希望的魏王却驾鹤西去了。这自然使孟子十分悲戚，但他还存着一丝幻想，期望他继位的儿子梁襄王能够赏识自己。谁知不久之后的一次相见，就使孟子打消了对他的期望。《孟子·梁惠王上》记载了孟子对这次会面的记忆：

　　　　孟子见梁襄王，出，语人曰："望之不似人君，就之而不见所畏焉。卒然问曰：'天下恶乎定？'吾对曰：'定于一。'；孰能一之？'对曰：'不嗜杀人者能一之。''孰能与之？'对曰：'天下莫不与也。王知夫苗乎？七八月之间旱，则苗槁矣。天油然作云，沛然下雨，则苗浡然兴之矣。其如是，孰能御之？今夫天下之人牧，未有不嗜杀人者也。如有不嗜杀人者，则天下之民皆引领而望之矣。诚如是也，民归之，由水之就下，沛然谁能御之？'"①

孟子与梁襄王见面后，出来对人谈他对这位君王的印象：远远望去，不像个国君的样子；走近他，也看不到令人敬畏的气势。但他们谈话的内容却是对当时天下大势的分析。梁襄王问孟子，纷纷扰扰的天下要怎样才能得以安定？孟子的回答是：天下归于一统，就会安定。梁襄王接着问：谁能统一天下呢？孟子回答：不好杀人的国君能够统一天下。梁襄王明白，他所处的时代是一个几乎每天都发生战争的时代，杀人是家常便饭。不要说没有哪个国君拒绝进行战争，就是有一个国君愿意这样做，有人追随他吗？其他国家允许他吗？对于梁襄王的疑问，孟子信心十足地回答说，只

---

① 《孟子·梁惠王上》，《十三经注疏》，中华书局1980年版，第2670页。

要您不嗜杀人，以和平的原则立国，天下的人没有不跟随您的。您懂得禾苗的情况吗？七八月间长期不下雨，禾苗自然渐趋枯萎了。一天，猛然大片乌云出现，哗啦哗啦地落起大雨来，禾苗便立刻复苏并茂盛地生长起来了。像这样，又有谁能够阻挡得住呢？如今各国的君王，没有一个不好杀人的。如果有一位不好杀人的君王，那么，天下的百姓都会伸长脖子期待他前来解救。真是这样，百姓归服于他，跟随着他，就好像水的向下奔流一样，那又有谁能够阻挡得住呢？孟子的雄辩看来没有说服梁襄王，因为在他看来，孟子的理想在当时根本不具备实践的条件：在各国的君王都红着眼希图通过残酷的战争夺取统一的硕果时，孟子的说教不啻对牛弹琴。梁襄王对孟子显然十分冷淡，使他感到阵阵寒意，他觉得在魏国已经难以有所作为，于是决定再回齐国，也许在那里，自己还有最后一搏的机会。

第十六章　雄辩大梁

孟子在魏国期间，与曾任魏相的著名经济财政专家白圭有所接触，并就治水和税收问题进行交锋。

白圭是战国时期为数不多的财政专家。据胡寄窗考证，他大约生于公元前 370 年，卒于公元前 300 年[①]，是孟子的同时代人。他是周人，擅长商业致富之术，"天下言治生者祖白圭"[②]。他一度任魏相，一生车船周流天下，到过中山、齐、秦等国，最后可能死在秦国。他是农业经济循环论的发明者，认为农业的丰歉有一定规律，商人可据此囤积或抛售粮食以赚钱致富。他又是水利专家，曾在魏国主持水利工程。孟子同他治水的理念不同，双方曾就此进行过一场辩论：

> 白圭曰："丹之治水也愈于禹。"孟子曰："子过矣。禹之治水，水之道也，是故禹以四海为壑。今吾子以邻国为壑。水逆行谓之洚水，洚水者，洪水也，仁人之所恶也。吾子过矣。"[③]

这位白圭先生对自己治水的理念和成绩显然是很自负的。据情势推断，他治理的可能是黄河。由于他的治理，魏国在一段时期内避免了水患，所以

---

① 胡寄窗：《中国经济思想史》上册，上海人民出版社 1962 年版，第 278 页。
② 司马迁：《史记》卷一百二十九《货殖列传》，中华书局 1959 年版，第 3259 页。
③ 《孟子·告子下》，《十三经注疏》，中华书局 1980 年版，第 2761 页。

他得到魏国上上下下各方面人士的赞誉，因而他自负地认为超过大禹。孟子对白圭的治水理念和成绩并不认同，对他说："你从根本上就错了。禹的治理水患，是顺乎水的本性而行，所以他使水流注入四海。如今你却使水流到邻国去。水逆流而行叫作洚水，洚水就是洪水，是有仁爱心的人所最厌恶的，所以你错了。"从孟子批评白圭的情况看，白圭是用筑堤的方法阻挡洪水，他只是保证了魏国免于水患，而"以邻为壑"的结果，是水患使邻国遭了灾。在当时列国林立的情况下，不可能有统一领导的治水工程，各国分散治水，"以邻为壑"就是必然的。况且，由于当时战争频繁，"以邻为壑"还作为一种战争手段被不断运用。孟子理想的治水局面只能在统一国家的情况下才能实现。

白圭是经济财政专家，他倡导轻税政策。作为掌控一国政治经济全权的相，他应该保证国家具有充足的财源。他的轻税政策可能建立在加大间接税收的基础上。孟子坚决反对他的轻税政策，双方为此进行了一场辩论，《孟子·告子下》对此作了如下记载：

> 白圭曰："吾欲二十而取一，何如？"孟子曰："子之道，貉道也。万室之国，一人陶，则可乎？"曰："不可，器不足用也。"曰："夫貉，五谷不生，惟黍生之；无城郭、宫室、宗庙、祭祀之礼，无诸侯币帛饔飧，无百官有司，故二十取一而足也。今居中国，去人伦，无君子，如之何其可也？陶以寡，且不可以为国，况无君子乎？欲轻之于尧舜之道者，大貉小貉也；欲重之于尧舜之道者，大桀小桀也。"①

孟子在这里讲了他反对轻税政策的理由，指出白圭的轻税政策只是貉国的政策，貉国是这样的一个国家，各种谷类都不生长，只生长糜子；又没有城墙、房屋、祖庙和祭祀的礼节，也没有各国间的互相往来，不需要致送

---

① 《孟子·告子下》，《十三经注疏》，中华书局1980年版，第2760—2761页。

礼物和飨宴。也没有各种衙署和官吏，所以二十分抽一便够开支了。如今在中国，不要社会间的一切伦常，不要各种官吏，能行得通吗？做瓦器的太少，尚且不能使一个国家搞好，何况没有官吏呢？想要比尧舜的十分抽一税率还轻的，只能是大貉小貉；想要比尧舜的十分抽一税率还重的，只能是大桀小桀。这里，孟子阐述的反对轻税政策的理由显然是充分的，他指出，随着历史的发展和文明的进步，国家花在行政管理和其他各项事业的财政支出必然不断增加，没有雄厚的财政支持是不行的。为此，必须有一个合理的税收政策，百姓负担的赋税既不能太重，也不能太轻，所以必须兼顾国家的需要和百姓的合理负担，从二者之间找一个平衡点，偏向任何一方都不利于国家和社会的正常运转。在这个问题上，孟子已经初步具有了行政成本的概念，比白圭的眼光更高远和明澈。

正在孟子打算离开魏国的时候，一个叫周霄的魏国人找上门来，请教他关于知识分子做官的问题。《孟子·滕文公下》记载了他们的对话：

> 周霄问曰："古之君子仕乎？"孟子曰："仕。《传》曰：'孔子三月无君，则皇皇如也，出疆必载质。'公明仪曰：'古之人，三月无君，则吊。'""三月无君则吊，不以急乎？"曰："士之失位也，犹诸侯之失国家也。《礼》曰：'诸侯耕助以供粢盛，夫人蚕缲，以为衣服。牺牲不成，粢盛不洁，衣服不备，不敢以祭。惟士无田，则亦不祭。'牺杀、器皿、衣服不备，不敢以祭，则不敢以宴，亦不足吊乎？""出疆必载质，何也？"曰："士之仕也，犹农夫之耕也；农夫岂为出疆舍其耒耜哉？"曰："晋国亦仕国也，未尝闻仕如此其急。仕如此其急也，君子之难仕，何也？"曰："丈夫生而愿为之有室，女子生而愿为之有家；父母之心，人皆有之。不待父母之命，媒妁之言，钻穴隙相窥，逾墙相从，则父母国人皆贱之。古之人未尝不欲仕也，又恶不由其道。不由其道而往者，与钻穴隙之类也。"①

---

① 《孟子·滕文公下》，《十三经注疏》，中华书局1980年版，第2711页。

可能因为孟子当时已经是一个蜚声列国的大知识分子，热衷于做官却又一直没有如愿以偿，所以周霄特来请教这个问题。周霄见到孟子，劈头就问："古代的君子做官吗？"孟子回答，古代的君子都热衷做官。他说："《传记》上说，'孔子要是三个月没有君主任用他，就戚戚惶惶，非常焦急。离开一个国家，一定带着准备和别国君主相见的礼物。'公明仪也说过，'古代的人三个月没有得到君主的任用，就要去安慰他，以示同情。'"周霄似乎不理解古代君子急于做官的心情，就问："三个月没有得到君主任用便去安慰他，是不是太急了些？"孟子回答说，古代君子的职业就是做官，"士失掉了官位，就好像诸侯失掉了国家。《礼》上不是说过么，'诸侯亲自耕种，就是为了提供祭品；夫人亲自养蚕缫丝，就是为了制作祭服。牛羊猪不肥壮，谷物不洁净，祭服不具备，不敢举行祭祀。士若没有供给祭祀的田地，那也不能祭祀。'牛羊猪、祭具、祭服不具备，不敢举行祭祀，也就不能举行宴会，这还不应该去安慰他吗？"在孟子看来，做官所以重要，是因为一切与礼有关的活动，其物质基础都是官位提供的。没有了官位，等于士的一切正常活动都要停摆，还有比这个更使人难受的吗？周霄明白了孟子的解释，又问："离开一国去另一国一定要带着见面的礼物，这又是什么道理呢？"孟子回答，做官是士的唯一职业选择，"士的做官，就好像农民的种田；农民难道因为离开国界便舍弃他的农具吗？"孟子将做官看得同农民种田一样，源于他的社会分工意识，但将见面礼与农具相提并论，则有点不伦不类了。不过周霄并没有挑他这个毛病，而是就急于做官和慎重做官的两难选择提出问题："魏国也是一个有官可做的国家，我却不曾听说过找官位是这样急迫的。找官位既然是这样急迫，君子却又不轻易做官，这又是为什么呢？"对周霄提出的问题，孟子依然是通过比喻解决，因为他是最善于用比喻的。这次，他用的比喻是婚配。他说："男孩子一生下来，父母便希望给他找妻室；女孩子一生下来，父母便希望给她找婆家。这样的心情，父母个个都有。但是，若是不等待爹娘允准，不经过媒人介绍，自己便钻洞穴与自己的意中人扒门缝互相窥望，爬过墙去幽会，那么，爹娘和社会人士都会轻视他。古代的人不是不想做官，但是又讨厌不经合乎礼仪的途径来找官做。不经合乎礼仪途径的，正和男女的钻洞穴扒门缝是一样的。"孟子这里提出，无论多么急于做官，也必须经过合乎礼仪的途径，否则，就是钻营了，是君子所不齿的。孟子提出的君子做官必须由道的观点显示了他的从政意识和从政原则。他认为君子，即当时的士——知识分子，是一个很特殊的阶层，由于具有当时社会需要的行政工作能力，又已经脱离了农业和手工业劳动，他们的职业分工就是从政，即到各级官府从事行政管理工作。然而，又由于做官从政是一个非常特殊的职业，它不仅握有一定的权力，对国家、社会和百姓进行管理，而且有着远高于其他职业的收入，因而成为士积极追逐的目标。所以，不择手段地攫取官位就成为一部分人的常态。孟子为了纠正这一恶习，倡导"君子爱官，取之有道"，要求君子注重官德的修养，还是很有积极意义的。

第十七章　怒斥纵横

　　孟子在魏国期间，还对当时在列国间炙手可热的纵横家的活动进行了评论。面对当时的各个思想学术流派，孟子对纵横家最为鄙视，直斥他们的行径为"妾妇之道"：

　　　　景春曰："公孙衍、张仪，岂不诚大丈夫哉！一怒而诸侯惧，安居而天下熄。"孟子曰："是焉得为大丈夫乎？子未学礼乎？丈夫之冠也，父命之；女子之嫁也，母命之，往送之门，戒之曰：'往之女家，必敬必戒，无违夫子！'以顺为正者，妾妇之道也。居天下之广居，立天下之正位，行天下之大道；得志，与民由之；不得志，独行其道。富贵不能淫，贫贱不能移，威武不能屈，此之谓大丈夫。"①

景春作为服膺纵横之术的一介策士，对公孙衍和张仪自然充满无限崇敬，将他们看作那个时代的英雄，真正的"大丈夫"。因为在他看来，正是他们左右着当时的政局，决定着历史的走向。他们一发怒，诸侯便都害怕；他们安静下来，天下便太平无事了。这样的人如果不算大丈夫，还有什么人算呢？然而，在孟子眼里，这帮毫无节操、朝秦暮楚、唯利是视、唯力是视的纵横家，不仅算不上大丈夫，简直就是一帮时代的罪人。因为正是

① 《孟子·滕文公下》，《十三经注疏》，中华书局1980年版，第2710页。

由于他们在列国之间的纵横捭阖、挑拨离间，才使战乱不息，社会难以安宁。从一定意义上说，他们正是孟子推行仁政理想的最大障碍，是社会的"蟊贼"。所以孟子听了景春的议论后，立即给予义正词严的反驳。他说。这些人怎么能叫作大丈夫呢？你没有学过礼吗？男子举行加冠礼的时候，父亲给以训导；女子出嫁的时候，母亲给以训导，送她到门口，告诫她说："到了你丈夫家里，一定要恭敬，一定要谨慎，不要违背丈夫的意志。"以顺从为最大原则的，这是妇女之道。至于男子，应该住在天下最宽广的住宅"仁"里，站在天下最正确的位置"礼"上，走着天下最光明的大路"义"；得志的时候，偕同百姓循着大道前进；不得志的时候，也独自坚持自己的原则，富贵不能乱我之心，贫贱不能变我之志，威武不能屈我之节，这样的人才佩叫作大丈夫。这里，孟子将纵横家的行为视为"妾妇之道"，原因就是他们像顺从丈夫一样地顺从他服务的君王，没有正义的头脑和独立的品格。孟子进而提出他心目中的大丈夫标准：富贵不能淫，贫贱不能移，威武不能屈，从而为中国的知识分子确立了两千多年的行事准则和人格标准，产生了极其深远而巨大的影响，至今还被人们视为千古不灭的人生信条。这里孟子认定，不要看纵横家们出将入相，威风八面，其实他们奉行的是最卑鄙的"妾妇之道"，因为他们违背了仁、礼、义的基本信条，和大丈夫丝毫不沾边。

孟子为什么对苏秦、张仪等纵横家如此不屑一顾，嗤之以鼻呢？在孟子看来，纵横家最大的缺失是没有基于理想的立场，而是像妾妇那样事事顺着君王，溜须拍马，看人下箸，为了取得君王的欢心不择手段，并以此猎取富贵利禄。

纵横家曾一度是战国时期政治和外交舞台上最活跃的群体。这个群体的政治思想比较贫乏，而谋略则比较丰富，他们将《孙子》的"诡道"作了充分的发展和演绎。

经过秦孝公在商鞅辅佐下20多年的变法图强，秦国国力蒸蒸日上，其军事触角不断地向东向南延伸，将一个又一个的胜利写在自己的编年史上。东方六国越来越感受到秦国的咄咄逼人之势，都在不约而同地思谋一个自保的万全之策。适应这种要求，苏秦等提出了合六国之力共同对抗秦国的策略，称之为"合纵"，又称"约纵"，简称"纵"（从）。这个策略，用韩非的话解释，就是"合众弱以攻一强"。从地理位置看，秦国以外的六国大体都在函谷关（今河南灵宝北）以东，由北向南摆开，用一条纵线就能够串在一起，所以称之为"纵"。为了对付六国的"合纵"，张仪为秦国设计了"连横"的策略，简称之为"横"。这一策略，用韩非的话解释，就是"事一强以攻众弱"①，即秦国与东方某国联合进攻其他诸侯国。由于秦国在西部，与东方任何一国联合几乎都在一条横线上，因而称之为"连横"。

"合纵"与"连横"的斗争持续百年左右，在战国中期的秦惠文王元年（前337年）至秦武王末年（前307年）的30年间，是纵横家最活跃的时期。以苏秦、张仪为代表的纵横策士是当时列国间激烈的政治、军事和外交斗争的产物。他们与军事斗争相配合，穿梭于列国间，在政治外交战线上演出了一幕幕波谲云诡、光怪陆离、变化莫测、牵动列国君臣神经的活剧。他们与各诸侯国的国君、将相广泛接触，摇动如簧之舌，拨弄是非，挑拨离间，时而激化矛盾，时而消解冲突，谈笑间，使和平的边界燃起烽火；一番折冲，又使双方化干戈为玉帛，仿佛这几个人左右着列国历史的走向和时代的命运。其实，从一定意义上看，他们只是推动历史发展的不自觉的工具。当时的历史趋势是，列国斗争导向统一，统一的进程在斗争中完成。这个斗争将各类政治、军事和外交精英呼唤出来，给他们提供了施展才干的广阔舞台。

纵横策士就是当时政治外交精英的代表，他们洞悉列国形势，深谙每一个国家的政治、经济、军事状况以及山川民俗和社会风气，对各国国君的性格、爱好、脾气等也都了然于胸。他们善于揣摩国君的心理，反应机敏，长于辩论，口若悬河。他们为达目的不择手段，无中生有，颠倒黑白，不讲信义，反复无常，阴谋诡计，翻手为云，覆手为雨。他们的人生

---

① 王先慎：《韩非子集解》，中华书局2013年版，第494—495页。

追求是荣华富贵，为此，不惜投机钻营，卖友求荣。他们的人格是卑微的，但是作为历史的不自觉的工具，正是他们的活动推进了列国之间的斗争，构成了战国统一进程中最为扣人心弦、险象环生、多姿多彩、酣畅淋漓的活剧。战国的历史，在秦惠文王、武王时期 30 多年的岁月里，是在纵横家的唇枪舌剑中度过的。秦昭王即位后，他们的活动已近尾声，代之而起的主要是将帅的谋略和秦军东向进军的车辚马啸之声。

纵横策士是运用"诡道"的大师。

《孙子兵法·计篇》将"诡道"作了极其简洁而精准的概括："兵者，诡道也。故能而示之不能，用而示之不用，近而示之远，远而示之近。利而诱之，乱而取之，实而备之，强而避之，怒而挠之，卑而骄之，佚而劳之，亲而离之。"所有统率千军万马的将帅，能否在战场上取胜，除了其他条件外，关键就在于如何将"诡道"加以精准、灵活和恰切到位的运用。人们只知道军事领域是"诡道"运作的广阔天地，其实在政治外交领域，"诡道"有着更为广阔的空间，战国纵横家们的实践活动，在这方面提供了许多鲜活的例证。

"合纵"的倡导者是苏秦，参与者有其兄弟苏代、苏厉等人。苏秦是东周王城洛阳人，是当时以纵横之术闻名天下的鬼谷子的学生。与所有的文武之士一样，他希望凭借自己的本领到列国君王那里猎取富贵利禄，但开始并不顺利：

> 出游数岁，大困而归。兄弟嫂妹妻妾窃皆笑之，曰："周人之俗，治产业，力工商，逐什二以为务。今子释本而事口舌，困，不亦宜乎！"苏秦闻之而惭，自伤，乃闭门不出，出其术遍视之。曰："夫士业已屈首受书，而不能以取尊荣，虽多亦奚以为！"于是得周书《阴符》，伏而读之。期年，以出揣摩，曰："此可以说当世之君矣。"[①]

① 司马迁：《史记》卷六十九《苏秦列传》，中华书局 1959 年版，第 2241—2242 页。

苏秦熟读的《阴符》没有流传下来，估计其内容就是游说之术，也就是"诡道"。纵横家们诱使各诸侯国君王进入彀中的最奏效的武器是"利而诱之"，"苏秦、张仪方以利为说取重于六国。为人君者非利则不闻，为人臣者非利则不谈，朝纵暮横，左计右数……朝廷之上，乡间之间，往来游说之士，无不以此借口，哓哓唧唧，喧宇宙而渎乾坤者，无非利而已矣。是以攘夺成风，兵戈连岁，天下之人，欲息肩而不得"①。纵横家们要做到这一点，就需要"知彼知己"，特别是揣摩透各诸侯国君王的心理。你看，苏秦对各国君王怎么摇唇鼓舌，让他们如何在"利动"面前心旌摇荡吧。他对燕文侯说：

> 夫安乐无事，不见覆军杀将，无过燕者。大王知其所以然乎？夫燕之所以不犯寇被甲兵者，以赵之为蔽其南也。秦赵五战，秦再胜而赵三胜。秦赵相毙，而王以全燕制其后，此燕之所以不犯寇也。且夫秦之攻燕也，逾云中、九原，过代、上谷，弥地数千里，虽得燕城，秦计固不能守也。秦之不能害燕亦明矣。今赵之攻燕也，发号出令，不至十日而数十万之军军于东垣矣。渡嘑沱，涉易水，不至四五日而距国都矣。故曰秦之攻燕也，战于千里之外；赵之攻燕也，战于百里之内。夫不忧百里之患而重千里之外，计无过于此者。是故愿大王与赵从亲，天下为一，则燕国必无患矣。②

日夜为自己弱小的国家安全焦虑的燕文侯认可了苏秦设计的这个安全阀，于是成为第一个赞成"合纵"之策的君王，他自愿为苏秦提供"车马金帛"，资助他前去游说赵国。苏秦在对赵肃侯分析了列国形势后，特别指出六国都面临秦国的威胁和"事秦"的危害：

---

① 张九成：《孟子传》卷一，电子版《文渊阁四库全书》。
② 司马迁：《史记》卷六十九《苏秦列传》，中华书局 1959 年版，第 2244 页；刘向：《战国策·燕策一》，上海古籍出版社 1985 年版，第 1039—1040 页。

夫衡人者，皆欲割诸侯之地以予秦。秦成，则高臺榭，美宫室，听竽瑟之音，前有楼阙轩辕，后有长姣美人，国被秦患而不与其忧。是故夫衡人日夜务以秦权恐愒诸侯以求割地，故愿大王孰计之也。①

在赵肃侯被说动之后，苏秦进而兜售他的"合纵"之策：

故窃为大王计，莫如一韩、魏、齐、楚、燕、赵以从亲，以畔秦。令天下之将相会于洹水之上，通质，刳白马而盟。要约曰："秦攻楚，齐、魏各出锐师以佐之，韩绝其粮道，赵涉河漳，燕守常山之北。秦攻韩、魏，则楚绝其后，齐出锐师而佐之，赵涉河漳，燕守云中。秦攻齐，则楚绝其后，韩守成皋，魏塞其道，赵涉河漳、博关，燕出锐师以佐之。秦攻燕，则赵守常山，楚军武关，齐涉勃海，韩、魏皆出锐师以佐之。秦攻赵，则韩军宜阳，楚军武关，魏军河外，齐涉清河，燕出锐师以佐之。诸侯有不如约者，以五国之兵共伐之。六国从亲以宾秦，则秦甲必不敢出于函谷以害山东矣。如此，则霸王之业成矣。"②

赵肃侯又被苏秦"利动"了，于是："乃饰车百乘，黄金千镒，白璧百双，锦绣千纯，以约诸侯"。苏秦选定的下一个目标是韩宣王，而用于打动他的利器是"事秦"的危害：

大王事秦，秦必求宜阳、成皋。今兹效之，明年又复求割地。与则无地以给之，不与则弃前功而受后祸。且大王之地有尽而秦之求无已，以有尽之地而逆无无己之求，此所谓市怨结祸者也，不战

---

① 司马迁：《史记》卷六十九《苏秦列传》，中华书局1959年版，第2248页；刘向：《战国策·赵策二》，上海古籍出版社1985年版，第640页。

② 司马迁：《史记》卷六十九《苏秦列传》，中华书局1959年版，第2249；刘向：《战国策·赵策二》，上海古籍出版社1985年版，第641页。

而地已削矣。臣闻鄙谚曰："宁为鸡口，无为牛后。"今西面交臂而臣事秦，何异于牛后乎？夫以大王之贤，挟强韩之兵，而有牛后之名，臣窃为大王羞之。①

一席话说得韩宣王"勃然作色"，甘愿"敬奉社稷以从"。苏秦说韩王成功后，将下一个目标锁定魏襄王。他的说辞是集中诋毁魏国"事秦"之非：

今乃听于群臣之说而欲臣事秦。夫事秦必割地以效实，故兵未用而国已亏矣。凡群臣之言事秦者，皆奸人，非忠臣也。夫为人臣，割其主之地以求外交，偷取一时之功而不顾其后，破公家而成私门，外挟强秦之势以内劫其主，以求割地，愿大王孰察之。②

在得到魏王"敬以国从"的承诺后，苏秦又将暂时似乎远离"秦害"的齐宣王说动，使之加入合纵的行列。最后，苏秦来到楚国，先对楚威王大讲"事秦"之害：

秦之所害莫如楚，楚强则秦弱，秦强则楚弱，其势不两立。故为大王计，莫如从亲以孤秦。大王不从（亲），秦必起两军，一军出武关，一军下黔中，则鄢郢动矣。夫秦，虎狼之国也，有吞天下之心。秦，天下之仇雠也。衡人皆欲割诸侯之地以事秦，此所谓养仇而奉雠者也。夫为人臣，割其主之地以外交强虎狼之秦，以侵天下，卒有秦患，不顾其祸。夫外挟强秦之威以内劫其主，以求割地，大逆不忠，无过此者。故从亲则诸侯割地以事楚，衡合则楚割地以事秦，此两策者相去远矣，二者大王何居焉？

---

① 司马迁：《史记》卷六十九《苏秦列传》，中华书局 1959 年版，第 2253 页；刘向：《战国策·韩策一》，上海古籍出版社 1985 年版，第 930—931 页。

② 司马迁：《史记》卷六十九《苏秦列传》，中华书局 1959 年版，第 2255 页；刘向：《战国策·魏策一》，上海古籍出版社 1985 年版，第 790 页。

接着再兜售"合纵"给楚国带来的极具诱惑力的"好处"：

> 大王诚能听臣，臣请令山东之国奉四时之献，以承大王之明诏，
> 委社稷，奉宗庙，练士厉兵，在大王之所用之。大王诚能用臣之愚
> 计，则韩、魏、燕、赵、卫之妙音美人必充后宫，燕、代橐驼良马
> 必实外厩。故从合则楚王，衡成则秦帝。今释霸王之业，而有事人
> 之名，臣窃为大王不取也。①

东方六国都被苏秦描绘的"合纵"的动人前景深深鼓舞和陶醉，认定苏秦
是他们利益的代表，心甘情愿地将相印奉送给他。六国国君都认为他们从
苏秦倡导的"合纵"中获得了最大的利益，而苏秦则从他们那里得到巨大
的富贵利禄，一时名震列国，享誉士林。

"连横"之策的倡导者是张仪，另有陈轸、犀首等，在张仪之后作为
他的同道有名于时。张仪（？—前310年）是魏国人，他与苏秦同窗时从
鬼谷子那里学到了不亚于苏秦的本领，"苏秦自以不及张仪"。他同苏秦一
样，开始游说诸侯时流年不利：

> 张仪已学而游说诸侯。尝从楚相饮，已而楚相亡璧，门下意张
> 仪，曰："仪贫无行，必此盗相君之璧。"共执张仪，掠笞数百，不
> 服，醳之。其妻曰："嘻！子毋读书游说，安得此辱乎？"张仪谓其妻
> 曰："视吾舌尚在不？"前妻笑曰："舌在也。"仪曰："足矣。"②

在当时的纵横之士看来，三寸不烂之舌是他们唯一的猎取富贵利禄的资
本，打动君王的唯一武器是利益。

张仪在推行"连横"之策时也将"利动"发挥得淋漓尽致，比苏秦

---

① 司马迁：《史记》卷六十九《苏秦列传》，中华书局1959年版，第2260—2261页；刘
向：《战国策·楚策一》，上海古籍出版社1985年版，第500—503页。
② 司马迁：《史记》卷七十《张仪列传》，中华书局1959年版，第2279页。

有过之而无不及。张仪先来到楚国，投奔楚相门下，因被怀疑窃璧而遭毒笞，他失魂落魄回家后，问妻子的第一句话是"吾舌尚在不？"得到肯定的回答后，他说"足矣"，显然将口舌作为第一资本，将游说当成第一职业。他后来到秦国，与司马错争论伐蜀伐魏何为先的策略，结果输给司马错。秦国进军巴蜀，很快获得了一个稳定的战略后方，为秦国后来的统一战争储备了丰厚的物质基础。不久，张仪因游说魏王事秦成功，被任命为秦相。但二年后魏背秦，秦军伐魏，两国关系极其紧张。正在此时，魏襄王死去，魏哀王继位。张仪劝说哀王转事秦，被拒。他于是一面阴告秦伐魏，在军事上对其造成高压态势，一面乘机再次劝说魏哀王事秦。他先讲魏国处境的艰难：

> 魏地方不至千里，卒不过三十万。地四平，诸侯四通辐凑，无名山大川之限。从郑至梁二百余里，车驰人走，不待力而至。梁南与楚境，西与韩境，北与赵境，东与齐境，卒戍四方，守亭鄣者不下十万。梁之地势，固战场也，梁南与楚而不与齐，则齐攻其东；东与齐而不与赵，则赵攻其北；不合于韩，则韩攻其西；不亲于楚，则楚攻其南；此所谓四分五裂之道也。

接着再讲苏秦合纵之策的缺失和难以成功的原因：

> 且夫诸侯之为从者，将以安社稷尊主强兵显名也。今从者一天下约为昆弟，刑白马以盟洹水之上，以相坚也。而亲昆弟同父母，尚有争钱财而欲恃诈伪反覆苏秦之余谋，其不可成亦明矣。

再后，他大谈不事秦的危害和事秦伐楚的种种好处，特别诋毁合纵之士品格恶劣和不可信赖：

> 为大王计，莫如事秦。事秦则楚、韩必不敢动；无楚、韩之患，

则大王高枕而卧，国必无忧矣。且夫秦之所欲弱者莫如楚，而能弱楚者莫如梁。楚虽有富大之名而实空虚；其卒虽多，然而轻走易北，不能坚战。悉梁之兵南面而伐楚，胜之必矣。割楚而益梁，亏楚而适秦，嫁祸安国，此善事也。大王不听臣，秦下甲士而东伐，虽欲事秦不可得矣。且夫从人多奋辞而少可信，说一诸侯而成封侯，是故天下之游谈士莫不日夜搤腕瞋目切齿以言从之便，以说人主。人主贤其辩而牵其说，岂得无眩哉。臣闻之，积羽沉舟。群轻折轴，众口铄金，积毁销骨，故愿大王审定计议，且赐骸骨辟魏。①

面对"利动"，魏哀王于是堕入张仪连横之策的陷阱，答应事秦。但三年后又转而背秦，双方刀兵再起。张仪因游说魏王成功，再次就任秦国丞相。此时的秦昭王和张仪都明白，东方六国的合纵，其核心是齐、楚两个大国的联盟。欲破合纵，关键就是拆散齐楚联盟。张仪于是前去楚国，仍然以"利动"向楚怀王下箸："大王诚能听臣，闭关绝约于齐，臣请献商於之地六百里，使秦女得为大王箕帚之妾，秦楚娶妇嫁女，长为兄弟之国，此北弱齐而西益秦也，计无便此者。"利欲熏心的楚王认定这是天上掉下来的馅饼，立即"大说而许之，群臣皆贺"，只有陈轸保持了清醒的头脑，并提出万全的对应之策："以臣观之，商於之地不可得而齐秦合，齐秦合则患必至矣。"陈轸接着解释说："夫秦之所以重楚者，以其有齐也。今闭关绝约于齐，则楚孤。秦奚贪夫孤国，而与之商於之地六百里？张仪至秦，必负王，是北绝齐交，西生患于秦也，而两国之兵必俱至。善为王计者，不若阴合而阳绝于齐，使人随张仪，苟与吾地，绝齐未晚也；不与吾地，阴合谋机也。"陈轸也是一个纵横策士，这里他为楚国设计的万全之策是高明的。然而此时已经被六百里空头支票迷住双眼的楚怀王哪里听得进这忠良之言。结果是与齐绝交，换来的

① 司马迁：《史记》卷七十《张仪列传》，中华书局1959年版，第2285—2287页；《战国策·魏策一》，上海古籍出版社1985年版，第792—794页。

是张仪的赖账和齐秦联军的进攻。楚不仅没有得到一寸土地，反而是丹阳、蓝田的两次惨败和丹阳、汉中的失守。此次事件让楚国君臣见识了张仪"诡道"的厉害。楚怀王痛恨张仪，恨不得食其肉寝其皮。然而，就是在这种情况下，张仪却毅然代表秦国出使楚国。他之所以敢于如此冒险，一是基于秦国的强大对楚国造成的巨大威慑，二是他自信利用楚国的君臣矛盾和君王与姜妃的纠结能够化解楚王对自己的敌意。结果完全如其所料，楚王不仅没有加害于他，反而再一次坠入他的"诡道"。这其中，仍是"利动"击中了楚王的软肋。你看张仪如何在楚王面前侃侃而谈吧：

　　秦地半天下，兵敌四国，被险带河，四塞以为固，虎贲之士百余万，车千乘，骑万匹，积粟如丘山。法令既明，士卒安难乐死，主明以严，将智以武，虽无出甲，席卷常山之险，必折天下之脊，天下有后服者先亡。且夫为从者。无以异于驱群羊而攻猛虎，虎之与羊不格明矣。今王不与猛虎而与群羊，臣窃以为大王之计过也。凡天下强国，非秦而楚，非楚而秦，两国交争，其势不两立。大王不与秦，秦下甲据宜阳，韩之上地不通。下河东，取成皋，韩必入臣，梁则从风而动。秦攻楚之西，韩、梁攻其北，社稷安得毋危？且夫从者聚群弱而攻至强，不料敌而轻战，国贫而数举兵，危亡之术也。臣闻之，兵不如者勿与挑战，粟不如者勿与持久。夫从人饰辩虚辞，高主之节，言其利不言其害，卒有秦祸，无及为已。是故愿大王之孰计之。秦西有巴蜀，大船积粟，起于汶山，浮江以下，至楚三千余里。舫船载卒，一舫载五十人与三月之食，下水而浮，一日行三百余里，里数虽多，然而不费牛马之力，不至十日而距扞关。扞关惊，则从境以东尽城守矣，黔中、巫郡非王之有。秦举甲出武关，南面而伐，则北地绝。秦兵之攻楚也，危难在三月之内，而楚待诸侯之救，在半岁之外，此其势不相及也。夫待弱国之救，忘强秦之祸，此臣所以为大王患也。①

这里张仪反复说项的中心内容，就是秦国强大无比，楚国只有与秦结盟，才是保存自己并得以发展的安全之策。张仪特别提醒楚王，要他记住此前不久与秦国开战的教训：

> 且夫秦之所以不出兵函谷十五年以攻齐、赵者，阴谋有合天下之心。楚尝与秦构难，战于汉中，楚人不胜，列侯执珪死者七十余人，遂亡汉中。楚王大怒，兴兵袭秦，战于蓝田。此所谓两虎相搏者也。夫秦楚相敝而韩魏以全制其后，计无危于此者矣。愿大王孰计之。

接下来，张仪再次论证合纵不会成功，而与秦国结盟则是最好的保国家存社稷之良策：

> 今秦与楚接境壤界，固形亲之国也。大王诚能听臣，臣请使秦太子入质于楚，楚太子入质于秦，请以秦女为大王箕帚之妾，效万室之都以为汤沐之邑长为昆弟之国，终身无相攻伐。臣以为计无便于此者。②

就这样，张仪通过一番雄辩滔滔的说项，不仅保住了自己的性命，还使楚怀王乖乖地进入他设定的连横套路中。此后，他又连去韩国、齐国、赵国、燕国，以同样的"利动"让他们离开合纵而入连横之域，最后被秦国各个击破。

纵横家说服各国君王的第二个策略是"卑而骄之"。他们利用各国诸

---

① 司马迁：《史记》卷七十《张仪列传》，中华书局 1959 年版，第 2289—2291 页。
② 司马迁：《史记》卷七十《张仪列传》，中华书局 1959 年版，第 2291—2292 页。

侯王的虚骄之心，当着君王的面，使用最美艳动听、无限夸饰的词语，颂扬各个诸侯国的山川之险固，物产之丰饶，民风之淳美，君王之英名，使君王们在洋洋盈耳的颂声中昏昏然飘飘然，从而产生对他们的好感和信任。将此一策略运用得特别得心应手的是苏秦。他针对不同的对象，使用最切合这个人物心理和需要的语言。如对秦惠王的说辞主要颂扬秦国的山川之固、士民之众和兵法之教：

> 大王之国，西有巴、蜀、汉中之利，北有胡貉、代马之用，南有巫山、黔中之限，东有肴、函之固。田肥美，民殷富，战车万乘，奋击百万，沃野千里，蓄积饶多，地势形便，此所谓天府，天下之雄国也。以大王之贤，士民之众，车骑之用，兵法之教，可以并诸侯，吞天下，称帝而治。①

对燕文侯的说辞主要是赞美其地大兵强和物产之丰：

> 燕东有朝鲜、辽东，北有林胡、楼烦，西有云中、九原，南有嘑沱、易水，地方二千余里，带甲数十万，车六百乘，骑千匹，粟支数年。南有碣石、雁门之饶，北有枣栗之利，民虽不佃作而足于枣栗矣。此所谓天府者也。②

对韩宣王的说辞主要是赞颂韩国兵器之劲利：

> 韩北有巩、洛、成皋之固，西有宜阳、商阪之塞，东有宛、穰、洧水，南有陉山，地方九百余里，带甲数十万，天下之强弓劲弩皆

---

① 司马迁：《史记·苏秦列传》，中华书局 1959 年版，第 2242 页；刘向：《战国策·秦策一》，上海古籍出版社 1985 年版，第 78 页。
② 司马迁：《史记》卷六十九《苏秦列传》，中华书局 1959 年版，第 2243 页；刘向：《战国策·燕策一》，上海古籍出版社 1985 年版，第 1039 页。

从韩出。谿子、少府时力、距来者，皆射六百步之外。韩卒超足而射，百发不暇止，远者括蔽洞胸，近者镝弇心。韩卒之剑戟皆出于冥山、棠谿、墨阳、合赙、邓师、宛冯、龙渊、太阿，皆陆断牛马，水截鹄雁，当敌则斩坚甲铁幕，革抉咙芮，无不毕具。以韩卒之勇，被坚甲，蹠劲弩，带利剑，一人当百，不足言也。夫以韩之劲与大王之贤，乃西面事秦，交臂而服，羞社稷而为天下笑，无大于此者矣。是故愿大王孰计之。①

对魏襄王的说辞则主要赞扬魏国的人众物阜：

大王之地，南有鸿沟、陈、汝南、昆阳、召陵、舞阳、新都、新郪，东有淮、颍、煮枣、无胥，西有长城之界，北有河外、卷、衍、酸枣，地方千里。地名虽小，然而田舍庐庑之数，曾无所刍牧。人民之众，车马之多，日夜行不绝，輷輷殷殷，若有三军之众。……魏，天下之强国也；王，天下之贤王也。今乃有意西面而事秦，称东藩，筑帝宫，受冠带，祠春秋，臣窃为大王耻之。②

对齐宣王的说辞主要是颂赞齐国地理位置之优越、国力军力之强大和国都临淄的富庶繁华：

齐南有泰山，东有琅邪，西有清河，北有勃海，此所谓四塞之国也。齐地方二千余里，带甲数十万，粟如邱山，三军之良，五家之兵，进如锋矢，战如雷霆，解如风雨。即有军役，未尝倍泰山，绝清河，涉勃海也。临菑之中七万户，臣窃度之，不下户三男子，

① 司马迁：《史记·苏秦列传》，中华书局1959年版，第2250—2251；刘向：《战国策·韩策一》，上海古籍出版社1985年版，第930页。

② 司马迁：《史记》卷六十九《苏秦列传》，中华书局1959年版，第2253—2254页；刘向：《战国策·魏策一》，上海古籍出版社1985年版，第787页。

三七二十一万，不待发于远县，而临菑之卒固已二十一万矣。临菑甚富而实，其民无不吹竽鼓瑟，弹琴击筑，斗鸡走狗，六博蹋鞠者。临菑之途，车毂击，人肩摩，连衽成帷，举袂成幕，挥汗成雨，家殷人足，志高气扬，夫以大王之贤与齐之强，天下莫能当。今乃西面而事秦，臣窃为大王羞之。①

对楚威王的说辞主要是赞颂楚国的国强君贤和军力强大：

楚，天下之强国也；王，天下之贤王也。西有黔中、巫郡，东有夏州、海阳，南有洞庭、苍梧，北有陉塞、郇阳，地方五千余里，带甲百万，车千乘，骑万匹，粟支十年。此霸王之资也。夫以楚之强与王之贤，天下莫能当也。今乃欲西面而事秦，则诸侯莫不西面而朝于章台之下矣。②

苏秦对东方六国的颂赞尽管言过其实，但却讨得了各国君王的欢心。这里展示了他设计说辞的匠心独运：他对各国的国情烂熟于心，顺口举出的事例真实存在，这使被说的对象认为他说的是实情，这一招既拉近了彼此的距离，又取得了国君的好感，直把他认作久违的"知音"，对他故意夸饰吹涨的一些内容和溜须拍马的话语也就坦然接受，在不知不觉中认可了他的主张，甘愿奉送他相位和金钱。张仪的吹工似乎稍逊色于苏秦，这倒不是因为他不谙此道，而是由于他游说东方六国的主轴不是夸饰他们的优势而是揭示他们的短板和软肋，所以主要运用恫吓之策。不过，他有时也稍稍运用吹拍的手段讨某些国君的欢心，除了对秦国的吹拍外，他也对齐湣王吹一吹溜须的法螺："天下强国无过齐者，大臣父兄殷众富乐。"

---

① 司马迁：《史记》卷六十九《苏秦列传》，中华书局 1959 年版，第 2256—2257 页；刘向：《战国策·齐策一》，上海古籍出版社 1985 年版，第 337 页。

② 司马迁：《史记》卷六十九《苏秦列传》，中华书局 1959 年版，第 2259 页；刘向：《战国策·楚策一》，上海古籍出版社 1985 年版，第 500 页。

纵横家的第三个策略是轻诺寡信，贯穿其中的是口蜜腹剑、坑蒙诈骗。他们可以随口抛出一连串根本不准备也无法兑现的承诺，诱使国君们进入他设计的黑套中。你看，苏秦对赵肃侯的承诺："君诚能听臣，燕必致旃裘狗马之地，齐必致鱼盐之海，楚必致橘柚之园，韩、魏、中山皆可使致汤沐之奉，而贵戚父兄皆可以受封侯。"对楚王许诺："令山东之国奉四时之献……韩、魏、燕、赵、卫之妙音美人必充后宫，燕、代橐驼良马必实外厩。"[1] 能兑现吗？张仪对楚怀王许诺的"以秦女为大王箕帚之妾，效万室之都以为汤沐之邑"[2]，能兑现吗？而他许诺的"商於之地六百里"则纯粹是一个骗局。其他对齐、韩、赵、魏、燕等国君"全国保君"的承诺，更在在都是骗局。显然，纵横家们是一批吹牛不脸红、撒谎不打草稿、翻脸比翻书快、坑蒙拐骗理直气壮、完全抛弃道德底线的人物。他们的活动将政治和外交中的"诡道"发挥到淋漓尽致的程度：他们见人说人话，见鬼说鬼话，翻云覆雨，技巧权术，当面郑重承诺，转脸死不认账，面带迷人微笑，心怀鬼蜮伎俩，人前握手拥抱，背后使拌插刀。他们认定最终的成功就是一切，为达目的可以使用任何上不得台面的手段。

纵横家的第四个策略是纵横捭阖、挑拨离间，不断在列国间制造矛盾，激发事端。这在张仪尤其是拿手好戏。为了破坏东方六国的"合纵"，他总是千方百计地渲染六国间的利益冲突，将他们之间的关系形容为不可调和的矛盾。在魏国，他极力强调魏国是四战之地，处于齐、赵、韩、楚等国的包围中，怎么做也难以摆平同他们的关系，只有同秦国结盟才会安全。到楚国，他硬是离间了六国合纵的核心齐、楚联盟，使二者兵戎相见。到燕国，他大讲赵王"很戾无亲"和围攻燕都的往事，成功离间燕、赵关系。张仪最后的杰作是将秦惠王、魏哀王和齐湣王玩于股掌之上：

秦武王元年，群臣日夜恶张仪未已，而齐让又至。张仪惧诛，

[1] 司马迁：《史记》卷六十九《苏秦列传》，中华书局1959年版，第2245、2260—2261页。
[2] 司马迁：《史记》卷七十《张仪列传》，中华书局1959年版，第2292页。

乃因谓秦武王曰："仪有愚计，愿效之。"王曰："奈何？"对曰："为秦社稷计者，东方有大变，然后王可以多割得地也。今闻齐王甚憎仪，仪之所在，必兴师伐之。故仪愿乞其不肖之身之梁，齐必兴师而伐梁。梁齐之兵连于城下而不能相去，王以其间伐韩，入三川，出兵函而毋伐，以临周，祭器必出。挟天子，按图籍，此王业也。"秦王以为然，乃具革车三十乘，入仪之梁。齐果兴师伐之。梁哀王恐。张仪曰："王勿患也，请令罢齐兵。"乃使其舍人冯喜之楚，借使之齐，谓齐王曰："王甚憎张仪；虽然，亦厚矣王之托仪于秦也！"齐王曰："寡人憎仪，仪之所在，必兴师伐之，何以托仪？"对曰："是乃王之托也。夫仪之出也，固与秦王约曰：'为王计者，东方有大变，然后王可以多割得地。今齐王甚憎仪，仪之所在，必兴师伐之。故仪愿乞其不肖之身之梁，齐必兴师伐之。齐梁之兵连于城下而不能相去，王以其间伐韩，入三川，出兵函谷而无伐，以临周，祭器必出。挟天子，案图籍，此王业也。'秦王以为然，故具革车三十乘而入之梁也。今仪入梁，王果伐之，是王内罢国而外伐与国，广邻敌以内自临，而信仪于秦王也。此臣之所谓'托仪'也。"王曰："善。"乃使解兵。[①]

这里张仪将离间捏合之术运用得炉火纯青，将秦惠王、魏哀王和齐湣王一一收入彀中，一方面使自己暂时摆脱困境，一方面使秦、魏、齐一时不动刀兵。第二年，他寿终正寝于魏国，算是在生命终结前夕干了一件促成列国间和平的好事。不过，张仪一生最显著的功业是他用离间之术不断破解苏秦的"合纵"之策，最终导致秦国以各个击破的战术奏响了统一六国的凯歌。

纵横家的第五个策略是连环设局，环环相扣，使堕入局中者步步中招，最后达到他们设定的目标。"秦、仪学于鬼谷，其术先揣摩其如何，然后捭

---

① 司马迁：《史记》卷七十《张仪列传》，中华书局1959年版，第2299页。

阖，捭阖既动，然后用钩钳，钩其端，然后钳制之”[①]。最典型的是张仪诓骗楚王所设的“献商於之地六百里”的骗局：楚王因贪心中招后，张仪破除齐楚联盟的目的达成；接着，以“丰邑六里”搪塞，使楚王震怒而不计后果地发兵，结果是丹阳、蓝田两战楚军惨败，秦夺取楚丹阳、汉中两地；再后，是张仪二次入楚，利诱楚王“与秦亲”，保证连横之计继续推行。在这一进程中，张仪将“钩钳之术”运用得真是天衣无缝，妙不可言。

纵横家的游说诸侯国，取得政治和外交上的成功，目的是以此为筹码，从君王那里猎取富贵利禄，以实现他们的人生价值。“考其所学，非阴谋诡计即纵横捭阖，驾倾河之辨，肆无稽之谈，大要以进取为功业，杀人为英雄。”[②] 苏秦毫不讳言他的目的是“以取尊荣”，结果一时获得佩六国相印的殊荣。当他从楚国北去赵国路经自己的故乡洛阳时，真是风光无限：“行过雒阳，车骑辎重……疑于王者。周显王闻之恐惧，除道，使人郊劳。苏秦之昆弟妻嫂侧目不敢仰视，俯伏待取食。”[③] 他们没有自己固定的信仰，行事也没有道德底线。苏秦是“合纵”之策的首创者，可他在游说七国时首访的国家是秦国，献出的计策是让秦国“可以吞天下，称帝而治”。如果秦惠王接纳了他，他可能就是“连横”之策的首创者了。所以戴表元认定他“利从则从，利横则横，其区区穷谋本不专有摈秦之心，惟不得于秦而从事于诸侯耳”[④]。作为“合纵”之策的谋主，他应该千方百计维护六国的团结，然而，他在燕国私通燕易王的母亲后，最后又跑到齐国为燕国做内应，“欲破敝齐而为燕”，破坏了齐、燕之间的联盟。黄震因此说他“使燕以报齐，食齐之禄而反误之，不忠孰甚焉？又岂约从之初意哉?”[⑤] 张仪是“连横”之策的创始人，但他最后却运用自己的智慧避免了秦、魏、齐三国间的一场战争。这说明他们没有固定的政治信仰，只有利

① 《二程子抄释》卷四，电子版文渊阁四库全书。

② 张九成：《孟子传》卷十二，电子版文渊阁四库全书。

③ 司马迁：《史记》卷六十九《苏秦列传》，中华书局 1959 年版，第 2261—2262 页。

④ 戴表元：《剡源文集》卷二十二《苏秦列传》，电子版文渊阁四库全书。

⑤ 黄震：《黄氏日钞》卷四十六《苏秦》，电子版文渊阁四库全书。

益考量，尤其是个人利益的考量。正因为如此，所以历史上众多思想家从仁义道德出发给予纵横家的基本都是否定的评价。同时代的孟子直斥他们是"妾妇之道"，稍后于孟子的荀子也将他们视为"态臣"①，即专门对君王谄媚逢迎的奸佞之臣。西汉初年的刘安直斥他们是"丑者"："张仪、苏秦，家务常居，身无定君，约从衡之事，为倾覆之谋，浊乱天下，挠滑诸侯，使百姓不遑启居，或从或横，或合众弱，或辅富强，此异行而归于丑者也。"②宋朝以后，理学大兴，政治家和思想家特别看重人们的道德人格，所以对纵横家的评价更低。苏门四学士之一的秦观认为他们不过是"利口之雄"，为君子所不齿：

> 所谓辩士者，必具三德、明五机，而利口者不与焉。昔苏秦、张仪、犀首、陈轸、代厉之属，尝以辩名于世矣。然三德不足而五机有余，故事求遂而不问礼之得失，功求成而不恤义之存亡，偷合苟容，取济一时而已。此其所以为利口之雄，而君子不道也。③

宋朝的张九成对纵横家们更是义愤填膺，大骂其为"民贼"，认定他们一无是处：

> 苏秦得志于六国，腰佩六印，坐谋辎车，时君世主，拥彗先驱，郊迎侧行，其见礼如此。考其所学，非阴谋诡计即纵横捭阖……④
> 苏秦以不虞之誉以取富贵，张仪以求全之毁以取富贵，此两人者，岂有心于天下国家哉？特以口舌觅官，为饱暖之资耳。一则专以誉而悦六国，一则专以毁而恐六国，天下性命皆系两人之口舌。⑤

---

① 王先谦：《荀子集解》，中华书局 2013 年版，第 219 页。
② 何宁：《淮南子集释》，中华书局 1998 年版，第 1411 页
③ 秦观：《淮海集》卷十六《辩士》，电子版文渊阁四库全书。
④ 张九成：《孟子传》卷十二，电子版文渊阁四库全书。
⑤ 张九成：《孟子传》卷十七，电子版文渊阁四库全书。

> 商鞅、驺忌、孙膑、苏秦、张仪、稷下诸人，立乎人之本朝，
> 而以阴谋诡计纵横捭阖卓异荒唐为事业，或窃相位，或坐辎车，或
> 佩六印，或据康庄，扬扬以为得计，以圣贤之道观之，其耻有过于
> 此者乎？①

这种纯粹从传统道德观念出发的评论，抒发的是义愤，给出的并不是一种
公允的历史评价。历史虽然不拒绝道德评价，但更侧重于从历史发展的趋
势看待历史人物的客观作用。东汉王充肯定他们的事功：

> 苏秦约六国为从，强秦不敢窥兵于关外；张仪为横，六国不敢
> 同攻于关内。六国约从，则秦畏而六国强；三秦称横，则秦强而天
> 下弱。功著效明，载纪竹帛，虽贤何以加之。……仪、秦，排难之
> 人也，处扰攘之世，行揣摩之术，当此之时，稷、契不能与之争计，
> 禹、皋陶不能与之比效。②

有点偏离儒学正统思想的王充从事功标准出发的理性评价，较之义愤的詈
骂似乎更接近真实。不过，王充也无法理解，人格看似卑微的纵横家为什
么能够建立辉煌的功业，而他们并没有意识到自己成了历史发展的不自觉
的工具。

苏秦的合纵之策在短期内获得了成功，"秦兵不敢窥函谷关十五年"③。
原因在于，合纵抗秦在一定程度上反映了六国的共同要求，参加合纵的燕
文侯、赵肃侯、韩宣王、魏襄王、齐宣王、楚威王大都是明于时势、洞悉
利害关系的明智国君。他们全力支持合纵，有意识地维系六国的团结。合
纵初起，声势浩大，秦国一时找不到破解之法，加之对六国合力心存畏
惧，故而基本上对六国采取守势。特别是，苏秦从中运筹帷幄，协调关

① 张九成：《孟子传》卷二十五，电子版文渊阁四库全书。
② 王充：《论衡·答佞篇》，《诸子集成》7，上海书店 1986 年影印本，第 116 页。
③ 司马迁：《史记·苏秦列传》，中华书局 1959 年版，第 2262 页。

系、化解矛盾，使六国维持了短暂的团结，合纵之策取得了暂时的成效。但是，合纵最后走向失败又是必然的，因为它违背了当时中国走向统一的历史潮流。合纵的核心是六国团结自保，以维持战国时期列国分裂割据的局面，所以合纵的策略是保守的，它的主轴基本上不是团结六国共同进击秦国，而是抱团消极防御秦国的进攻，因而即使纵约真正实行，也只是阻止秦国的东进，丝毫也危及不到秦国本身的安全。最重要的是六国各自有其局部利益，它们不仅与秦国有利益上的矛盾与冲突，而且彼此之间，尤其是相毗邻的国家之间，也有利益上的矛盾和冲突。由于六国与秦国的关系复杂，有的国家如韩、赵、魏与秦国接壤，时常遭受秦军的攻伐，因而既需纵约联兵抗秦，又易在秦国的威胁利诱下与之妥协屈服。有的国家如燕、齐，因距秦国较远，一时对秦国的威胁还无切肤之痛，它们对纵约的热情不高，极易为自身利益而背弃同盟者，甚至刀兵相见，从同盟者那里掠取土地和人口。如公元前 314 年，齐国乘燕国内乱之机，出兵攻燕，直下燕都。公元前 286 年，燕昭王又纠合秦、韩、赵、魏诸国联军，连下齐国 70 余城，使之遭到一次重大打击。显然，由于东方六国各自利益的不同，他们的团结是极不牢固的，因而很容易被秦国连横的策略所打破。正如合纵之策失败是必然的一样，连横之策的胜利也有着内在的必然性。这是因为，连横为秦国的统一事业服务，而这恰恰顺应了当时的时代潮流。连横以我为主，恃我而不恃敌，把基点建立在自己力量的基础上，处处时时掌握着主动权，制人而不受制于人，因而能玩六国于股掌之上，显得从容不迫，游刃有余。同时秦国有着远较六国优越的地理条件，它地处关中，南连汉中、巴蜀，占有当时中国最富饶的财富之区，使它能以雄厚的资源坚持同六国的长期斗争。特别是，黄河、华山、熊耳山，形成了秦国与六国间的天然屏障，使之进可攻，退可守，立于不败之地。而六国由于各自利益的不同，不可能长期形成铁板一块，因而给连横的实施创造了不少可乘之机。加之张仪等人居中巧妙谋划运筹，又以军事斗争紧密配合，连横终于战胜了合纵。这正如苏东坡所正确分析的：

且秦非能强于天下之诸侯，秦惟能自必，而诸侯不能，是以天下百变，而卒归于秦。诸侯之利，固在从也，朝闻陈轸之说而合为合从，暮闻张仪之计而散为横。秦则不然。横人之欲为横，从人之欲为从，皆使其自择而审处之。诸侯相顾，而终莫能自必，则权之在秦，不亦宜乎？①

"合纵"与"连横"的斗争，从一定意义上说，不过是战国时期列国军事斗争的副产品，它服务于军事斗争，并且基本上也为军事斗争所左右，最后决定列国命运的不是纵横策士的如簧之舌，而是列国间金戈铁马的拼杀。当秦国以绝对优势的兵力敲响东向进军的钲鼓时，"合纵"的策略一败涂地，"连横"的策略也失去用武之地，响彻中华大地的是秦军勇猛激进的马蹄声。

孟子尽管对纵横家深恶痛绝，批判不遗余力，但是，他与这批同时代的风云人物却基本上没有发生交集，无缘进行面对面的辩论，使历史遗憾地缺失了这本应精彩的场景。在政坛上极其活跃的孟子之所以没有同纵横家交集，主要原因可能是，孟子涉及的主要是政治和思想领域的话题，他基本不涉及外交，在纵横家频频出场的外交领域，他被邀请参加的机会很少，所以孟子的思想和才华也就没能够在这一领域绽放。

---

① 郭预衡主编：《唐宋八大家文总集·苏轼》（一），河北人民出版社 1995 年版，第 4496—4497 页。

第十八章　再次入齐

正当孟子对梁襄王失去信心，准备离开魏国的时候，公元前320年（周慎靓王元年　齐威王三十七年）齐威王寿终正寝，他的儿子齐宣王继位。宣王虽然不及他老子的雄才大略，但颇"喜文学游说之士"，他大力招徕游荡于列国间的各学派的头面人物，给予较威王时更优厚的待遇，"不治而议"，创造了"稷下学士复盛"的局面。孟子得到这一消息，立即决定回到齐国去。他带着由弟子们组成的车骑，由大梁出发，沿着迤逦朝东北方向伸展的通往齐国的大道前进。进至范邑（今河南范县东南），已经入齐国境。当时领有范邑的是齐威王庶出的一个儿子。他得知孟子一行到来的消息，急忙出郭迎接。孟子远远看到这位贵族公子与众不同的风姿，于是大发了一通感慨：

> 孟子自范之齐，望见齐王之子，喟然叹曰："居移气，养移体，大哉居乎！夫非尽人之子与？"孟子曰："王子宫室、车马、衣服多与人同，而王子若彼者，其居使之然也；况居天下之广居者乎？鲁君之宋，呼于垤泽之门，守者曰：'此非吾君也，何其声之似我君也？'此无他，居相似也。"①

---

① 《孟子·尽心上》，《十三经注疏》，中华书局1980年版，第2769—2770页。

孟子这里触及到环境对人的影响这个教育学上的大问题。看到齐王的公子，他不由地叹息着说："环境改变气度，调养改变体质，环境真是重要呀！他难道不也是人的儿子吗？为什么就显得与众不同呢？王子的住所、车马和衣服多半与别人相同，为什么王子的气质却是那样呢？这就是他居住的环境使然呀，何况以'仁'为自己住所的人呢？那就更不同了。一次鲁君到宋国去，在宋国的东南城门下呼喊，守门的说：'这不是我的君主呀，为什么他的声音同我们君主这样相像呢？'这没有别的缘故，只是因为环境相像罢了。"孟子认为环境对人的气质、教养、风姿具有巨大影响，所以教育者应该为受教育者创造一个良好成长的环境，当权者应该为百姓创造一个良好的生活的环境，这对改造人、改善社会风气都是至关重要的。

孟子离开范邑，继续东行，途经平陆（今山东汶上北），在这里停留了几天。已经得到消息的齐相储子，为了同孟子交朋友，就派人送来礼物，表示欢迎之意。但孟子接受礼物却不回报，这显示了孟子与齐国官场交往的谨慎态度。他不愿与某些达官贵人走得太近，大概是为了避免结党营私的嫌疑。其时齐国平陆的地方长官叫孔距心，孟子与他相见，并对他的工作失误进行批评：

> 孟子之平陆，谓其大夫曰："子之持戟之士，一日而三失伍，则去之否乎？"曰："不待三。""然则子之失伍也亦多矣。凶年饥岁，子之民，老羸转于沟壑，壮者散而之四方者，几千人矣。"曰："此非距心之所得为也。"曰："今有受人之牛羊而为之牧之者，则必为之求牧与刍矣。求牧与刍而不得，则反诸其人乎？抑亦立而视其死与？"曰："此则距心之罪也。"他日，见于王曰："王之为都者，臣知五人焉。知其罪者，惟孔距心。"为王诵之。王曰："此则寡人之罪也。"①

---

① 《孟子·公孙丑下》，《十三经注疏》，中华书局 1980 年版，第 2695 页。

孟子到达平陆后，受到孔距心的接待。可是这位客人对这位地方长官毫不客气，见面后立即提出一个问题："如果你的持戟士卒一天三次失职（掉队），你开除他吗？"孔距心不知孟子的提问将把他引至尴尬的境地，就不容置疑地说："不必等到三次，只要有一次，我就开除他了。"孟子接着话茬将话题引到他的身上："可是，你自己失职的地方也很多呀。你看，灾荒年成，你属下的百姓，年老体弱倒毙于山谷中的，年轻力壮逃亡于四方的，已经将近千人了。"孔距心没有料到孟子会对自己提出这样的批评，心里很不服气，就辩解说："这个事情不是我做地方官的个人力量所能解决的。"言外之意是，灾荒年成是我控制不了的。孟子不依不饶，说："譬如现在有一个人，接受别人的嘱托替他喂养牛羊，那一定要替牛羊寻找牧场和草料吧。如果找不到牧场和草料，是把这些牛羊退给原主呢，还是站在那里瞪眼看着它们一个个死去呢？"话说到这里，孔距心明白自己已经无路可逃了，只得承认说："这就是我的罪过了。"不久，孟子在临淄朝见齐王，对他说："王的地方长官，我认识了五位，明白自己罪过的，只有孔距心一个人。"于是又把他与孔距心的谈话复述了一遍。齐宣王听了，浑身不自在，只好期期艾艾地说："这个也是我的罪过呢！"

第十九章　初见宣王

　　孟子一行人来到临淄，住进了为稷下学宫大夫们安排的府第，他自然还是在稷下学宫讲学和著述。大概齐宣王以前没有关注孟子，所以连他长得什么样也不知道。出于好奇，他竟偷偷派人去孟子的住地，想看一看孟子是不是长得与别人不一样。《孟子·离娄下》记载了这个颇具喜剧色彩的场面：

　　　　储子曰："王使人瞷夫子，果有以异于人乎？"孟子曰："何以异于人哉？尧舜与人同耳。"①

齐相储子将齐王派人偷偷窥视孟子的事儿告诉了他，说是好奇的齐王想知道你是不是与一般人不同？孟子听了有点哭笑不得，只好郑重回答说："你看我哪里有与一般人不同的地方？就是尧舜也与一般人一样嘛。"孟子这里的潜台词实际上是说，人之为人，体貌的差距是很小的，最大的差距表现在品德与能力上。

　　由于孟子此次至齐一路受到欢迎，到临淄后，又有齐王的窥视之事发生，一时孟子身上笼罩着神秘之感。不少人，特别是他的弟子们，都估计齐王可能要重用孟子。他们热切地盼望着这一天的到来，不断请教他一

---

① 《孟子·离娄下》，《十三经注疏》，中华书局 1980 年版，第 2732 页。

系列治国理政的学问。其中与公孙丑有一段长篇谈话：

> 公孙丑问曰："夫子当路于齐，管仲、晏子之功，可复许乎？"孟子曰："子诚齐人也，知管仲晏子而已矣。或问乎曾西曰：'吾子与子路孰贤？'曾西蹴然曰：'吾先子之所畏也。'曰：'然则吾子与管仲孰贤？'曾西艴然不悦，曰：'尔何曾比予于管仲？管仲得君如彼其专也，行乎国政如彼其久也，功烈如彼其卑也；尔何曾比予于是？'"曰："管仲、曾西之所不为也，而子为我愿之乎？"曰："管仲以其君霸，晏子以其君显。管仲、晏子犹不足为与？"曰："以齐王，由反手也。"曰："若是，则弟子之惑滋甚。且以文王之德，百年而后崩，犹未洽于天下；武王、周公继之，然后大行。今言王若易然，则文王不足法与？"曰："文王何可当也？由汤至于武丁，贤圣之君六七作，天下归殷久矣，久则难变也。武丁朝诸侯，有天下，犹运之掌也。纣之去武丁未久也，其故家遗俗，流风善政，犹有存者；又有微子、微仲、王子比干、箕子、胶鬲，皆贤人也，相与辅相之，故久而后失之也。尺地，莫非其有也；一民，莫非其臣也；然而文王犹方百里起，是以难也。齐人有言曰：'虽有智慧，不如乘势；虽有镃基，不如待时。'今时则易然也：夏后、殷、周之盛，地未有过千里者也，而齐有其地矣；鸡鸣狗吠相闻而达乎四境，而齐有其民矣。地不改辟矣，民不改聚矣，行仁政而王，莫之能御也。且王者之不作，未有疏于此时者也；民之憔悴于虐政，未有甚于此时者也。饥者易为食，渴者易为饮。孔子曰：'德之流行，速于置邮而传命。'当今之时，万乘之国行仁政，民之悦之，犹解倒悬也。故事半古之人，功必倍之，惟此时为然。"①

孟子在这段与公孙丑的长篇对话中，主要不是讲仁政的具体内容，而是讲

---

① 《孟子·公孙丑上》，《十三经注疏》，中华书局 1980 年版，第 2684 页。

在齐国如实行仁政就会取得"易如反掌"的效果。开首公孙丑问他："您如果在齐国当权，能够再现管子、晏婴功业的辉煌吗？"因为管子、晏婴是姜齐时的名相，他们曾辅佐齐国创造了姜齐历史上辉煌的局面，所以公孙丑认为能恢复那时的繁盛已经是很高的目标了。不料孟子对管子、晏婴却不屑一顾。他说："你真是一个浅陋的齐国人，只晓得推崇管子、晏婴。曾经有人问曾西：'你和子路相比，谁强？'曾西不安地说：'他是我父亲所敬畏的人，我怎么敢和他相比？'那人又问：'那么，你和管仲相比，谁强一些？'曾西很不高兴，说道：'你为什么拿我跟管仲相比？管仲得到齐桓公的信赖是那么专一，行使国家政权的时间是那样长久，而功绩却是那样地微不足道。你为什么拿我跟他相比？'"停了一会儿，孟子又说："管仲是曾西都不愿跟他相比的人，你以为我就愿意学他吗？"公孙丑对孟子贬低管子、晏婴显然难以理解，就反问："管仲辅佐桓公使他称霸天下；晏子辅佐景公使他名扬诸侯，管仲、晏子难道还不值得学习吗？"孟子说："以齐国来统一天下，'易如反掌'。"他的言外之意是说：可是管仲、晏子都没有统一天下。公孙丑并没有被说服，进一步诘问："照您这样讲来，我便更加不懂了。像文王那样的德行，而且活了将近一百岁，可他推行的德政却没有周遍天下；武王、周公继承了他的事业后，才进一步地推行了王道，统一了天下。现在您把实行仁政，统一天下，说得那样容易，那么，连文王也不值得效法了吗？"针对公孙丑提出的问题，孟子从历史讲到现实，对"易如反掌"进行了充分的阐发。他说，"我们还是从当时的历史情况讲起，从商汤到武丁，贤明的君主就有六七位，这时天下的人归服殷朝已经很久了，时间久了，人心思定，便很难变动。武丁当国，治理天下，使诸侯来朝，就好像在手掌中运转东西一样容易。纣王的年代上距武丁并不甚远，当时的功勋世家、良风美俗、仁惠政教还有不少遗存，又有微子、微仲、王子比干、箕子、胶鬲这些贤德之人共同辅佐，不可能一下子乱起来，所以经历相当长久的时间才亡国。当时的天下，没有一尺土地不归纣王所有，没有一个百姓不归纣王所管，然而文王还能凭借一百里的小国创立丰功伟绩，在西方立下坚实基础，所以是很困难的。齐国有句俗话说：'虽然有聪明，还要把握当前的好时机；虽然有农具，还要等待好时节。'现在齐国面临的形势，要推行王政是很容易的。你想，纵然在夏、商、周最兴盛的年代里，诸侯国的土地也没有超过纵横一千里的，现在齐国却有这么广阔的土地；鸡鸣狗叫的声音，从首都一直到四方的国境线，处处相闻，人烟如此稠密，齐国有这么多的人口。国土不必再开拓，百姓也不必再增加，如此广土众民，只要实行仁政，就没有人能阻止他统一天下。再说，历史上从来没有这样长久不出现统一天下的贤君了，老百姓也从来没有这样长久被暴虐的政治所折磨。饥饿的人不苛择食物，口渴的人不苛择饮料。孔子说过：'德政的流行，比驿站的传达政令还要迅速。'现在这个时候，拥有万辆兵车的大国实行仁政，老百姓的欢欣鼓舞，正像倒挂着的人而给解救了一般。所以，'事半功倍'只有在这个时代才成为可能。"孟子将在齐国实行仁政而迅速统一天下说得如此容易，当然与他爱夸饰的性格有关，更重要的，恐怕与他对在齐国任职的前景的乐观估计有关。由于齐宣王对他的重视远远超过齐威王，而周围的人们又不断散布他即将被重用的消息，孟子因而错估了形势，于是放出了"易如反掌""事半功倍"的预言，目的是让齐宣王知道，增加任用他的信心。另一方面，此时齐国的国力虽然与西方崛起的秦国相比略显逊色，但仍不失战国七雄中最具生机的国家，不仅对除秦国外的其他五国占有绝对优势，就是与秦国叫板也不会畏葸不前。况且，前不久齐国对韩、魏等国的战争都取得了胜利，齐国上下还没有从胜利的喜悦中恢复平静。这一切，显然给孟子对自己在齐国执政的前景带来乐观的预测。他真的认为，只要让他在齐国秉政，立竿见影的效果就会显现出来。这显示了理想家的孟子还生活在自己构筑的幻觉中。这表明，由于长期缺乏政治实践的体验，他对为政的艰难和复杂还没有深刻的认识。

孟子虽然没有等来齐宣王任命的高官，但齐宣王对自己的重视还是让他兴奋不已。因为就在他入齐不久，齐宣王就多次召见他，就一系列的治国方略向他请教。在二人的对话中，孟子找到了一个比梁惠王更专注的交谈对象，他于是将自己的理论和理想，通过他特有的极富感情色彩的语言，长江大河般地向这位君王展示出来。《孟子·梁惠王上》记载：

齐宣王问曰："齐桓、晋文之事，可得闻乎？"孟子对曰："仲尼之徒，无道桓、文之事者，是以后世无传焉，臣未之闻也。无以，则王乎？"曰："德何如，则可以王矣？"曰："保民而王，莫之能御也。"曰："若寡人者，可以保民乎哉？"曰："可。"曰："何由知吾可也？"曰："臣闻之，胡龁曰，王坐于堂上，有牵牛而过堂下者，王见之，曰：'牛何之？'对曰：'将以衅钟。'王曰：'舍之！吾不忍其觳觫，若无罪而就死地。'对曰：'然则废衅钟与？'曰：'何可废也，以羊易之。'不识有诸？"曰："有之。"曰："是心足以王矣。百姓皆以王为爱也，臣固知王之不忍也。"王曰："然；诚有百姓者。齐国虽褊小，吾何爱一牛？即不忍其觳觫，若无罪而就死地，故以羊易之也。"曰："王无异于百姓之以王为爱也。以小易大，彼恶知之？王若隐其无罪而就死地，则牛羊何择焉？"王笑曰："是诚何心哉？我非爱其财而易之以羊也，宜乎百姓之谓我爱也。"曰："无伤也，是乃仁术也，见牛未见羊也。君子之于禽兽也，见其生，不忍见其死；闻其声，不忍食其肉。是以君子远庖厨也。"王说曰："《诗》云：'他人有心，予忖度之。'夫子之谓也夫。我乃行之，反而求之，不得吾心。夫子言之，于我心有戚戚焉。此心之所以合于王者，何也？"曰："有复于王者曰：'吾力足以举百钧，而不足以举一羽；明足以察秋毫之末，而不见舆薪，则王许之乎？'曰："否。""今恩足以及禽兽，而功不至于百姓者，独何与？然则一羽之不举，为不用力焉；舆薪之不见，为不用明焉；百姓之不见保，为不用恩焉。故王之不王，不为也，非不能也。"曰："不为者与不能者之形何以异？"曰："挟泰山以超北海，语人曰，'我不能。'是诚不能也。为长者折枝，语人曰，'我不能。'是不为也，非不能也。故王之不王，非挟泰山以超北海之类也；王之不王，是折枝之类也。老吾老，以及人之老；幼吾幼，以及人之幼。天下可运于掌。《诗》云，'刑于寡妻，至于兄弟，以御于家邦。'言举斯心加诸彼而已。故推恩足以保四海，不推恩无以保妻子。古之人所以大过人者，无他焉，善推其所为而已矣。今恩足以及禽兽而功不至于百姓者，独何与？权，然后知轻重；度，然后知长短。物皆然，心为甚。王请度之！抑王兴甲兵，危士臣，构怨于诸侯，然后快于心与？"王曰："否；吾何快于是？将以求吾所大欲也。"曰："王之所大欲可得闻与？"王笑而不言。曰："为肥甘不足于口与？轻煖不足于体与？抑为采色不足视于目与？声音不足听于耳与？便嬖不足使令于前与？王之诸臣皆足以供之，而王岂为是哉？"曰："否；吾不为是也。"曰："然则王之所大欲可知已，欲辟土地，朝秦楚，莅中国而抚四夷也。以若所为求若所欲，犹缘木而求鱼也。"王曰："若是其甚与？"曰："殆有甚焉。缘木求鱼，虽不得鱼，无后灾。以若所为求若所欲，尽心力而为之，后必有灾。"曰："可得闻与？"曰："邹人与楚人战，则王以为孰胜？"曰："楚人胜。"曰："然则小固不可以敌大，寡固不可以敌众，弱固不可以敌强。内之地方千里者九，齐集有其一。以一服八，何以异于邹敌楚哉？盖亦反其本矣。今王发政施仁，使天下仕者皆欲立于王之朝，耕者皆欲耕于王之野，商贾皆欲藏于王之市，行旅皆欲出于王之途，天下之欲疾其君者皆欲赴愬于王。其如是，孰能御之？"王曰："吾惛，不能进于是矣。愿夫子辅吾志，明以教我。我虽不敏，请尝试之。"曰："无恒产而有恒心者，惟士为能。若民，则无恒产，因无恒心。苟无恒心，放辟邪侈，无不为已。及陷于罪，然后从而刑之，是罔民也。焉有仁人在位罔民而可为也？是故明君制民之产，必使仰足以事父母，俯足以畜妻子，乐岁终身饱，凶年免于死亡；然后驱而之善，故民之从之也轻。今也制民之产，仰不足以事父母，俯不足以畜妻子；乐岁终身苦，凶年不免于死亡。此惟救死而恐不赡，奚暇治礼义哉？王欲行之，则盍反其本矣：五亩之宅，树之以桑，五十者可以衣帛矣。鸡豚狗彘之畜，无失其时，七十者可以食肉矣。百亩之田，勿夺其时，八口之家可以无饥矣。谨庠序之教，申之以孝悌之义，颁白者不负载于道路矣。老者衣帛食肉，黎民不饥不寒，然而不王者，未之有也。"①

齐宣王从他老子手上接掌一个傲视群雄的东方大国后，踌躇满志、顾盼自雄，很想大作大为一番。他想到了春秋时期两个成就霸业的代表人物齐桓公和晋文公，将他们视为榜样，所以见到孟子就迫不及待地问："齐桓公和晋文公在春秋时期称霸的事迹，您可以讲给我听吗？"孟子的回答完全出乎他的意料："孔子的学生们没有谈论齐桓公和晋文公事迹的，所以也没有传到后代来，我也就不曾听说过。王如果一定要我谈，那就讲讲用道德的力量来统一天下的'王道'吧！"孟子这里的回答显然不符合历史事实，因为孔子对春秋时期的"五霸"基本上持赞扬的态度，这可能与他们进行顺应历史潮流的改革有关。孔子不仅赞扬齐桓公和帮助他成就霸业的管仲，而且还赞扬领导秦国崛起的秦穆公：

> 子曰："桓公九合诸侯，不以兵车，管仲之力也。如其仁！如其仁！"
>
> 子曰："管仲相桓公，霸诸侯，一匡天下。民到于今受其赐。微管仲，吾其被发左衽矣。"②
>
> 鲁昭公之二十年，而孔子盖年三十矣。齐景公与晏婴来适鲁。景公问孔子曰："昔秦穆公国小处僻，其霸何也？"对曰："秦，国虽小，其志大；处虽僻，行中正。身举五羖，爵之大夫，起累绁之中，与语三日，授之以政。以此取之，虽王可也，其霸小矣。"③

孟子之所以对齐桓、晋文的霸业不屑一顾，因为当时的形势已经不是如何"称霸"，而是如何统一中国。孟子不与宣王纠缠齐桓、晋文霸业，目的

---

① 《孟子·梁惠王上》，《十三经注疏》，中华书局 1980 年版，第 2670—2671 页。
② 《论语·宪问》，《十三经注疏》，中华书局 1980 年版，第 2511—2512 页。
③ 司马迁：《史记》卷四十七《孔子世家》，中华书局 1959 年版，第 1910 页。

是将他引导到自己情有独钟的"王道"上来。宣王只能顺着孟子的思路，问："要有怎样的道德才能够统一天下呢？"孟子回答："一切都为着使百姓的生活安定，这样去统一天下，是没有人能够阻挡的。"孟子鼓吹的前景引起宣王的兴趣，他接着问："像我这样的人能够做到使百姓的生活安定吗？"在得到孟子肯定的回答后，他进一步追问："你凭什么知道我能够做到？"孟子于是从宣王最切近的事情讲起："我听到胡龁告诉我这样一件事：大王坐在大殿之上，有人牵着一头牛从殿下走过，王看到了，便问牵着牛往那儿去？那人回答说'准备宰了祭钟。'王便道：'放了它吧！看它那战战兢兢可怜的样子，毫无罪过却被送进屠场，我实在不忍心呀。'那人问：'那就废除祭钟这一仪节吗？'王回答：'怎么可以废除呢？就用只羊来代替吧！'不晓得是不是有这么一回事？"得到宣王的肯定后，孟子说："凭大王的这种好心就可以统一天下了。老百姓都以为王是吝啬，我早就知道王是不忍心呀。"孟子的话使宣王很受用，觉得孟子真正理解了自己，就进一步解释说："对呀，确实有这样想的百姓。齐国虽然不大，可我何至于舍不得一头牛？我就是不忍看它那战战兢兢可怜的样子，毫无罪过而被送进屠场，所以才用羊来代替它。"孟子接着王的话头引申说："百姓说王吝啬，王也不必奇怪。羊小牛大，您是用小的代替大的，百姓哪能体会到王的深意呢？如果说因为可怜它毫无罪过却被送进屠场，那么宰牛和宰羊又有什么区别呢？"这一问，还真把宣王问住了，他笑着说："这个我真连自己也不懂是什么心理了。我的确不是吝啬钱财才去用羊来代替牛。经您这么一说，百姓说我吝啬真是理所当然了。"孟子当然不会停留在百姓认识的水平上，他继续赞扬王的"不忍之心"："百姓这样误解没有什么关系。王这种不忍之心正是仁爱。道理就在于：王亲眼见了那头牛，却没有看见那只羊。君子对于飞禽走兽，看见它们活着，便不忍心看到它们死去；听到它们悲鸣哀号，便不忍心再吃它们的肉。君子所以把厨房摆在远离自己的地方，就是这个道理。"得到孟子的赞扬，宣王十分高兴，说："《诗经·小雅·巧言》篇中说：'别人想什么，我能揣摩到。'您就是这样的人啊。我只是这样做了，可再问问自己，为什么要这样做呢？

我却说不出所以然来。经您老人家这么一指点，我的心便豁然开朗。但您说我这种心情与王道相合，又是什么道理呢？"孟子见宣王已经进入自己预设的轨道，就又从比喻开始进一步深入说："假定有一个人向王报告：'我的膂力能够举重三千斤，却拿不起一根羽毛；我的眼睛能够把秋天鸟的羽毛看得分明，但一车子柴火摆在面前却看不见。'您肯相信这话吗？"宣王说不会，孟子马上接着说："如今王的恩泽足以使动物沾光，却不能使百姓得到好处，这是为什么呢？这样看来，一根羽毛都拿不起，只是不肯用力气的缘故；一车子柴火都看不见，只是不肯用眼睛的缘故；老百姓得不到安定的生活，只是不肯施恩惠的缘故。所以王的不行仁德的政治来统一天下，只是不愿做，不是没有能力做。"宣王见孟子将实行仁政说得如此轻而易举，就问："不愿做和没有能力做有什么不同呢？"孟子再从比喻入手，将由近及远、层层推进的仁爱政治说给宣王听："把泰山夹在胳臂底下跃过北海，告诉人说：'这个我办不到。'这真是不能。替老年人折取树枝，告诉人说：'这个我办不到。'这是不愿做，不是没有能力做。王的不行仁政不是属于把泰山夹在胳臂底下跃过北海一类，而是属于替老年人折取树枝的一类。尊敬我自己家里的长辈，从而推广到尊敬别人家里的长辈；爱护我自己家里的儿女，从而推广到爱护别人家里的儿女。如果一切政治措施都由这一原则出发，要统一天下就像在手心里转动东西那么容易了。《诗经·大雅·思齐》中不是这样说吗，'先做妻子的榜样，再推广到兄弟，再进而推广到封邑和国家。'这就是说，把这样的恩惠扩大到其他方面去就行了。所以由近及远地把恩惠推广开去，便足以安定天下；不这样，甚至连自己的妻子都保护不了。古代的圣贤之所以远远地超越一般人，没有别的诀窍，只是他们善于推行自己的好行为罢了。如今您的恩惠足以使动物沾光，百姓却得不到好处，这是为什么呢？称一称，才晓得轻重；量一量，才晓得长短。什么东西都如此，人的心更需要这样。请大王仔细考虑一下吧！难道说，动员全国军队，使将士冒着危险去和别的国家结仇构怨，您心里才痛快吗？"看到孟子接触到自己内心的奥秘，宣王马上回应说："不，我为什么定要这样才痛快呢？我之所以这样做，不过是要求满足我的最大的欲望啊。"孟子明白宣王说的"最大欲望"是什么，但故意先不说破，而是追问："王的最大欲望是什么，可以说来给我听听吗？"宣王笑而不答，显然有点难以启齿。孟子先不说破，而是绕个圈子："是为了肥美的食物不够吃呢？是为了轻暖的衣服不够穿呢？是为了艳丽的色彩不够看呢？是为了美妙的音乐不够听呢？还是为了伺候的人不够您使唤呢？这些，您手下的人员都能够充分满足您的需要，难道您真是为了这些吗？"因为孟子讲的这些属于生活的享受，宣王已经是应有尽有，所以他只好说："不，我不是为了这些。"至此，孟子干脆揭破谜底："那么，您的最大的欲望便可以知道了。大王是想扩张国土，使秦、楚等大国都来朝贡，自己作天下的盟主，同时安抚周边的四夷。但是，以您这样的做法想满足您的这些欲望，好像爬到树上去捉鱼一样，根本不可能实现。"因为开始宣王提到齐桓、晋文的时候，孟子就已经明白他的欲望是什么了，这时候揭破，宣王只得承认，但却说："我的欲望实行起来竟然有这样严重的后果吗？"孟子立刻回道："恐怕比这还要严重呢。爬到树上去捉鱼，纵然捉不到鱼，却没有祸害。以您这样的做法想满足您的这些欲望，如果费尽心力去干，不但达不到目的，而且一定会招来祸害。"宣王认为孟子是在危言耸听，就问："这是什么道理！请讲给我听好吗？"孟子还是从比喻入手："假如邹国和楚国打仗，您认为哪一国会打胜呢？"宣王回答："楚国会胜。"孟子接住话茬："从这里可以看出，小国不可以跟大国为敌，人口稀少的国家不可以跟人口众多的国家为敌，弱国不可以跟强国为敌。现在中国土地总面积约九百万平方公里，齐国全部土地不过一百万平方公里。以九分之一的力量跟其余的九分之八为敌，这和邹国跟楚国为敌有什么分别呢？显然，这条道路是走不通的。那么，为什么不从根本着手呢？现在，大王如果能改革政治，施行仁政，便会使天下的士大夫都想到齐国来做官，农人都想到齐国来种地，商贾都想到齐国来做生意，来往的旅客也都想取道齐国游历，各国痛恨本国君主的人们也都想到齐国向您控诉。果真做到这样，又有谁能抵挡得住您的仁政攻势呢？"话说到这里。可能宣王已经找不到反驳孟子的理由了，于是故作谦恭地说："我头脑昏乱，对您的理想不能再有深一层的体会，希望您辅佐我达到目的，明明白白地教导我。我虽然愚钝，也无妨试一试。"至此，孟子认为可以和盘托出他的仁政理论了，于是详细讲解了一番："没有固定的产业收入却有坚定的道德观念和行为准则的，只有士人。至于一般人，没有一定的产业收入便也没有坚定的道德观念和行为准则，他们就会胡作非为，违法乱纪，什么事都敢干。等到他们犯了罪，然后去加以处罚，这等于陷害。哪有仁爱的人当政却作出陷害老百姓的事的呢？所以英明的君主规定人们的产业，一定使他们上足以赡养父母，下足以抚养妻儿；好年成，丰衣足食；坏年成，也不致饿死，然后再去诱导他们走上善良的道路，老百姓也就很容易地听从了。可是现在呢，规定人们的产业，上不足以赡养父母，下不足以抚养妻儿；好年成，也是艰难困苦；坏年成，只有死路一条。这样，每个人用全力救活自己生命都怕来不及，哪有闲工夫学习礼仪呢？王如果要实行仁政，为什么不从根本上着手呢？每家给他五亩土地的住宅，四围种植桑树，那么，五十岁以上的人都可以有绵丝袄穿了。鸡狗和猪这类家畜，都有精力和工夫去饲养、繁殖，那么，七十岁以上的人都可以有肉吃了。一家给他一百亩田地，并且不去妨碍他的生产，八口人的家庭便都可以无饥荒了。办好各类学校，反复地用孝顺父母、敬爱兄长的大道理来开导他们，那么，须发皆白的人便会有人代劳，不至于头顶着、背负着物件在路上踽踽而行了。老年人个个穿绵吃饱，一般人不冻不饿，这样还不能使天下人归服的，那是从来没有的事。"这次孟子与齐宣王的会见，主要从民本方面对他的仁政理想进行了阐发，与他见梁惠王所讲的内容大同小异，即制民恒产、减轻赋税和徭役，使百姓的物质生活得到基本保障，同时进行礼义教育，提高他们的道德水准，从而达到国家富强、社会安定的目的。

第二十章　侃侃而谈

　　大概此后不久，齐宣王又一次召见孟子。这次召见的地点是在临淄东北方向、距临淄六里的雪宫。这是一处风景秀丽的园林建筑群，错落有致地分布着楼台殿阁、森林池沼以及流水潺潺的蜿蜒小河，各种飞禽走兽游戏其间，时而追逐嬉戏，时而引颈长鸣。齐宣王在这里召见孟子，似乎是让他感受一下帝王生活闲情逸致的另一个侧面，看他如何看待快乐。当孟子在侍者的引导下进入这个宛如人间仙境的雪宫时，他似乎明白了宣王这次与他谈话的主题。《孟子·梁惠王下》详细记载了这次会面的交谈：

　　　　齐宣王见孟子于雪宫。王曰："贤者亦有此乐乎？"孟子对曰："有。人不得，则非其上矣。不得而非其上者，非也；为民上而不与民同乐者，亦非也。乐民之乐者，民亦乐其乐；忧民之忧者，民亦忧其忧。乐以天下，忧以天下，然而不王者，未之有也。昔者齐景公问于晏子曰：'吾欲观于转附朝儛，遵海而南，放于琅邪，吾何脩而可以比于先王观也？'晏子对曰：'善哉问也！天子适诸侯曰巡狩。巡狩者，巡所守也。诸侯朝于天子曰述职，述职者，述所职也。无非事者。春省耕而补不足，秋省敛而助不给。夏谚曰："吾王不游，吾何以休？吾王不豫，吾何以助？一游一豫，为诸侯度。"今也不然：师行而粮食，饥者弗食，劳者弗息。睊睊胥谗，民乃作慝。方命虐民，饮食若流。流连荒亡，为诸侯忧。从流下而忘反谓之流，从流上而忘反谓之连，从兽无厌谓之荒，乐酒无厌谓之亡。先王无流连之乐，荒亡之行。惟君所行也。'景公说，大戒于国，出舍于郊。于是始兴发补不足。召太师曰：'为我作君臣相说之乐！'盖徵招角招是也。其诗曰，'畜君何尤？'畜君者，好君也。"①

宣王特意在这里召见孟子，大概是想让他见识一下帝王的享受，使其产生一种震撼的感觉，所以宣王见到孟子的第一句话就是："有道德的贤人也有这种快乐吗？"可能宣王估计孟子会有一种羡慕不已的感慨，会为这次晋见而受宠若惊。然而，他没有料到，孟子讲的却是要求君王"与民同乐"。他平静地对宣王说："也有这种快乐。但是，如果他们得不到这种快乐，就会埋怨国王了。得不到这种快乐就埋怨国王，显然是不对的。可是，作为一国之主有快乐而不同他的百姓一同享受，也是不对的。国王以百姓的快乐为自己的快乐，百姓也会以国王的快乐为自己的快乐；国王以百姓的忧愁为自己的忧愁，百姓也会以国王的忧愁为自己的忧愁。国王与天下之人同忧同乐，这样还不能使天下归服的，是从来不曾有过的事。咱们还是回顾一下历史吧。过去齐景公问晏子说：'我想到转附、朝儛两个山上去游游，然后沿着海岸向南行，一直到琅邪。我该怎么办才能够和过去的圣贤之君的巡游相比拟呢？'晏子回答说：'问得好呀！天子到诸侯的国家去视察叫作巡狩。巡狩就是巡视各诸侯所守的疆土。诸侯去朝见天子叫作述职。述职就是报告在他职责内的工作。没有不和工作相结合的。春天里巡视耕种，对贫穷农户加以补助；秋天里考察收获，对缺粮农户加以补助。夏朝的谚语说："我王不出来游，我们怎么能得到休息？我王不出来走，我们怎么能得到帮助？我王游游走走，就可以为诸侯制定法度。"现在可不是这样了，国王一出巡，就兴师动众，到处筹粮运米。饥者不得食，劳者不得息。所有人员无不切齿侧目，怨声载道，就要为非作歹了。这样的出巡违背天意，虐待百姓，大吃大喝，浪费饮食如同流水。流

① 《孟子·梁惠王下》，《十三经注疏》，中华书局 1980 年版，第 2675—2676 页。

连忘返，荒亡无行，使诸侯都为此而忧愁。什么叫作流连荒亡呢？由上游向下游的游玩乐而忘归叫作流，由下游向上游的游玩乐而忘归叫作连，无厌倦地打猎叫作荒，不知节制地喝酒叫作亡。过去的圣贤之君都没有这种流连荒亡的行为。一种是和工作结合的巡行，一种是只知自己快乐的流连荒亡，您从事哪一种，由大王自己决定吧！'景公听了，大为高兴。先在都城内做好准备，然后驻扎郊外，拿出粮食，救济贫穷的人。景公又把乐官长叫来，对他说：'给我创作一个君臣同乐的歌曲！'这个歌曲就是《徵招》《角招》。歌辞说：'阻止国君的私欲，有什么不对呢？'阻止国君做错事的人，正是爱戴国君呀。"这里，孟子看似通篇都在讲历史，实际上讲了君王的两种游乐观。一种是不顾百姓死活，自己肆无忌惮地享乐，将享乐建筑在百姓的痛苦之上；一种是"与民同乐"，在游乐中解除百姓的疾苦。孟子的言外之意是：究竟如何快乐，你自由选择。接下来，在与宣王的又一次谈话中，孟子就直接批评宣王不与百姓同乐，甚至坑害百姓的罪恶行径：

> 齐宣王问曰："文王之囿方七十里，有诸？"孟子对曰："于传有之。"曰："若是其大乎？"曰："民犹以为小也。"曰："寡人之囿方四十里，民犹以为大，何也？"曰："文王之囿方七十里，刍荛者往焉，雉兔者往焉，与民同之。民以为小，不亦宜乎？臣始至于境，问国之大禁，然后敢入。臣闻郊关之内有囿方四十里，杀其麋鹿者如杀人之罪，则是方四十里为阱于国中，民以为大，不亦宜乎？"①

这一次，齐宣王上来就问孟子："听说周文王有一处猎场，纵横各长七十里，真有这回事吗？"孟子似乎还不太明白他问话的用意，就回答说："在史书上确有这样的记载。"宣王紧跟着再追问："真有这么大吗？"孟子这时终于明白了他问话的用意，于是回答了一句宣王意料不到的话："老百

---

① 《孟子·梁惠王下》，《十三经注疏》，中华书局 1980 年版，第 2674 页。

姓还觉得太小呢！"面对孟子的回答，宣王有点愤愤不平地说："我的狩猎场，纵横各只四十里，老百姓还认为太大了，这又是为什么呢？"孟子知道可以用对比的方法教训这位君王了，于是毫不客气地说："文王的狩猎场纵横各七十里，割草打柴的去，捉鸟捕兽的也去，同老百姓一同享用。老百姓认为太小，这不很自然吗？而您的呢，正与此相反。我刚到齐国边界的时候，问明白了齐国最大的忌讳后，才敢入境。我听说，在齐国首都的郊外，有一个狩猎场，纵横各四十里，谁要是杀了里面的麋鹿，就等于犯了杀人罪。那么，这为方四十里的地面，对百姓来说，就是在国内设置的一个大陷阱呀！他们认为太大了，不也应该吗？"孟子的话因为说的是一个基本的事实，一下子将宣王置于尴尬的境地，此时，他大概只能"王顾左右而言他"了。

过了几天，齐国的臣子庄暴来见孟子，向他转述了晋见齐王的情况，于是引出了孟子与宣王关于"与民同乐"的讨论。《孟子·梁惠王下》记载了这场讨论的实况：

庄暴见孟子，曰："暴见于王，王语暴以好乐，暴未有以对也。"曰："好乐何如？"孟子曰："王之好乐甚，则齐国其庶几乎？"他日，见于王曰："王尝语庄子以好乐，有诸？"王变乎色，曰："寡人非能好先王之乐也，直好世俗之乐耳。"曰："王之好乐甚，则齐其庶几乎！今之乐由古之乐也。"曰："可得闻与？"曰："独乐乐与人乐乐，孰乐？"曰："不若与人。"曰："与少乐乐，与众乐乐，孰乐？"曰："不若与众。""臣请为王言乐。今王鼓乐于此，百姓闻王钟鼓之声，管籥之音，举疾首蹙頞而相告曰：'吾王之好鼓乐，夫何使我至于此极也？父子不相见，兄弟妻子离散。'今王田猎于此，百姓闻王车马之音，见羽旄之美，举疾首蹙頞而相告曰：'吾王之好田猎，夫何使我至于此极也，父子不相见兄弟妻子离散。'此无他，不与民同乐也。今王鼓乐于此，百姓闻王钟鼓之声，管籥之音，举欣欣然有喜色而相告曰：'吾王庶几无疾病与，何以能鼓乐也？'今王田猎于此，百姓闻王车马之音，见羽旄之美，举欣欣然有喜色而相告曰：'吾王庶几无疾病与，何以能田猎也？'此无他，与民同乐也。今王与百姓同乐，则王矣。"①

庄暴这次来见孟子，显然是为了请教。他说："我去朝见王，王告诉我他爱好音乐，我不知道应该怎样回答他。"接着又说："爱好音乐，究竟好还是不好？"孟子十分肯定地说："王如果爱好音乐，那就是齐国之福了！"孟子可能感到这是一个同齐王谈话的好题目，过了些时，他谒见宣王时，装作不经意地问："您曾告诉庄暴，说您爱好音乐，有这回事吗？"宣王可能不愿谈论这个话题，不好意思而又轻描淡写地说："我并不是爱好古代音乐，只是喜欢一些流行的乐曲罢了。"孟子却很郑重地说："只要您非常爱好音乐，那对齐国便是好事。无论现在流行的音乐，还是古代音乐，本质都是一样的。"听见孟子对自己喜欢流行音乐没有提出批评，宣王内心可能有几分得意，于是来了兴趣："请您讲讲这个道理给我听好吗？"孟子并不正面回答，而是提出问题："一个人单独地欣赏音乐，还跟别人一起欣赏音乐，究竟哪一种更快乐呢？"孟子进一步发问："跟少数人欣赏音乐快乐，跟多数人欣赏音乐也快乐，但哪一种更快乐呢？"宣王回答："当然是跟多数人一起欣赏更快乐了。"看到宣王已经被自己诱进彀中，孟子于是就来了一阵酣畅淋漓的训诫："那么，就让我向您谈谈欣赏音乐和娱乐的道理吧。假使王在这儿奏乐，老百姓听到鸣钟击鼓的声音，又听到吹箫奏笛的声音，却全都觉得头痛难忍，愁眉苦脸地互相议论：'我们国王这样爱好音乐，为什么使我们却痛苦到这般地步呢？父子不能见面，兄弟妻离子散！'假使王在这儿打猎，老百姓听到车马的声音，看到华丽的仪仗，却全都觉得头痛难忍，愁眉苦脸地互相议论：'我们国王这样爱好打猎，为什么使我们苦到这般地步呢？父子不能见面，兄弟妻离子散！'百姓所以这样，就是因为王只图自己快乐而不是与民同乐。相反，假使王在这儿

---

① 《孟子·梁惠王下》，《十三经注疏》，中华书局 1980 年版，第 2673—2674 页。

奏乐，老百姓听到鸣钟击鼓的声音，又听到吹箫奏笛的声音，全都眉开眼笑地互相告诉：'我们国王大概很健康吧，要不这样，怎么能够愉快地欣赏音乐呢？'假使王在这儿打猎，老百姓听到车马的声音，看到华丽的仪仗，全都眉开眼笑地互相告诉：'我们国王大概很健康吧，要不这样，怎么能够外出打猎呢？'百姓所以这样，就是因为国王与百姓一同乐。如果国王能同百姓一同娱乐，就可以使天下归服了。"这个故事表明，孟子是一个特别善于联想的思想家。他从宣王的喜欢流行音乐说开去，一直说到"与民同乐"这个十分严肃的政治问题，将自己的民本理念从一个侧面很好地宣传了一番。

一次，孟子又抓住机会，对宣王不关心齐国百姓的疾苦提出批评，指斥他没有尽到国君应有的责任：

> 孟子谓齐宣王曰："王之臣有托其妻子于其友而之楚游者，比其反也，则冻馁其妻子，则如之何？"王曰："弃之。"曰："士师不能治士，则如之何？"王曰："已之。"曰："四境之内不治，则如之何？"王顾左右而言他。①

这里孟子从一个令人义愤的故事入手，步步引导宣王进入他设定的逻辑圈。他一本正经地问齐王说："您有一个臣子把妻室儿女付托给朋友照顾，自己就去楚国游历了。等他回来的时候，看到妻室儿女却在挨饿受冻。对待这样的朋友，应该怎么处置呢？"宣王毫不迟疑地说："毅然和他绝交。"孟子又问："假如管刑罚的长官不能管理他的下级，那又该怎么办呢？"宣王斩钉截铁地说："撤掉他！"孟子再问："假如在一个国家里政治搞得很不好，民不聊生，那又该怎么办呢？"至此，宣王明白他已经被孟子引导到无法转圜的死角，只得回过头来，左右张望，把话题扯到别的地方。

孟子为了宣扬自己的仁政理想，从不放过任何机会。几乎所有话题，

---

① 《孟子·梁惠王下》，《十三经注疏》，中华书局 1980 年版，第 2679 页。

他都能加以引申，转到他要谈的问题上。一次，宣王与他谈起明堂问题。明堂是古代天子宣明政教的地方，"天子明堂，布政之宫也"①，"昔者周公郊祀后稷以配天，宗祀文王于明堂以配上帝"②。本来，明堂是周天子专有的建筑物，可是到了战国时代，不少诸侯国相继僭越，也建起了明堂。孟子于是借谈明堂之机，再次宣扬他的仁政—民本理论：

> 齐宣王问曰："人皆谓我毁明堂，毁诸？已乎？"孟子对曰："夫明堂者，王者之堂也。王欲行王政，则勿毁之矣。"王曰："王政可得闻与？"对曰："昔者文王之治岐也，耕者九一，仕者世禄，关市讥而不征，泽梁无禁，罪人不孥。老而无妻曰鳏，老而无夫曰寡，老而无子曰独，幼而无父曰孤。此四者，天下之穷民而无告者。文王发政施仁，必先斯四者。《诗》云，'哿矣富人，哀此茕独。'"王曰："善哉言乎！"曰："王如善之，则何为不行？"王曰："寡人有疾，寡人好货。"对曰："昔者公刘好货，《诗》云：'乃积乃仓，乃裹餱粮，于橐于囊，思戢用光。弓矢斯张，干戈戚扬，爰方启行。'故居者有积仓，行者有裹粮也，然后可以爰方启。行王如好货，与百姓同之，于王何有？"王曰："寡人有疾，寡人好色。"对曰："昔者太王好色，爰厥妃。《诗》云：'古公亶父，来朝走马，率西水浒，至于岐下，爰及姜女，聿来胥宇。'当是时也，内无怨女，外无旷夫。王如好色，与百姓同之，于王何有？"③

宣王当政时，有人建议他毁掉明堂，于是他请教孟子，如何处置明堂。以孟子之博学，他不会不知道，诸侯国拥有明堂是一种僭越行为。但可能由于此时"礼崩乐坏"愈演愈烈，人们已经见怪不怪。所以孟子并不就此事对宣王进行谴责，而是将其引导至仁政的宣扬。他说："明堂是什么？是

---

① 何休：《春秋公羊传注疏》卷六，电子版文渊阁四库全书。
② 董鼎：《孝经大义》，电子版文渊阁四库全书。
③ 《孟子·梁惠王下》，《十三经注疏》，中华书局 1980 年版，第 2676—2677 页。

有道德而能统一天下的王者的殿堂。您如果要实行王政，就不要把它毁掉了。"孟子的聪明之处在于，他把一个本来僭越的建筑变成王政的象征，由此鼓励齐王去推行仁政。可能孟子的话投合了宣王的心理，他饶有兴趣地问："怎样去实行王政呢？可以讲给我听听吗？"孟子于是讲了文王实行仁政的故事："从前周文王治理岐周，对农民的税率是九分抽一；对做官的人是给以世代承袭的俸禄；在关口和市场上，只稽查违法行为，不征税；任何人到湖泊捕鱼，不加禁止；犯罪的人，刑罚只针对他本人，不牵连到他的妻室儿女。失掉妻室的老年人叫作鳏夫，失掉丈夫的老女人叫作寡妇，没有儿女的老人叫作孤独者，死了父亲的儿童叫作孤儿。这四种人是社会上穷苦无告的人。周文王实行仁政，一定最先考虑到他们。《诗经·小雅·正月》说：'富人享福，欢乐融融；穷人受罪，孤苦飘零。'"宣王似乎被周文王的事迹感动了，就说："这话说得真好呀！"孟子立刻诘问："您如果认为这话好，那为什么不实行呢？"到了这个时候，宣王只得坦率回答："我有个毛病，我喜爱钱财，实行王政恐怕有困难？"孟子立即予以化解说，有这个毛病对实行仁政没有困难："从前公刘也喜爱钱财，《诗经·大雅·公刘》写道：'聚粮于庾，贮粮于仓；包装携带熟食干粮，熟食干粮，装满橐囊，周民和睦，为国增光。张设弓箭，全副武装，扛在双肩，干、戈、戚、扬，开始行动，迁徙远方。'因为留在家里的人有积谷，行军的人有干粮，这才能率领军队前进。王如果喜爱钱财，能跟百姓共有，对于实行王政来统一天下有什么困难呢？"宣王再提出问题："我还有个毛病，就是喜爱女人，实行王政恐怕有困难？"孟子又立即予以破解说，有这个毛病对实行仁政也没有困难："从前太王也喜爱女人，非常疼爱他的妃子。《诗经·大雅·绵》不是这样写么：'周人先祖，古公亶父，策马前行，清晨赶路。从那邠西水滨出发，急急忙忙赶到岐下。偕同姜氏美女，察看地势，筹建屋宇。'在这个时候，既没有找不着丈夫的老处女，也没有找不着妻子的单身汉。王如果喜爱女人，能跟百姓一道，那对于实行王政来统一天下有什么困难呢？"实在说来，孟子以上对宣王爱财好色的破解都有牵强之处，因为公刘的富有并不等于百姓的富有，古公亶父喜爱姜氏妻子也不等于那时的青年男女都能找到自己理想的配偶。不过,孟子要求君王在关心自己财富增长的前提下也使百姓富起来,在自己得到理想女人的同时也使社会上不出现怨女和旷夫的思想仍不失为民本理想的重要内容。

孟子在与宣王的谈话中,涉及了治国安民的许多内容。其中的君臣、君民关系和君主个人的修养之论也颇具特色。

在谈到君臣关系时,孟子在中国思想史上第一次提出君、臣互相承担权利和义务的对等关系:

> 孟子告齐宣王曰:"君之视臣如手足,则臣视君如腹心;君之视臣如犬马,则臣视君如国人;君之视臣如土芥,则臣视君如寇仇。"王曰:"礼,为旧君有服,何如斯可为服矣?"曰:"谏行言听,膏泽下于民;有故而去,则君使人导之出疆,又先于其所往;去三年不反,然后收其田里。此之谓三有礼焉。如此,则为之服矣。今也为臣,谏则不行,言责不听,膏泽不下于民,有故而去则君搏执之,又极之于其所往;去之日,遂收其田里,此之谓寇仇。寇仇,何服之有?"
>
> 孟子曰:"无罪而杀士,则大夫可以去;无罪而戮民,则士可以徙。"
>
> 孟子曰:"君仁,莫不仁;君义,莫不义。"①

孟子讲的这段话,历来被视为他的最出彩的言论。他明确告诉齐宣王:"君主将臣下视为自己的手足,那臣下就会把君主认作自己的腹心;君主将臣下视为狗马,那臣下就会将君主认作一般人;君主将臣下视为泥土草芥,那臣下就会将君主视为仇敌。"可能因为孟子的意见太尖锐,宣王不便回应,而是另提问题问:"礼制规定,已经离职的臣下还得对过去的君

---

① 《孟子·离娄下》,《十三经注疏》,中华书局 1980 年版,第 2726 页。

服孝，君主如何对待臣下，臣下才应该为他服孝呢？"孟子回答说："臣子的劝谏，君王接受照办；臣子的建议，君王听从实行，并且使恩惠下达百姓；臣子有事不得不离开，君主一定派人送他离开国境，并且先遣人到他要去的那一地方做一番布置；离开三年还不回来，才收回他的土地房屋。这个叫作三有礼。这样做，臣下就会为他服孝了。如今做臣下，劝谏不被接受；建议不被听从；恩惠到不了百姓；有事不得不离开时，君主竟然把他捆绑起来；他去到另一个地方，还不罢休，想方设法使他处于穷困境地；从离开那天起，就收回他的土地房屋。这只能叫作仇敌了。对仇敌一样的国君，臣还服孝吗？"孟子这里讲的，还远谈不上君臣平等，而仅仅是有条件的"对等"，即君臣互相承担权利和义务。具体到要求离职的臣下为君主服孝，孟子认为，即使按照当时的礼制，也不是无条件的，前提是君主恪守了对臣下的礼仪。孟子的观点，在战国时代君主专制集权日益加强的情势下，显然具有积极意义。因为他要求君臣互相承担对对方的义务，而不是君只有权利而不承担义务，臣只承担义务而无任何权利。由此再进一步，孟子主张，君主一旦冤杀无辜的士人，大夫就可以离开；君主一旦冤杀无辜的百姓，士人就可以搬走。这里表明，孟子认为臣子为君王服务是有条件的，正像君主可以选择臣子，而臣子也可以选择君主。他还要求，君主必须以身作则，在道德上成为天下臣民的楷模，而榜样的影响力是无穷的，所以他说："君主若仁，便没有人不仁；君主若义，便没有人不义。"秦汉以后，尤其是唐朝以后，虽然孟子的地位与日俱增，但他的这一思想却没有被日益专制的君主和日益奴化的臣子所继承。

由于孟子一直鼓吹仁政，而且将君主视为实行仁政的最关键人物，那么，人们自然就会提出这样一个问题，如果君主不实行仁政甚至虐民害物，臣子应该如何对待君主呢？孟子于是拿出了他自己一个最激进的政治观点：肯定"汤放桀，武王伐纣"的历史正当性：

　　齐宣王问曰："汤放桀，武王伐纣，有诸？"孟子对曰："于传有之。"曰："臣弑其君，可乎？"曰："贼仁者谓之'贼'，贼义者谓之

　　'残'。残贼之人谓之'一夫'。闻诛一夫纣矣，未闻弑君也。"①

　　看来并不是孟子与宣王主动谈这个比较敏感的问题，而是宣王有意对孟子发难，看他如何回答这个问题。宣王突然发问："商汤流放夏桀，武王讨伐殷纣，真有这回事吗？"估计孟子已经意识到宣王"问者不善"，就十分沉静地回答："史书上有这样的记载。"宣王紧接着追问："作臣子的杀掉他的君王，难道这是可以的吗？"因为此时的宣王是站在君王的立场上说话，他当然认为"臣弑君"是大逆不道。他可能估计孟子这次要学习自己"顾左右而言他"了，不料孟子讲出了一番石破天惊的话："破坏仁爱的就是'贼'，破坏道义的就是'残'。做这种事的人，我们就叫他'独夫'。我只听说过周武王诛杀了独夫民贼殷纣，没有听说过他是以臣弑君的。"孟子的回答实在是铿锵有力，振聋发聩，其实这里孟子论证了百姓推翻独夫民贼的正义性，说明人民有进行"革命"的权利。《易传》最早提出"汤武革命"的概念，孟对这一思想进行了新的论证，从此，这一理论作为改朝换代的根据为历代王朝的更迭找到了一个具有永恒意义的说辞，其积极意义是显而易见的。

　　在这次会面时，孟子还主动向宣王进言，要求他任用贤才时必须认真考察，而"国人"的意见应该是重要依据：

　　　　孟子见齐宣王，曰："所谓故国者，非谓有乔木之谓也，有世臣之谓也。王无亲臣矣，昔者所进，今日不知其亡也。"王曰："吾何以识其不才而舍之？"曰："国君进贤，如不得已，将使卑踰尊，疏踰戚，可不慎与？左右皆曰贤，未可也；诸大夫皆曰贤，未可也；国人皆曰贤，然后察之；见贤焉，然后用之。左右皆曰不可，勿听；诸大夫皆曰不可，勿听；国人皆曰不可，然后察之；见不可焉，然后去之。左右皆曰可杀，勿听；诸大夫皆曰可杀，勿听；国人皆曰可杀，

---

① 《孟子·梁惠王下》，《十三经注疏》，中华书局 1980 年版，第 2679—2680 页。

然后察之；见可杀焉，然后杀之。故曰，国人杀之也。如此，然后可以为民父母。"①

孟子这次晋见宣王，直言不讳地告诫他齐国面临人才匮乏的局面："我们平日所说的'故国'，并不是因为那个国家有高大的乔木的意思，而是因为那里有累代功勋的老臣的意思。您现在没有亲信的臣子了，因为过去进用的人到今天想不到都被您罢免了。"大概宣王也感到自己身边亲信臣子的匮乏，于是请教孟子："如何去识别那些缺乏才能的人而不用他呢？"这正是孟子想告诫宣王的，于是有了下面一段识别贤才的标准和选拔程序："国君选拔贤人，如果迫不得已要用新进人才，就要把卑贱者提拔到尊贵者之上，把疏远的人提拔到亲近者之上，对这种事能不慎重吗？因此，左右亲近之人都说某人好，不可轻信；众位大夫都说某人好，也不可轻信；全国的人都说某人好，然后去仔细了解考察；发现他真有才干，再任用他。左右亲近之人都说某人不好，不要听信；众位大夫都说某人不好，也不要听信；全国的人都说某人不好，然后去了解；发现他真不好，再罢免他。左右亲近之人都说某人可杀，不要听信；众位大夫都说某人可杀，也不要听信；全国的人都说某人可杀，然后去仔细了解考察；发现他的确该杀，再杀他。所以说，他的被杀是出于全国人的愿望。只有这样做了，才可以做百姓的父母。"战国时期列国的竞争，在一定意义上也可以说是人才的竞争，所以当时的列国统治者，绝大多数都摆出礼贤下士的姿态，推出优厚的招揽人才的政策。以儒、墨为代表的诸子百家，大多数也都主张选贤任能，并在理论上进行论证。孟子的可贵，就在于他不仅主张选贤任能，而且对贤才的标准和选才的方法进行探索，提出了非常有见地的理念。他将国人的意见作为选才的重要根据，从而至少排除了国君的独裁专断、一人决定一切的弊端，也排除了亲贵结党营私、互相借重、进而垄断国家权力的弊端。尽管孟子思想中还没有"实践检验真理"的成分，但多

---

① 《孟子·梁惠王下》，《十三经注疏》，中华书局 1980 年版，第 2679 页。

数决定的理念已经具有了近代民主思想的萌芽，这是最为可贵的内涵。

孟子在同宣王的谈话中还涉及任贤的问题，因为选取贤才固然重要，但放手使用贤才、使之在不受干扰的情况下尽量发挥其所长更加重要。《孟子·梁惠王下》记载了孟子与宣王的谈话内容：

> 孟子见齐宣王，曰："为巨室，则必使工师求大木。工师得大木，则王喜，以为能胜其任也。匠人斫而小之，则王怒，以为不胜其任矣。夫人幼而学之，壮而欲行之，王曰'姑舍女所学而从我'，则何如？今有璞玉于此，虽万镒，必使玉人彫琢之。至于治国家，则曰'姑舍女所学而从我'，则何以异于教玉人彫琢玉哉？"①

孟子这里主要讲了如何能够使治国贤才发挥其专业知识和技能的问题。他对宣王说，建筑一所大房子，那一定要派工师去寻找大的适用的木料。工师找到了大木料，王就高兴，认为他能够尽到自己的责任。但是，如果木工把那个木料砍小了，王肯定会发怒，认为他担负不了自己的责任。可见专门技术是很需要的。有些人，从小学习一门专业，长大了便想运用实行。可是王却对他说："把你所学的暂时放下，听我的话另干别的吧！"这又怎么行呢？假定王有一块未经雕琢的玉石，因为它价值很高，所以一定要请高明的玉匠来雕琢它。可是说到治理国家，您却对政治家说："把你所学的暂时放下，按我说的办吧！'这跟您要让玉匠按照您的办法雕琢玉石，又有什么两样呢？"孟子对宣王这段讲话的可贵之处在于，他将分工意识贯彻到政府的工作中，认为国家各个部门的工作，应该由熟悉这一部门工作的专家即贤才全权负责，国君对他的工作不应随便干预，尤其不要无理要求他们按自己的荒唐指示办事。这里已经蕴含着外行不能领导内行的意思了。

孟子在同宣王的谈话中，还涉及公卿的职责问题。《孟子·万章下》

---

① 《孟子·梁惠王下》，《十三经注疏》，中华书局 1980 年版，第 2680 页。

记载：

> 齐宣王问卿。孟子曰："王何卿之问也?"王曰："卿不同乎?"
> 曰："不同；有贵戚之卿，有异姓之卿。"王曰："请问贵戚之卿。"曰：
> "君有大过则谏；反覆之而不听，则易位。"王勃然变乎色。曰："王
> 勿异也。王问臣，臣不敢不以正对。"王色定，然后请问异姓之卿。
> 曰："君有过则谏，反覆之而不听，则去。"①

孟子与宣王的这段谈话，与上面谈使用贤才的话可以衔接。这里孟子主
要讲了两种不同的公卿的职责。当宣王问他关于公卿的问题时，他反问：
"王所问的是哪一类的公卿?"由于在宣王眼里，所有公卿都是他任意驱使
的官员，他根本就没有将其分类，所以有些惊异地问："公卿难道还有什
么不同吗?"孟子告诉他说，有和王室同宗族的公卿，也有非王族的公卿，
他们是不一样的。王说："我请问和王室同宗族的公卿应负什么职责。"孟
子回答说，他们的职责是：君王若出现重大错误，他便加以劝阻；如果反
复劝阻还不听从，就把国君废弃，改立新君。宣王听罢，突然脸色变得有
点吓人，因为孟子的回答太出他的意料。孟子平静地说："王不要奇怪。
您既然问我，我就不敢不拿老实话答复。"宣王脸色渐渐恢复正常，又问
非王族的公卿对职责采取什么态度。孟子回答说："君王若有错误，便加
劝阻；如果反复劝阻还不听从，自己就可以离职了。"孟子的这番谈话显
示，即使到了"礼崩乐坏"的战国中期，宗法制度和宗法观念还十分强固
地存在着。在各诸侯国中，王室贵族还占据着许多相当重要的职位，具有
举足轻重的权力。孟子仍然认为，他们与国君是"自家人"，而诸侯国则
是这个家族的私产。为了保证这份私产掌握在"英明君主"的手里，王室
贵族出身的公卿就有权废立君王。宣王之所以听到这里勃然变色，是因为
他认为孟子的观念已经落后于时代。在他看来，王室贵族出身的公卿已经

---

① 《孟子·万章下》，《十三经注疏》，中华书局 1980 年版，第 2646 页。

无权废立君王了。孟子坚持的这个原则，实际上是西周封邦建国初期，诸侯国的贵族利用残存的氏族公社推举首领的民主制度遗存。这个遗存的原则，随着国君专制制度的发展，到战国时期已经淡出人们的视野，无怪乎宣王露出惊异之色。到这个时候，孟子之所以旧话重提，大概是想通过这一古老的民主遗存，警告国君慎用权力，不可为所欲为。可能在孟子心目中，当时限制国君权力的手段已经微乎其微了。在当时七国的王廷，非王族的公卿，特别是来自异国的客卿，已经有相当的数量。他们有的出将入相，掌握相当大的权力；有的不任实际的官职，处于建言的位置，所谓"不治而议"，孟子在他周游的各诸侯国就一直处于这种角色。他们即使掌握了很大权力，与王族出身的公卿相比，也是"客卿"，不是国君的"自己人"，所以孟子认为他们没有废立君王的权力，而只有选择君王的权力。对于国君，言听计从，则忠心为之服务；言不听，计不从，则"纳履而去"，有任意离开的权力。

孟子与齐宣王的谈话，是他仁政理想的一次系统宣传活动和有力展示，广泛涉及了其政治思想的大部分内容。出现在齐宣王面前的孟子，已经是一位成熟的政治家和思想家了。

第二十一章　浩然之气

　　孟子在齐国，除了不倦地在齐王及其君臣中宣扬其仁政理想外，更多的是与弟子们讨论个人的自我修养，核心是发扬"浩然之气"，养成君子人格。

　　到临淄不久，孟子在与公孙丑谈话中，就讨论了以"养浩然之气"和养成君子人格等自我修养有关的一系列问题。《孟子·公孙丑上》详细记载了这次谈话的内容。

　　他们的讨论是从"动心"与否开始的。公孙丑问："老师您如果做了齐国的卿相，有了够实现自己主张的条件，小则可以成霸业，大则可以成王业，那是不足奇怪的。如果遇到这种情况，您是不是会因为恐惧或疑惑而动心呢？"这里的"动心"，似乎主要指的是对理想信念的犹疑不决。孟子坚定地回答说："不！我从四十岁以后就不动心了。"即40岁以后就对自己的理想信念不动摇了。公孙丑说："如此看来，老师您比孟贲强过百倍！"孟贲是古代意志如钢、勇猛无比的勇士，公孙丑这么说，意在赞扬老师的品格。不过，孟子并不把"不动心"看得高不可攀，他说："这有什么难呀，告子做到不动心的年龄比我还早呢。"公孙丑于是问："不动心有方法吗？"孟子感到这是一个关乎锻炼意志和品格的有意义的话题，因而就有了下面一大段的说辞："有。北宫黝的培养勇气：肌肤被刺，毫不颤动；眼睛被戳，不眨一眨。他认为即使受一点点挫折，也好像在稠人广众之中挨了鞭打一样。他既不能忍受卑贱之人的侮辱，更不能忍受大国君主的侮辱。把刺杀大国君主和刺杀卑贱之人一样看待。对各国的君主毫不畏惧，挨了辱骂一定奋力回击，绝不妥协。孟施舍的培养勇气与北宫黝有所不同。他说：'我对待不能战胜的敌人，与对待能够战胜的敌人一样。如果先估量敌人的力量才前进，先考虑胜败才交锋，这种人若碰到力量超过自己的敌人一定害怕。还哪里能打胜仗呢？我不过是能够在任何情况下都无所畏惧罢了。'孟施舍的养勇像曾子，北宫黝的养勇像子夏。这两个人的勇气，我也不知道谁强谁弱，但从培养方法看，孟施舍比较简易可行。从前曾子对子襄说：'你喜欢勇敢吗？我曾经从孔子那里听到过关于大勇的高见：反躬自问，正义如不在我，对方纵是卑贱的小人，我也不去恐吓威胁人家；反躬自问，如果正义在我，对方纵是千军万马，我也勇往直前，一无所惧。'看来孟施舍的养勇只是保持一股无所畏惧的盛气，曾子却以理的是非曲直为断，孟施舍自然又不如曾子这一方法的简易可行。"因为讲了这么多，孟子还没有涉及告子的"不动心"，所以公孙丑接着问："我冒昧地问问您：老师的不动心和告子的不动心，可以讲给我听听吗？"孟子回答说："告子曾经讲过：'假若不能在言语上得到胜利，便不必求助于思想；假若不能在思想上得到胜利，便不必求助于意气。'我认为，不能在思想上得到胜利，便不必求助于意气，是对的；不能在言语上得到胜利，便不去求助于思想，是不对的。为什么呢？因为思想意志是意气感情的主帅，意气感情是充满体内的力量。思想意志到了哪里，意气感情也就在哪里表现出来。所以我说，'要坚定自己的思想意志，也不要滥用自己的意气感情。'"公孙丑可能感到孟子讲得有点玄，就进一步追问："您既然说'思想意志到了哪里，意气感情也就在哪里表现出来'，但是您又说'既要坚定自己的思想意志，也不要滥用自己的意气感情。'这是什么道理？"孟子进一步解释说："它们之间是可以互相影响的。思想意志若专注于某一方面，意气感情自必为之转移，这是一般情况。意气感情假若也专注于某一方面，也一定会影响到思想意志，不能不为之动荡。譬如跌倒和奔跑，这只是体气上专注于某一方面的震动，然而也不能不影响到思想，造成心的浮动。"孟子这里从心理学和伦理学的角度，细致地分析了思想意志与意气感情的联系和互相影响，是很有见地的接近科学的认识。说到这里，公孙丑可能理解了孟子的解答，于是又转换话题，引出了孟子关于"浩然之气"的议论。他问："老师长于哪一方面呢？"孟子说："我善于辨析别人的言辞，也善于培养自己的浩然之气。"这是孟子第一次提出"浩然之气"，公孙丑自然感到新鲜，不由得追问："请问什么叫作浩然之气呢？"孟子说："这就难以说得明白了。那一种气，最伟大，最刚强。用正义去培养它，一点不加损害，就会充满整个世界，无所不在。那种气，必须与义和道相配合；缺乏它，就没有力量了。那一种气，是由正义的日积月累所产生的，不是偶然的正义行为所能形成的。只要做一件于心有愧的事，那种气就会疲软而缺乏力度。所以我说，告子根本不懂得什么是义，因为他把义看成心外之物。我们必须把义看成心内之物，一定要时时培养它，但不要有特定的目的；时时刻刻地铭记它，但也不能违背规律地帮助它生长。不要学宋国人那样。宋国有一个人，因担心禾苗不长而去把它拔高，之后十分疲倦地回去，对家里人说：'今天真是太累了！我去帮助禾苗长高了！'他儿子赶快跑去一看，禾苗却已经枯槁了。其实天下不帮助禾苗生长的人是很少的。以为培养工作没有益处而放弃不干的，就是种庄稼不锄草的懒汉；违背规律地去帮助它生长的就是拔苗的人。这种助长行为，不但没有益处，反而会伤害它。"这一大段话，是孟子对"浩然之气"和如何培育"浩然之气"的诠释。连孟子也感到"难言"的"浩然之气"究竟是什么呢？简而言之，就是道、义为内核的精神品质。一个人一旦具备了这种精神品质，就会顶天立地，一无所惧，勇往直前，不计成败，刀山火海不眨眼，死亡临头勇向前。而这种精神品质是在日积月累中不断磨炼出来的。不要期望一天就具备"浩然之气"，也不要期望不在磨炼中就能保持这种"浩然之气"。

公孙丑在明白了"浩然之气"以后，又转过来问："怎么样才算善于分析别人的言辞呢？"孟子回答说："偏颇的言辞我知道它的片面性之所在；过分的言论我知道它的不足之点；不合正道的胡言乱语我知道它与公正道理之间的差别；躲闪推脱的言辞我知道它理屈窘迫之处。这四种言辞，从思想中产生出来必然会危害国家的政治；如果把它体现于现实的行政纲领中，一定会干扰和破坏国家与社会的各种具体工作。就是圣人再现，也一定会承认我这话是对的。"公孙丑听了孟子的这番话，不由得肃然起敬，说："宰我、子贡善于讲话，冉牛、闵子、颜渊善于阐述道德，孔子则兼有两长，但是他还说，'我对于辞令，不太擅长。'而您既善于辨析别人的言辞，又善于养自己的浩然之气，言语道德兼备，那么，您已经达到圣人的境界了吧？"面对弟子的赞誉，孟子拒绝了"圣人"的头衔，他谦逊地说："哎！这是什么话！从前子贡问孔子说：'老师已经是圣人了吗？'孔子说：'圣人，我做不到；我不过学习不知厌倦，教人不辞辛劳罢了。'子贡便说：'学习不知厌倦，这是智；教人不辞辛劳，这是仁。既仁且智，老师已经是圣人了。'圣人，连孔子都不敢自居，你却加在我头上，这是什么话呢？"看到老师不肯接受"圣人"的头衔，公孙丑就请孟子来个自我定位，他说："从前我曾说过，子夏、子游、子张都各有孔子的一部分长处；冉牛、闵子、颜渊大体近于孔子，却不如他那样的博大精深。请问老师，您属于哪一种人呢？"公孙丑的问话使孟子有点难于作答：孟子自视甚高，睥睨一切，但在弟子面前，他又不愿承认自己就是"圣人"，必须表现出一个谦和的态度，这就使他处于假话不愿讲、真话不能讲的尴尬状态，于是只得转移话题说："暂且不谈这个。"公孙丑只得顺着老师的思路，转向对历史人物的评价。他问："伯夷和伊尹怎么样？"孟子答道："也不相同。不是他理想的君主，他不去为之服务；不是他心目中素质良好的百姓，他也不去领导他们；天下太平就出来做官，天下昏乱就退而隐居，伯夷是这样的。任何君主都可以为之服务，任何百姓都可以去领导他们；天下太平做官，天下不太平也做官，伊尹是这样的。应该做官就做官，应该辞职就辞职，应该继续干就继续干，应该马上走就马上走，孔子是这样的。他们都是古代的圣人，可惜我没有做到；至于我的愿望，就是学习孔子，像他那样为人处世。"对孟子的回答，公孙丑显然有些疑惑，难道伯夷和伊尹这样的伟大人物还比不上孔子吗？于是发问："伯夷、伊尹与孔子他们不是一样的吗？"孟子坚定地回答："不！自从有人类以来，没有能与孔子比肩的。"公孙丑又问:"那么,这三位圣人也有相同之处吗?"孟子回答:"有。如果得着纵横各一百里的土地,而以他们为君王,他们都能够使诸侯前来朝觐,统一天下。如果叫他们为得到天下而去做一件不合理的事情,杀一个没有犯罪的人,他们都不会去做的。这就是他们相同之处。"公孙丑接着问:"请问,他们不同的地方又在哪儿呢?"孟子显然愿意回答他的问题,就说:"宰我、子贡、有若三人,他们的聪明才智足以理解圣人,即使他们不好,也不致偏袒他们所爱的人。我们且看他们如何称赞孔子吧。宰我说:'以我来观察老师,他比古代的圣人尧舜都强。'子贡说:'观察一国的礼制,就了解它的政治状况;听到一国的音乐,就知道它的道德教育。纵使百代以后去评价这段历史时期各个君王的是非功过,任何一个人都不能违离孔子之道。从人类诞生以来,没有能赶得上他老人家的。'有若说:'难道世界上仅仅人类有高下的不同吗?麒麟对于走兽,凤凰对于飞鸟,太山对于小山包,河海对于小溪,何尝不是同类,圣人对于百姓,也是同类,但远远超过了他那一类,大大高出了他那一群。自从人类诞生以来,没有人能比得上孔子伟大的。'"孟子将孔子推崇为有史以来空前的伟人,他自己以孔子的"私淑弟子"和继承人自居,就是要在思想和人格上以孔子为榜样,通过长期艰苦的磨炼,达到孔子的水准。

孟子在大讲保持"浩然之气"的时候,还讲到"存夜气"的问题。《孟子·告子上》对此作了如下记载:

> 孟子曰:"牛山之木尝美矣,以其郊于大国也,斧斤伐之,可以为美乎?是其日夜之所息,雨露之所润,非无萌蘖之生焉,牛羊又从而牧之,是以若彼濯濯也。人见其濯濯也,以为未尝有材焉,此岂山之性也哉?虽存乎人者,岂无仁义之心哉?其所以放其良心者,亦犹斧斤之于木也,旦旦而伐之,可以为美乎?其日夜之所息,平旦之气,其好恶与人相近也者几希,则其旦昼之所为,有梏亡之矣。梏之反覆,则其夜气不足以存;夜气不足以存,则其违禽兽不远矣。

> 人见其禽兽也，而以为未尝有才焉者，是岂人之情也哉？故苟得其养，无物不长；苟失其养，无物不消。孔子曰：'操则存，舍则亡；出入无时，莫知其乡。'惟心之谓与？"①

孟子这里讲的"存夜气"，也是一种修养方法，即千方百计保持住自己原有的善良本心，使其不因外在的干扰而消失。他的论证是从临淄郊外的牛山因人类的活动失去茂密的植被开始的：牛山的树木曾经是很茂盛的，因为它长在人口密集的大都市的郊外，人们老用斧子去砍伐，还能够保持茂盛吗？当然，它也日夜在生长着，被雨水露珠润泽着，不断有新条嫩芽生长出来，但是，经不住放牧的牛羊日日啃食，就变成现在这样光秃秃的模样了。人们看见那光秃秃的样子，便以为这山不曾有过树木，这难道是山原来的本性吗？联系到某些人，难道他身上没有仁义之心吗？他之所以丧失善良之心，也正像斧子之对于树木一样，每天都去砍伐它，能够茂盛吗？这样一来，他在日里夜里生发出来的善心，在天刚亮时所接触到的清明之气，都被第二天白昼的所作所为冲淡了。如此反复地冲淡，他夜来心里所发出来的善念自然不能存在；夜来心里所发出来的善念既然不能存在，也就和禽兽相距不远了。别人看他简直是禽兽，因而以为他不曾有过善良的资质，这难道也是这些人的本性吗？所以，若是得到滋养，没有东西不生长；若是失掉滋养，没有东西不消亡。孔子就说过，"抓住它，就存在；放弃它，就亡失；出出进进没有一定时候，也不知道它何去何从。"这应该是指人心而说的吧。孟子这里讲的"存夜气"，显然抓住了人们心理活动的某些规律。因为人们在万籁俱寂的夜里，往往能进行沉静的思考，反思自己的行为，扪心自问，往往会有"良心的发现"，而这个"善念"又往往因白天诸事丛集的干扰而消失，所以"存夜气"即排除干扰、保存"善念"也就成为重要的修养方法了。

在孟子的自我修养理论中，还有"尚志"一项。《孟子·尽心上》

---

① 《孟子·告子上》，《十三经注疏》，中华书局 1980 年版，第 2751 页。

记载：

> 王子垫问曰："士何事？"孟子曰："尚志。"曰："何谓尚志？"曰：
> "仁义而已矣。杀一无罪非仁也，非其有而取之非义也，居恶在？仁
> 是也；路恶在？义是也。居仁由义，大人之事备矣。"①

王子垫是齐王的儿子，一次他向孟子请教："士干什么事？"其实作为士的知识分子可以干的事情是很多的。孟子却只回答了一句话："士要使自己的行为高尚。"即是说要使自己的行为有一个宏远伟大且符合道德目的的目标。王子垫进一步追问："怎样才算使自己的行为高尚？"孟子回答说："就是躬行仁和义。杀一个无罪的人，是不仁；占取不属于自己所有的东西，是不义。士所应该居住之处在哪里呢？仁便是；士所应该行走之路在哪里呢？义便是。居住于仁，行走由义，这就是士人的全部工作。"孟子以发挥和实践孔子的仁义理论为中心目标，所以他认定士的最高尚的行为也就是道德指向就集中于"居仁由义"了。

在齐国，孟子还通过评论陈仲子展示自己的道德理想。这些评论是在同匡章的谈话中表述的。匡章是齐国的将军，是孟子在第一次入齐时结识的朋友，曾为他的所谓"不孝"之行辩护。后来在率领齐军伐燕之役中取得胜利。陈仲子是齐国的一位贵族子弟，因耻食兄长的俸禄而与妻子居于於陵，过着自织而食的生活：

> 匡章曰："陈仲子岂不诚廉士哉？居于陵，三日不食，耳无闻，
> 目无见也。井上有李，螬食实者过半矣，匍匐往，将食之；三咽，然
> 后耳有闻，目有见。"孟子曰："于齐国之士，吾必以仲子为巨擘焉。
> 虽然，仲子恶能廉？充仲子之操，则蚓而后可者也。夫蚓，上食槁
> 壤，下饮黄泉。仲子所居之室，伯夷之所筑与？抑亦盗跖之所筑与？

---

① 《孟子·尽心上》，《十三经注疏》，中华书局1980年版，第2769页。

所食之粟，伯夷之所树与？抑亦盗跖之所树与？是未可知也。"曰：
"是何伤哉？彼身织屦，妻辟纑，以易之也。"曰："仲子，齐之世家
也；兄戴，盖禄万钟；以兄之禄为不义之禄而不食也，以兄之室为不
义之室而不居也，辟兄离母，处于於陵。他日归，则有馈其兄生鹅
者，已频顣曰：'恶用是鶃鶃者为哉？'他日，其母杀是鹅也，与之食
之。其兄自外至，曰：'是鶃鶃之肉也。'出而哇之。以母则不食，以
妻则食之，以兄之室则弗居，以於陵则居之，是尚为能充其类也乎？
若仲子者，蚓而后充其操者也。"①

在孟子与匡章的这次谈话中，匡章对陈仲子的行为显然是赞赏的。他说：
"陈仲子难道不是一个廉洁的人吗？他住在於陵这个很偏僻的地方，三天
没吃东西，饿得耳朵里没有了听觉，眼睛里没有了视觉。井边有个李子，
已经被金龟子吃掉大半，他看见了，慢慢爬过去，拿起来，猛吞了三口，
耳朵里才有了听觉，眼睛里才有了视觉。"由于陈仲子的怪异行为在齐国
已经很有名气，匡章以赞扬的口气讲述他的事迹，目的是听听孟子的意
见。然而，孟子并不认可陈仲子的人生选择，他坦率地说："在齐国的士
人中间，我绝对把仲子看作为数一数二的人物。但是，他怎么能叫廉洁
呢？要推广他的所作所为，恐怕只有把人变成蚯蚓才行。你看，蚯蚓在地
上吃干土，在地下喝泉水。这真是廉洁之至，无求于人了。但仲子也不能
同它相比呀。为什么呢？试想，仲子住的房子，是像伯夷那样廉洁的人建
的呢？还是像盗跖那样的强盗建的呢？他所吃的谷米，是像伯夷那样廉洁
的人种植的呢？还是像盗跖那样的强盗种植的呢？这个还是无法知道吧。"
孟子的意思很明白，陈仲子不可能离开社会独立生存，他只要住房和吃
饭，就没有办法保证房子和谷米的来源也是廉洁的。匡章对孟子的回答似
乎不以为然，他说："那有什么关系呢？仲子亲自编草鞋，他妻子绩麻练
麻，其他生活用品，也都是交换来的，这不就行了吗？"孟子解释说："仲

---

① 《孟子·滕文公下》，《十三经注疏》，中华书局1980年版，第2715页。

子家是齐国的宗族大姓，有着世代相传的禄田。他的哥哥陈戴，从盖邑收入的俸禄便有数万石。他认定哥哥的俸禄是不义之物，坚决不吃；认定哥哥的房屋是不义之产，坚决不住。因此执意避开哥哥，离开母亲，住到了偏僻的於陵。有一天回到家里，恰巧碰到一个人送给他哥哥一只活鹅，他皱着眉头说：'要这种呃呃叫的东西做什么呢?'过了些时候，他母亲杀了这只鹅，给他吃了。恰巧他哥哥从外面回来，便说：'你吃的就是那呃呃叫的东西的肉呀。'他听后，觉得恶心，急忙跑出门去，呕了出来。母亲的食物不吃，却吃妻子的；哥哥的房子不住，却住于於陵，这就算是推广廉洁之义到了顶点吗? 如果将仲子这样的人生方式推广到全社会，那只有把人变成蚯蚓之后才能办到。"显然，孟子不赞成陈仲子那样的离群索居的隐逸之士，因为在他看来，第一，一个人绝对隐逸、脱离社会是不可能的；第二，每个人都要有社会责任感，都必须承担对国家和社会的责任，而隐逸则是一种放弃责任的消极的人生态度，是不可取的。孟子进一步引申说：

> 仲子，不义与之齐国而弗受，人皆信之，是舍箪食豆羹之义也。人莫大焉，亡亲戚君臣上下。以其小者，信其大者，奚可哉?①

孟子这里主要论述人们对待大节和小节应该采取的态度。他说："陈仲子这个人似乎很讲原则，假定不合原则地把齐国交给他，他也不会接受，别人都相信他的真诚。但是，他那种义充其量也不过是舍弃一筐饭、一碗汤的义。人的罪过没有比不要父兄君臣尊卑还大的，而他就是这种人。因为他有小节操，便相信他的大节操，怎么可以呢?"在孟子心目中，陈仲子的义是小义，即小节操，而对父兄君臣负载的责任则是大义，即大节操。一个人的小节操完美当然好，但更重要的应该是大节无亏，大义凛然。

---

① 《孟子·尽心上》，《十三经注疏》，中华书局1980年版，第2769页。

第二十二章　伐燕之议

　　公元前316年（齐宣王五年　燕王哙五年），燕国发生了一场颇具喜剧色彩的所谓"改革"：眼见其他六国都因推行改革而强盛的燕王哙实在坐不住了，就异想天开地演出了一场禅让戏。他刻意仿效传说中的尧舜禹禅让的故事，将王位让给了当时的相国子之，他自己则退居臣位，一切军国大事都让子之处理。如此大胆的举动，在战国时代已经没有理论支持和民意基础，更因为此举触动了很多人的利益，由此造成了燕国上下的骚动和不安。利益受损的将军市被和太子平以武力对抗，与子之指挥的士卒在燕都展开了一场血战。一时间，燕国大乱。这时，与燕国毗邻的齐国，君臣上下都认为可乘机伐燕，扩大国土，掠夺财物，增加劳动人手。正在齐国的孟子，成了朝野咨询的对象：燕应该伐吗？燕能够伐吗？

　　孟子的表态很奇怪：既可伐又不可伐：

　　　　沈同以其私问曰："燕可伐与？"孟子曰："可；子哙不得与人燕，子之不得受燕于子哙。有仕于此，而子悦之，不于王而私与之吾子之禄爵；夫士也，亦无王命而私受之于子，则可乎？何以异于是？"齐人伐燕。或问曰："劝齐伐燕，有诸？"曰："未也；沈同问'燕可伐与'，吾应之曰'可'，彼然而伐之也。彼如曰，'孰可以伐之？'则将应之曰，'为天吏，则可以伐之。'今有杀人者，或问之曰，'人可杀与？'则将应之曰，'可。'彼如曰，'孰可以杀之？'则将应之曰：

'为士师，则可以杀之。'今以燕伐燕，何为劝之哉?"①

　　沈同是当时齐国的大臣，在齐国朝野为伐燕之事闹得沸沸扬扬的时候，他以私人身份向孟子讨教："燕国可以讨伐吗?"孟子回答说："可以讨伐；燕王子哙不应该凭一己之意轻率把燕国交给别人；他的相国子之也不应该从子哙那里坦然接受燕国的君位。你想，譬如有这样一个人，你很喜欢他，便不经向王请示就径直将自己的俸禄官位让给他；他呢，不经国王的任命便从你那里接受了俸禄官位，这样做合适吗? 子哙子之私相授受的事和这个例子又有什么区别呢?"显然，孟子认为子哙子之私相授受君位是有悖常理的，应该予以讨伐。不久，齐国果然出兵讨伐燕国。大概孟子与沈同谈话的内容已经泄露出去，于是有人问孟子："齐国讨伐燕国，你曾经劝说过，有这回事吗?"孟子回答说："没有! 沈同曾经用他个人身份问我'燕国可以讨伐吗?'我说'可以。'他们就这样地去打燕国了。他假若再问'谁可以去讨伐他呢?'那我便会回答'只有天吏才可以去讨伐'。譬如这里有一个杀人犯，有人问道'这犯人该杀吗?'我自然会说'该杀。'假若他再问，'谁可以杀他呢?'那我就会回答，'只有治狱官才可以去杀他。'如今用一个同燕国一样暴虐的齐国去讨伐燕国，我为什么去劝他呢?"原来孟子认为，燕国可以讨伐，但齐国这样的国家没有资格讨伐，因为齐国同燕国一样是"暴虐"的国家，以暴伐暴是不可取的。

　　公元前315年（齐宣王六年　燕王哙六年），齐宣王在朝野一片鼓噪伐燕声中，任命匡章为统帅，率齐军讨伐燕国。由于燕国内部混斗不已，对外防范不力，齐军乘虚而入，很快占领了燕国的大部分地区。宣王十分得意，就如何对待燕国咨询孟子，《孟子·梁惠王下》记载了他们君臣之间的对话：

　　　　齐人伐燕，胜之。宣王问曰："或谓寡人勿取，或谓寡人取之。

①　《孟子·公孙丑下》，《十三经注疏》，中华书局1980年版，第2697页。

> 以万乘之国伐万乘之国，五旬而举之，人力不至于此。不取，必有
> 天殃。取之，何如？"孟子对曰："取之而燕民悦，则取之。古之人
> 有行之者，武王是也。取之而燕民不悦，则勿取。古之人有行之者，
> 文王是也。以万乘之国伐万乘之国，箪食壶浆以迎王师，岂有他哉？
> 避水火也。如水益深，如火益热，亦运而已矣。"①

齐宣王得到伐燕胜利的消息，就喜形于色地召见孟子，问他："有些人劝我不要兼并燕国，也有些人劝我兼并它。我这样想，一个拥有万乘兵车的大国去攻打同样拥有万乘兵车的大国，只用五十天便顺利地打了下来，光凭人力显然是很难做到的呀。这一定是天意啊！如果我不把它兼并，上天会认为我们违反了它的意旨，因而降下灾害来。干脆兼并它，怎么样？"看着宣王踌躇满志的样子，孟子平静地回答："如果兼并它，燕国百姓都很高兴，便兼并它。古人有这样做的，周武王灭商就是。如果兼并它，燕国百姓都不高兴，那就不要兼并它。古人有这样做的，周文王拥有天下的三分之二犹服事殷，就是典型的例子。以齐国这样拥有万乘兵车的大国去攻打同样拥有万乘兵车的燕国，燕国的百姓却用筐盛着干饭，用壶盛着酒浆来欢迎您的军队，这难道还有别的意思吗？只不过是想逃离那水深火热的苦日子罢了。如果他们此后的境况没有好转而是灾难加深，那为此承担责任的，就不是燕国的统治者，而是齐国的统治者了。"孟子这里并不是明确肯定燕可取与否，而是摆出两种可供选择的方案，让宣王自己选择，但其倾向还是很明显的，可以有条件地兼并燕国。公元前314年（齐宣王七年 燕王哙七年），在齐军兵临燕都、燕国灭亡在即的情况下，燕国的内斗却愈演愈烈。因禅让而取得王位的子之，督兵打败将军市被和太子平并杀掉他们。而齐军统帅匡章又攻破燕都，并在公元前312年杀死了子之和燕王哙，将燕国置于齐军的统治之下。然而，齐军轻而易举的胜利一时打破了七国的均势，其他诸侯国相约联合进攻齐国，军事形势骤然变得对

① 《孟子·梁惠王下》，《十三经注疏》，中华书局1980年版，第2680页。

齐国非常不利。面对严峻形势，宣王一扫昔日的得意之色，赶忙向孟子求教应对之策：

> 齐人伐燕，取之。诸侯将谋救燕。宣王曰："诸侯多谋伐寡人者，何以待之？"孟子对曰："臣闻七十里为政于天下者，汤是也。未闻以千里畏人者也。《书》曰：'汤一征，自葛始。'天下信之，东面而征，西夷怨；南面而征，北狄怨，曰：'奚为后我？'民望之，若大旱之望云霓也。归市者不止，耕者不变，诛其君而吊其民，若时雨降。民大悦。《书》曰：'徯我后，后来其苏。'今燕虐其民，王往而征之，民以为将拯己于水火之中也，箪食壶浆以迎王师。若杀其父兄，系累其子弟，毁其宗庙，迁其重器，如之何其可也？天下固畏齐之强也，今又倍地而不行仁政，是动天下之兵也。王速出令，反其旄倪，止其重器，谋于燕众置君而后去之，则犹可及止也。"①

宣王焦急地问孟子："很多国家正谋划着援救燕国，攻打我国，应该怎样对付呢？"孟子回答说："我听说过，有凭借着纵横各七十里的国土来统一天下的，商汤就是这样，却没有听说过拥有纵横各一千里的国土而害怕别国的。《尚书》记载：'商汤征伐，从葛国开始。'当时天下人都很相信他，因此，他向东方进军，西方国家的百姓便不高兴；他向南方进军，北方国家的百姓便不高兴，都埋怨：'为什么将我们放到后面呢？'人们盼望他，正好像久旱盼望乌云和虹霓一样。汤的征伐，一点也不惊扰百姓。做买卖的照常来往，种庄稼的照常下地。商汤只是诛杀那些暴虐的国君来慰抚那些被残害的百姓。他的到来，正好像天及时下甘霖一样，老百姓都打心眼里高兴。《尚书》又说：'等待我们的商汤王，他到了，我们也就得救了！'如今燕国的君主虐待百姓，您率大军去征伐他，那里的百姓认为您是要把他们从水深火热的困境中解放出来，因此都用筐盛着干饭，用壶盛着酒浆

---

① 《孟子·梁惠王下》，《十三经注疏》，中华书局 1980 年版，第 2680—2681 页。

来欢迎您的军队。而您呢，却杀掉他们的父兄，掳掠他们的子弟，摧毁他们的宗庙祠堂，抢走他们的国家宝物。这怎么可以呢？天下各国本来就害怕齐国强大，现在齐国的土地又拓展了一倍，而且还这样暴虐无道，这自然会招致各国对您兴兵动武。挽回局势的办法是，您赶快发出命令，立即放回老老少少的俘虏，停止抢劫燕国的宝器，再和燕国的人士协商，择立一位贤明的燕王，然后自己将军队从燕国撤退。这样做，要使各国停止兴兵，还是来得及的。"面对其他诸侯国联合干预的危险，孟子给宣王设计的方略是：当机立断，释放俘虏，停止掠夺燕国宝器，择立新燕王，然后迅速撤兵，全军而退，使跃跃欲试的诸侯国失去干预的借口和用兵的目标。但是，此时的齐宣王还没有真正认识到逼近齐国的危险，要他放弃已经到手的燕国的土地、财产和百姓，他实在难以割舍。宣王的犹豫峻巡铸成后来的大错：五国联军的进攻几乎使齐国濒临灭亡的边缘。

　　孟子眼看他建议的一出好戏被宣王玩砸了，心中十分生气。在他看来，宣王实在是一个不可理喻的君王。"道不同不相为谋"，他对宣王成见日深；而宣王也感到孟子的意见越来越不对自己的脾性，他们的君臣关系就日渐疏远，以致到了互相规避的程度。《孟子·公孙丑下》就记载了他们关系的微妙变化：先是，孟子准备去朝见宣王，可能是宣王已经得到消息，于是派人来对孟子说："我本来应该来看您，但是有点感冒，不能见风。我明天临朝办公，如果您肯来朝，我们就能见面，不晓得我能否见到您？"孟子听到来人讲的这些话，明白宣王有将自己拒之门外之意，于是改变初衷，回答说："不幸得很，我也偶感风寒，不能到朝廷来拜见齐王。"第二天，孟子要去东郭大夫家吊丧。公孙丑说："昨天您托辞谢绝了齐王的召见，今天又去东郭家吊丧，这样做恐怕不妥吧？"孟子说："昨天生了病，今天好了，为什么不可以去吊丧呢？"孟子出去不久，宣王就打发人来问病，并且有医生随之同来。孟子的学生孟仲子有点尴尬，就急中生智，应付来人说："昨天王命召见，他恰巧生了点小病，不能奉命前去。今天病情刚刚好转了一点，已经上朝去了，但我不晓得是否已经到了。"打发走了来人，孟仲子为了圆谎，赶忙派了几个人分别在孟子归家的路上拦截他，说："您无论如何不要回家，一定要赶快去朝见齐王！"然而，孟子还是不愿意去朝廷，不得已而求其次，就悄悄躲到大夫景丑家里歇宿。景丑对孟子的行动实在难以理解，就责备他说："在家庭里有父子关系，在家庭外有君臣关系，这是人与人之间最重要的伦理关系。父子之间以慈爱为主，君臣之间以恭敬为主，我只看见王对您很尊敬，却没有看见您对王是怎样恭敬的。"孟子对景丑的指责很不以为然，大声抗辩说："哎，你这是什么话！在齐国人中，没有一个拿仁义的道理向王进谏的，他们难道以为仁义不好吗？不是的。他们的心里是这样想的：'这个王哪能够配得上和我谈仁义呢？'他们对齐王的态度，才是对齐王最大的不恭敬呢。我与他们正好相反，不是尧舜之道不敢拿来向王陈述，所以在齐国人中没有一个赶得上我这样对王恭敬的。"孟子的意思是，就实质而言，对王最恭敬的就是我，因为只有我给王贡献了"尧舜之道"，而只有这个道才是治国安邦的正道。景丑对孟子的解释不满意，他从礼仪的角度认定孟子的行动太不得体。他说，"《礼经》上说过，父亲召唤时，'唯'一声就起身，不说'诺'；君主召唤时，不等待车马驾好就赶紧去赴命。你可好，本来准备要去朝见齐王，一听到王的召见，反而拒绝前往，这似乎和《礼经》所说有点不相吻合吧？"明白景丑是从礼仪着眼责难自己，孟子的理由更充足了，他回应说，"曾子说过，'晋国和楚国的富庶，是我们赶不上的。但是，他有他的财富，我有我的仁；他有他的爵位，我有我的义，我为什么觉得比他少了什么呢？'这些话如果没有道理，曾子难道会说出来吗？大概是有点道理的。天下公认为尊贵的东西有三样：爵位是一个，年龄是一个，道德是一个。在朝廷中，先论爵位的高下；在乡里中，先论年龄的大小；至于辅助君王统治百姓自然以道德为上。他哪能凭着爵位来轻视我的年龄和道德呢？所以大有作为的君主一定有他不能召唤的臣子；若有什么事要商量，就亲自到臣子那里去讨教。君主应该尊尚道德和乐行仁政，如果不这样，便不足和他交往。因此，商汤对于伊尹，先向伊尹学习，然后以他为臣，于是乎不大费力气而统一了天下；桓公对于管仲，也是先向他学习，然后以他为臣，于是乎不大费力气而称霸于诸侯。现在，天下各大国，土地的大小差不多，行为作风也不相上下，彼此之间谁也不能凌驾于谁之上，没有别的原因，正是因为他们喜欢用不如他并且听他话的人为臣，却不喜欢任用比他强并且能够教导他的人为臣。商汤对于伊尹，桓公对于管仲，就不敢召唤。管仲还不可以召唤，何况连管仲都不愿做的人呢？"这里，孟子的潜台词很明白，不是我不懂礼仪，而是宣王不懂礼仪。我的年龄和道德都在他之上，而且只是客卿，是一个连管仲都不愿做的人，他凭什么高高在上，颐指气使地像对待佣人一样地召唤我呢？孟子讲的理直气壮，使景丑再也没有话说。

其实，孟子对宣王的疏远主要原因还不在于他不懂礼仪，而是他根本不拿孟子的话当回事。特别在对待燕国的问题上，他没有听从孟子的话在适当时机全军而退，而是不断纵兵掠夺财物宝器，结果很快失去燕国百姓的好感，酿成大错。公元前312年（齐宣王九年）赵国在得知燕王哙被齐军杀死的消息之后，立即从韩国召回燕公子职，派兵保护他回到燕国，被立为王，他就是后来颇有作为的燕昭王。新立的燕昭王一时成为燕国臣民的旗帜，燕国军民于是重新奋起，进行驱逐齐军、复兴燕国的战斗。面对齐军越来越不利的形势，宣王这才意识到昔日不听孟子谏言的失误，但为时已晚。《孟子·公孙丑下》记载了宣王的悔意和陈贾为之辩护并与孟子辩论的情形：

　　燕人畔。王曰："吾甚惭于孟子。"陈贾曰："王无患焉。王自以为与周公孰仁且智？"王曰："恶！是何言也？"曰："周公使管叔监殷，管叔以殷畔；知而使之，是不仁也；不知而使之，是不智也。仁智，周公未之尽也，而况于王乎？贾请见而解之。"见孟子，问曰："周公何人也？"曰："古圣人也。"曰："使管叔监殷，管叔以殷畔也，有诸？"曰："然。"曰："周公知其将畔而使之与？"曰："不知也。""然则圣人且有过与？"曰："周公，弟也；管叔，兄也。周公之过，不亦宜乎？且古之君子，过则改之；今之君子，过则顺之。古之君子，其过也，如日月之食，民皆见之；及其更也，民皆仰之。今之君子，岂徒顺之，又从为之辞。"①

当燕国军民的群起反抗使齐国占领军陷入困境的时候，宣王才意识到自己没有听信孟子的话而铸成的大错。他叹息说："我面对孟子感到非常惭愧。"宣王的臣子陈贾宽慰他说："大王在这件事情上不要难过了。您想想看，在仁和智的方面，同周公相比，谁强一些呢？"当时周公已经是公认的大圣人，宣王也不敢同他比肩，听了陈贾的话，有点生气地说，我哪敢同周公相比？陈贾进一步宽慰他说："周公使管叔监督殷国，管叔却率领殷遗民来造反。这一结果，如果周公早已预见到了，却仍然使管叔去监督，那就是他的不仁；如果周公未曾预见到，那便是他的不智。你看，仁和智，周公都没有尽善尽美地做到，您就不必自责了。我愿意去孟子那里向他解释清楚。"于是陈贾来见孟子，先问"周公是怎样的人？"得到孟子"是古代的圣人"的回答后，陈贾问："他派遣管叔监督殷国，管叔却率领殷遗民来造反，有这回事吗？"得到孟子肯定的回答后，他进一步问："周公是早已预见到管叔会造反，却仍然要他去的吗？"孟子否定这说法，认为周公是不曾预见到的。陈贾于是再问："这样说来，圣人也会犯错误吗？"孟子可能已经知道陈贾的来意，于是回答："周公是弟弟，管叔是哥哥，难道弟弟能疑心哥哥会谋反吗？周公这种错误，难道不也是合乎情理的吗？况且，古代的君子，知道了缺点错误，就会立即改正；今天的君子，知道了缺点错误，却是将错就错，不思改正。所以，古代君子的过错，好像日食月食一般，老百姓个个都看得一清二楚；当他改正的时候，个个都高兴地抬头望着他。今天的君子，不仅仅将错就错，并且还编造出五花八门的谬论来为自己的错误辩护。"孟子这里并没有点名批评宣王，但他泛指的"今天的君子"明显是影射宣王的。这一点，陈贾肯定已经听出来，他也肯定会向宣王汇报。不过，此时的宣王还算大度，他不仅没有对孟子的不敬之言大发雷霆，而且在得知孟子决心离开齐国时还去挽留，

① 《孟子·公孙丑下》，《十三经注疏》，中华书局 1980 年版，第 2698 页。

这大概是宣王时期稷下学宫一度辉煌的原因吧。《孟子·公孙丑下》记载了宣王在孟子离开齐国前夕对他的挽留之举：

> 孟子致为臣而归。王就见孟子，曰："前日愿见而不可得，得侍同朝，甚喜；今又弃寡人而归，不识可以继此而得见乎？"对曰："不敢请耳，固所愿也。"他日，王谓时子曰："我欲中国而授孟子室，养弟子以万钟，使诸大夫国人皆有所矜式。子盍为我言之！"时子因陈子而以告孟子，陈子以时子之言告孟子。孟子曰："然；夫时子恶知其不可也？如使予欲富，辞十万而受万，是为欲富乎？季孙曰：'异哉子叔疑！使己为政，不用，则亦已矣，又使其子弟为卿。人亦孰不欲富贵？而独于富贵之中有私垄断焉。'古之为市也，以其所有易其所无者，有司者治之耳。有贱丈夫焉，必求垄断而登之，以左右望，而罔市利。人皆以为贱，故从而征之。征商自此贱丈夫始矣。"①

孟子辞去在齐国的官职准备回乡了，宣王感到还应有挽留的表示，于是亲自来到孟子家中与之相见。满怀惋惜地说："过去希望见到您，却不能如愿；后来能够在一起共事，我很高兴；现在您又将离我而回故乡了，不知道我们以后还有相见的机会吗？"孟子回答："这个，我只是不敢冒昧地请求罢了，本来是很希望与您再见的。"其实，孟子的回答蕴含着怨气：我的意见你总当耳旁风，我继续待在这里还有什么意义呢？这次见面，宣王并没有表示挽留之意，只是表示了一点惜别之情。过了几天，宣王发现孟子还没有动身，于是决定出台一个挽留措施，看他能否回心转意，继续留下来。就对他的臣子时子说："我想在临淄城中给孟子一栋房屋，用万钟之粟来供他培养学生，使我国的官吏和人民都有学习的榜样。你何不向孟子传达我的旨意！"时子可能感到他亲自找孟子谈会碰钉子，于是便找到孟子的弟子陈子，请他转达宣王的意愿。陈子如实将时子的话转告孟

---

① 《孟子·公孙丑下》，《十三经注疏》，中华书局1980年版，第2698页。

子。作为弟子，他们大概也希望孟子能够留下来。孟了却说，时子哪里晓得这事情做不得呢？你想，假如我是贪图财富，辞去十万钟的俸禄却来接受这一万钟的赐予，这难道是贪图财富吗？季孙就说过，"子叔疑这个人真是奇怪！自己想做官，别人不用，也就罢了，他却又使自己儿子兄弟来做大夫。谁不想做官发财，但是他却想使自己的家族垄断做官发财之道。"怎样叫作"垄断"呢？古代的买卖，以有易无，这种事情，相关的部门管理它罢了。却有一个卑鄙的汉子，一定要登上一个独立的高地，左右边张望，恨不得把所有买卖的好处由他一网打尽。别人都觉得这人太卑鄙，因此抽他的税，向商人抽税便从此开始了。以当时稷下学宫的学者来去自由的传统，宣王的挽留可能出于真心实意。但孟子不留下的原因是"道不相谋"，而不是财富的多少和官位的大小。他特别举出季孙讲的子叔疑作例子，说明自己不是商人，对财富的吸引不屑一顾。

孟子决定离开齐国的消息传出以后，立即在稷下学宫引起一片议论。因为在不少人看来，孟子当时在学宫的地位和待遇都是上等的，由于他的思想学术水平属于顶尖者之列，因而备受学宫先生和学生的尊敬，他实在没有离开的理由。当时学宫的负责人淳于髡就语带讽刺地质问他为什么离开，二人为此进行了一场辩论。《孟子·告子下》对此作了如下记载：

> 淳于髡曰："先名实者，为人也后名实者，自为也。夫子在三卿之中，名实未加于上下而去之，仁者固如此乎？"孟子曰："居下位，不以贤事不肖者，伯夷也；五就汤，五就桀者，伊尹也；不恶污君，不辞小官者，柳下惠也。三子者不同道，其趋一也。一者何也？曰，仁也。君子亦仁而已矣，何必同？"曰："鲁缪公之时，公仪子为政，子柳子思为臣，鲁之削也滋甚；若是乎，贤者之无益于国也！"曰："虞不用百里奚而亡，秦穆公用之而霸。不用贤则亡，削何可得与？"曰："昔者王豹处于淇，而河西善讴；緜驹处于高唐，而齐右善歌；华周杞梁之妻善哭其夫而变国俗。有诸内，必形诸外。为其事而无其功者，髡未尝睹之也。是故无贤者也，有则髡必识之。"曰："孔

　　子为鲁司寇,不用,从而祭,燔肉不至,不税冕而行。不知者以为
　　为肉也,其知者以为为无礼也。乃孔子则欲以微罪行,不欲为苟去。
　　君子之所为,众人固不识也。"①

淳于髡是一个相当有组织能力和亲和力的学者,宣王选中他作为稷下学宫的掌门人应该说是付托得人。但他似乎与孟子的关系不太协调,二人的对话就显得疏于理解对方。淳于髡上来就质问孟子为什么擅自离开:"士人将名誉和功业放在第一位,是为着济世救民,轻视名誉功业,是为着独善其身。您作为齐国的三卿之一,在上辅君王下济臣民的名誉和功业都没有建立的时候就离开,仁人原来是这样处世的吗?"在淳于髡看来,孟子在稷下学宫的地位举足轻重,作为三卿之一,应该建立显著功业后才可离开,否则,你对得住齐王对你的优渥和礼遇吗?孟子不正面回应淳于髡的责难,而只是讲了几个古代圣贤之士为官做人的事迹:处在卑贱的职位,不拿自己贤人的身份去服务于不肖的人,这样做的是伯夷;五次往汤那里去,又五次往桀那里去的,这样做的是伊尹;既不讨厌恶浊的君主,又不拒绝微贱的官位,这样做的是柳下惠。三个人的行为方式尽管不一样,但内在的追求是一样的,他们的共同点就是仁。我认为,君子只要内心崇奉仁就行了,为什么一切立身行事都要一致呢?孟子这里委婉地告诉淳于髡,我的行动尽管看起来同一些人不一样,但贯穿我行动中的是"仁",只要无愧于仁,我选择的行动就无愧于心。淳于髡可能理解了孟子的解释,就又转移话题说,鲁缪公当国的时候,公仪子主持国政,著名的贤人泄柳和子思也都立于朝廷,鲁国的削弱却更加厉害,看来,贤人对于国家真是毫无作用呀!淳于髡知道孟子是鼓吹选贤任能的,但贤人当国并不见得一定使国家繁荣富强,应该如何看待这个问题呢?孟子仍然不正面回答淳于髡提出的问题,他采取"以其人之道还治其人之身"的办法:你举例子,我也举例子:虞国不用百里奚,因而灭亡了;秦穆公用了百里奚,因

① 《孟子·告子下》,《十三经注疏》,中华书局1980年版,第2757页。

而成就了霸业。这个证据说明，不用贤人就会招致灭亡，即使要求勉强存在，都是办不到的。孟子的话自然难以说服淳于髡，他进一步提出问题：是贤人就一定有所表现，没有表现就不叫贤人。他说：从前王豹住在淇水旁边，河西的人都会唱歌；绵驹住在高唐，齐国西部地方都会唱歌；华周杞梁的妻子痛哭她的丈夫，因而改变了国家风尚。内里存在了什么，一定会在外面表现出来。一个有能力的人从事某种工作，却见不到他的功绩，我不曾看过这样的事。所以今天就是没有贤人，如果有贤人，我一定会知道他的。孟子明白，在淳于髡看来，他不是贤人，如果是为什么没在齐建立功业就要离开呢？孟子于是举出孔子离开鲁国的例子，以证明自己离开齐国是有充分理由的：当年孔子做鲁国的司寇，后来不被信任，跟着国君去祭祀，祭肉也不见送来，于是匆忙地离开。不知道孔子的人以为他是为争祭肉而去，知道孔子的人知道他是为鲁国国君的失礼而去。至于孔子，却是要自己背一点小罪名而走，不想随便离开。君子的作为，一般人本来是不知道的。孔子在鲁国曾经做过司寇的高官，他的离开是因为齐国以送宝马和美女离间他与季氏和鲁君的关系，是不得已而为之。自己坚决离开齐国，是因为宣王不接受自己的仁政理论，同时在处理燕国的问题上也因不听自己的建议而使齐国处于极其被动的局面。一些人表面上看到孟子贵为上卿，有着优厚的待遇，因而对他的辞职离开齐国难以理解，连稷下学宫的掌门人淳于髡都看不透他的心思，更遑论其他人了，所以孟子才说，"君子的作为，一般人本来是不知道的。"

大约也就是在孟子离开齐国的前夕，他与弟子陈臻谈及君子做官和离职如何取舍时，隐隐透出他辞职离齐的苦衷。《孟子·告子下》记载：

> 陈子曰："古之君子何如则仕？"孟子曰："所就三，所去三。迎之致敬以有礼；言，将行其言也，则就之。礼貌未衰，言弗行也，则去之。其次。虽未行其言也，迎之致敬以有礼，则就之。礼貌衰，则去之。其下，朝不食，夕不食，饥饿不能出门户，君闻之，曰，'吾大者不能行其道，又不能从其言也，使饥饿于我土地，吾耻之。'

周之，亦可受也，免死而已矣。"①

孟子的弟子陈臻可能看出他辞职离齐的态度很坚决，而其辞职在常人看来又是那么缺乏正当理由，所以就问他："古代的君子在什么情况下才出来做官？"孟子回答说，就职的情况有三种，离职的情况也有三种：有礼貌地，恭恭敬敬地来迎接，对他的主张，又准备付诸实行，便就职。礼貌虽未衰减，但拒绝实行他的主张，便离开。其次，虽然没有实行他的主张，还是很有礼貌很恭敬地来迎接，也便就职。礼貌衰减，便离开。最等而下之的是，早晨没有吃的，黄昏也没有吃的，饿得不能够走出住屋，君主知道了，便说："我上者不能实行他的主张，又不听从他的建议，使他在我国土上挨饿，这是我的耻辱。"于是周济他，这也可以勉强接受，不过为了保命罢了。这里孟子实际上是告诉学生，我离职离齐的原因，就是齐王不能实行我的主张。

就在孟子辞去客卿，即将离开之际，齐国发生饥荒，弟子陈臻以为孟子会建议宣王开仓赈济百姓，但孟子却没有做。他之所以如此，当然有他的理由：

> 齐饥。陈臻曰："国人皆以夫子将复为发棠，殆不可复。"孟子曰："是为冯妇也，晋人有冯妇者，善搏虎，卒为善士。则之野，有众逐虎。虎负嵎，莫之敢撄。望见冯妇，趋而迎之。冯妇攘臂下车，众皆悦之，其为士者笑之。"②

这则故事是说，齐国发生了饥荒，孟子的弟子陈臻对他说："国内的人都以为老师会再度劝请齐王打开棠地的仓廪来赈济百姓，您大概不会再这样做吧。"孟子高兴弟子对自己的理解，说："再这样做我就变成冯妇了。晋

---

① 《孟子·告子下》，《十三经注疏》，中华书局 1980 年版，第 2761 页。
② 《孟子·尽心下》，《十三经注疏》，中华书局 1980 年版，第 2775 页。

国有个叫冯妇的人，善于和老虎搏斗，后来变成善人，不再打虎了。有次他到野外，正碰上许多人追逐老虎。老虎背靠山角，虎视眈眈，没有人敢迫近它。人们望见冯妇了，便快步向前去迎接这位打虎英雄。冯妇也就捋起袖子，伸出胳膊，走下车来，作出要与虎搏斗的样子，大家都喜欢他，可是那些士人却在讥笑他。"孟子赞成不能再作冯妇，突出他的"不在其位，不谋其政"的理念。在他看来，既然自己辞去客卿，就是已经离开建言者的职位。没有这个职位，也就没有了建言者的责任和义务，再充冯妇，就是越俎代庖了。

第二十三章　去齐归邹

　　孟子离开齐都临淄，带着弟子们乘车向西南方向行进。第一天，他们只走了 30 里，就在临淄西南部的昼邑住下。孟子与一个想为宣王挽留他的人谈话，再次申明他离开齐国的原因：

　　　　孟子去齐，宿于昼。有欲为王留行者，坐而言，不应，隐几而卧。客不悦曰："弟子齐宿而后敢言，夫子卧而不听，请勿复敢见矣。"曰："坐！我明语子。昔者鲁缪公无人乎子思之侧，则不能安子思；泄柳、申详无人乎缪公之侧，则不能安其身。子为长者虑，而不及子思；子绝长者乎？长者绝子乎？"①

这则故事说的是，孟子离开齐都临淄，在昼邑过夜。有一位想替齐王将孟子挽留住的人拜会孟子，恭敬地坐着同他说话，孟子却不加理会，伏在几上打起了瞌睡。那人当然不高兴，就说："我在准备拜会您的前一天便斋戒整洁身心，然后才恭敬地同您谈话，您却装着睡觉，不理会我，以后再也不敢同您相见了。"说着，起身要走。孟子睁开眼睛，说："坐下来！听我明白地告诉你：过去，鲁缪公是怎样对待贤人的呢？他如果没有人在子思身边，就不能够使子思安心；如果泄柳、申详没有人在鲁缪公身边，也

---

① 《孟子·公孙丑下》，《十三经注疏》，中华书局 1980 年版，第 2699 页。

就不能够使自己安心。你替我这个老人设身处地想一想，齐王对我，连鲁缪公怎样对待子思都想不到，你不去劝说齐王改变态度，却用空话留我，这是你跟我这个老人决绝呢，还是让我这个老人跟你决绝呢?"孟子这里以长者贤人自许，要求宣王认识自己的价值，以国君对待贤人的礼仪挽留自己，所以他对这位齐人的挽留之举一点也不买账。其实这位齐人的行动实在可疑，他显然不是孟子熟悉的人，他的出面挽留更是师出无名。再说，如果一个齐国的无名之辈几句话就能够使孟子回心转意，孟子不是太掉价了吗? 也有一种可能，就是这位齐人的行动得到了齐王的暗中指使，而孟子已经识破了其中的奥秘，于是故意使出此种应对手段，给宣王一个明确的信号。

不过，实际上，孟子内心并不想离开齐国。因为在孟子80多年的生命历程中，除了在自己的故乡，他生活时间最长的地方就是齐国了。不仅如此，他生命史上最辉煌的时代也是在齐国度过的，他的思想体系形成和成熟于齐国，他一生获得的最大荣宠——三卿之一的头衔也是齐国国君授予的，齐国是他名副其实的第二故乡。他虽然因为宣王不听己言而生气，但是，哪个君王又能对他言听计从呢? 所以，孟子的辞职离齐尽管是出于自己的真意，但其中也不乏"为进而退"的策略设计。在内心深处，他还是希望宣王出面真心挽留他，并借此进一步改善自己的生存环境。孟子的真意，我们在他一连于昼邑停留三个晚上得到破解：他是在等待齐王亲自前来挽留。你想，昼邑距临淄仅30里，车马一天可以轻松跑一个来回，他在这里停下来的消息齐王肯定当天就知道了。孟子在此停留三天，就是给宣王充分思考和决断的时间。然而，孟子最后等来的是失望。他只能带着百味杂陈的心绪离开齐国。孟子的内心独白在他解读齐人尹士的一段话中得到证实：

> 孟子去齐。尹士语人曰："不识王之不可以为汤武，则是不明也；识其不可，然且至，则是干泽也。千里而见王，不遇故去，三宿而后出昼，是何濡滞也? 士则兹不悦。"高子以告。曰："夫尹士恶知

予哉？千里而见王，是予所欲也；不遇故去，岂予所欲哉？予不得已
也。予三宿而出昼，于予心犹以为速，王庶几改之！王如改诸，则
必反予。夫出昼，而王不予追也，予然后浩然有归志。予虽然，岂
舍王哉！王由足用为善；王如用予，则岂徒齐民安，天下之民举。安
王庶几改之！予日望之！予岂若是小丈夫然哉？谏于其君而不受，
则怒，悻悻然见于其面，去则穷日之力而后宿哉？"尹士闻之，曰：
"士诚小人也。"①

　　孟子离开齐国，对于稷下学宫的学者和其他齐国上层人士而言，肯
定是一件大事，不少人都关注着他的行踪。在得知他在昼邑停留三天才离
开时，齐人尹士就对别人发了一通议论，说："如果认识不到齐王无法成
为商汤、周武王那样的贤君，只能是孟子的不明智；认识到齐王不行，却
还要来投奔他，那便是孟子追求富贵利禄了。老远地跑来也就罢了，谈不
到一块就抬脚走人，却又留在昼邑歇了三夜才离开，为什么这么慢腾腾的
呢？我对这种情况很是看不惯。"孟子的弟子高子听到尹士的话，就原原
本本地转告孟子。孟子针对尹士的话解释说："那尹士怎么能理解我呢？
老远地来和齐王相见，这是我对他抱有希望；谈不拢就走，难道也是我所
希望的吗？只是我的不得已罢了。我在昼邑歇宿了三夜再离开，在我心里
还以为太快了，我总是想着，齐王也许会改变对我的态度；他假若改变态
度，那一定会把我召回去。但当我离开昼邑，王也没有派人来追我，我才
产生无所留恋的返回故乡的念头。纵是这样，我难道愿意抛弃齐王吗？齐
王虽然素质不如商汤、周武王，也还可以好好地干一番事业；齐王假若用
我，岂止齐国的百姓能够得到太平，天下的百姓都可以得到太平的。王也
许会改变态度的！我是天天盼望着呀！我难道是这样气量狭小的人吗：向
王进谏不被接受，便大发脾气，满脸不高兴；一旦离开，非得走到精疲力
竭不肯住脚吗？"孟子的这段话，又传到尹士那里，他感到误解了孟子，

① 《孟子·公孙丑下》，《十三经注疏》，中华书局1980年版，第2699页。

实在是以小人之心度君子之腹，于是叹息着说："我真是个小人。"孟子是
一个理想主义者，他自视甚高，希望宣王任命他做有职有权的执政官员，
使他放开手脚大干一番。可是宣王更是现实主义者，他对孟子的那套仁政
理论能否在现实中实行内心是有数的，所以他没有全力挽留孟子。孟子在
昼邑苦苦等了三天，知道宣王不会回心转意，只得失望地登车起程，踏上
回乡之路。

　　不久，孟子一行离开齐国的土地，进入鲁国境内。车队在起伏蜿蜒
的山路上行进，放眼四方，都是他熟悉的山川河流，险峻的青石关，巍峨
的夹山，还有那当年齐鲁两国会盟的夹谷，一一在眼前掠过。此时，他可
能想到自己最崇拜的孔子。是呀，自己与孔子的经历多么相像啊！聚徒讲
学，周游列国，奔波多年却找不到实践自己理想的地方。而自己比孔子还
不如，孔子不是还做过鲁国的大司寇么？在齐鲁两国会盟的夹谷，他的折
冲樽俎，不是使弱小的鲁国赢得了一场永垂史册的外交胜利么！可是自己
几十年来一天有职有权的官吏也没有做过，自己那高远的理想至今不还是
空中楼阁么！他越想越有点懊恼，不由得发出一声长叹。他的弟子充虞感
受到老师有点悲戚的情绪，于是有了下面的一段对话：

　　　　孟子去齐，充虞路问曰："夫子若有不豫色然。前日虞闻诸夫子
　　曰：'君子不怨天，不尤人。'"曰："彼一时，此一时也。五百年必有
　　王者兴，其间必有名世者。由周而来，七百有余岁矣。以其数，则
　　过矣；以其时考之，则可矣。夫天未欲平治天下也；如欲平治天下，
　　当今之世，舍我其谁也？吾何为不豫哉？"①

在充虞的印象中，孟子的精神状态一直处于亢奋中，很少见他愁眉苦脸的
时候。这时看到孟子的情绪有点异常，所以不由得发问："您今天似乎不
太快乐。但是，以前我听您说过，'君子既不报怨天，也不责怪人。'今天

①　《孟子·公孙丑下》，《十三经注疏》，中华书局 1980 年版，第 2699 页。

又为什么如此呢?"充虞的话使孟子意识到自己有点失态,觉得不应该让自己的情绪影响学生,于是又恢复意气昂扬的神态,对充虞,也是对所有随行的弟子们说:"那是一个时候,现在又是一个时候,情况不同啦。从历史上看,每过五百年一定有位圣君明王兴起,而且还会有命世之才产生出来。从周武王以来,到现在已经七百多年了。论年数,超过了五百;论时势,现在正该是圣君明王和具有旷世奇才的贤臣出来的时候了。老天不想使天下太平就罢了,如果想使天下太平,在今日的社会里,除开我,还有谁呢? 我为什么不快乐呢?"孟子一直相信,圣贤的出世有一定的规律,一般是五百年为一个周期。现在从周武王以来,已经七百年了,应该是圣贤出世的时候。这个圣贤是谁呢? 孟子认为就是他自己。尽管此时的孟子已经进入老迈之年,但他仍然以天下为己任,丝毫不为自己的年龄所困。

公元前 312 年(周赧王三年　齐宣王八年),孟子结束了由齐国归故乡的旅程,在休(今山东滕州北)暂时住下来,继续讲学,同时开始著述活动。这一年,他 61 岁。

对于老师舍弃齐国的高官和优厚的待遇,弟子们有各式各样的想法。公孙丑发问,于是有了师徒间的一段简单对话:

> 孟子去齐,居休。公孙丑问曰:"仕而不受禄,古之道乎?"曰:"非也;于崇,吾得见王,退而有去志,不欲变,故不受也。继而有师命,不可以请,久于齐,非我志也。"[①]

虽然离开了齐国,但孟子与其弟子的头脑中似乎都还萦绕着离齐前后的一些是是非非,特别是孟子的一些行动实在令弟子们困惑。所以公孙丑发问:"做官却不受俸禄,这合乎古道吗?"因为孟子在离齐辞官前就已经不受齐国的俸禄了,在弟子看来,这显然是一桩不合常理常规的举动。孟子解释说:"不。当时在崇这个地方,我看到了齐王,因为话不投机,回来

---

① 《孟子·公孙丑下》,《十三经注疏》,中华书局 1980 年版,第 2699—2700 页。

便有离开齐国的念头，这个想法不曾改变，所以不再接受俸禄。不久，齐国与燕国之间发生战事，这时不宜离开。但长久地留在齐国，却不是我的心愿啊。"事情很清楚，孟子不仅坚持"不在其位，不谋其政"，而且坚持"不任其官，不受其禄"的观念，所以他在离齐前就拒绝领取俸禄了。孟子一生中尽管在齐国的时间特别长，但他仍然说不想长久地待在齐国，这说明他心灵深处有着根深蒂固的对于故乡的眷恋之情。

第二十四章　弟子如林

　　孟子在休作短暂停留后，就回到他的故乡邹国，住在他的出生地凫村，开始了最后长达20多年的讲学和著述的生活。其间，他还去过宋国的石丘（今河南汲县东南）。这时，"秦楚构兵战于丹阳"，秦军夺取楚国的汉中，再败楚军于蓝田，其攻势之凌厉让东方六国震颤不已。孟子的老朋友、齐国稷下先生宋牼正巧在赴楚国途中经过这里，两人在此相见。宋牼此行是去楚国游说，希望楚、秦两国罢兵言和。《孟子·告子下》记载了两位老朋友的交谈：

　　　　宋牼将之楚，孟子遇于石丘，曰："先生将何之？"曰："吾闻秦楚构兵，我将见楚王说而罢之。楚王不悦，我将见秦王说而罢之。二王我将有所遇焉。"曰："轲也请无问其详，愿闻其指。说之将何如？"曰："我将言其不利也。"曰："先生之志则大矣，先生之号则不可。先生以利说秦楚之王，秦楚之王悦于利，以罢三军之师，是三军之士乐罢而悦于利也。为人臣者怀利以事其君，为人子者怀利以事其父，为人弟者怀利以事其兄，是君臣、父子、兄弟终去仁义，怀利以相接，然而不亡者，未之有也。先生以仁义说秦楚之王，秦楚之王悦于仁义，而罢三军之师，是三军之士乐罢而悦于仁义也。为人臣者怀仁义以事其君，为人子者怀仁义以事其父，为人弟者怀仁义以事其兄，是君臣、父子、兄弟去利，怀仁义以相接也，然而不王者，未之有也。何必曰利？"①

孟子这里会见的宋牼，与同是稷下先生的尹文思想比较接近，他们二人被后世称为宋尹学派。《庄子·天下篇》曾对这个学派作过比较详细的介绍和评判。这个学派属于墨家别派。他们继承了墨家思想的基本原则，如鼓吹"愿天下之安宁，以活民命""禁攻寝兵，救世之战"，与墨子的兼爱、非攻相契合；倡导"不饰于物""人我之养，毕足而止"，则来自墨子的节用思想；"周行天下，上说下教，虽天下不取，强聒而不舍""其为人太多，其自为太少""先生恐不得饱，弟子虽饥，不忘天下，日夜不休"，显然是继承了墨子的殉道救世精神和刻苦朴素作风。宋牼不吝长途跋涉千里，前去说服秦楚两国罢兵休战，正是实践非攻的理念。孟子与墨子尽管在反对战争即"非攻"方面观点完全一致，但"非攻"的理由则大相径庭。这段对话，就显示了他们在义利观上的根本分歧。孟子见到宋牼，即问他去何处？宋牼说："我听说秦楚两国打起来了，我准备去晋见楚王，向他进言，劝他罢兵。如果楚王不听劝说，我又准备去晋见秦王，向他进言，劝他罢兵。在两个国王中，我总会碰上同意我主张的人吧。"孟子马上问，你打算怎样向他们去进言呢？宋牼回答说："我准备说，交战对双方都是不利的。"孟子于是从分析"利"字出发，对宋牼进行全面反驳："尽管先生的志向是很好的，可是先生的提法却十分不妥。先生用利害关系来向秦王楚王进言，他们因为有利而高兴，于是停止军事行动，这就将使军队的官兵因为喜爱利而罢兵。做臣子的抱着利害的观念来服务君主，做儿子的抱着利害的观念来侍奉父亲，做弟弟的抱着利害的观念来服侍哥哥，这样就会使君臣之间、父子之间、兄弟之间都完全去掉仁义，只怀抱着利害的观念来处理彼此的关系，如此而国家不导致灭亡的，是没有的事情。如果先生用仁义的道理来向秦王楚王进言，他们因而高兴，这就将使军队的官兵因为喜爱仁义而停战罢兵。做臣子的抱定仁义来服务君主，做儿子的抱定仁

---

① 《孟子·告子下》，《十三经注疏》，中华书局 1980 年版，第 2756 页。

义来侍奉父亲，做弟弟的抱定仁义来服侍哥哥，这样就会使君臣之间、父子之间、兄弟之间都完全去掉利害的观念，只抱定仁义来处理相互关系，这样做国家不以德政统一天下的，也是没有的事。为什么一定要用'利'作为说辞呢？"宋牼对孟子的说教如何回应，《孟子》没有记载，估计他不会被孟子说服。既然孟子与宋牼在稷下学宫的时候彼此已经了解对方的观点，那么，此次交锋也只能是旗鼓相当，不会有赢家和输家。不过，有一点也是清楚的，不论孟子和宋牼以何种理论对当时的诸侯国君进行止战的说教，都是不会有任何效果的。

孟子回到故乡，开始了晚年的教学和著述。孟子作为一个影响巨大而深远的教育家，一生与教育结下不解之缘。他少年时代受教育，20 岁左右开始聚徒讲学，一直到生命终结，在 60 多年的岁月中，身旁总是环绕着数以十计、百计的学生。通过教育，他培养了大量的有用之才。通过师生之间的不断切磋，他进一步发展深化了儒家学说。通过教育，他更广泛地传播了儒家思想，使儒家思想在孔子之后迎来一次具有决定意义的复兴。

60 多年的聚徒讲学，他培养了数以千百计的学生。但由于岁月的磨洗，这些学生中的大部分人已经姓名泯灭，留下姓名的事迹也模糊不清。今天，我们已经很难恢复其所有弟子的全貌了。这里，只能根据现有文献的梳理，描绘一下他部分弟子的模糊身影和思想面貌。

在《孟子》一书中留下姓名、可以确定为孟子弟子者，不过 20 人左右。现根据该书的记载，对其中的主要人物的事迹和思想进行大致的勾勒。

在《孟子》一书中，公孙丑是孟子弟子中出镜最多的人物之一。他是齐国人，应该是孟子第一次入齐时投靠师门的。他与孟子谈话的次数达 15 章之多。孟子与他谈"仁政"，评管、晏，阐述"不动心"与"浩然之气"，讲论"君臣之义"和"为政之道"。尽管《孟子》中没有他做官的记载，但他热衷仕途、崇尚建功立业的思绪跃然纸上。与孟子笃信"仁政"救世相比，他似乎更倾向于"霸业"的辉煌。虽然他是孟子信赖和中意的弟子之一，但后世儒生却对他持批评态度，如宋代的张九成就对他作了毫不客气的批判：

> 公孙丑涉学未深，闻道犹浅，乃曰"夫子当路于齐，管仲、晏子之功可复许乎？"此孔子之门五尺之童所羞谈者也，而丑乃以期孟子，岂不成亵渎乎？其狭劣如此者，无他焉，生乎齐，长乎齐，闻见乎齐，止知管晏而已。……公孙丑俗气未除，邪心犹在，止见管、晏之功业，不知二子之存心，乃曰"管仲以其君霸，晏子以其君显，管仲晏子犹不足为与？"其仰慕管晏如此，想见丑之识趣也。……公孙丑见识偏邪，溺于霸道，不信王道之易行也。①

其实，公孙丑与孟子的理想主义一定程度的疏离，恰恰证明了他的思想比孟子更贴近现实。因为当时的各国国君更容易接受"霸道"的理论，他们更相信当时的列国纷争和社会乱象只有通过"耕战"才能解决，而"仁政""德治"的说教除了表面光鲜，实际上却难以解决迫在眉睫的社会危机。不过，张九成等的批判却没有动摇公孙丑作为孟子大弟子的地位，从宋代起一直到清朝寿终正寝，他就从祀孟庙，与老师一同接受士子和百姓历久不衰的香火。

在《孟子》一书中，万章也是孟子弟子中出镜最多的人物之一。他也是齐国人，同样应该是孟子第一次入齐时投靠师门的。他与孟子谈话的次数也达 15 章之多。不仅如此，万章还是跟随孟子最久的弟子之一，最后陪伴孟子"序《诗》《书》，述仲尼之意，作七篇"②的就是他。在《孟子》中，没有万章入仕的记载，他似乎终身未入官场。最大的可能是，他先是师从孟子做学生，之后成为孟子的助手做先生。一方面协助孟子从事教学工作，一方面负责记录孟子的言行，所以后来成为完成《孟子》一书

---

① 张九成：《孟子传》卷六，电子版文渊阁四库全书。
② 司马迁：《史记》卷七十四《孟子荀卿列传》，中华书局 1959 年版，第 2343 页。

的最主要的编纂者。从与孟子的对话内容可以看出，万章是一个对历史特别感兴趣的人。在他不断地请教中，孟子对传说中的五帝之一的虞舜进行了全方位的论述，如孝行，对嚚父母的逆来顺受，对顽弟的以德报怨；如政事，对禅让和"天与之"的解读，对"禹传子，家天下"的阐释，以及对尧、益、启、丹朱、桀、商汤、伊尹、太甲、周公、百里奚等历史人物的记述和评论，在在都显示了他对历史的浓烈兴趣。再从他对交友、交际以及对士与诸侯关系的探询，显示他对妥善处理人际关系的重视。万章在孟门中似乎处于大师兄、大总管的位置，孟子可能将他们这个教育集团的日常事务都交给他来打理，他也能将一应具体事务处理得井井有条，从而得到各方面的赞许。在《孟子》一书中，还没有发现他与任何人冲突的记录。正因为万章需要接触各色人，需要处理各种繁杂的事务，所以孟子也就特别注重对他进行交友的告诫：

> 孟子谓万章曰："一乡之善士斯友一乡之善士，一国之善士斯友一国之善士，天下之善士斯友天下之善士。以友天下之善士为未足，又尚论古之人。颂其诗，读其书，不知其人可乎？是以论其世也，是尚友也。"①

万章显然是陪伴孟子寿终的弟子之一，在思想上他应是孟子的嫡传之一。对孟子思想资料的整理和思想的传播，他起了不可替代的作用。在孟门弟子中，万章一直受到后世的推崇，北宋时被封为博兴伯，从那时起，他就一直从祀孟庙，声誉之隆，只有乐正克或可比肩。

公都子也是齐国人，可能是孟子最早的弟子之一，估计也是孟子第一次入齐时投靠师门的。在《孟子》一书中，记载他与孟子的答问有 7 章。从他请教孟子问题的内容看，他对哲理比较有兴趣，雍正二年（1724年）的"礼臣议"就称颂他"精研性善之旨"。如他同孟季子辩论"义"

---

① 《孟子·万章下》，《十三经注疏》，中华书局 1980 年版，第 2746 页。

的内外问题，引出孟子对这个问题的解释。他转述告子"性无善无不善"的理论以及他对"性善论"的怀疑，引出孟子关于"性善论"的经典解读。他对孟子"好辩"的追问，引出了孟子对杨朱、墨翟理论观念的义愤填膺的猛烈批判。不过，从他对孟子的某些理论观念持怀疑态度看，他似乎并不完全赞同老师的思想。他一生可能也没有出来做官，或许也同万章一样，以教书为谋生手段，在清贫自守中度过了自己的一生。北宋时，他被封为平阴伯，一直从祀孟庙。

乐正克是周人。此时的东周国王周赧王和他的名不副实的朝廷虽然距彻底灭亡的年代（前256年　周赧王五十九年）还差几十个春秋，但地盘已缩小至狭小的洛阳一隅。在战国时代那些军威雄壮、财大气粗的七雄眼里，它实在是无足轻重了。乐正克尽管出生于这个曾经辉煌过的王国腹地，然而窝囊受气的母国和故乡却不能给他丝毫的虚骄之气。他之所以外出求学和谋生，大概就是感到外面的世界更精彩。他投到孟子门下的时间，估计最早也是在孟子入齐之后。在孟子的弟子中，乐正克是少数做官的人之一，因而孟子对他格外重视。当他听到乐正克要在鲁国做官主政的信息后，竟然"喜而不寐"。这个时间肯定在公元前322年前，因为这一年孟子由邹国来到鲁国，经乐正克斡旋，鲁君曾打算与他会面，但终因嬖人臧仓的从中作梗而罢。但是，孟子也有对乐正克不满意甚至失望的时候。可能是在孟子离开鲁国返齐不久，乐正克因公事随王子敖来到齐国，由于当天未去拜见孟子，引起孟子的恼怒，认为他失礼。后来，可能因为乐正克在齐国没有宣扬他那套"仁政"理论，孟子就讽刺他到齐国是"为着饮食"。不过，孟子对乐正克总体上是肯定的，在同公孙丑谈话时，他赞扬乐正克"其为人也好善"。在回答浩生不害"乐正子何人也"的询问中，他更是赞扬乐正克是"善人"和"信人"。孟子一生中，对弟子的赞扬很少，乐正克是得到这种赞扬的极少数人之一。在《孟子》一书中，记载他与孟子的答问有5章，师生关系是比较密切的。乐正克也受到后人的称颂，陶渊明将他视为"属辞比事之儒"。雍正二年（1724年）的"礼臣议"也称颂他是"善人"和"信人"，认为"方之圣门，当在子羔之列"。

北宋时他被封为利国侯，一直从祀孟庙。

陈臻，齐国人，估计是孟子第一次入齐后的及门弟子。他曾追随孟子周游列国。在《孟子》一书中，记载他与孟子的答问有3章，内容多涉及钱、粮等经济问题。如他随孟子第一次离开齐国后，周游了宋、邹、鲁、滕、魏等国，在离薛返邹的途中，他发现孟子在齐、宋、薛三地对待馈赠的态度不一样，于是提出质疑。孟子最后一次准备离开齐国的时候，齐国发生了饥荒，他猜测孟子不会主动建议齐王开仓济民，说明他对老师的思想和脾性是比较了解的。这时，宣王欲以万钟之粟挽留孟子的意向是通过时子和他转达的。这显示他与齐国的宫廷有着比较多的联系，有着广泛的人脉。他一直没有做官，估计与万章的情况相似，以协助老师处理人事和教学中的杂务度过一生。北宋政和五年（1115年）被封为蓬莱伯，此后一直从祀孟庙。

陈代，籍贯不详，是长期追随孟子的弟子之一。他虽然没有做过官，但似乎对入仕特别有兴趣，曾问孟子"古之君子何如则仕"。他见孟子不主动谒见诸侯，因而失去做官的机会，就劝他改变态度，结果引来孟子的长篇议论。《孟子·滕文公下》记载了师徒二人的如下对话：

陈代曰："不见诸侯，宜若小然；今一见之，大则以王，小则以霸。且《志》曰：'枉尺而直寻，'宜若可为也。"孟子曰："昔齐景公田，招虞人以旌不至，将杀之。志士不忘在沟壑，勇士不忘丧其元。孔子奚取焉？取非其招不往也。如不待其招而往，何哉？且夫枉尺而直寻者，以利言也。如以利，则枉寻直尺而利，亦可为与？昔者赵简子使王良与嬖奚乘，终日而不获一禽。嬖奚反命曰：'天下之贱工也。'或以告王良。良曰：'请复之。'强而后可，一朝而获十禽。嬖奚反命曰：'天下之良工也。'简子曰：'我使掌与女乘。'谓王良，良不可，曰：'吾为之范我驰驱，终日不获一；为之诡遇，一朝而获十。《诗》云：'不失其驰，舍矢如破。'我不贯与小人乘，请辞。'御者且羞与射者比；比而得禽兽，虽若丘陵，弗为也。如枉道而从彼，何也？且子过矣；枉己者，未有能直人者也。"①

这里，陈代对孟子说："您不去觐见诸侯，只不过是从小处保证自己的气节罢；如今一去晋见诸侯，从大处说可以实行仁政理想，统一天下；从小处说可以改变局面，称霸中国。而且《志》上说过这样的话：'弯曲着的只有一尺，伸展开来却有八尺长了'，好像大有可为呀。"孟子对陈代的劝解不以为然，他这样解释："从前齐景公狩猎，用旌旗来召唤猎场的管理员，管理员不去，景公一气之下便准备杀他。可是他并不因此而畏惧，这位管理员的作为曾经得到孔子的称赞。因为有志之士坚守节操，不怕死后弃尸山沟；勇敢的人见义而为，不怕丢掉脑袋。孔子对于这个猎场管理员的作为肯定他哪一点呢？就是肯定他面对非礼之召宁死不去。假定我不等诸侯以礼邀请便自动前去，那又是怎样的行为呢？而且你所说的弯曲着一尺，伸直来八尺，这完全是从利益的角度考虑的。如果纯粹从利益来考虑，那么，即使所弯曲的有八尺，所伸直的只有一尺，其中也有利益，也可以去干吗？从前，赵简子命令王良替他的宠臣奚驾车打猎，出去一天也打不着一只野兽。奚向简子回报说：'王良真是天下最拙劣的驭手。'有人把这话告诉了王良。王良说：'希望再来一次试试看。'奚勉强同意之后，当天早晨就打了十只野兽。奚便又回报说：'王良的确是一个优秀的驭手呀。'赵简子说：'那我就叫他专门为你驾车吧。'便通知王良，王良不答应，说：'我给他依规矩驾车，整天打不着一只；我违背规矩，一个早晨便打中十只。可是《诗经·小雅·车攻》这样说，"按规矩奔驰，箭一放出便中目标。"我不习惯替小人驾车，请不要让我担任这差事。'驾车人尚且以同坏的射手合作为耻，这种合作即使猎到的野兽堆积如山，也不肯干。假定我们放弃自己的志向和主张而屈从诸侯，那又是为什么呢？而且你错了，自己不正直的人从来没有能够使别人正直的。"看来陈代比较热衷仕进，为了得到仕进的机会，可以灵活使用不同的方法。孟子对他的教

① 《孟子·滕文公下》，《十三经注疏》，中华书局1980年版，第2710页。

导是，仕进必须坚持原则，在诸侯以礼相召的时候才可以应命，并且始终坚持"志士不忘在沟壑，勇士不忘丧其元"的节操。尽管陈代热衷仕进，但却终生与官位无缘，在思想上似乎也没有什么创新之点。北宋政和五年（1115 年）他被封为沂水伯，此后一直从祀孟庙。

屋庐连是晋国（今山西）人，由于三晋是先秦法家的发源地和大本营，他的思想可能受到一些法家思想的影响，"尝著书言彭聘之法"①。在投到孟子门下后，他基本上皈依了儒家学派，所以在同任国（今山东济宁）人谈礼与食、礼与色孰重时，他基本上坚持了儒家的立场，并从孟子那里得到进一步的解释。他对孟子处理与任国执政季任和齐国卿相储子交往的不同提出疑义，孟子也是从礼制的角度进行了答疑。看来他在孟子门下学习时比较关注礼的学问，这显示他对自己所缺失的东西是自觉恶补的。北宋政和五年（1115 年）他被封为奉节伯，此后一直从祀孟庙。

充虞，籍贯不详，极有可能为邹人，是孟子弟子中与老师关系比较密切的人之一，也极有可能是最早的弟子之一。孟子自齐至鲁归葬他的母亲时，充虞是应孟子之命监造棺椁的人。回到齐国后，他因为棺椁的档次之高向孟子提出疑义，孟子阐发了儒家的丧仪观：对于有地位又有财力的人来说，厚葬是尽孝的表现，不应非议。孟子离开齐国后，充虞发现他有点"不豫色"，就径直发问，结果引来孟子"当今之世，舍我其谁"的信心十足的昂扬之论。充虞于北宋政和二年（1112 年）被封为昌乐伯，此后一直从祀孟庙。

徐辟，籍贯不详，从他与墨家学派的夷之关系密切的情况看，他极有可能是滕国人，即墨子的同乡。在《孟子》一书中，记载他与孟子的答问有两章，其一是为夷之传话：

墨者夷之因徐辟而求见孟子。孟子曰："吾固愿见，今吾尚病，病愈，我且往见，夷子不来！"他日，又求见孟子。孟子曰："吾今

---

① 《山西通志》卷六十四，电子版文渊阁四库全书。

则可以见矣。不直，则道不见；我且直之。吾闻夷子墨者，墨之治丧也，以薄为其道也；夷子思以易天下，岂以为非是而不贵也；然而夷子葬其亲厚，则是以所贱事亲也。"徐子以告夷子。夷子曰："儒者之道，古之人若保赤子，此言何谓也？之则以为爱无差等，施由亲始。"徐子以告孟子。孟子曰："夫夷子信以为人之亲其兄之子为若亲其邻之赤子乎？彼有取尔也。赤子匍匐将入井，非赤子之罪也。且天之生物也，使之一本，而夷子二本故也。盖上世尝有不葬其亲者，其亲死，则举而委之于壑。他日过之，狐狸食之，蝇蚋姑嘬之。其颡有泚，睨而不视。夫泚也，非为人泚，中心达于面目，盖归反虆梩而掩之。掩之诚是也，则孝子仁人之掩其亲，亦必有道矣。"徐子以告夷子。夷子怃然为间曰："命之矣。"[①]

这则故事是说，墨家信徒夷之借与徐辟的关系要求拜见孟子。孟子本来就对墨家持猛烈批判态度，对其信徒自然没有好感，于是敷衍说："我本来愿意相见，不过我现在病中，病好了，我打算去看他，他不必来我这里了。"过了一些时候，他又要来拜见孟子。孟子说："现在可以相见了。不过，不坦白地说话，真理就阐发不出来，我就姑且直截了当地说话吧。我听说夷子是墨家信徒，墨家的办理丧事，以薄葬为合理，夷子也想用薄葬来改变天下的风俗，自然认为非薄葬是不宜提倡的；但是，他自己埋葬父母却相当丰厚，这种行为表明，他是拿自己所轻贱和否定的东西对待他的父母亲了。"这里，孟子以夷子的言行不一批判墨家的薄葬理论，让徐辟传话过去，看他如何应对。徐辟将孟子的话传给了夷子。夷子回应说："儒家学说认为，古代君王爱护百姓好像照料婴儿一般，这话是什么意思呢？我的理解是，人们之间的爱不应该有亲疏厚薄的区别，只是这种爱实行起来从父母亲开始罢了。这样看来，墨家的兼爱之说就很有道理，而我的厚葬父母，也就能够说清楚了。"显然，夷子这里是竭力拉近墨家学说

---

① 《孟子·滕文公上》，《十三经注疏》，中华书局 1980 年版，第 2707 页。

与儒家学说的距离，同时为自己厚葬父母辩解。他的话又经徐辟传给孟子。但孟子却不认同夷子在儒、墨之间的"求同"之论。他说："夷子真正以为人们爱自己的侄儿，就和爱他邻人的婴儿一样吗？夷子不过抓住了这一点：婴儿在地上爬行，眼看快要跌到井里去，这显然不是婴儿自己的过错。这时候，不管这婴儿是谁的孩子，无论谁看见了都会去救，夷子以为这就是墨家所谓的爱无次等，其实，这只是人的恻隐之心罢了。况且天生万物，只有一个根源，对人来说，只有父母，所以儒家主张'老吾老以及人之老'，夷子却说了两个根源，因此认为我的父母和他人的父母没有区别，主张爱无差等。道理就在这里。大概上古曾经有不埋葬父母的人，父母死了，就抛弃在山沟中。过了一些时候，经过那里，就看见狐狸在撕啮尸体，苍蝇蚊子在咀吮尸液，这时，那个人不禁额头上流着悔恨的汗，邪着眼睛张望，不敢正视。这内疚的汗不是流给别人看的，实在是由于锥心的悔恨而在面貌上表达出来的，大概他回家后也会去取了锄头畚箕再把尸体埋葬了。埋葬尸体诚然是对的，那么，孝子仁人埋葬他的父母，自然有他的道理了。"孟子诉诸感情，说明儒家厚葬父母是出于孝心，同时指出墨家厚葬自己的父母也是出于同样的孝心。爱是有差等的，兼爱和薄葬都是没有道理的。徐辟把孟子的这些话转告夷子，夷子很怅惘地停了一会儿，说道："我懂得了。"孟子这里不仅是教育夷之，也是教育徐辟，使他改变对墨家的看法。徐辟与孟子的另一次谈话是请教水的问题，引出了孟子对泉水的充满感情的赞扬。所谓"仁者乐山，智者乐水"。孟子赞扬昼夜不停的泉水，目的是告诉徐辟和他的学生，君子应该是内涵深沉，知识渊博的人，就像永不枯竭的泉水一样。而名誉超过实际的人，犹如夏日的暴雨，尽管来势凶猛，一时即可使沟满河溢，但很快就销声匿迹，因为他没有源头的活水。徐辟在北宋政和五年（1115 年）被封为仙源伯，此后一直从祀孟庙。

高子是齐国人，何时进入孟门已难以确考，他似乎一直追随孟子。大概因为是齐人的缘故，他与齐国的知识分子有着较密切的联系，孟子离开齐国后，齐人尹士攻击孟子的话就是他转告的。在孟门弟子中，高子可能是属于智商较低的一类人，在一些问题上开窍慢，所以孟子一次说他的心被茅草堵住了。高子对音乐似乎有兴趣，但看问题却比较片面，所以师生在比较禹和文王的音乐时有如下一段对话：

> 高子曰："禹之声尚文王之声。"孟子曰："何以言之？"曰："以追蠡。"曰："是奚足哉？城门之轨，两马之力与？"①

高子一次对孟子说："禹的音乐高于文王的音乐。"孟子显然不同意这个结论，就反问："这样说有什么根据呢？"高子的证据是：因为禹传下来的钟钮都快断了。孟子认为这不足以证明，他反驳说，城门下的车迹那么深，难道只是几匹马的力量吗？意思是，那是由于天长日久车马经过多的缘故。禹的钟钮快要断了，也是由于天长日久的关系呢。高子自宋代起一直从祀孟庙。

桃应，籍贯不详。在孟子弟子中，他似乎对伦理与法的冲突特别感兴趣，所以曾问孟子，舜为天子，他的老子瞽瞍杀了人怎么办？孟子认为舜的处理方式应该是置伦理于法之上，宁可抛弃天子之位，也不能对老子绳之以法。桃应自宋代起一直从祀孟庙。

咸丘蒙是鲁国人，在孟子弟子中，他与高子有点相近，对君臣父子伦理比较感兴趣。他与孟子的对话就是讨论舜为天子时，如何处理与尧的君臣关系和瞽瞍的父子关系。咸丘蒙自宋代起一直从祀孟庙。

彭更，籍贯不详。在孟子弟子中，他可能是出身社会下层，在思想上有点倾向于农家。他曾同孟子讨论社会分工与动机和效果关系问题：

> 彭更问曰："后车数十乘，从者数百人，以传食于诸侯，不以泰乎？"孟子曰："非其道，则一箪食不可受于人；如其道，则舜受尧之天下，不以为泰，子以为泰乎？"曰："否；士无事而食，不可也。"

---

① 《孟子·尽心下》，《十三经注疏》，中华书局1980年版，第2775页。

　　曰："子不通功易事，以羡补不足，则农有余粟，女有余布；子如通之，则梓匠轮舆皆得食于子。于此有人焉，入则孝，出则悌，守先王之道，以待后之学者，而不得食于子；子何尊梓匠轮舆而轻为仁义者哉？"曰："梓匠轮舆，其志将以求食也；君子之为道也，其志亦将以求食与？"曰："子何以其志为哉？其有功于子，可食而食之矣。且子食志乎？食功乎？"曰："食志。"曰："有人于此，毁瓦画墁，其志将以求食也，则子食之乎？"曰："否。"曰："然则子非食志也。食功也。"①

　　彭更入孟子之门可能比较晚，看到孟子"后车数十乘，从者数百人"的气势很是惊异，于是发问：您老人家身后跟随的车多达数十辆，跟随的弟子多达数百人，由这一国到那一国，接受珍馐佳肴的招待，这样做是不是有点过分呢？孟子对彭更的发问肯定很反感，于是回答："如果不合理，就一筐饭也不能接受；如果合理，就是舜接受了尧的天下这样的大事，都不能算过分，你以为我是过分了吗？"彭更认为孟子误解了他的意思，解释说，我以为，读书人不干实际工作，吃白饭，是不可以的。孟子以通工易事说明社会分工的合理性："你如果不互通各人的成果，交换各行业的产品，用多余的来弥补不足的，就造成农民有多余的米，别人吃不着；妇女有多余的布，别人穿不着；如果能互通有无，那么，木匠车工都能够从农民那里得着吃的。假定这里有个人，在家孝顺父母，出外尊敬长辈；严守着古代圣王的礼法道义，用自己的知识和行动来培养后代的学者，却不能从农民那里得着吃的；那么，你为什么尊重木匠车工，却轻视仁义之士呢？"孟子这里以社会分工论说明知识分子以自己的工作从农民那里换吃的是合理的，是一种社会交换。彭更并没有被孟子说服，于是引出动机论，他说："木匠车工，他们的动机本是谋饭吃；君子的研究学术，推行王道，那动机也是弄到吃的吗？"彭更的言外之意是，君子应该谋道不谋

———————

① 《孟子·滕文公下》，《十三经注疏》，中华书局1980年版，第2711页。

食。孟子看到彭更讲动机，就将问题引申到动机和效果（功绩）的关系上来，说："你为什么要论动机呢？他们认为你有功绩，可以给以吃的，便给以吃的了。而且，你还是论动机而给以吃的呢？还是论功绩而给以吃的呢？"彭更的回答是"论动机"。孟子立即举例反问："这里有个匠人，把屋瓦打碎，在新刷的墙壁上乱画，他的动机也是为着弄吃的，你给他吃的吗？"彭更自然说"不"，孟子于是说："那么，你不是论动机，而是论功绩了。"动机和效果（功绩）是一对矛盾，二者的和谐关系应该是统一。但绝对的统一又不存在，所以正确的做法应该是既看动机也看效果，最后统一于效果。在这个问题上，孟子的观点是比较正确的。彭更自宋代起一直从祀孟庙。

景春，籍贯不详。赵岐认为他是"为纵横之术者"。周广业《孟子古注考》则认为："《汉书·艺文志》兵阴阳家有《景子》十三篇，疑即此人。"但该书没有留传下来。在孟子弟子中，他的确是最钟情纵横之士的一个人，明明知道孟子对纵横之士瞧不上眼，仍然在他面前推尊公孙衍和张仪是"一怒而诸侯惧，安居而天下熄"的大丈夫，引得孟子高调否认，并提出流传千古的"富贵不能淫，贫贱不能移，威武不能屈，此之谓大丈夫"的著名论点。景春自宋代起一直从祀孟庙。

滕更，赵岐认定他是滕文公的弟弟，可能是孟子到滕国与滕文公相见时谈得比较投机，就让他的弟弟跟孟子学习了。估计他在孟子门下学习的时间不长，因为他总是放不下贵族公子的架子。《孟子》一书中只有一个地方记载他的事迹，是孟子对他的批评。公都子同孟子谈到滕更的时候，他已经离开了，所以公都子问孟子："滕更在您门下的时候，似乎应该在以礼相待之列，可是您却不回答他，为什么呢？"孟子解释说："倚仗着自己的势位而来发问，倚仗着自己贤能而来发问，倚仗着自己年纪大而来发问，倚仗着自己有功劳而来发问，倚仗着自己是老交情而来发问，都是我所不回答的。在这五条里面，滕更占了两条。"在孟子拒绝回答的五条中，滕更很可能犯了第一条和最后一条。滕更虽然不是孟子钟爱的学生，但毕竟在孟子门下学习过，所以自宋代起也一直从祀孟庙。

孟仲子，邹国人。赵岐认定他是"孟子之从昆弟，学于孟子者也"。在《孟子》一书中，他只出现了一次，而恰恰是这一次，显示了他与孟子比较亲密的关系。事情发生在孟子打算离开齐国的时候，宣王与孟子互相较劲，都不愿主动与对方见面。而孟子在宣布自己生病"不能造朝"的第二天，居然去东郭氏家吊丧。而正在这时，宣王却派人带医生前来探视。孟仲子唯恐事情露馅，赶忙派出好几个人在孟子回来的路上拦截他，为之通风报信，力劝孟子上朝去见宣王。尽管孟子没有听从孟仲子的劝告，躲到景丑的家里以规避，但孟仲子的处置举措则显示了他的机敏和应变能力。孟仲子自宋代起一直从祀孟庙。

周霄是魏国人。《战国策·魏策二》记载了他的事迹：

> 文子、田需、周霄相善，欲罪犀首。犀首患之，谓魏王曰："今所患者，齐也。婴子言行于齐王，王欲得齐，则胡不召文子而相之？彼必务以齐事王。"王曰："善。"因召文子而相之。犀首以倍田需、周霄。[1]

这个故事表明，周霄与田需是好朋友，还同齐国的重臣田婴相友善。他俩思谋对付魏国当时的权臣犀首，被犀首察知，通过先发制人的手段，向魏王进言，将田婴聘为魏相。由此，犀首与周霄、田需的关系进一步恶化。可能周霄此后在魏国待不住，就投奔孟子门下。周霄身上有明显的纵横之士的色彩，似乎特别钟情于仕进，《孟子》中记载的他与孟子的唯一一次对话就是谈仕进，孟子对他讲了君子入仕的基本原则。周霄虽然热衷仕进，但他后来在仕途上显然没有太大作为，因为除了上面《战国策》有关他的记载外，再也找不到其他资料。这说明，他或者被时代的大潮淘汰，或者扮演的是无足轻重的小角色，成为被历史遗忘的人物。周霄自宋代起一直从祀孟庙。

---

[1] 刘向：《战国策·魏策二》，上海古籍出版社 1985 年版，第 833 页。

浩生不害是齐国人，在孟子弟子中，他算不上出色的学生。大概因为乐正克屡屡受到孟子的夸奖，又曾被鲁国聘去做官，所以浩生不害就问孟子对他如何评价。孟子于是给了乐正克一个"善人""信人"的美誉。浩生不害自宋代起一直从祀孟庙。

宋勾践是宋国的大夫，在孟子到宋国时他前去拜访，大概是听了孟子"穷则独善其身，达则兼济天下"的宏论后拜入师门的。他自宋代起一直从祀孟庙。

曹交，赵岐认定他为曹国国君的弟弟，但王应麟在《困学纪闻》中否定此说，认为其时曹国已经灭亡多时，国君已不存在，何来弟弟？不过，这个曹交有可能是曹国贵族的后裔。他似乎对探索人生观有点兴趣，所以向孟子请教"人皆可以为尧舜"如何理解。他自宋代起一直从祀孟庙。

貉稽，籍贯不详。赵岐说他是"仕者"，显然是孟子门下少数做官者之一。不过，他在何处做何官已经难以稽考。估计他既没有做大官，也不是在官场大有作为之人，所以事迹湮灭。从他向孟子请教的问题看，官场对他颇多非议，但孟子似乎并不鄙视他：

貉稽曰："稽大不理于口。"孟子曰："无伤也。士憎兹多口。《诗》云：'忧心悄悄，愠于群小。'孔子也。'肆不殄厥愠，亦不陨厥问。'文王也。"①

这里，貉稽委屈地对孟子说："我被人家说得很坏。"孟子宽慰他说："没有关系。士人便讨厌这种飞短流长的议论。《诗经·邶风·柏舟》说过，'烦恼沉沉压心头，一群小人把我恨。'孔子可以说是这样的人。又说，'虽然不能消除别人的怨恨，但也不损害自己的名誉。'这说的是文王。"孟子对貉稽这样说，反映的是他"言心之所想，行心之所安"的人生理

① 《孟子·尽心下》，《十三经注疏》，中华书局1980年版，第2775页。

念，要求自己，也鼓励弟子只要自己的言论和行动符合自己坚持的理论，就不必顾及别人的反映。因为周围的人千差万别，任何言论和行动都不可能适应所有人的意愿；如果以适应所有人的意愿为标准，结果必然是寸步难行。貉稽自宋代起一直从祀孟庙。

盆成括，籍贯不详。从其"仕于齐"的情况看，他是齐国人的可能性极大。在孟门弟子中，他虽然不是孟子中意的人，但却是孟子了解比较透彻的人。在孟子预言他即将死于非命后不久，他果然被杀了。《孟子·尽心下》记载：

> 盆成括仕于齐，孟子曰："死矣盆成括！"盆成括见杀，门人问曰："夫子何以知其将见杀？"曰："其为人也小有才，未闻君子之大道也，则足以杀其躯而已矣。"①

这个故事说，盆成括在齐国做官。一天，孟子对弟子说："盆成括要死了！"过了几天，盆成括果然被杀了。弟子们不由得惊问："老师怎么知道他会被杀？"孟子解释说："他这个人有点小聪明，但是不曾知道作为君子的大道，那就足以危及自己的躯体了。"这位盆成括究竟因何被杀，史无明载。孟子说他只有点小聪明而不谙君子的大道，并没有说他是贪官污吏，显然他被杀的原因不是由于劣迹败露，而可能是在规避风险方面出现失误。盆成括自宋代起也一直从祀孟庙。

从以上介绍的孟子弟子22人的情况看，可以发现，其弟子以齐、鲁、邹人为主，其他地方的人士较少。这一方面与孟子的活动地域有关，他大部分时间是在齐、鲁、邹等地从事教学和政治活动，到过的离家乡最远的地方是宋国的国都睢阳（今河南商丘东南）和魏国的国都大梁（今河南开封），还没有超过当年孔子周游列国到过的地方，而且时间短暂，这自然妨碍了他从别的地方吸纳弟子。另一方面，孔子的时代，儒家学派虽然处

---

① 《孟子·尽心下》，《十三经注疏》，中华书局1980年版，第2778页。

于初创阶段，但除了道家学派因老子的影响已经形成并具有一定的竞争力外，其他学派，如墨、法、名、阴阳、农、杂家等，或者根本还未出世，或者"小荷才露尖尖角"，这就使儒家学派基本上处于一枝独秀的局面，因而形成对有志求学的青少年的巨大吸引力，所以不少人不远千里投奔师门，由此出现了儒学一时独占鳌头的局面。然而，孟子遇到的时代却与孔子的时代有了很大的不同。这一时代，思想学术上的"百家争鸣"正如火如荼地进行，墨、法、道、名、阴阳、农等学派已经蔚为大观，此时的儒家学派不仅失去了孔子时代的风光，而且在诸子百家中也谈不上风头最劲。尽管由于孟子的努力，该学派总算挽回了孔子去世后一度出现的颓势，再度展现辉煌，但是，它也只能在与其他学派的激烈竞争中艰难发展。这时，儒学对有志求学的青少年的吸引力已经被其他学派分散。如此一来，就不仅造成齐、鲁、邹以外的弟子显著减少，而且使齐、鲁、邹等地求学的青少年也大量被其他学派吸纳。特别是，对于各诸侯大国的统治者来说，他们更青睐能够带来立竿见影效果的法家学派，儒家学派在与其他学派的竞争中占不到绝对优势。检视孟子弟子的情况，还可以发现，他的弟子中做官者少，做大官者更少。你看，在这22位弟子中，滕更原是贵族公子，他在滕国任个一官半职是很容易的，但那不是因为他是学习了儒家思想的孟子弟子。周霄在拜师孟门之前就在魏国做官，他之为官更与学习儒家思想和孟子弟子的身份无关。宋勾践本是宋国大夫，他是为官在前，拜师孟门在后，自然与学习儒家思想和孟子弟子的身份无涉。貉稽尽管被赵岐认定为"仕者"，但他在何处做官、做何官都已经无从稽考，他之做官似也难以与学习儒家思想和孟子弟子的身份联系起来。"仕于齐"的盆成括或许能够与学习儒家思想和孟子弟子的身份联系起来，可就是这个盆成括却不给孟子争脸，入仕不久就死于非命了。在孟门弟子中，真正因为学习儒家思想和孟子弟子的身份而做官的只有一个乐正克，难怪听到他在鲁国做官的消息孟子高兴得睡不着觉，还出格地赞扬他是"善人"、"信人"。不过，即使这个乐正克，在鲁国担任的也不是什么执掌实权的大官，否则，他安排鲁君与孟子见面一事因嬖人臧仓一句话而告吹就难以理解了。显然，与孔子弟子任官之多和官位之高相比，孟子弟子实在是乏善可陈。原因何在？除了上面讲的时代原因外，也与孟子思想和他代表的儒学还没有摆脱学说本身"迂远而阔于事情"有密切关系。孟子尽管大大弘扬和发展了儒学，但他坚持的"仁政""德治"理想却与战国七雄由武力兼并进而统一全国的政治诉求相去甚远，而讲求耕战的法家理论不仅能够带来立竿见影的效果而且易于操作，所以最能打动列国君主的心灵。这一时期是法家代表人物和法家思想最风光的岁月，孟子及其弟子四处求官而不可得也就"只能时代因里寻"了。

虽然孟子及其弟子在官场上很不得志，但他们通过自己的努力使儒家学派恢复了昔日的气势。在孟子之后，弟子们为儒学的进一步传播作出了不可替代的贡献，从而为儒学在汉代的复兴和极尽风光发挥了承前启后的作用。

第二十五章　文章千古

　　从文学史的角度看，如果说《道德经》开启了中国的诗化散文，那么，《论语》就开启了中国的语录体散文，它们还都处于中国散文的草创阶段。而到了战国时期，诸子散文的出现，则标志了中国文学史上散文第一个辉煌期的到来。其中，孟子之文的犀利风发，庄子之文的汪洋恣肆，荀子之文的浑厚质朴，韩非之文的峻峭尖刻，作为朵朵奇葩形成了百花争艳的大观，同时为自己赢得千古不朽的声名。当代文化学者余秋雨在《中国文脉》中将孟子的文章置于先秦诸子"文学品相"的第一等级，与庄子等列，而在老、孔、墨、荀、韩之上。他送给孟子的是激情洋溢的赞誉：

　　　　孟子是孔子的继承者，比孔子晚了一百八十年。在人生格调上，他与孔子很不一样，显然有点骄傲自恃，甚至盛气凌人。这在人际关系上好像是缺点，但在文学上就不一样了。他的文辞，大气磅礴，浪卷潮涌，畅然无遮，情感浓烈，具有难以阻挡的感染力。他让中国语文，摆脱了左顾右盼的过度礼让，连结成一种马奔车驰的畅朗通道。文脉到他，气血健旺，精神抖擞，注入了一种"大丈夫"的生命格调。①

---

① 余秋雨：《中国文脉》，《美文》2012 年第 9 期。

诚哉斯言！余文可谓孟子殁后 2300 年的铮铮知音之言。的确，《孟子》7篇，作为气势宏伟、激情澎湃、议论纵横、犀利风发的优美散文，尽管还显示着《论语》语录体散文的影响，但其中的不少篇章已经是结构比较完整、在谋篇布局上颇具匠心的文章。如记录孟子与梁惠王、齐宣王辩论的篇章，结构严谨，层次分明，逻辑严密，步步深入，孟子始终掌控着论辩的全局，引导着对手走向最后的目标：或者承认孟子的观点是正确的，或者"王顾左右而言他"。

《孟子》7篇中，有不少篇章记述了一个又一个比较完整的故事，而通过故事中绘形绘色的描述，创造出栩栩如生的人物形象。如《滕文公下》中，用不足百字的简洁篇幅，将陈仲子这样一个具有怪僻性格的"廉士"形象活脱脱地塑造出来。而在《公孙丑下》中，则仅用 41 个字，就描绘出那个自作聪明，实则愚蠢至极的"揠苗助长"的宋人的形象。特别是在《离娄下》中，孟子以娓娓动人的笔触，将一个有一妻一妾的虚伪、丑恶、矫情、可笑的"齐人"，惟妙惟肖地推到读者面前：

> 齐人有一妻一妾而处室者，其良人出，则必厌酒肉而后反。其妻问所与饮食者，则尽富贵也。其妻告其妾曰："良人出，则必厌酒肉而后反；问其与饮食者，尽富贵也，而未尝有显者来，吾将瞯良人之所之也。"蚤起，施从良人之所之，偏国中无与立谈者。卒之东郭墦间，之祭者，乞其余；不足，又顾而之他，此其为餍足之道也。其妻归告其妾，曰："良人者，所仰望而终身也，今若此！"与其妾讪其良人，而相泣于中庭，而良人未之知也，施施从外来，骄其妻妾。由君子观之，则人之所以求富贵利达者，其妻妾不羞也，而不相泣者，几希矣。①

你看，在这个故事中，那个卑鄙无耻的齐人，已经穷到坟地乞食的地步，

---

① 《孟子·离娄下》，《十三经注疏》，中华书局 1980 年版，第 2732 页。

却仍然在他的妻妾面前显摆，诓骗她们说自己天天被富贵人家宴请，每每酒足饭饱回来，对她们露出得意之色。而她们家从无富贵之人光顾的事实引起了妻子的怀疑，于是有跟踪侦察的一幕出现。妻子跟到东郊的墓地，发现丈夫原来是一个不顾脸面、一家又一家乞讨残汤剩饭的无耻之徒。当她回家将真相告诉妾时，她们自然相对发泄对丈夫的失望、不满、愤怒、悲哀之情。在这个故事中，"良人"的虚骄无耻之态，妻妾的愤懑悲情之状，都活灵活现地跃然纸上，使人如见其形，如闻其声。这个故事有几个连贯的情节，有三个个性鲜明的人物，已经是一篇完整的微型小说了。不过，孟子编撰出这样一个故事，目的还不在于讽刺那个墓间乞食的"良人"，而在于借此讽刺那些为了升官发财而不择手段的无耻之辈。

孟子的文章，特别善于用比喻。正如赵岐在《孟子注题辞》所指明："长于比喻，辞不迫切，而意以独至。"意思是，孟子善于用比喻阐发道理，文字从容不迫，游刃有余，而说理则精湛独到。如他在与梁惠王谈话时，以战为喻，指出"五十步笑百步"，其实二者没有本质的不同。在与齐宣王谈话时，为了说明实行"仁政""不为"和"不能"的区别，就以"挟泰山超北海"和"为长者折枝"为喻。又如在《告子上》中，由鱼与熊掌不可兼得、"舍鱼而取熊掌"，进而比喻"生"与"义""二者不可兼得"时，就"舍生而取义"。再进而比喻生与死冲突时，宁肯为礼义而死，决不能弃礼义而苟活。在同一篇中，孟子讲"牛山之木"曾经异常茂盛，但由于"斧斤伐之""牛羊牧之"而变得光秃秃，以此为喻，说明某些人身上的"仁义之心"之所以丧失，是因为不能刻意修养保存，然后得出"苟得其养，无物不长；苟失其养，无物不消"的结论，告诫人们必须以自觉的修养保持和发扬自己善良的本性。再如在《滕文公下》中，他与戴盈之的谈话，其比喻之妙取得了令人忍俊不禁的效果：

戴盈之曰："什一，去关市之征，今兹未能，请轻之，以待来年，然后已，何如？"

孟子曰："今有人日攘其邻人之鸡者，或告之曰：'是非君子之道。'曰：'请损之，月攘一鸡，以待来年，然后已。'如知其非义，斯速已矣，何待来年？"①

在《孟子》一书中，类似的比喻还有不少，它不仅增强了文章的说服力，而且更增加了文章的情趣，给读者留下深刻的印象。

至少到孔子生活的春秋晚期，《诗》《书》《礼》《易》《乐》《春秋》等所谓六经，就成为当时知识分子的必读书。一个人的学问修养如何，熟悉和灵活运用这些经典成为重要标志之一。特别是经过孔子的一番整理以后，六经作为经典的地位进一步提升。此后，不仅是儒家学者，几乎所有诸子百家，为了给自己的言论和文章增强说服力，都无一例外地反复征引这些经典的文句。在一定意义上，六经差不多成了"真理标准"之一，作为一种范式，对后世产生了深巨影响。

尽管春秋战国时期六经还没有成为官方钦定的儒家经典，但因为儒家创始人的孔子特别重视六经，尤其是《诗》《书》《礼》《易》等经典，将其作为教科书教育自己的学生，在政治和教学活动中一再引用它们，遂使后世儒家学者进一步强化了对六经的信仰。孟子对六经既信仰又熟悉，因而在《孟子》一书中就保留了大量的对六经文句的引用。

《孟子》一书中，引用最多的是《诗经》，达33次之多。这些引用，主要是证明或加强他的某一论点。如他在与梁惠王对话时，为了强调与民同乐，就引用了《诗经·大雅·灵台》的"经始灵台，经之营之，庶民攻之，不日成之。经始勿亟，庶民子来。王在灵囿，麀鹿攸伏，麀鹿濯濯，白鸟鹤鹤。王在灵沼，于牣鱼跃"②一大段诗句，证明周文王与百姓水乳交融的关系，从而强调，只要君王从与民同乐出发，他的活动就会得到百姓的拥护。如他在同齐宣王对话时，为了证明"老吾老，以及人之老；幼吾幼，以及人之幼。天下可运于掌"的道理，就引用《诗经·大雅·思

---

① 《孟子·滕文公下》，《十三经注疏》，中华书局1980年版，第2714页。
② 《孟子·梁惠王上》，《十三经注疏》，中华书局1980年版，第2665页。

齐》的"刑于寡妻，至于兄弟，以御于家邦"①，说明推己及人的伦理政治是行得通的。当齐宣王说自己喜爱钱财时，他就引用《诗经·大雅·公刘》的一段诗"乃积乃仓，乃裹糇粮，于橐于囊，思戢用光。弓矢斯张，干戈戚扬，爰方启行"②，说明爱财不是问题，只要与百姓一起享用这些财富，就能实行"仁政"，统一天下。又如当齐宣王说自己喜爱女人时，他就引用了《诗经·大雅·绵》的诗句"古公亶父，来朝走马，率西水浒，至于岐下，爰及姜女，聿来胥宇"③，说明古公亶父也是爱女人的。爱女人不是错，只要与百姓同爱，即使百姓也获得妻子和丈夫，也就能实行"仁政"，统一天下。又如，孟子批评当时一些诸侯既想天下无敌手，又不愿实行仁政，这就是南辕北辙，犹如苦热的人不肯洗澡一样，于是引用《诗经·大雅·桑柔》的诗句"谁能执热，逝不以濯?"④ 以加强论证的力量。再如，孟子为了强调"孝"是天下的法则，就引用了《诗经·大雅·下武》的诗句"永言孝思，孝思维则"⑤，说明舜的孝行已经达到了孝的极点。再如，孟子为了强调仁、义、礼、智等品质是"我固有之"的先天存在，就引用了《诗经·大雅·烝民》的诗句"天生蒸民，有物有则。民之秉夷，好是懿德"⑥，以证明他的观点表述的是事物不变的规律。

《孟子》一书中，引用《书经》的次数仅次于引用《诗经》，达19次，目的也是证明或加强他的某一论点。如在与梁惠王讲"与民同乐"时，引用《尚书·汤誓》的"时日害丧，予及女偕亡"⑦，说明如果一个帝王的统治使百姓宁愿与之同归于尽的地步，他即使拥有再多的高台深池、奇珍异兽，也是不可能享用的。如在与齐宣王讲君王的责任时，他引用了《尚书·泰誓》的"天佑下民，作之君，作之师，惟曰其助上帝，宠之四方，

---

① 《孟子·梁惠王上》，《十三经注疏》，中华书局1980年版，第2670页。
② 《孟子·梁惠王下》，《十三经注疏》，中华书局1980年版，第2676页。
③ 《孟子·梁惠王下》，《十三经注疏》，中华书局1980年版，第2677页。
④ 《孟子·离娄上》，《十三经注疏》，中华书局1980年版，第2719页。
⑤ 《孟子·万章上》，《十三经注疏》，中华书局1980年版，第2736页。
⑥ 《孟子·告子上》，《十三经注疏》，中华书局1980年版，第2749页。
⑦ 《孟子·梁惠王上》，《十三经注疏》，中华书局1980年版，第2666页。

有罪无罪惟我在，天下曷敢有越厥志"①一段话，说明上天降生君王就是让他们爱护百姓，对百姓的一切负责。又如，孟子在与万章谈话时，为了说明"仁者无敌"的道理，多次引用《尚书》的文句，如"徯我后，后来其无罚""有攸不为臣，东征，绥厥士女，匪厥玄黄，绍我周王见休，惟臣附于大邑周""我武惟扬，侵于之疆，则取于残，杀伐用张，于汤有光"②等，证明周初东征的时候，是如何受到被征国家百姓的拥护。在谈到舜接尧的君位是"天与之，人与之"的道理时，孟子描述了尧死后三年之丧毕，诸侯和百姓对舜的竭诚拥戴，引用《尚书·太誓》的"天视自我民视，天听自我民听"③，以证明百姓的行动反映的是天的意愿。还是与万章谈话时，当万章问："如今有一个在国都郊野拦路抢劫的人，他也依了规矩同我交往，也依礼节向我馈赠，这种赃物，便可以接受了吗？"孟子立即引用《尚书·康诰》的"杀越人于货，闵不畏死，凡民罔不譈"④，强调这种人是"不待教而诛者"的穷凶极恶之徒，是法律惩办的对象，是绝对不可接受的。孟子对馈赠自己礼物的任国留守季任和齐国卿相储子，一个回访，一个不回访，在弟子屋庐子提出疑问时，他表示所以不回访储子，是因为储子馈赠时的仪节欠缺，而这是决不能含糊的。为了证明仪节的重要，他引用了《尚书·洛诰》的一段话："享多仪，仪不及物曰不享，惟不役志于享。"⑤说明礼物再多，如果仪节有缺，也是不能原谅的。再如，《尚书·太甲》的话"天作孽，犹可违；自作孽，不可活"，引用了两次，同样为了说明结果和原因的关系，人的主观努力、所作所为，最直接地影响到结果，怨天尤人是没有道理的。

《孟子》一书中，对《诗》、《书》之外的其他六经很少引用，如《易》一条不引，《礼》引 2 次，《乐》引 1 次，《志》引 2 次，《传》引 1 次。引

① 《孟子·梁惠王下》，《十三经注疏》，中华书局 1980 年版，第 2675 页。
② 《孟子·滕文公下》，《十三经注疏》，中华书局 1980 年版，第 2712 页。
③ 《孟子·万章上》，《十三经注疏》，中华书局 1980 年版，第 2737 页。
④ 《孟子·万章下》，《十三经注疏》，中华书局 1980 年版，第 2743 页。
⑤ 《孟子·告子下》，《十三经注疏》，中华书局 1980 年版，第 2757 页。

用的目的同引用《诗》《书》是一样的。如孟子十分看重士人的入仕，将其看得如同农夫之种田一样重要。所以当弟子周霄问起这个问题时，他就引用《传》上的话"孔子三月无君，则皇皇如也，出疆必载质"①，以孔子对于仕的急迫之态证明这个问题的重要。

《孟子》一书中，除对经书的引用外，还引用了前代和当代一些人物的话，如放勋（尧）、太甲、伊尹、阳虎、龙子、子思、齐景公、柳下惠、孟施舍、告子等，至于当代与孟子对话的人物，如梁惠王、齐宣王、滕文公、告子等的话，引用的就更多了。其中如引用尧的话"劳之来之，匡之直之，辅之翼之，使自得之，又从而振德之"②，说明圣人即统治者的主要精力是为百姓操劳，哪里还有余暇去从事耕作呢？同样是从分工论出发，驳斥农家的"自耕而食，自织而衣"的观点。如引用龙子的话"不知足而为屦，我知其不为蒉也"③，意思是不看脚样编草鞋也决不会编成筐子，意在说明人的感受、爱好具有共性。如引用伊尹的话"何事非君？何使非民？""天之生斯民也，使先知觉后知，使先觉觉后觉。予，天民之先觉者也。予将以此道觉此民也。"④意在说明圣人对于君王和百姓的责任感，无论什么样的君王和什么样的百姓，也无论在什么样的条件下，圣人都应该毫无保留地站出来辅佐和帮助他们。

在《孟子》一书中，除对经书的引用外，更多引用的是孔子及其弟子的话，其中引用孔子的话达 29 条之多，数量仅次于对《诗经》的引用。如引用孔子的话"始作俑者，其无后乎？为其象人而用之也"⑤，目的是说明君王应该善待百姓，既然用木偶土偶殉葬都受到孔子的谴责，又怎么可以使百姓活活饿死呢？如引用孔子的话"德之流行，速于置邮而传命"⑥，意在证明德政能够得到百姓的拥护，效果极其显著而迅速。尧与舜是孟子

① 《孟子·滕文公下》，《十三经注疏》，中华书局 1980 年版，第 2711 页。
② 《孟子·滕文公上》，《十三经注疏》，中华书局 1980 年版，第 2705—2706 页。
③ 《孟子·告子上》，《十三经注疏》，中华书局 1980 年版，第 2749 页。
④ 《孟子·万章下》，《十三经注疏》，中华书局 1980 年版，第 2740 页。
⑤ 《孟子·梁惠王上》，《十三经注疏》，中华书局 1980 年版，第 2667 页。
⑥ 《孟子·公孙丑上》，《十三经注疏》，中华书局 1980 年版，第 2684 页。

心目中最伟大的圣人，在先秦诸子中，他讲述和颂扬舜的事迹是最多的。为了证明尧与舜的伟大，他引用了孔子的这样一段话："大哉尧之为君！惟天为大，惟尧则之，荡荡乎民无能名焉！君哉舜也！巍巍乎有天下而不与焉！"① 由此将尧、舜推到圣帝名王最顶尖的位置。为了强调"仁政"的重要性，孟子引用孔子的"道二，仁与不仁而已矣"② 之句。为了增强"仁者无敌"的说服力，他又引用孔子的"仁不可为众也。夫国君好仁，天下无敌"③ 之句。孟子特别强调"君权神授"，即所谓"天与之"，于是引用孔子"唐虞禅，夏后殷周继，其义一也"④ 几句话，无非是说明，唐尧虞舜的禅让即传贤，与夏、商、周三代的世袭传子孙，都是"天与之"的表现。孟子与孔子一样，非常痛恨"乡原"，将其斥责为"德之贼"。为了证明"乡原"之不可原谅，他特别引用了孔子的一大段话：

> 恶似而非者：恶莠，恐其乱苗也；恶佞，恐其乱义也；恶利口，恐其乱信也；恶郑声，恐其乱乐也；恶紫，恐其乱朱也；恶乡原，恐其乱德也。君子反经而已矣。经正，则庶民兴；庶民兴，斯无邪慝矣。⑤

孔子这段话的意思是，厌恶那种外貌相似而内容全非的东西：厌恶狗尾草，因为怕它把禾苗搞乱了；厌恶不正当的才智，因为怕它把义搞乱了；厌恶夸夸其谈，因为怕它把信实搞乱了；厌恶郑国的乐曲，因为怕它把雅乐搞乱了；厌恶紫色，因为怕它把大红色搞乱了；厌恶好好先生，因为怕它把道德搞乱了。君子使一切事物回到经常正道便行了。经常正道不被歪曲，老百姓就会兴奋积极；老百姓兴奋积极，就没有邪恶了。孟子引用孔

---

① 《孟子·滕文公上》，《十三经注疏》，中华书局 1980 年版，第 2706 页。
② 《孟子·离娄上》，《十三经注疏》，中华书局 1980 年版，第 2718 页。
③ 《孟子·离娄上》，《十三经注疏》，中华书局 1980 年版，第 2719 页。
④ 《孟子·万章上》，《十三经注疏》，中华书局 1980 年版，第 2738 页。
⑤ 《孟子·尽心下》，《十三经注疏》，中华书局 1980 年版，第 2780 页。

子的话之所以如此之多，表明他的确是孔子的嫡传，同时也说明，他对孔子的思想和言论已经烂熟于心，运用起来达到得心应手的程度了。

孟子在大量引用孔子言论的同时，也引用了不少孔子弟子的言论，仅引用曾子的言论即有6次之多。如在谈到"养勇"的问题时，他引用曾子的一段话："子好勇乎？吾尝闻大勇于夫子矣：自反而不缩，虽褐宽博，吾不惴焉；自反而缩，虽千万人，吾往矣。"① 以强调大勇是无所畏惧的。又如孟子同景丑谈话时，强调道德胜过爵位和年龄，又引用了曾子这样一段话："晋楚之富，不可及也；彼以其富，我以吾仁；彼以其爵，我以吾义，吾何慊乎哉？"② 意思是，尽管晋国和楚国拥有巨量的财富，但只要我有了仁义，就是正义在手，丝毫没有感觉比他们少了什么，腰杆子完全可以挺起来。

总起来看，孟子对经典和孔子等先圣先贤言论的引用，极大地增强了他言论和文章的说服力，使孔子等开启的"引经据典"的传统得到进一步的继承和弘扬，也给后人提供了一种写文章的范式，对后世产生了深远影响。不过，孟子对经典和前人言论的引用，完全是为我所用，文不对题和随意曲解的情况也时有发生。如，他在与滕文公谈话时，强调"恒产恒心"，就引用了《诗经·豳风·七月》的四句诗"昼尔于茅，宵尔索绹。亟其乘屋，其始播百谷"，其实这四句诗讲的是当时庶民白天夜晚的不停劳作，与"恒产恒心"是联系不起来的。再如他与咸丘蒙谈话时，咸丘蒙引用了《诗经·小雅·北山》的四句诗"普天之下，莫非王土；率土之滨，莫非王臣"，认为舜既然做了王，他的老子也应该是他的臣子，为什么说瞽叟就不是舜的臣子呢？孟子立即说，《北山》这首诗，不是你说的那意思，而是说作者本人勤劳国事不能够奉养父母。如果说孟子这里讲《北山》这首诗的整体内容，自然是对的；但如果指引用的这四句诗，则显然是歪曲了它的本意。

---

① 《孟子·公孙丑上》，《十三经注疏》，中华书局1980年版，第2685页。
② 《孟子·公孙丑下》，《十三经注疏》，中华书局1980年版，第2694页。

孟子对后世的影响，不仅表现在思想上的日益广被，也表现在文章本身对广大知识分子的日益折服。特别是宋代以后，《孟子》一书作为四书之一成为通行全国的教科书之后，更成为青年士子们学习写文章的范本。文中展示的那冲天的气势，凌厉的言辞，充沛而激越的感情，还有那声情并茂的一个又一个的引人入胜的叙事，都曾对读者产生过摄人心魄的无限魅力。

第二十六章　落叶归根

公元前 312 年（周赧王三年　齐宣王八年），61 岁的孟子回到了他的故乡邹国。从此，直至公元前 289 年（周赧王二十六年　齐湣王十二年）他以 84 岁高龄仙逝，20 多年间，他以教学和著述度过了自己晚年的最后岁月。而正是在这 20 多年间，中国历史正经历着它在战国时代剧烈变化的风雨征程：战国七雄进行着你死我活的殊死搏斗，合纵连横的外交斗争配合着战场上的进退攻防，策士的花言巧语伴着将士们血肉纷纶的无情厮杀。东方六国抗秦的联合阵线土崩瓦解，秦国对东方六国的优势日益显现，秦军东向前进的马蹄声搅得六国的君臣百姓日夜难安。请看：

公元前 312 年，秦军大败楚军于丹阳（今河南西峡、内乡一带），取汉中；再败楚军于蓝田（今湖北荆门北）。第二年，再取昭陵。

公元前 308 年，秦军进攻韩国，夺取宜阳（今河南宜阳西）。

公元前 306 年，楚国灭掉越国。赵武灵王"胡服骑射"，进行军制改革后，军力大增，进击中山（今河北定县至宁晋一带）得手。

公元前 303 年，秦军大举进攻韩、魏。

公元前 301 年，齐、魏、韩联合进击楚国，大败楚军于垂沙（今河南唐河西南）。

公元前 298 年，齐、魏、韩联军大败秦军于函谷关。第二年，再次联合攻秦。第三年，攻入函谷关。一时合纵声威大振，但旋即偃旗息鼓。

公元前 293 年，秦将白起击败韩、魏联军于伊阙，斩首 24 万。第二年，白起攻魏，取垣（今山西垣曲东南）。

公元前291年，秦将白起攻韩取宛（今河南南阳）。秦将司马错攻魏取轵（今河南济源南），攻韩取邓（今河南漯河东南）。

公元前290年，在秦军凌厉的攻势下，魏献河东（今山西）地400里于秦，韩献武遂（今山西垣曲东南）地200里于秦。

公元前289年，秦攻魏，取城61座。

显然，当孟子寿终正寝的时候，秦国使用军事手段统一中国的大势已经形成。

孟子晚年在故乡的生活，主要是教学和著述，环绕他的是一批又一批来来去去的学生。师生互相砥砺，教学相长，其乐融融，不乏情趣。他的最后20年，想来是在表面平静温馨、内心却是波澜起伏中度过的。因为社会的发展，似乎完全出乎他的意料，他大概是在不断地倾听着令他痛心的信息，瞪着惊愕的眼睛，走完自己的生命旅程的。你看：

他反对战争，猛烈批判"春秋无义战"，可是，战国的"不义之战"却日益如火如荼，七雄之间的厮杀一天比一天扩大，一天比一天激烈，一天比一天更加残酷无情。"析骨而炊，易子而食"的悲剧在各地频频上演。如果说在他60岁之前，一些诸侯王还可以听他讲讲"仁者无敌""保民而王""不嗜杀人者能一之"之类的说教，而在他生命的最后20年，谁也没有兴趣再听他那些"迂远而阔于事情"的唠叨了。

他痛斥那些发动战争的诸侯王，说他们"罪不容于死"，甚至要求"善战者服上刑"，然而，"争地以战，杀人盈野；争城以战，杀人盈城"，统兵的将帅们非但没有"服上刑"，反而在军功爵位制度中一个个找到了升官发财的机缘，成为军功贵族的主体，享受着战争带来的高官厚禄。

他鼓吹"民为贵，社稷次之，君为轻"，倡导国君与百姓同乐、同忧、同好，可是眼前的事实却是，七国的诸侯王们信奉的竟是"君为贵，民为轻"。他们"率兽而食人"，对百姓进行残酷的压榨和剥削，结果造成几乎遍布整个中国的"庖有肥肉，厩有肥马，民有饥色，野有饿莩"的悲惨景象。

　　他高唱"人性善""良知良能""人皆可以为尧舜"的宏论，极力张扬"仁政""德治"的理念，可是放眼世界，人欲横流，强权无忌，凌弱暴寡，泯灭"良知"，彰显的是"人性恶"的大旗。

　　他对公孙衍、张仪之类"一怒而诸侯惧，安居而天下熄"的纵横之士嗤之以鼻，可是，恰恰是这些人受到各国君王的青睐，出将入相，一言九鼎，风光无限，既得到权力带来的荣耀，又享受权力带来的荣华富贵。反观自己，尽管满腹经纶，豪情万丈，以治国平天下为己任，可是只能空怀壮志，局促于四基山麓的乡村野里，日益被历史的大潮冲向无人理睬的边缘。

　　孟子尽管对当前社会的乱象极度失望，但他决不言败。他相信眼前的一切都是暂时的，他理想的社会一定会出现，在这个社会里，"人性善"的理念一定会得到张扬，尊老、爱幼，人尽其才，人得其用，没有饥馑，没有战争，没有杀戮，没有尔虞我诈，"仁政""德治"的阳光一定会普照大地。

　　理想支撑着孟子，使他在寂寞中冷眼向洋，在失望中满怀希望。尽管一天天年老体衰，他仍然倾全力教诲不断涌来的学生，欣喜地看着他们走进讲堂，满意地看着他们走向社会。同时，他与一生追随自己的弟子万章等"序《诗》《书》，述仲尼之意，作《孟子》七篇"①，他与弟子接续孔子，对儒家经典的《诗》《书》做了进一步的整理。同时，他们精心谋划，仔细研究，字斟句酌，反复推敲，集中精力编撰《孟子》一书。孟子知道这部书记载着他的行状、理想和对未来的希冀，是他留给后世的最珍贵的遗产。

　　公元前289年（周报王二十六年　秦昭王十八年　魏昭王七年　齐湣王十二年）冬天，已经84岁高龄的孟子病倒了，他的儿子孟仲子和万章等弟子们围绕在他的身边，请医侍药，精心护理，但终因年事已高，无力回天，于冬至日撒手人寰。他的儿子和弟子按照当时的礼仪，将他隆重殡

---

① 司马迁：《史记》卷七十四《孟子荀卿列传》，中华书局1959年版，第2343页。

葬于四基山西麓。

四基山位于今日邹城东北 30 里，是一座海拔不足百米的土石相间的小山。孟子与他夫人的合葬墓就坐落在这座山的西麓。后来，由于战乱频繁，孟子后裔几度流离失所，孟子故里的居民也数度更新，因而使孟子墓地在战国后就湮灭无闻了。直到公元 1037 年（北宋景祐四年），孔子 45 代孙孔道辅为兖州守时，才又访得孟子墓，加以修葺，建祠祭祀。同时，他又访得孟子的嫡系后裔、孟子第四十五代孙孟宁，向朝廷推荐，授予迪功郎、邹县主簿，主持孟子庙和孟子墓的祭祀。从此以后，孟子墓就受到历代官府和孟子后裔的定期祭祀，鼓乐香火不断。

自公元 1037 年起，四基山就以孟子林闻名于世。这里除了孟子与他夫人的合葬墓外，还分布着众多的孟子后裔的坟墓，如近代山东著名的商业资本家、瑞蚨祥商号的创始人孟乐川（继生）夫妇的墓也在这里。今日邹城和孟子林之间，有一条柏油路相连。出邹城，沿着这条朝东北方向的道路前进，10 分钟的车程即可抵达四基山，一座被参天的古木覆盖的孟子林就展现在眼前。进入一个砖木结构、飞檐斗拱的古朴大门，就可看到一条笔直的神道通向孟子墓。道左竖立着由著名书法家欧阳中石题写的"亚圣林"的石碑。道路两旁，千年古柏相对而立，各种树木迤逦向山麓展布，树荫下，灌木杂草丛生，不知名的花儿竞相绽放，而不时传来的鸟儿的叫声使整个园林显得更加幽深恬静。沿着神道北行约百米，就到达孟子墓地。墓前的享殿是一座五开间的古典建筑，殿内供奉着孟子的神主。殿后就是孟子墓，一座巨大的由砌石围起的土丘，上面长满树木花草。墓前竖立着明朝时期刻制的石碑，上书"亚圣孟子墓"。

今日的孟子林，已是山东省重点文物保护单位，是儒家文化的圣地之一。长眠地下两千多年的孟子并不寂寞，他的墓前，每天都迎来虔诚凭吊的人群。特别是越来越多的白人和黑人不远万里前来他的灵前致敬，说明他的思想已经越过高山大海，在世界各地发生着越来越大的影响。

第二十七章　天道性命

　　天道观，即对天的看法，是几乎所有先秦思想家绕不过去的问题。因为先秦是中国古代从鸿蒙初开到人的自我意识逐渐觉醒的时代，那个高悬头顶、广袤无垠、神秘莫测的漠漠长天就成为人们始而敬畏，继而思索的对象。随着人们认识的不断深入，天也就从无所不能的人格神的上帝变成了人类可以"制天命而用之"的自然。在这一曲折艰难的探索过程中，每一个思想家都对这个问题给出自己的答案。

　　在殷王那里，天—帝—祖宗神是一个概念，是君临人间、明察秋毫、赏善罚恶的人格神，主宰着自然界和人类社会的运行。而殷王自己则是天在人间的代表，所以天对自己的佑护是无条件的。正因为如此，在牧野之战时，纣王面对周武王领导的讨伐大军，在死到临头时仍不忘呼叫"我生不有命在天"。

　　被儒家推尊为大圣之人的周公旦，鉴于殷亡的教训，把殷人天帝与祖宗神合一的一元神论改造成天帝与祖宗神分开的二元神论，并用"以德配天"说首创"天人感应论"。在周公那里，天虽然仍是人格神的上帝，但又承认体现人的主观能动性的"德"能够对天产生决定性的影响，这就是"皇天无亲，惟德是辅"。

　　被孟子誉为生民以来最伟大的圣人孔子，基本承袭周公的天道观，仍然将天视为人格神的上帝："天何言哉！四时行焉，百物生焉。"[1] "获罪

---

[1] 《论语·阳货》，《十三经注疏》，中华书局1980年版，第2526页。

于天，无所祷也。"① "天生德于予"②，"死生有命，富贵在天"③。但是，孔子同时发挥周公强调人类主观能动性作用的思想，倡导"敬鬼神而远之"④和"未能事人，焉能事鬼""未知生，焉知死"⑤，最后自然导向"知其不可而为之""尽人力而听天命"的积极用世的人生理念。

孔子的孙子子思（前483—前403年），写了《中庸》一书，发展了孔子有关"中庸"的思想，成为联结孔子和孟子的桥梁。他的天道性命论给孔子以仁、礼为核心的学说找来了一个哲学基础：

> 天命之谓性，率性之谓道，修道之谓教。……中也者天下之大本也，和也者天下之达道也。致中和，天地位焉，万物育焉。⑥
>
> 诚者，天之道也；诚之者，人之道也。⑦
>
> 唯天下至诚，为能尽其性；能尽其性，则能尽人之性；能尽人之性，则能尽物之性；能尽物之性；则能尽物之性，则可以赞天地之化育；可以赞天地之化育，则可以与天地参矣。⑧
>
> 至诚之道，可以前知。国家将兴，必有祯祥；国家将亡，必有妖孽。……祸福将至：善，必先知之；不善，必先知之。故至诚如神。⑨

显然，《中庸》将天人合一作为自己的哲学核心，认为天—诚—性—命—道—教都是相通的。天的精神是诚，诚化育万物，在人身上体现为性与命，率性而行又体现为道，道既是天地万物的总规律，又是人类社会制度

---

① 《论语·八佾》，《十三经注疏》，中华书局1980年版，第2467页。
② 《论语·述而》，《十三经注疏》，中华书局1980年版，第2583页。
③ 《论语·颜渊》，《十三经注疏》，中华书局1980年版，第2503页。
④ 《论语·雍也》，《十三经注疏》，中华书局1980年版，第2479页。
⑤ 《论语·先进》，《十三经注疏》，中华书局1980年版，第2499页。
⑥ 陈来、王志民主编：《中庸解读》，齐鲁书社2019年版，第55页。
⑦ 陈来、王志民主编：《中庸解读》，齐鲁书社2019年版，第183页。
⑧ 陈来、王志民主编：《中庸解读》，齐鲁书社2019年版，第198页。
⑨ 陈来、王志民主编：《中庸解读》，齐鲁书社2019年版，第200页。

与伦理道德的总汇。而使人认识道，进而认识诚，就要靠教。通过教，人们认识性、命、道，最后认识诚，至诚通天，天人合一，人就不仅可以认识自己，主宰人事，还可以"赞天地化育"，"与天地参"，参与天地的运行，并能预知吉凶祸福，达到"至诚如神"的境界。十分明显，子思并不了解自然界（天）与人类社会的区别，更不了解人的主观能动性的发挥始终处于自然环境和时代的制约之中，不可能达到任意和无限的程度。他夸大了人类主观能动性的作用，最后滑向了神秘主义，与宗教神学合流了。子思上承孔子，下启孟子，在孔孟之道的形成过程中起了重要作用。后世学者将他与孟子结合起来，称之为思孟学派，是有道理的。

孟子激烈批判的墨子，极力强化天作为人格神上帝的不容置疑的定位。他的《天志》一文在一定程度上可以看作殷人天道观的复活。

孟子的天道观基本上继承了周公和孔子，尤其是子思的思想。他虽然猛烈批判墨子，却并不否定墨子的天道观。在他看来，天依然是自然界和人类社会的最高主宰，你看，他引证《尚书》之文"天降下民，作之君，作之师"①，认为天生万民，为之立君进行统治，立师进行教化。"尧舜禅让"和"禹传子，家天下"这样关乎万民的政治事件，也不过是遵天意而行罢了。孟子坚定地认为，最终决定人们生死祸福的是冥冥之中的"天命"："莫之为而为者，天也；莫之至而至者，命也。"②在这种不可抗拒的天命面前，人们只能加强自己的修养，等待天命的安排："修身而俟之，所以立命也。"③显然，孟子与孔子、墨子一样，保留了天的人格神的地位。不过，孟子与孔子一样，尽管还不能抛弃天作为至上神的形式，但却能重视人的主观能动性的发挥。例如，他引证《尚书·泰誓》之文"天视自我民视，天听自我民听，天聪明自我民聪明"④，说明百姓的好恶影响和左右着天的好恶。在接触到人事时，他注重的主要是人自身的努力，甚

---

① 《孟子·梁惠王下》，《十三经注疏》，中华书局 1980 年版，第 2675 页。
② 《孟子·万章上》，《十三经注疏》，中华书局 1980 年版，第 2738 页。
③ 《孟子·尽心上》，《十三经注疏》，中华书局 1980 年版，第 2764 页。
④ 《孟子·万章上》，《十三经注疏》，中华书局 1980 年版，第 2737 页。

至认同"人皆可以为尧舜",认为担当大任的人必须经过艰苦的磨炼。这其中,自然包涵着朴素唯物论的因素。

孟子的天道观是与他的认识论紧密相联的,由此构成由尽心—知性—知天这一逻辑结构构成的天人合一的体系:

> 尽其心者,知其性也,知其性则知天矣。存其性,养其性,所以事天也。①
>
> 诚者,天之道也,思诚者,人之道也。②
>
> 万物皆备于我,反身而诚,乐莫大焉。③
>
> 君子所过者化,所存者神,上下与天地同流。④

至此,可以明白,在孟子天人合一的哲学体系中,天既是一个最高主宰,又是客观存在的一个精神本体,这个本体也可以叫"诚",体现在人身上就是性,而这个性又存在于人的心中,即主观精神中,所以尽心也就能知性,知性也就知天了。因为诚、心、性包含了宇宙的全部真理,"万物皆备于我",所以只要"反身而诚",认识自我也就认识了整个宇宙,也就达到了天人合一的境界,"上下与天地同流"了。如此一来,孟子实际上否认了客观世界的存在,把自然界和人类社会排除在认识的客体之外,认为认识的主体和客体都是人自身。人们认识的任务就是通过"内视""内省""收其放心""反求诸己"等方法,去发现和把握先天存在于人自身的宇宙真理。孟子虽然也提出了"心之官则思"这样有意义和有价值的命题,但由于他的"思"基本上乃是一种脱离感觉、脱离社会实践的空灵的"内省"工夫,因而还没有脱离唯心主义的范畴。

---

① 《孟子·尽心上》,《十三经注疏》,中华书局 1980 年版,第 2764 页。

② 《孟子·离娄上》,《十三经注疏》,中华书局 1980 年版,第 2721 页。

③ 《孟子·尽心上》,《十三经注疏》,中华书局 1980 年版,第 2764 页。

④ 《孟子·尽心上》,《十三经注疏》,中华书局 1980 年版,第 2765 页。

第二十八章　人性本善

　　长期以来，人性是中国古代思想家着力探索的一个重要问题。孔子最早提出"性相近，习相远"①的命题，承认社会上的每个人在其初生之时有共同的相近的人性，但由于后来的"习"——社会实践的不同，就使他们的品性表现出较大的差异甚至天壤之别。

　　孔子的"性相近，习相远"的人性理论，被后世的思想家朝不同的方向发展了。就先秦思想家而言，除告子坚持"生之谓性"，人性"无分于善与不善"②外，其他人基本上分为"性善"与"性恶"对立的两派。"性善"论的代表是孟子，"性恶"论的代表是荀子和他的弟子韩非。荀子把人性看作人与生俱来的生理本能，即与社会无关的、抽象的自然生物性："今人之性，饥而欲饱，寒而欲暖，劳而欲休，此人之情性也。""若夫目好色，耳好声，口好味，心好利，骨体肤理好愉佚，是皆生于人之情性也，感而自然，不待事而后生之者也。"③这种生理本能如不加以节制，任其发展，其社会性就必然是恶的了："今人之性，生而有好利焉，顺是，故争夺生而辞让亡焉；生而有疾恶焉，顺是，故残贼生而忠信亡焉；生而有耳目之欲，有好生色焉，顺是，故淫乱生而礼义文理亡焉。"④ 既然

---

①　《论语·阳货》，《十三经注疏》，中华书局1980年版，第2524页。

②　《孟子·告子上》，《十三经注疏》，中华书局1980年版，第2748—2749页。

③　王先谦：《荀子集解》，中华书局2013年版，第516—517页。

④　王先谦：《荀子集解》，中华书局2013年版，第513页。

人性都恶，那么"善"是哪里来的呢？荀子认为是在圣人教化下，学习礼义，对性恶进行改造的结果，"善者伪也"。与孟子的性善论一样，荀子的性恶论也是一种抽象的人性论，并且有着不可克服的矛盾：既然人性都是恶的，圣人也不应该例外，为什么他的人性是善的并且还能以礼义对其他人进行教化呢？不过，较之孟子的性善论，性恶论有着更多的合理性。荀子似乎隐隐地感觉到了，"正是人的恶劣的情欲——贪欲和权势欲成了历史发展的杠杆"①。他认识到，任何人类个体离开集体即社会都无法生存，而人类之所以异于其他动物是他们组成了社会即"群"。为了使每个个体性恶的人在"群"中能够和睦相处，就必须有圣人出来对他们进行教化。荀子认为，只要社会创造一个外部良好的环境，"蓬生麻中，不扶自直，白沙在涅，与之俱黑"②，人人努力学习礼义法度，就可以"化性起伪"，就会改造成具有善性的人。与此同时，还必须有一套完整的礼法制度，将每个人固定在一定的社会角色的位置上，这就是"分"。这套礼法制度是，"丧祭、朝聘、师旅""贵贱、生杀、予夺""君君、臣臣、父父、子子、兄兄、弟弟""农农、士士、工工、商商"③。实际上指的是全部的封建的经济基础和上层建筑以及每个人的定位，而这又是永恒的："君臣、父子、兄弟、夫妇，始则终，终则始，与天地同理，与万世同久，夫是之谓大本。"④法家代表人物韩非师承乃师的性恶论，认为人性恶不仅是绝对的，而且是不可改变的。这种"性恶"的社会表现就是对个人私利的无厌追求，而这种追求是完全合理的。所以一切仁义道德的说教统统都是骗人的鬼话，统统都应该弃之如敝屣。在他看来，规范社会上人与人关系的准则就是利害：

---

① 恩格斯：《路德维希·费尔巴哈和德国古典哲学的终结》，《马克思恩格斯选集》第 4 卷，人民出版社 1972 年版，第 233 页。
② 王先谦：《荀子集解》，中华书局 2013 年版，第 6 页。
③ 王先谦：《荀子集解》，中华书局 2013 年版，第 193 页。
④ 王先谦：《荀子集解》，中华书局 2013 年版，第 193 页。

> 故王良爱马，越王勾践爱人，为战与驰。医善吮人之伤，含人
> 之血，非骨肉之亲也，利所加也。故舆人成舆，则欲人之富贵；匠
> 人成棺，则欲人之夭死也。非舆人仁而匠人贼也，人不贵则舆不售，
> 人不死则棺不买，情非憎人也，利在人之死也。①

所以人与人之间也就根本不存在道德亲情的联系，只是建立在赤裸裸的利害关系基础上的交换和买卖关系。他将这一论断推延至所有的人与人之间的关系，认为君臣、君民，甚至父母和子女之间的关系也是如此。他认为，如果说上古时代生产不发达、民风淳朴的条件下道德还起点作用的话，那么，当历史已经发展到利益至上的战国时代，仁义道德的功用就丧失净尽了："上古竞于道德，中世逐于智慧，当今争于气力。"② 法家的这种绝对功利主义的社会伦理学说，斩断了社会上本来就存在的非功利的伦理亲情的联系，将社会上所有人与人的关系全说成是弱肉强食的狼与羊的关系。这种理念作为真理广泛宣传，其对国家民族和社会的危害是显而易见的。

孟子是儒家中对人性最感兴趣的思想家之一，《孟子》7 篇中有不少章节论及人性问题，其中最集中讨论人性的是《告子》篇记载的他同告子的辩论。孟子认为人的本性是"善"的，这个善的内容就是对仁、义、礼、智等伦理道德观念的认同。而这个善发端于"人皆有不忍人之心"：

> 人皆有不忍人之心。先王有不忍人之心，斯有欲不忍人之政矣。
> 以不忍人之心，行不忍人之政，治天下可运之掌上。所以谓人皆有
> 不忍人之心者，今人乍见孺子将入于井，皆有怵惕恻隐之心，非所
> 以内交于孺子之父母也，非所以要誉于乡党朋友也，非恶其声而然
> 也。由是观之，无恻隐之心，非人也；无羞恶之心，非人也；无辞让

① 王先慎：《韩非子集解》，中华书局 2013 年版，第 123 页。
② 王先慎：《韩非子集解》，中华书局 2013 年版，第 487 页。

之心，非人也；无是非之心，非人也。恻隐之心，仁之端也；羞恶之
心；义之端也；辞让之心，礼之端也；是非之心，智之端也。人之有是
四端也，犹其有四体也。有是四端而自谓不能者，自贼者也；谓其君
不能者，贼其君者也。凡有四端于我者，知皆扩而充之矣，若火之始
然，泉之始达。苟能充之，足以保四海；苟不充之，不足以事父母。①

孟子这段话的意思是，每个人都有怜恤别人的同情心。先王因为有怜恤别
人的同情心，因而就有了善于体恤下情的政治。凭着怜恤别人的同情心来
实施体恤下情的政治，治理天下就可以像运转小物件于手掌上一样容易。
我所以说每个人都有怜恤别人的同情心，可以举下面的事例作为证明：譬
如现在有人突然看到一个小孩子要掉到井里去了，任何人都会有惊骇怜悯
的心情。这种心情的产生，既不是为着要来和这小孩的父母攀交情，也不
是为着要在乡里亲朋中间博取美誉，更不是因为厌恶那小孩的哭声。由
此看来，一个人，如果没有恻隐之心，简直不是个人；如果没有廉耻之
心，简直不是个人；如果没有谦让之心，简直不是个人；如果没有是非之
心，简直不是个人。恻隐之心是仁的萌芽，廉耻之心是义的萌芽，谦让之
心是礼的萌芽，是非之心是智的萌芽。人心具有这四种萌芽，正好比他有
手足四肢一样，是很自然的。有这四种萌芽却认为自己不行的人，是自暴
自弃的人；认为他的君主不行的人，是暴弃他君主的人。具有这四种萌芽
的人，如果晓得将这种萌芽扩充起来，便犹如刚刚燃烧的火，终必不可扑
灭；犹如刚刚流出的泉水，终必汇为江河。假若能继续扩充，便足以安定
天下；假若不扩充，让它消灭，便连赡养父母都做不到。孟子这里从人人
都有怜恤别人的同情心引申开来，进而说人人都有恻隐之心、羞恶之心、
辞让之心、是非之心，而这四心又恰恰是仁、义、礼、智的发端和萌芽，
将这四端扩而充之，人人就具备了善，即仁、义、礼、智的品性了。这
样，孟子性善论就有了他设定的一个前提：人人具有善端。而事实上，这

---

① 《孟子·公孙丑上》，《十三经注疏》，中华书局 1980 年版，第 2690—2691 页。

个前提是否存在却大成问题。

孟子与告子关于人性的辩论，进一步深化了他的理论，让我们随着他们的辩论，一一加以检视：

> 告子曰："性犹杞柳也，义犹桮桊也；以人性为仁义，犹以杞柳为桮桊。"孟子曰："子能顺杞柳之性而以为桮桊乎？将戕贼杞柳而后以为桮桊也？如将戕贼杞柳而以为桮桊，则亦将戕贼人以为仁义与？率天下之人而祸仁义者，必子之言夫！"①

这里，告子首先提出问题说，人的本性好比杞柳树，义理好比桮盘；使人的本性变得符合仁义，正好比用杞柳树来制成桮盘。他的意思很明确：桮盘虽然是杞柳树制成的，但杞柳树和桮盘却不是一回事。也就是说，人性与仁义即善是不能画等号的。对此，孟子回敬说：您还是顺着杞柳树的本性来制成桮盘呢？还是毁伤杞柳树的本性来制成桮盘呢？如果要毁伤杞柳树的本性来制成桮盘，那也要毁伤人的本性然后使之符合仁义吗？率领天下的人来损害仁义的，一定是您的这种理论！孟子的意思是，既然可以顺着杞柳树的本性来制成桮盘，也就可以顺着人的本性达到仁义，所以人的本性与仁义的联系是自然而然的。在这一论题的辩论中，其实告子是对的：杞柳树虽然是制造桮盘的原料，但杞柳树并不等于桮盘；人性虽然可以为仁义，但人性却不等于仁义。

孟子与告子继续辩论。告子说，人性好比湍急的流水，从东方开一个口子便向东流，从西方开一个口子便向西流。人的本性没有善与不善的定性，就好比水没有向东流向西流的定向一样。孟子反驳告子说，水诚然没有向东流向西流的定向，难道也没有向上向下的定向吗？人性的善良，就好像水性的向低处流。人没有不善良的，水没有不向低处流的。当然，拍水使它翻腾起来，可以高过额角；戽水使它倒流，可以引上高山。这难

---

① 《孟子·告子上》，《十三经注疏》，中华书局1980年版，第2747页。

道是水的本性吗？是形势的改变使它如此的。就像有的人做坏事，其本性
的改变也正是这样。在继续的辩论中，告子和孟子都以水的流向做比喻：
告子以水的没有东流西流的定向为喻，证明人性没有善与不善的定性。孟
子以水性的向低处流为喻，证明人性没有不善良的。其实人性和水性是不
可比的。告子以水的没有东流西流的定向证明不了人性没有善与不善的定
性，孟子以水性的向低处流也证明不了人性没有不善良的结论。然而，他
们却硬是以水的这种品性证明自己想要的结论。不过，由于孟子以击水使
之向上改变水性向低处的品性来证明人性的背善不符合人的本性，实在是
较告子棋高一着。再往下的辩论，孟子就将告子引入彀中了：

> 告子曰："生之谓性。"孟子曰："生之谓性也，犹白之谓白与？"
> 曰："然。""白羽之白也，犹白雪之白；白雪之白犹白玉之白与？"曰：
> "然。""然则犬之性犹牛之性，牛之性犹人之性与？"①

你看，告子说，天生的资质叫作性。孟子立即问：天生的资质叫作性，好
比一切东西的白色都叫作白吗？告子不知孟子的提问是陷阱，顺着说，正
是如此。看到告子入彀，孟子再问：白羽毛的白就像白雪的白，白雪的白
就像白玉的白吗？此时的告子已经在孟子设定的陷阱里难以自拔，又顺着
说正是如此。孟子于是来了一个有力的反诘：那么，狗性犹如牛性，牛性
犹如人性吗？在这段辩论中，孟子是用偷换概念的办法赢了告子：告子讲
"生之谓性"，说的是人的生理本能就是性，虽然不太确切，但不无道理。
孟子的"生之谓性也，犹白之谓白与？"却是将"生之谓性"偷换成"白
之谓白"。再后，又以"白羽之白""白雪之白""白玉之白"同是白色这
个并不错误的论断引出"然则犬之性犹牛之性，牛之性犹人之性与"的反
诘，置告子于被动的境地。这里，孟子既偷换了概念，又犯了无类比附的
错误，因为犬、牛和人是三种不同的生物，它们的性显然是不能放在一个

---

① 《孟子·告子上》，《十三经注疏》，中华书局1980年版，第2748页。

平台上比较的。孟子以自己几经转换的逻辑错误，使告子在不知不觉中跌入他布好的陷阱，将其置于无言以对的困境，显示的是自己近于诡谲的智慧。再往下，孟子和告子就辩论到仁、义这些伦理本身的问题。孟子依然坚持人性本善的观点，而告子则仍然以"生之谓性"与之诘抗：

> 告子曰："食色，性也。仁，内也，非外也；义，外也，非内也。"孟子曰："何以谓仁内义外也？"曰："彼长而我长之，非有长于我于也；犹彼白而我白之，从其白于外也，故谓之外也。"曰："异于白马之白也，无以异于白人之白也；不识长马之长也，无以异于长人之长与？且谓长者义乎？长之者义乎？"曰："吾弟则爱之，秦人之弟则不爱也，是以我为悦者也，故谓之内。长楚人之长，亦长吾之长，是以长为悦者也，故谓之外也。"曰："耆秦人之炙，无以异于耆吾炙，夫物则亦有然者也，然则耆炙亦有外与？"①

这里，告子说，食欲和性欲，都是人的本性。仁是内在的东西，不是外在的东西；义是外在的东西，不是内在的东西。他的意思是，仁属于人的内在的本性，而义则是外加的东西。告子如此将仁义分开，就犯了一个致命的错误。因为作为伦理观念，仁义是不能分内外的。孟子坚持仁义不能分内外，都是人的本性的反映。为了战胜告子，就要求他将"仁内义外"的观点再解释一下。告子解释说：因为他年纪大，于是我去恭敬他，恭敬之心不是我原先就有；正好比外物是白的，我便认它是白色之物，这是因为外物具有白色而我加以认识的缘故，所以说是外在的东西。孟子于是对告子反诘说，白马的白和白人的白或者没有什么不同，但不知道对老马的怜悯心和对老者的恭敬心，是不是也没有什么不同呢？而且，您说，所谓义，在于老者呢？还是在于恭敬老者的人呢？孟子的反诘已经将告子逼到很不利的境地，但告子还要继续坚持他的观点。他说，是我的弟弟便爱

---

① 《孟子·告子上》，《十三经注疏》，中华书局 1980 年版，第 2748 页。

他，是秦国人的弟弟便不爱他，这是因为我自己的关系而高兴这样做的，所以说仁是内在的东西。恭敬楚国的老者，也恭敬我自己的老者，这是因为外在的老者的关系而这样做的，所以说义是外在的东西。这毋宁说，对弟弟的爱心发自内心，而对别人的恭敬之心却是因为对象是老者引起的。也就是说，自己只有爱心而没有恭敬心。孟子抓住告子论点的矛盾进一步反驳说，喜欢吃秦国人的烧肉，和喜欢吃自己的烧肉没有什么不同，各种事物也有如此的情形，那么，难道喜欢吃烧肉的心也是外在的东西吗？那不是和您说的食欲和性欲都是本性的论点矛盾了吗？在这一段辩论中，告子坚持饮食男女是本性并不错，错在将仁义分内外，从而使自己陷入矛盾状态。孟子坚持仁义是发自内心的本性，尽管是一个假设，但却避免了矛盾，所以也就赢得了对告子辩论的成功。

接着，公都子由转述告子和其他人关于人性的观点并向孟子发问，引来孟子对人性问题的进一步阐述：

> 公都子曰："告子曰：'性无善无不善也。'或曰：'性可以为善，可以为不善；是故文武兴，则民好善；幽厉兴，则民好暴。'或曰：'有性善，有性不善；是故以尧为君而有象；以瞽瞍为父而有舜；以纣为兄之子，且以为君，而有微子启、王子比干。'今曰'性善'然则彼皆非与？"孟子曰："乃若其情，则可以为善矣，乃所谓善也。若夫为不善，非才之罪也。恻隐之心，人皆有之；羞恶之心，人皆有之；恭敬之心，人皆有之；是非之心，人皆有之。恻隐之心，仁也；羞恶之心，义也；恭敬之心，礼也；是非之心，智也。仁义礼智，非由外铄我也，我固有之也，弗思耳矣。故曰，'求则得之，舍则失之。'或相倍蓰而无算者，不能尽其才者也。《诗》曰，'天生蒸民，有物有则。民之秉彝，好是懿德。'孔子曰：'为此诗者，其知道乎！故有物必有则；民之秉彝也，故好是懿德。'"[1]

---

[1] 《孟子·告子上》，《十三经注疏》，中华书局1980年版，第2749页。

公都子这里转述的是关于人性的三种观点。他说，告子说，本性没有什么
善良，也没有什么不善良。也有人说，本性可以使它善良，也可以使它不
善良；所以周文王、武王执政时，百姓便向善乐道；周幽王、厉王在位时，
百姓便趋向强横暴戾。也有人说，有些人本性善良，有些人本性不善良；
所以虽有尧这样的圣人为君王，却有像这样品质恶劣的百姓；以瞽瞍这样
不慈的父亲，却有舜这样孝顺的好儿子；以纣这样暴虐的侄儿，而且做了
君王，却有微子启、比干这样的仁人。如今老师说本性善良，那么，他们
都错了吗？对于公都子提出的问题，孟子平心静气地作了这样的回答：从
天生的资质看，所有人都可以使它善良，这便是我所谓的人性善良的含
义。至于有些人不善良，不能归罪于他的资质。同情心，每个人都有；羞
耻心，每个人都有；恭敬心，每个人都有；是非心，每个人都有。同情心
属于仁，羞耻心属于义，恭敬心属于礼，是非心属于智。这仁义礼智，不
是有外人给予我的，而是我本来固有的，不过自己不曾思考它罢了。所
以说，一经思考探求，便会得到；一旦放弃思考探求，便会失掉。人与人
之间有相差一倍、五倍甚至无数倍的，就是不能充分发挥他们人性的本质
的缘故。《诗经·大雅·烝民》说，上天生育众民，每一样事物都有它的
本质规律。百姓把握了那些固有规律，于是尊崇美好的品德。孔子说，这
篇诗的作者真懂得道呀！有事物，便有它的固有规律；百姓把握了这些固
有规律，所以尊崇美好的品德。孟子这里一力坚持的，仍然是本性善的理
念，而这个本性善的资质，不是"外铄"，而是我"固有"。至于有的人在
现实生活中表现善，有的人在现实生活中表现恶，原因是有的人探索和发
挥本性中的善，有的人没有探索和发挥本性中的善。接下来，孟子进一步
阐述说：

　　富岁，子弟多赖；凶岁，子弟多暴，非天之降才尔殊也，其所
以陷溺其心者然也。今夫麰麦，播种而耰之，其地同，树之时又同，
浡然而生，至于日至之时，皆熟矣。虽有不同，则地有肥饶，雨露
之养、人事之不齐也。故凡同类者，举相似也，何独至于人而疑之？

圣人，与我同类者。故龙子曰："不知足而为屦，我知其不为蒉也。"
屦之相似，天下之足同也。口之于味，有同耆也；易牙先得我口之
所耆者也。如使口之于味也，其性与人殊，若犬马之与我不同类也，
则天下何耆皆从易牙之于味也？至于味，天下期于易牙，是天下之
口相似也。惟耳亦然。至于声，天下期于师旷，是天下之耳相似也。
惟目亦然。至于子都，天下莫不知其姣也。不知子都之姣者，无目
者也。故曰，口之于味也，有同耆焉；耳之于声也，有同听焉；目之
于色也，有同美焉。至于心，独无所同然乎？心之所同然者何也？
谓理也，义也。圣人先得我心之所同然耳。故理义之悦我心，犹刍
豢之悦我口。①

孟子这一段论证，意在说明人类有共同的道德意识。他说，丰收年成，少
年子弟多半好吃懒做；灾荒年成，少年子弟多半强取豪夺，这不是天生资
质的不同造成的，而是由于环境使他们心情变坏的缘故。以大麦作比喻
吧，播了种，耘了地，如果土地一样，种植的时间一样，便会郁郁葱葱地
生长起来，待到夏至时节，都会成熟。各地段的收成纵有所不同，那是由
于土地的肥瘠，雨露的多少，人工的勤惰不同造成的。所以一切同类的事
物，都是大体相同的，为什么一讲到人类就怀疑这个规律了呢？圣人也是
我们的同类。龙子说，"即使不看清脚样去编草鞋，我知道也不会编成筐
子。"草鞋的相近，是因为每个人的脚大体相同。嘴巴对于味道，也有相
同的辨别标准；易牙就是掌握了这一点，所以才练就了高超的烹调技艺。
假设嘴巴对于味道一人一个标准，就像狗马和我们人类本质上的不相同一
样，那么，凭什么天下的人都喜欢易牙烹调出的美味呢？一讲到口味，所
有人都期望做到易牙那样，这就说明了所有人对味道的品评有一个大体相
同的标准。耳朵也如此。一讲到声音，所有人都期望做到师旷那样，这就
说明了所有人的听觉有大体相同的标准。眼睛也如此。一说起子都，所有

---

① 《孟子·告子上》，《十三经注疏》，中华书局 1980 年版，第 2749 页。

人没有不知道他潇洒俊美的。不认为子都潇洒俊美的，那就是没长眼睛的人。所以说，嘴巴对于味道，有相同的嗜好；耳朵对于声音，有相同的听觉；眼睛对于容色，有相同的美感。谈到心，就独独没有相同之处吗？心的相同之处是什么呢？就是理和义。圣人早就懂得了我们内心有着相同的理义。所以理义之使我内心爽然畅快，正像猪狗牛羊肉使我们感觉味美一般。这里，孟子通过人的生理本能（味觉、听觉、视觉）的相似，进而论证人性，即人所秉持的伦理道德观念也应该相似。但他不了解，人的生理本能是与生俱来的，而人的伦理道德观念的养成却是后天的。将人的先天的生理本能与后天的伦理道德观念完全等同起来显然是说不通的。然而，在孟子那里，这二者却是完全相通的。请看他在《尽心上》一章中的论述：

> 人之所不学而能者，其良能也；所不虑而知者，其良知也。孩提之童无不知爱其亲者，及其长也，无不知敬其兄也。亲亲，仁也；敬长，义也；无他，达之天下也。①

孟子认为，人不待学习就能做到的，是良能；不待思考就会知道的，是良知。两三岁的小孩儿没有不爱他父母的，等到他长大，没有不知道恭敬兄长的。亲爱父母是仁，恭敬兄长是义，这没有其他原因，因为这两种品德可以通行于天下。这里孟子仍然是将人的伦理道德观念等同于人的先天的生理本能。在《尽心下》一章中，孟子再次强调将善的本性即良知、良能的扩充：

> 人皆有所不忍，达之于其所忍，仁也；人皆有所不为，达之于其所为，义也。人能充无欲害人之心，而仁不可胜用也；人能充无穿踰之心，而义不可胜用也。人能充无爱尔汝之实，无所往而不为义也。②

---

① 《孟子·尽心上》，《十三经注疏》，中华书局1980年版，第2765页。
② 《孟子·尽心下》，《十三经注疏》，中华书局1980年版，第2778页。

孟子认为，每个人都有不忍心做的事，把它扩充到所忍心做的事上，便是仁；每个人都有不愿做的事，把它扩充到所愿做的事上，便是义。换句话说，人能够把不想害人的心扩而充之，仁就用不尽了；人能够把不挖洞跳墙的心扩而充之，义就用不尽了；人能够把不受轻贱的实际言行扩而充之，以致所有言行都不遭受轻贱，那无论到哪里都合于义了。这里强调的仍然是将"善端"扩充而成为持久的善的品质。这也是他一直坚持的"自求"精神：

> 求则得之，舍则失之，是求有益于得也，求在我者也。……
> 万物皆备于我矣，反身而诚，乐莫大焉。彊恕而行，求仁莫近焉。①

孟子的意思是，善的东西，努力探求便会得到；放弃探求便会失掉。这是有益于收获的探求，因为所探求的对象是我本身固有的。因为我一切都具备了，反躬探求，自己是忠诚踏实的，便是最大的快乐。不懈地以推己及人的恕道去做，达到仁德的道路没有比这更便捷的了。最后，孟子将心、性、天、命联系在一起，构筑起一个完整的天人合一的思想体系：

> 尽其心者，知其性也。知其性，则知天矣。存其心，养其性，所以事天也。殀寿不贰，脩身以俟之，所以立命也。②

在孟子看来，充分扩张善良的本心，也就是懂得了人的本性。懂得了人的本性，也就懂得天命了。保持人的本心，培养人的本性，这就是对待天命的方法。短命也好，长寿也好，我都不三心二意，只是培养身心，等待天命，这就是安身立命的方法。

至此，孟子构筑了他人性论的基本观点，这就是：

---

① 《孟子·尽心上》，《十三经注疏》，中华书局1980年版，第2764页。
② 《孟子·尽心上》，《十三经注疏》，中华书局1980年版，第2764页。

一，所有人类都有共同的人性，这个人性可以用"善"来概括，内容包括仁、义、礼、智等当时社会公认的伦理道德信条。

二，"善"是人类与生俱来的生理本能，这个本能就是"善端"，来源于恻隐之心、羞恶之心、辞让之心、是非之心。"善端"扩而充之，就是恒久不变的仁、义、礼、智。

三，因为"善"是我"固有"，非"外铄"，所以道德修养的根本途径是"反身而诚"，即在不断的反躬自问中开掘、扩充和发扬光大自己具有的优良品德。

四，"尽心"也就是"知性"，"知性"也就能知天命。培养身心，等待天命，也就是仁人君子"安身立命"的人生态度。

五，社会上人之恶行表现是"孳孳为利"，人之所以弃善从恶，是由于这种人自身不能保持和发扬"善端"，"人之所以异于禽兽者几希，庶民去之，君子存之"①。

不难看出，孟子人性论的缺失是明显的。由于他混淆了人的自然本性和社会本性，同时又从自然本性的相同推及社会本性的相同，从而得出人的自然本性和社会本性都是相同的结论。事实是，人的自然本性尽管是相同的，社会本性也有其相同的方面，但由于社会本性是人在社会生活中形成的，而社会地位的不同，谋取生活资料的方式不同，对待社会矛盾和人与人之间关系的看法不同，由此形成了不同的人性。不过，孟子的人性论也有其合理内核。第一，他意识到人之为人，不论是生物的人还是社会的人，都有其共性的一面，因而即使在道德伦理观念方面，也表现出一定的共性。第二，他将道德与修养联系起来，特别强调美好的道德是持之以恒、刻苦自励、认真修养的结果，从而对中国古代君子人格的形成产生了积极的影响。

---

① 《孟子·离娄下》，《十三经注疏》，中华书局 1980 年版，第 2727 页。

第二十九章　王权法据

以猛烈批判墨家和杨朱而高扬儒家旗帜的孟子，在先秦思想学术之林中，是对统治权合法性问题重要性认识最深刻、论述最明晰的政治家和思想家。

孟子认为君主统治权的合法性来源于"天授"和"民受"，即天授予，民接受。这一观念在孟子与万章的对话中作了最清晰的表述：

万章曰："尧以天下与舜，有诸？"孟子曰："否；天子不能以天下与人。""然则舜有天下也，孰与之？"曰："天与之。""天与之者，谆谆然命之乎？"曰："否；天不言，以行与事示之而已矣。"曰："以行与事示之者，如之何？"曰："天子能荐人于天，不能使天与之天下；诸侯能荐人与天子，不能使天子与之诸侯；大夫能荐人于诸侯，不能使诸侯与之大夫。昔者，尧荐舜与天，而天受之；暴之于民，而民受之；故曰，天不言，以行与事示之而已矣。"曰："敢问荐之于天，而天受之；暴之于民，而民受之，如何？"曰："使之主祭，而百神享之，是天受之；使之主事，而事治，百姓安之，是民受之也。天与之，人与之，故曰，天子不能以天下与人。舜相尧二十有八载，非人之所能为也，天也。尧崩，三年之丧毕，舜避尧之子于南河之南，天下诸侯朝觐者，不之尧之子而之舜；讼狱者，不之尧之子而之舜；讴歌者，不讴歌尧之子而讴歌舜，故曰，天也。夫然后之中国，

践天子位焉。而居尧之宫，逼尧之子，是篡也，非天与也。《太誓》
曰，'天视自我民视，天听自我民听'，此之谓也。"①

孟子通过对尧、舜禅让传说的诠释，给舜的统治权的合法性一个"天与
之"的解读，而紧接着这个"天与之"的是"暴之于民，而民受之"的
解读。显然，孟子知道，他所处的时代，"天"，即人格神的上帝在君王
百姓中还有着巨大的威势，"天与之"定能给合法性罩上神圣的灵光。然
而，孟子也明白，"天与之"毕竟是一个既难以证实却比较容易证伪的说
辞，所以，必须将可以证实的"民受之"作为"天与之"的一个最坚强有
力的证明。而在孟子那里，这两者是可以互证，甚至是能够等同的，它们
之间的关系就是《太誓》的"天视自我民视，天听自我民听"。这样，孟
子就将"天与之"的"虚置"落实到"民受之"的实基上。不过，这个对
尧、舜禅让的解释如何应对"禹传子"的合法性呢？孟子依然用他的"天
与之"和"民受之"：

　　万章问曰："人有言，'至于禹而德衰，不传于贤，而传于子。'
有诸？"孟子曰："否，不然也；天与贤，则与贤；天与子，则与子。
昔者，舜荐禹于天，十有七年，舜崩，三年之丧毕，禹避舜之子于
阳城，天下之民从之，若尧崩之后不从尧之子而从舜也。禹荐益于
天，七年，禹崩，三年之丧毕，益避禹之子于箕山之阴。朝觐讼狱
者不之益而之启，曰，'吾君之子也。'讴歌者不讴歌益而讴歌启，
曰，'吾君之子也。'丹朱之不肖，舜之子亦不肖。舜之相尧，禹之
相舜也，历年多，施泽于民久，启贤能敬承继禹之道。益之相禹也，
历年少，施泽于民未久。舜、禹、益相去久远，其子之贤不肖，皆
天也，非人之所能为也。莫之为而为者，天也；莫之致而致者，命
也。匹夫而有天下者，德必若舜、禹，而又有天子荐之者，故仲尼

---

① 《孟子·万章上》，《十三经注疏》，中华书局 1980 年版，第 2737 页。

不有天下。继世以有天下，天之所废，必若桀、纣者也，故益、伊尹、周公不有天下。伊尹相汤以王于天下，汤崩，太丁未立，外丙二年，仲壬四年，太甲颠覆汤之典刑，伊尹放之于桐，三年，太甲悔过，自怨自艾，于桐处仁迁义，三年，以听伊尹之训己也，复归于亳。周公之不有天下，犹益之于夏、伊尹之于殷也。孔子曰：'唐虞禅，夏后殷周继，其义一也。'"①

孟子依据自己"天与之"和"民受之"的理念，顺理成章地解释了"禹传子，家天下"的合法性：尽管禹在生前推荐益为继承人，但禹崩之后，民不拥戴益而拥戴禹的儿子，这就证明天与禹的儿子而不与益，人的推荐扭不过天意，这就是"天与贤，则与贤；天与子，则与子"，而夏、殷、周的传子，其合法性就在于"天与之"。所以在孟子看来，孔子的解释"唐虞禅，夏后殷周继，其义一也"，与自己的解读是相通的。

孟子在统治权合法性问题上的最大贡献是将"民受之"的理念建立在仁政的理想之上，也就是说，君王统治权的合法性体现在始终不渝地实施仁政理想，而一旦背离这个理想，其合法性也就失去了依据。

不过，应该看到，孟子的君王统治权合法性的理论显然也是一种理想化的理论，在现实政治中，真正符合这种合法性要求的君王几乎是不存在的。尽管如此，孟子的理论仍然具有不可忽视的积极意义。第一，他力图建立一个君王统治权合法性的标准，而这个标准主要是对君王的要求，从而促使有作为的君王朝着这个目标努力。第二，君王达不到这个标准就失去了统治权的合法性，人民起来推翻他就是合理的，所以"汤放桀。武王伐纣"就应该充分肯定。这就在事实上承认了人民以革命的手段推翻暴政的合理性与合法性。

① 《孟子·万章上》，《十三经注疏》，中华书局 1980 年版，第 2737—2738 页。

第三十章　仁政理想

　　孟子在政治社会思想上的最大贡献是将孔子"仁"的理念发展成仁政理想。这个仁政理想是一个完整的思想体系。它是由以民为本、施仁百姓、尊贤使能、反对战争和君主自律等一系列内容构成的。

　　孟子仁政理想的理论基础是民本思想。他说：

> 民为贵，社稷次之，君为轻。是故得乎丘民而为天子。
> 诸侯之宝三：土地、人民、政事。①

在孟子看来，在百姓、土谷之神和君主三者之中，百姓的重要程度远远超过后二者，因为只有得到百姓的欢心和拥护才能稳坐天子之位，所以在诸侯之宝中，人民也就与土地和政事并列为三。孟子之所以将被统治的百姓认定为国之本，是因为他从历史经验中悟出一个"得民心者得天下"的颠扑不破的真理：

> 桀纣之失天下也，失其民也；失其民者；失其心也。得天下有
> 道：得其民，斯得天下矣；得其民有道：得其心，斯得民矣；得其心
> 有道：所欲与之聚之，所恶勿施，尔也。民之归仁也，犹水之就下，

---

① 《孟子·尽心下》，《十三经注疏》，中华书局1980年版，第2774、2778页。

兽之走圹也。故为渊殴鱼者，獭也；为丛殴爵者，鹯也；为汤武殴民者，桀与纣也。①

孟子这段话把民、民心与天下的关系说得再明白不过了：桀和纣的丧失天下，是由于失去了百姓的支持；他们失去百姓的支持，是由于失去了民心。获得天下有方法：获得了百姓的支持，便获得了天下；获得百姓的支持有方法：获得了民心，便获得百姓的支持了；获得民心也有方法：他们所希望的，替他们聚积起来；他们所厌恶的，不要加在他们头上，如此罢了。百姓向仁德仁政归附，正好比水之向下流、兽之旷野奔走一样。所以替深池把鱼赶来的是水獭，替森林把鸟雀赶来的是鹞鹰，替商汤、周武王把百姓赶来的是夏桀和商纣。这里，孟子在中国历史上第一次提出民心向背问题，使只有赢得民心才能赢得天下的理念成为影响整个中国历史的重要政治理论。当然，孟子的民本思想与现代民主思想还不是一个概念，他的民本思想只是西周以来"民为邦本，本固邦宁"理念的延续和发扬，骨子里仍然是居高临下的"为民作主"。他不是站在百姓的立场上，而是站在统治者的立场上，从得天下和长治久安的目的出发。而且，他更明白当时社会上最富有的阶层是统治的基础，必须照顾好他们的利益，所以他毫不讳言："为政不难，不得罪于巨室。巨室之所慕，一国慕之；一国之所慕，天下慕之；故沛然德教溢乎四海。"② 在他看来，搞政治并不难，最重要的是不得罪那些有影响的巨室即卿大夫。因为这些人影响到全国百姓的走向，他们所敬慕的，一国人都会敬慕，天下的人也会敬慕，在他们的影响下，德教就会浩浩荡荡地洋溢于天下了。

孟子仁政思想的主要内容是对百姓施仁，即从各方面给百姓以看得见的实际利益。因为只有施仁才能得民心，也才能得天下：

---

① 《孟子·离娄上》，《十三经注疏》，中华书局 1980 年版，第 2721 页。
② 《孟子·离娄上》，《十三经注疏》，中华书局 1980 年版，第 2719 页。

三代之得天下也以仁，其失天下也以不仁。国之所以废兴存亡者亦然。天子不仁，不保四海；诸侯不仁，不保社稷；卿大夫不仁，不保宗庙；士庶人不仁，不保四体。今恶死亡而乐不仁，是犹恶醉而强酒。①

你看，孟子说得多好呀：夏、商、周三代的获得天下是由于仁，他们的丧失天下是由于不仁。国家的兴起和衰败、生存和灭亡也是这个道理。天子如果不仁，便不能保持他的天下；诸侯如果不仁，便不能保持他的国家；卿大夫如果不仁，便不能保持他的祖庙；士人和老百姓如果不仁，便不能保全自己的身体。最后，他慨叹说，现在有些人害怕死亡，却乐于不仁，这就像害怕醉却偏要饮酒一样啊！那么，如何施仁呢？首先，要"制民之产"，使百姓，主要是农民有稳定的赖以生活和进行生产的各种资料，同时，又要保证农时，使其有充裕的时间从事劳作：

明君制民之产，必使仰足以事父母，俯足以畜妻子，乐岁终身饱，凶年免于死亡……五亩之宅，树之以桑，五十者可以衣帛矣。鸡豚狗彘之畜，无失其时，七十者可以食肉矣。百亩之田，勿夺其时，八口之家可以无饥矣。②

孟子的时代，中国社会正经历由奴隶社会向封建社会的过渡，随着大量的奴隶挣脱枷锁变成具有相对自由身份的农民，随着土地私有化的加剧，土地所有者的国家和封建主手中集中的土地越来越多，而无地和少地的农民也越来越多，由此形成严重的社会问题。正如孟子所说："经界不正，井地不均，谷禄不平，是故暴君污吏必慢其经界。"③因此，"制民之产"，使无地少地的农民拥有一小块土地就成为缓和社会矛盾的当务之急。孟子拟

①　《孟子·离娄上》，《十三经注疏》，中华书局 1980 年版，第 2718 页。

②　《孟子·梁惠王上》，《十三经注疏》，中华书局 1980 年版，第 2671 页。

③　《孟子·滕文公上》，《十三经注疏》，中华书局 1980 年版，第 2702 页。

定的具体办法就是恢复他理想的"井田制"：

> 夫仁政，必自经界始。……经界既正，分田制禄可坐而定也。……请野九一而助，国中什一使自赋。卿以下必有圭田，圭田五十亩；余夫二十五亩。死徙无出乡，乡田同井，出入相友，守望相助，疾病相扶持，则百姓亲睦。方里而井，井九百亩，其中为公田。八家皆私百亩，同养公田；公事毕，然后敢治私事，所以别野人也。此其大略也。①

按照孟子的方案，公卿以下的官吏每家分 50 亩的圭田用于祭祀，如果他家还有剩余的劳动力，再分给每人 25 亩。无论埋葬或者搬家，都不离开本乡本土。共一井田的各家，平日出入，互相友爱；防御盗贼，互相帮助；一有疾病，互相照顾，百姓之间便亲爱和睦了。办法是，每一方里的土地为一个井田单位，每一井田单位有 900 亩，当中 100 亩是公田，以外 800 亩分给各家作私田。这样 8 家来耕种公田，先把公田耕种完了，再来料理私人的事务，这就是区别官吏和劳动人民的办法。因为这个方案是孟子为滕文公设计的，带着孟子式的理想主义色彩。是否具有普遍意义很难说，是否具有可操作性也不好说，但有一点可以肯定：他是希望通过这一方案实现百姓"五口之家，百亩之田"的愿望，是他"制民之产"思想的具体政策化的实施细则。

百姓有了自己的土地，有了比较充裕的劳动时间，自然就保证了正常年景下农业的丰收。这是百姓"仰足以事父母，俯足以蓄妻子"的基础。但是，仅此还不足以保持百姓生活的安定和富足。孟子还要求统治者"省刑罚，薄赋敛"，"取于民有制"，"耕者九一，仕者世禄，关市讥而不征，泽梁无禁，罪人不孥"②，他反对横征暴敛，要求减轻剥削的力度：

---

① 《孟子·滕文公上》，《十三经注疏》，中华书局 1980 年版，第 2702—2703 页。

② 《孟子·梁惠王下》，《十三经注疏》，中华书局 1980 年版，第 2676 页。

"有布缕之征，粟米之征，力役之征。君子用其一，缓其二。用其二而民有殍，用其三而父子离。"① 对鳏、寡、孤、独等"穷民而无告者"给予特别的关爱和照顾。同时，还应该实行一系列招徕人才、吸引百姓的政策措施，让天下所有人都愿意成为君王的臣民。针对当时列国林立的状况，他认为理想的诸侯国应该是这样的：

> 尊贤使能，俊杰在位，则天下之士皆悦，而愿立于其朝矣；市廛而不征，法而不廛，则天下之商皆悦，而愿藏于其市矣；关，讥而不征，则天下之旅皆悦，而愿出于其路矣；耕者，助而不税，则天下之农皆悦，而愿耕于其野矣；廛，无夫里之布，则天下之民皆悦，而愿为之氓矣。信能行此五者，则邻之民仰之若父母矣。率其子弟，攻其父母，自有生民以来未有能济者也。如此，则无无敌于天下。②

孟子这里描绘的是一幅人人各得其所、人与人和谐相处的仁政社会的美好图画。在这里，尊重有道德的人，重用有能力的人，杰出的人才都有官位，所以天下的士子都愿意到这个朝廷寻个一官半职；这里的市场，给予空地储存货物，却不征收货物税；如果滞销，依法征购，不让它长久积压，所以天下的商人都会高兴，愿意把货物堆放在那个市场上；关卡只稽查而不征税，所以天下的旅客都会高兴，愿意从这里的道路经过；对耕田的人，实行井田制，只助耕公田，不再征税，所以天下的农夫都高兴，愿意在这里的田野上种庄稼；人们居住的地方，没有额外的雇役钱和地税，所以天下的百姓都愿意在这里居住。一个诸侯国真正能够做到这五项，那么，邻近国家的老百姓都会像对待爹娘一样地对待它的国君。如果邻国之君要率领这样的人民来攻打他，便正好比率领他的儿女来攻打他的父母一样，从有人类以来这种事没有能够成功的。像这样，就会天下无敌。这种

① 《孟子·尽心下》，《十三经注疏》，中华书局 1980 年版，第 2778 页。
② 《孟子·公孙丑上》，《十三经注疏》，中华书局 1980 年版，第 2690 页。

理想，也正是他同齐宣王讲的："使天下仕者皆欲立于王之朝，耕者皆欲耕于王之野，商贾皆欲藏于王之市，行旅皆欲出于王之途，天下之欲疾其君者皆欲赴愬于王。其若是，孰能御之?"① 与此同时，他还提出"以佚道使民""以生道杀民"的观念："以佚道使民，虽劳不怨。以生道杀民，虽死不怨杀者。"② 意思是，在求百姓安逸的原则下来役使百姓，百姓虽然劳苦，也不怨恨。在求老百姓生存的原则下来杀人，那人虽然被杀死，也不会怨恨那杀他的人。如此的仁政理想，显然带有强烈的乌托邦色彩，但其中透出的却是孟子胸怀天下、关心民瘼和建立和谐社会的人文情怀。

孟子尽管认为"民为贵"，但同时又认为民的道德水准低下，他们一旦"无恒产"，即"无恒心"，就会"放辟邪侈"。所以必须重视对他们进行经常的规范化的教化：

> 设为庠序学校以教之。庠者，养也；校者，教也；序者，射也。夏曰校，殷曰序，周曰庠；学则三代共之，皆所以明人伦也。人伦明于上，小民亲于下。③

教化的目的是"明人伦"，即认识当时等级秩序的合理性，明确并安于自己所在的等级位置，既不犯上作乱，也不凌辱周围的同类小民，父子、兄弟、夫妻都能自守本分，做到父子有亲，兄弟有义，夫妻有情，人人和睦，这样才能达到和谐社会的目标。

孟子所处的战国时期，是一个列国纷争、战乱无已的时代。他渴望统一，但反对以战争的手段统一，认为"不嗜杀人者"能够统一。他理想的仁政社会是没有战争的世界，所以他痛斥"春秋无义战"，主张"善战者服上刑"：

---

① 《孟子·梁惠王上》，《十三经注疏》，中华书局 1980 年版，第 2671 页。
② 《孟子·尽心上》，《十三经注疏》，中华书局 1980 年版，第 2765 页。
③ 《孟子·滕文公上》，《十三经注疏》，中华书局 1980 年版，第 2702 页。

　　　争地以战，杀人盈野；争城以战，杀人盈城，此所谓率土地而食
　　人肉，罪不容于死。故善战者服上刑，连诸侯者次之，辟草莱、任
　　土地者次之。①

孟子认为实现仁政理想的关键是要有一个仁人之君。这个仁人之君首先是
一个有天下国家情怀的伟大人物，知道"天下之本在国，国之本在家，家
之本在身"②和"保民而王"的道理，以解民倒悬、救民水火为己任，"发
政施仁""推恩及人"，"老吾老，以及人之老；幼吾幼，以及人之幼"③，与
民同忧，与民同乐，与民同好：

　　　乐民之乐者，民亦乐其乐；忧民之忧者，民亦忧其忧。乐以天
　　下，忧以天下，然而不王者，未之有也。
　　　王如好货，与百姓同之，于王何有？
　　　王如好色，与百姓同之，于王何有？④

　　不唯如此，在对民实行"善政"的前提下，进而实施"善教"更为
必要："仁言不如仁声之入人深也，善政不如善教之得民也。善政，民畏
之；善教，民爱之。善政得民财，善教得民心。"⑤他深知，仁德的言语赶
不上仁德的音乐深入人心，良好的政治赶不上良好的教育获得民心。良
好的政治，必须怕它；良好的教育，必须爱它。良好的政治得到百姓的财
物，良好的教育能够得到百姓的心。更重要的是，仁人之君必须成为一国
的道德楷模，成为万民学习的榜样："君仁，莫不仁；君义，莫不义；君
正，莫不正。一正君而国定矣。"⑥

----

① 《孟子·离娄上》，《十三经注疏》，中华书局 1980 年版，第 2722 页。
② 《孟子·离娄上》，《十三经注疏》，中华书局 1980 年版，第 2671 页。
③ 《孟子·梁惠王上》，《十三经注疏》，中华书局 1980 年版，第 2670 页。
④ 《孟子·梁惠王下》，《十三经注疏》，中华书局 1980 年版，第 2675—2677 页。
⑤ 《孟子·尽心上》，《十三经注疏》，中华书局 1980 年版，第 2765 页。
⑥ 《孟子·离娄上》，《十三经注疏》，中华书局 1980 年版，第 2723 页。

孟子多次赞扬尧、舜、禹、汤和周文王、周武王以及周公，赞扬他们的事功，特别赞扬他们的品格，将他们视为推行仁政的楷模。如：

> 禹闻善言，则拜。大舜有大焉，善与人同，舍己从人，乐取于人以为善。自耕稼、陶、渔以至为帝，无非取于人者。①
>
> 舜明于庶物，察于人伦，由仁义行，非行仁义也。
>
> 禹恶旨酒而好善言。汤执中，立贤无方。文王视民如伤，望道而未之见。武王不泄迩，不忘远。周公思兼三王，以施四事；其有不合者，仰而思之，夜以继日；幸而得之，坐以待旦。②
>
> 文王一怒而安天下之民……武王一怒而安天下之民。③

显然，孟子只认定死去的圣帝名王为仁政楷模，这里寄托的既是自己的理想，也是为生者树立一批学习的榜样。在他看来，在世的诸侯王们没有一个仁人之君，孟子只希望他的"教诲"能够在他们身上发生作用，使自己钟情的仁政理想能够在当世再现光芒。

不难看出，孟子的仁政理想既带有强烈的感情色彩，又带有浓烈的理想化色彩。这样的仁政，在孟子的时代只能是一种乌托邦式的幻想，在以后中国两千多年的历史上，也没有真正实行过。尽管如此，孟子的仁政理想仍然具有不可磨灭的积极意义。这是因为，这个仁政理想设计了中国古代最理想的美好政治的模式，成为日后衡量政治优劣的标准和一切仁人志士努力追求的目标。几乎每一个有作为的圣君贤相，都以仁政理想为鹄的，通过自己的努力，再加上客观条件的配合，从而创造出名垂史册的"盛世"，在中华民族的历史上谱写了辉煌的篇章。

---

① 《孟子·公孙丑上》，《十三经注疏》，中华书局 1980 年版，第 2691 页。
② 《孟子·离娄下》，《十三经注疏》，中华书局 1980 年版，第 2627 页。
③ 《孟子·梁惠王下》，《十三经注疏》，中华书局 1980 年版，第 2675 页。

第三十一章　君子人格

　　建立一个和谐的人类社会，一直是中国古代圣人贤人追求的目标。孔子最早提出"君子和而不同"[1] 思想，向往着"大道之行也，天下为公"[2] 和"四海之内皆兄弟"[3] 的理想社会。在春秋战国时代出现的思想文化领域的"百家争鸣"思潮中，儒、墨、法、道等学派，都推出了自己的理想社会的蓝图。其中，儒家的"大同"，墨家的"尚同"，道家的"至德之世"，法家的"不分贵贱亲疏一断于法"等，最具代表性。他们都有自己理解的和谐社会理想。比较而言，儒家和道家学说中和谐社会的理论最为丰富。不过，道家理想的"至德之世"虽然强调了人与自然的和谐和人自身的和谐，但由于它消极避世，逃避社会责任，其负面影响较大，很难成为主流意识存在。儒家的和谐社会理想积极入世，强调对国家、民族和社会的责任，因而成为中国主流意识的重要组成部分。在先秦儒家学派的代表人物中，孟子上承孔子、子思，提出了较完整的和谐社会理论。其中对人的自身和谐问题的阐发，超过了同时代的任何思想家。

　　孟子自我和谐论的核心，是确立人在自然界和社会中的主体地位。因为人与自然界能否和谐关键在人，人与社会、人与人之间能否和谐关键更在人。人不仅是自然的主人，更是社会的主人。从这个意义上说，"万

---

①　《论语·子路》，《十三经注疏》，中华书局 1980 年版，第 2508 页。

②　孙希旦：《礼记集解》，中华书局 1989 年版，第 582 页。

③　《论语·颜渊》，《十三经注疏》，中华书局 1980 年版，第 2505 页。

物皆备于我"① 就不能作为一个唯心论的命题去理解了。孟子笃信人在自然和社会中的主体地位，对自己的聪明才智更是充满自信："五百年必有王者兴，其间必有名世者。由周而来，七百有余岁矣。以其数，则过矣；以其时考之，则可矣。夫天未欲平治天下也；如欲平治天下，当今之世，舍我其谁也？我何为不豫哉？"② 他不仅自视甚高，而且对所有人都不小觑，而是充满期待。因为他深信"人皆可以为尧舜"③，只要你坚定信心，持之以恒地去做，尧舜能做到的，其他人也可以做到。这里的区别仅仅在于愿意做和不愿意做，而不在于哪个能做哪个不能做。"人皆可以为尧舜"的命题虽然不无偏颇之处，但它显示的是孟子对人的主观能动性的信心和张扬。孟子还期望每个男子汉都成为他心目中顶天立地的大丈夫。景春在与孟子谈话时大吹纵横家的公孙衍、张仪等人，认为他们是自己心目中的大丈夫，因为这些人在战国时代威风八面："一怒而诸侯惧，安居而天下熄。"孟子对这些人的大丈夫地位坚决不予认同。他认为这些人"以顺为正"，行的是"妾妇之道"。孟子心目中的大丈夫是据守仁义，永远不为外力所屈服，不为外物所引诱，以坚定的信念，不变的操守，傲视天地间："居天下之广居，立天下之正位，行天下之大道；得志，与民由之；不得志，独行其道。富贵不能淫，贫贱不能移，威武不能屈，此之谓大丈夫。"④ 这样的大丈夫显然不是人人都能做到的，但它显示了孟子对人之作为人的主体地位的期望，在一定意义上也是孟子的夫子自道。

　　人既是天地万物的主体，又是他自己的主人。那么，这个人应该以怎样的形象回应自己的主体地位呢？孟子认为人人都应该成为君子人格的实践者。他的君子人格，其实也就是大丈夫的另一种表述，或者说是大丈夫行为规范的具体化。这个君子人格的内涵是什么呢？在孟子心目中，君子就是天地间的完人，君子人格就是所有人学习的目标和榜样。

---

① 《孟子·尽心上》，《十三经注疏》，中华书局 1980 年版，第 2764 页。
② 《孟子·公孙丑下》，《十三经注疏》，中华书局 1980 年版，第 2699 页。
③ 《孟子·告子下》，《十三经注疏》，中华书局 1980 年版，第 2755 页。
④ 《孟子·滕文公下》，《十三经注疏》，中华书局 1980 年版，第 2710 页。

君子是天命在人间的代表，他能"尽心知性"，能"知天安命"。他的最高境界就是与天地融为一体，"赞天地之化育"："夫君子所过者化，所存者神，上下与天地同流。"① 为此，他必须充分弘扬自身从上天那里秉承的良知良能，即仁、义、礼、智、信这些天然的道德律。正因为君子具备并最大限度地弘扬了先天的道德律，所以他的行动是自由的，几乎可以随心所欲："大人者，言不必信，行不必果，惟义所在。"② 像孔夫子那样，"可以仕则仕，可以止则止，可以久则久，可以速则速。"③ 君子并不是不要富贵利禄，而是"君子爱财，取之有道"："彭更问曰：'后车数十乘，从者数百人，以传食于诸侯，不以泰乎？'孟子曰：'非其道，则一箪食不可受与人；如其道，则舜受尧之天下，不以为泰，子以为泰乎？'"④ 君子生当世间，对什么事都有自己的标准，例如，对取、与、死就有自己的取舍："可以取，可以无取，取伤廉；可以与，可以无与，与伤惠；可以死，可以无死，死伤勇。"⑤ 当然，君子对于自己的行为也有一个最高标准，这就是"杀身成仁""舍生取义"。

　　　　鱼，我所欲也，熊掌亦我所欲也；二者不可得兼，舍鱼而取熊掌者也。生亦我所欲也，义亦我所欲也；二者不可得兼，舍生而取义者也。生亦我所欲，所欲有甚于生者，故不为苟得也；死亦我所恶，所恶有甚于死者，故患有所不辞也。如使人之所欲莫甚于生，则凡可以得生者，何不用也？使人之所恶莫甚于死者，则凡可以辟患者，何不为也？由是则生而有不用也，由是则可以辟患而有不为也，是故所欲有甚于生者，所恶有甚于死者。非独贤者有是心也，人皆有之，贤者能勿丧耳。⑥

① 《孟子·尽心上》，《十三经注疏》，中华书局 1980 年版，第 2763 页。
② 《孟子·离娄下》，《十三经注疏》，中华书局 1980 年版，第 2726 页。
③ 《孟子·公孙丑上》，《十三经注疏》，中华书局 1980 年版，第 2686 页。
④ 《孟子·滕文公下》，《十三经注疏》，中华书局 1980 年版，第 2711 页。
⑤ 《孟子·离娄下》，《十三经注疏》，中华书局 1980 年版，第 2729 页。
⑥ 《孟子·告子上》，《十三经注疏》，中华书局 1980 年版，第 2752 页。

孟子同时认为，由于每个人在社会上的地位不同，对其行为规范的要求也有不同的具体标准："规矩，方圆之至也；圣人，人伦之至也。欲为君，尽君道；欲为臣，尽臣道。二者皆法尧舜而已矣。"① 这实际上是说，每个人都要安于其本位，在本位上尽君子之道。人们虽然地位不同，所从事的活动各异，但只要按照君子的标准要求自己并达到了这个标准，他也就是君子了。这说明，孟子认为所有的人，不管身份、地位、职业有何不同，在道德上可以达到同样的水准。

君子必须守住自己行仁居义的人生理念，不自侮，不自毁，因为"人必自侮，然后人侮之；家必自毁，而后人毁之；国必自伐，而后人伐之"。不自暴。不自弃，因为"自暴者，不可与有言也；自弃者，不可与有为也。"② 努力守住自己的节操，"志士不忘在沟壑，勇士不忘丧其元"③。永远有一种正义感和耻辱心："人不可以无耻，无耻之耻，无耻矣。"④ 无论什么时候，都应该知道什么事该做，什么事不该做。特别应该摆正内在品德与富贵利禄的关系，即"天爵"与"人爵"的关系："有天爵者，有人爵者。仁义忠信，乐善不倦，此天爵也；公卿大夫，此人爵也。古之人修其天爵，而人爵从之。今之人修其天爵，以要人爵；既得人爵，而弃其天爵，则惑之甚者也，终亦必亡而已矣。"⑤ 君子不仅要修"天爵"以待"人爵"，而且随时准备以身殉道："天下有道，以道殉身；天下无道，以身殉道。"⑥ 君子必须以博大的胸怀"仁民爱物"，爱惜万物，与大自然和谐相处，最终目的是为了"仁民"，为了百姓在与万物的关系上各得其所。

君子立于天地间，要与各式各样的人打交道，每个人即使具有相同的信仰，在具体行事时也会有不少差异，因此，君子待人处事不要强求一律，特别不要以自己为标准要求别人，要做到"仁而不同"："居下位，不

---

①　《孟子·离娄上》，《十三经注疏》，中华书局 1980 年版，第 2718 页。

②　《孟子·离娄上》，《十三经注疏》，中华书局 1980 年版，第 2721 页。

③　《孟子·滕文公下》，《十三经注疏》，中华书局 1980 年版，第 2710 页。

④　《孟子·尽心上》，《十三经注疏》，中华书局 1980 年版，第 2764 页。

⑤　《孟子·告子上》，《十三经注疏》，中华书局 1980 年版，第 2753 页。

⑥　《孟子·尽心上》，《十三经注疏》，中华书局 1980 年版，第 2770 页。

以贤事不肖者，伯夷也；五就汤，五就桀者，伊尹也；不恶污君，不辞小官
者，柳下惠也。三子者不同道，其趋一也。一者何？曰，仁也。君子亦仁
而已矣，何必同？"① 所以，君子必须有容人之量，对己严，对人宽，听信善
言，尤其不要追求物质的享受："堂高数仞，榱题数尺，我得志，弗为也。
食前方丈，侍妾数百人，我得志，弗为也。般乐饮酒，驱骋田猎，后车千
乘，我得志，弗为也。"② 君子当然也有自己的追求，这就是蹈仁居义的内
心的快乐："尊德乐义，则可以嚣嚣矣。故士穷不失义，达不离道。穷不失
义，故士得己焉；达不离道，故民不失望焉。古之人，得志，泽加于民；不
得志，修身见于世。穷则独善其身，达则兼善天下。"③ 孟子甚至认为，君子
的快乐是王天下所不可比拟的："君子有三乐，而王天下不与存焉。父母俱
存，兄弟无故，一乐也；仰不愧于天，俯不怍于人，二乐也；得天下英才而
教育之，三乐也。君子有三乐。而王天下不与存焉。""广土众民，君子欲
之，所乐不存焉；中天下而立，定四海之民，君子乐之，所性不存焉。君
子所性，虽大行不加焉，虽穷居不损焉，分定故也。仁义礼智根于心，其
生色也睟然，见于面，盎于背，施于四体，四体不言而喻。"④

孟子的君子人格基本上涵盖了他的人生理念和理想追求，一定程度
上也是他的夫子自道。孟子一生都在追求君子人格，修炼君子人格，希望
在那个人欲横流，诸侯们杀人盈城与杀人盈野，智能之士为富贵奔走权势
之门的恶浊的时代，正身帅人，挽狂澜于既倒，恢复社会的理性与秩序。
孟子作为一个理想主义者，尽管视野宏阔，志高才大，心雄万夫，"说大
人而藐之"，但是，想以在野之身，仅仅以思想的力量影响社会，改变潮
流，扭转士风，是不可能的。孟子只能带着无限的遗憾走向生命的终点。
不过，他倡导的大丈夫精神和君子人格，对战国以后的中国知识分子产生
了广泛、巨大而深远的影响，从中涌现了一大批具有大丈夫精神和君子人

① 《孟子·告子下》，《十三经注疏》，中华书局1980年版，第2757页。
② 《孟子·尽心下》，《十三经注疏》，中华书局1980年版，第2779页。
③ 《孟子·尽心上》，《十三经注疏》，中华书局1980年版，第2764—2765页。
④ 《孟子·尽心上》，《十三经注疏》，中华书局1980年版，第2766页。

格的志士仁人。他们坚持理想，笃守正义，始终以生命和鲜血捍卫民族独立和社会正义，为百姓谋福祉，为文化增光彩，让伟大的人格展示永恒的魅力，留下了许多可歌可泣的英雄业绩和做人的榜样，他们作为历史的脊梁永远绽放不灭的光芒。

孟子鼓吹大丈夫精神和君子人格，认为达到这一目标的标志是践履仁、义、礼、智、信这些美好的先验的道德律。这些道德信条虽然是人人从天命那里承受的"善端"，因而人人具有成为大丈夫和君子的可能性，但是，将可能性变为现实性却要通过自身坚持不懈的修养和磨炼："仁义礼智，非由外铄我也，我固有之也，弗思耳矣。故曰：求则得之，舍则失之。"[1] 有人坚持不断地修养和磨炼保住了"善端"并发扬光大，就成为君子；有人放弃修养和磨炼保不住"善端"，就成为小人。

孟子认为坚持不懈的自我修养和磨炼是达到大丈夫和君子人格境界的必由之路，因而要求人们不仅有坚定的信仰和信心，"人皆可以为尧舜"，而且还必须通过持之以恒的不懈努力，艰苦的修养和磨炼，不断地向这一目标前进。孟子总结了一套自我修养的方法，其荦荦大端有以下几项：

一、养浩然之气。孟子认为，"天下之本在国，国之本在家，家之本在身"[2]。因此，自身成为君子，扩而大之于家国天下，世界的一切问题都会迎刃而解。而成为君子的首途就是养"浩然之气"："其为气也，至大至刚，以直养而无害，则塞于天地之间。其为气也，配义与道；无是，馁也。是集义所生者，非义袭而取之也。"[3] 这个孟子也感到难以解释清楚的至大至刚的浩然之气，实际上也就是他讲的仁义精神、刚正气质、大丈夫风骨。时刻保持并发扬这种"浩然之气"，也就保住了君子人格的根本。由于孟子讲的"浩然之气"是一种与生俱来的精神，因而养"浩然之气"的方法就主要是向自己内心的追求，而不是向自身之外的开拓。为此，就要"求放心"，"不动心"，反身而诚："诚身有道，不明乎善，不诚其身矣。

---

① 《孟子·告子上》，《十三经注疏》，中华书局 1980 年版，第 2749 页。

② 《孟子·离娄上》，《十三经注疏》，中华书局 1980 年版，第 2718 页。

③ 《孟子·公孙丑上》，《十三经注疏》，中华书局 1980 年版，第 2685 页。

是故诚者，天之道也；思诚者，人之道也。"① 孟子的这一修身养性的方法，以前论者多将其归入"唯心论"。其实他讲的主要是一个人对崇高人格理想的不断自觉地追求，要求人们无论在任何条件下都不放弃这种追求。即使没有制度和社会制约，也使自己在"慎独"的状态下，将自己的思想和行为置于道德的约束之下。

二、专心致志。孟子说："虽有天下易生之物也，一日暴之，十日寒之，未有能生者也。""今夫弈之为数，小数也；不专心致志，则不得也。弈秋，通国之善弈者也。使弈秋诲二人弈，其一人专心致志，惟弈秋之为听。一人虽听之，一心以为有鸿鹄将至，思援弓缴而射之，虽与之俱学，弗若之矣。为是其智弗若与？曰：非然也。"② 孟子这里讲的是学习的普遍规律，修养品德，磨炼性格，锻炼意志，更需要坚持不懈，持之以恒，永远不自我满足，更不自我放纵。

三、艰苦磨炼。孟子认为，艰苦的环境，困难的条件，是磨炼意志，增长才干，锻炼身体，不断走向成熟的重要条件。任何一个成就卓著的人物，无论是帝王还是臣子，是大学问家还是技艺精湛之手艺人，无不经过了在艰苦环境中的长期锻炼："舜发于畎亩之中，傅说举于版筑之间，胶鬲举于鱼盐之中，管夷吾举于士，孙叔敖举于海，百里奚举于市。故天将降大任于是人也，必先苦其心志，劳其筋骨，饿其体肤，空乏其身，行拂乱其所为，所以动心忍性，曾益其所不能。"③ 这里孟子其实总结了人才成长的普遍规律，即人才不是在一贯风调雨顺的环境、鲜花美酒的条件下成长的。要想成为一个优秀人才，成为一个具有君子人格的卓荦之士，只有在极其艰苦的环境、复杂多变的条件下，全身心地投入，坚持不懈地奋斗，九死一生，万苦备尝，才能脱颖而出，拔出同列，成为时代的精英。

四、独立思考。任何人都不能选择他的时代，当他来到世界上的时候，他碰到的是既定的社会现实和各种关系以及各种不同的思想观念。在

---

① 《孟子·离娄上》，《十三经注疏》，中华书局 1980 年版，第 2721 页。

② 《孟子·告子上》，《十三经注疏》，中华书局 1980 年版，第 2751 页。

③ 《孟子·告子下》，《十三经注疏》，中华书局 1980 年版，第 2762 页。

这种情况下，一个人很容易为外物、外力和外来的思想观念所左右，很容易随波逐流。而这恰恰是君子所不齿的。要想成为一个始终保持君子人格的大丈夫，就必须每时每刻保持清醒的头脑，遇事独立思考，问个为什么。孟子是一个一生保持独立思考的人，他无论走到哪里，无论见到什么人，不管是高高在上的君王，还是大名鼎鼎的思想家，孟子都是坚持自己的观点，宣传自己的主张，既不媚俗，更不媚权，越是在君王面前，他越是侃侃而谈，顽强地维护自己的观点。在他身上，没有丝毫的奴颜和媚骨。对于他最崇拜的人，也不苟同。例如孔子对齐桓、晋文等春秋五霸是赞扬的，这在《论语》中有明确的记载，但孟子却说："仲尼之徒，无道桓文之事者。"他对儒家视为神圣的经典如《尚书》就提出质疑："尽信《书》，则不如无《书》。吾于《武成》，取二三策而已矣。仁人无敌于天下，以至仁伐至不仁，而何其血之流杵也？"①

孟子的自我和谐论比较全面地论述了人的自尊、自爱、自强、自立、自省、自我加压、自找苦吃等一系列自我完善的理论，以向内的不倦追求应对外界不断变化的环境和形势。不论外界如何变化，都要保持自己的独立人格、独立见解、独立思考和行事的原则，不屈服压力，不屈服强权，不献媚流俗，苟心之所善，虽千夫所指，勇往直前。孟子的这种品格和作风，正是在战国时代思想言论自由、百无禁忌的环境中培育出来的。这几乎是那一代知识分子普遍具有的品性和行事风格，而在孟子身上得到了最集中的体现。这是中国知识分子最可宝贵的品格。然而，这种品格却与后来中国封建社会的君主绝对专制不相容，而越来越多的知识分子在专制的淫威下，为了荣华富贵和趋利避祸，逐渐将孟子自我和谐、自我完善的理论和实践原则变成了揣摩、迎合君主和上司的理论和实践原则，孟子之类的人物也就只能是凤毛麟角了，这是中国知识分子的悲哀。孟子的自我和谐、自我完善的理论和实践原则虽然有其特定的时代内容，但其中所蕴含的具有普世价值的真理则是永恒的。

---

① 《孟子·尽心下》，《十三经注疏》，中华书局1980年版，第2773页。

第三十二章　道古存今

公元前479年，儒家创始人孔子寿终正寝，由他创立的儒家学派在一度辉煌后开始进入衰颓时期。而这个时期持续了百余年的岁月，即从公元前479年孔子谢世至孟子40岁的公元前333年，几近一个半世纪。这一时期，尽管儒学作为一个学派继续存在，但声势却不断衰微，在政治和思想上的影响日益缩小。原因是多方面的。首先，是时代的急剧变化。孔子死后不久，中国历史就进入战国时期（前475—前221年）。按照郭沫若的古史分期观点，这时的中国已经进入封建社会。如果说，此前的由奴隶社会向封建社会过渡的春秋时期（前770—476年）是处在"礼崩乐坏"之中，孔子的"克己复礼"的疾呼还有些市场的话，那么，已经进入封建社会的战国时期，"礼崩乐坏"的过程已经基本完结，"克己复礼"的疾呼只能是呼着寥寥，应者更寥寥了。孔子的弟子们虽然还在不遗余力地四处宣传儒学的基本理论，如曾子居成武聚徒讲学，子夏居西河做魏文侯的老师，第二代传人乐正子春、曾参、公仪休、泄柳、申详、子思等也在坚守着儒学的阵地，但已经难以产生如孔子当年的影响了。因为当时的列国君王们更钟爱的是在富国强兵上立竿见影的理论和学说，而这恰恰是儒家学说的弱项。其次，孔子死后，尽管其弟子中的大部分人都还健在，但其能力和影响却无法同老师相比。曾参和子夏可算是孔门弟子中的佼佼者，然而，他们都没有留下像《论语》那样的著作。就算《孝经》出自曾参之手（并未得到学术界的共识），其影响也十分微弱。第二代传人中的子思算是孔子之后儒学上的一个出类拔萃之辈，但他的著作《中庸》也仅仅是在哲学思想上对祖父的思想有所推进，还不能在整个体系上回应时代的要求。显然，孔子去世后的一百多年中，儒家学派的境况实在是"不绝如缕"，在极度青黄不接中经历着艰难的岁月。再次，与儒家学派的不景气形成鲜明对比的，是其他学派在此一时期的崛起。在孔子的时代，与儒学相诘抗的，主要是老子创立的道家学派，但因老子早于孔子去世，且其宣扬的消极避世的理论又很难被社会广泛接受，所以无法与儒学竞争。而刚刚出土的以少正卯、邓析等为代表的早期法家学说也还不具备与儒学抗衡的能力，这就造成儒学一时独占鳌头、极尽风光的局面。孔子去世之后，一方面儒学因失去孔子这样的主帅而走向寥落，而同时，其他学派却应着时代的大潮呈现了一个辉煌崛起的局面。如，据钱穆《先秦诸子系年》"通表"考订，降生于孔子去世之年前后的墨子，30多年后已经在思想和学术上崭露头角。他不仅写出了一部具有严整体系的著作《墨子》，对儒学进行毫不留情的批判，而且组织了一个庞大且纪律严明的团体，风尘仆仆于列国之间，不厌其烦地宣传自己的学说，形成了具有广泛影响的墨家学派。他大约在公元前444年（周贞定王二五年　鲁悼公二四年　魏文侯三年　楚惠王四五年）前后只身跑到楚国，以"非攻"之论阻止了楚国对宋国箭在弦上的一场战争。此后，他与自己的学生禽滑釐等人，辗转于魏、宋、鲁、齐等诸侯国，将墨家学派的影响远播至几乎所有的地方。就是在墨子去世之后，墨学的势力依然强劲，在孔子西行不到的秦国，也有墨家学派的代表人物跻身于高官行列。与墨家学派差不多同时，道家学派也诞生了一个著名的代表人物，他就是杨朱。此人的著作虽然没有完整地保留下来，但保存在《孟子》《列子》等典籍中的资料，足以证明这位以"拔一毛利天下而不为"为信条的特立独行的人物，在当时是如何惊世骇俗。再后，约在公元前368年（周显王元年　秦献公一七年　魏惠王三年），道家的另一位明星庄周也在宋国的蒙地（今山东东明）呱呱坠地，他将给道家学派带来一次新的辉煌。孟子一直将墨家和杨朱代表的道家作为最主要的批判对象，说明他们的势力当时已经是如日中天。公元前402年（周

威烈王二四年　鲁缪公一四年　魏文侯更元二三年）前后，随着子思的仙逝，儒学呈现前所未有的萧条，而恰恰是在此以后，申不害、卫鞅、慎到等法家代表人物相继登场，他们出将入相，驰骋政坛，在思想和学术上也摆出咄咄逼人的架势。而随着稷下学宫的建立，各学派代表人物更是借助这个平台互相辩诘，争奇斗艳，墨、道、法、名、阴阳等许多学派的精英们，如邹衍、淳于髡、慎到、环渊、接子、田骈、邹奭都在这里大展拳脚。另外，在思想和学术上没有多少创新亮点的纵横家们，积极投身当时的政治和外交斗争，在列国间掀起了一场又一场纵横捭阖、波谲云诡的活剧。一时间，他们的气焰几乎屏蔽了其他所有学派的光芒。

这种形势表明，由于时代和自身的原因，到孟子诞生的时候，儒家学派已经面临着空前的生存危机。孟子自幼在具有浓厚儒学氛围的邹鲁之地生活和学习，强固的文化传统，沦肌浃髓的学术认知，使他逐渐形成了对儒学情有独钟的思想倾向。大概从青年时代起，他就愈来愈感到儒学所面临的严峻形势，愈来愈感到自己在振兴儒学上所肩负的历史使命。当他学业有成，以玉树临风的青年才俊走向思想学术"百家争鸣"的竞技场时，他就以"天降大任"于己身的使命感自觉地挑起了重振儒学的重担，义无反顾、一往无前地呼啸着冲锋陷阵，以千古不朽的《孟子》一书，攀上战国时代思想学术的制高点。不仅挽儒学既颓之波，而且将其推向又一个新的发展高峰。

孟子在战国时代尽管登上了思想学术的制高点，与其他学派的代表人物如墨子、庄子、荀卿、韩非等并肩而立，体味了阅尽人间春色的壮志与豪情。但是，那时的孟子，并没有进入列国当权派的法眼，与法家代表人物的出将入相，纵横家代表人物在政坛上的叱咤风云相比，他是被边缘化的人物。其原因，正如司马迁所揭示："当时之时，秦用商君，富国强兵；楚、魏用吴起，战胜弱敌；齐威王、宣王用孙子、田忌之徒，而诸侯东面朝齐。天下方务于合纵连横，而孟轲乃述唐虞三代之德，是以所如者不合。"[①] 两

---

① 司马迁：《史记》卷七十四《孟子荀卿列传》，中华书局 1959 年版，第 2343 页。

汉时期，尽管儒学被"定为一尊"，但孟子却没有获得较高的尊崇，《孟子》一书也没有被立为博士。其间，虽然从刘向起即有多人为《孟子》一书作注，东汉的赵岐为之作章句，在卷首的《孟子题辞》中，赞誉该书"包罗天地，揆叙万类；仁义道德，性命祸福，灿然靡所不载"，称颂孟子是"命世亚圣之大才"，但孟子及其著作却同时遭到王充等人的抨击，《论衡·刺孟篇》就将他毫不客气地予以非难。此后，直至魏晋南北朝隋唐，当孔子及其后裔被封建王朝一封再封的时候，孟子及其后裔却没有得到来自朝庭的任何封赏。从春秋至唐代开元年间，当颜回等10哲的坐像、72弟子以及左丘明、伏生、马融、郑玄、王弼、范宁等22贤的图像都在孔庙与孔子一起接受祭祀的时候，孟子仍然没有摆脱寂寞寥落的局面，以致他的墓地也长期湮灭无闻，被弃置于荒烟蔓草间。这就是说，在相当长的历史时期内，孟子和他著作的价值没有被发现，更别说开掘和发扬了。

自中唐开始，孟子寂寞寥落的局面开始出现转机。韩愈首创"道统论"，将孟子编排进中国承续道统的圣人之列："尧以是传之舜，舜以是传之禹，禹以是传之汤，汤以是传之文、武、周公，文、武、周公传之孔子，孔子传之孟轲，轲之死，不得其传焉。"[1] 赞誉孟子"功不在禹下"[2]，认为"自孔子没，群弟子莫不有书，独孟轲氏之传得其宗"，"故求观圣人之道，必自《孟子》始"[3]。之后，公元863年（唐懿宗咸通四年），皮日休上书朝廷，要求将《孟子》升经，纳入科举考试中。韩愈和皮日休的大力鼓吹，为宋代的进一步尊孟提供了理论依据。

宋朝是孟子地位提升的关键时期。宋真宗大中祥符年间，山东儒生孙奭奉命校勘《孟子》，并与王旭一起作《孟子音义》2卷，在序中赞誉《孟子》"其言精而赡，其旨渊而通，致仲尼之教，独尊于千古"[4]。其后，

---

① 郭预衡主编：《唐宋八大家散文总集》卷一，河北人民出版社1995年版，第46页。

② 郭预衡主编：《唐宋八大家散文总集》卷一，河北人民出版社1995年版，第138页。

③ 郭预衡主编：《唐宋八大家散文总集》卷一，河北人民出版社1995年版，第187页。

④ 司马光：《涑水纪闻》卷四，电子版文渊阁四库全书。

范仲淹、欧阳修等人继之，对孟子思想更是大加赞扬，将其提升至与周公、孔子并列的地位。欧阳修在《与张秀才第二书》甚至说："孔子之后，唯孟轲最知道。"① 再后，泰山学派的孙复、石介等对孟子的地位和作用作了进一步的阐发，孙复说：

> 孔子既没，千古之下，驾邪怪之说，肆奇险之行，侵轶我圣人之道者众矣，而杨、墨为之魁，故其罪剧；孔子既没，千古之下，攘邪怪之说，夷奇险之行，夹辅我圣人之道者多矣，而孟子为之首，故其功钜。
>
> 昔者二竖去孔子之世未百年也，以无君无父之教行于天下，天下惑而归之。嗟乎！君君、臣臣、父父、子子，邦国之大经也，人伦之大本也，不可斯须而去矣。而彼皆无之，是驱天下之民舍中国而之夷狄也，祸孰甚焉。非孟子孰能救之？故孟子慨然奋起，大陈尧、舜、禹、汤、文、武、周公孔子之法驱除之以绝其后。援天下之民于夷狄之中，而复置之中国，俾我圣人之道炳焉而不坠。②

石介说：

> 孔子既没，微言遂绝，杨、墨之徒，榛塞正路，孟子正人心，息邪说，距诐行，放淫辞，以辟杨、墨，说齐宣、梁惠王七国之君，以行仁义。③

由于山东诸儒的大力推尊，孟子的地位和影响迅速上升。1038 年（宋仁宗景祐五年），孔子第四十五代孙、兖州知州孔道辅在邹邑东北 30 里的四基山麓访得孟子墓，于是加以修葺，并在墓前建庙祭祀。随后又访得孟子

---

① 郭预衡主编：《唐宋八大家散文总集》卷二，河北人民出版社 1995 年版，第 1183 页。
② 《孙明复小集·兖州邹县建孟庙记》，电子版文渊阁四库全书。
③ 石介：《徂徕石先生文集》卷一四，《与士建中秀才书》，电子版文渊阁四库全书。

四十五代孙孟宁，为其从朝廷请得迪功郎的封号和邹县主簿的职务，专门主持孟子墓、庙的祭祀。这是孟子墓和祠庙设专职祭祀官员的开始。到宋神宗时期，虽然理学学派纷呈，但无论是二程代表的"洛学"，张载代表的"关学"，还是王安石代表的"新学"，都无不推尊孟子。二程赞誉"孟子有功于道，为万世师表"①。张载将《孟子》置于《论语》的同等地位。王安石不仅将《孟子》作为新法的重要依据，而且促成将其列入科举考试科目。1083 年（元丰六年），神宗下诏追封孟子为"邹国公"；第二年，他又下诏以孟子配享孔子，使孟子走进孔庙，与孔门弟子和众多先贤一起享受国家级的祭祀。

元祐元年（1086 年），宋哲宗下诏钦定孟子雕像的规格。宣和年间，《孟子》被列为十三经之一。南宋孝宗时期，著名理学家朱熹将《论语》《孟子》和《礼记》中的《大学》《中庸》合编为"四书"，成为士子们应对科举考试必读的最重要的经典，地位甚至超过了其他经书。

此后，孔子、孟子的思想就合称"孔孟之道"，成为儒家思想的代名词，中国传统文化的核心内容。

自宋朝追封孟子为邹国公始，后世不仅对他的祭祀日益崇隆，而且连带他的弟子也沾带风光。1115 年（政和五年），宋徽宗追封孟子弟子公孙丑等 17 人为伯爵，进入孟子庙两庑享受祭祀。金朝进入北中国后，继续对孟子的推崇，并于 1174 年（大定十四年）下诏将孔庙中的孟子雕像由后堂移至正殿，置于孔子雕像的右侧。蒙古人入主中原建立的元朝，对儒学的尊崇超过宋、金两朝，对孟子的封赏延及他的父母。1316 年（元祐三年），元仁宗追封孟子之父为邾国公，母为邾国宣献夫人。1330 年（至顺元年），元文宗又加封孟子为邹国亚圣公。朝廷除按定例遣官致祭外，凡因公务经过邹县的大臣都亲临孟庙致祭或派员代祭。

明朝建立之初，因草莽出身的开国皇帝朱元璋对孟子的话"君之视臣如土芥，则臣视君如寇仇"大为不满，下令取消孟子配享孔庙的制度。

---

① 《二程集》，中华书局 1978 年版，第 76 页。

全赖时任刑部尚书钱唐的据理抗疏，并以"臣为孟轲死，死有余荣"①的凛然正气感动了朱元璋，才又恢复了孟子配享孔庙的待遇。1530年（嘉靖九年），明世宗批准大学士张璁的建议，孟子不再称"邹国亚圣公"，单称"亚圣"。清朝对孟子的尊崇达到历史之最。1686年（康熙二十五年），皇帝在颁布御制《至圣先师孔子赞》的同时，也颁布了对颜曾思孟等"四圣"的赞文。第二年，又颁布《御制孟庙碑记》并在孟庙立碑。碑文中有"岳岳亚圣，岩岩泰山；功迈禹稷，德参孔颜"的崇高赞语。1694年（康熙三十三年），皇帝亲笔为开封的孟子游梁祠题写"昌明仁义"的匾额。1725年（雍正三年）八月，皇帝颁布御制孟子庙匾额"守先待后"和孟府匾额"七篇遗炬"。1738年（乾隆三年），皇帝降旨为孟母封号再加"端范"二字，称"邾国端范宣献夫人"。1748年（乾隆十三年），皇帝颁布御制《四圣赞》，称颂孟子"卓哉亚圣，功在天地"，同时亲笔为孟庙亚圣殿题写"道阐尼山"的匾额和"尊王言必称尧舜，忧世心同切禹颜"的对联，并御制《祭孟子庙文》遣官致祭。乾隆皇帝在位期间，亲临孟庙拈香行礼二次，遣官致祭五次，从而将历代皇朝对孟子的尊崇推至最高水平。

随着时间的推移，孟子的思想影响逐渐越出了国界。秦汉时期（前221—前220年），一方面是儒学逐渐成为封建王朝认可的主流意识形态，一方面是以中国为中心的、以使用汉字为标志的汉文化圈初步形成。当时，两汉的行政管辖权深入到今日越南和朝鲜的部分地区，在越南设立交趾、九真、日南三郡，在朝鲜设立乐浪、真番、临屯、玄菟等郡。《孟子》与先秦时期的其他重要典籍如五经、《老子》《论语》《墨子》《庄子》《荀子》《商君书》《韩非子》《吕氏春秋》《晏子春秋》《国语》《战国策》等都传到这些地区，使这些地区初步沐浴了汉文化特别是儒学的灵光。

魏晋南北朝时期（221—589年），汉文化对汉文化圈内的朝鲜、越南、日本等的影响进一步加深，尤其是朝鲜半岛上的三国高句丽、新罗和百济，所受影响更为显著。如高句丽设立太学，百济设立博通儒学的"博

---

① 张廷玉等：《明史》卷一百三十九《钱唐传》，中华书局1995年版，第3982页。

士"，都是为了系统传授儒家经典。隋唐五代（589—960 年）近四个世纪的岁月，是中国古代历史上最开放的时期。一方面，唐朝政府欢迎外国各界人士来华留学、工作和经商，使侨民遍布当时中国三分之一的州郡，最盛之时，长安的留学生达万人之多，这些人成为接受和传播中国文化的使者。另一方面，众多的中国官员、僧侣和民众走向世界各地，成为传播中国思想文化的重要载体。这一时期，新罗统一了朝鲜半岛，它设立"国学"机构，以五经等儒家典籍为基本教科书，同时还规定国学外的书生如能熟读儒家经典即"超擢用之"①。儒学对日本的影响更加显著，如圣德太子制定的《官位十二阶》即以德和五常仁、义、礼、智、信命名。《孟子》也随着其他儒学经典逐步为日本官民，尤其是学者所熟悉。

两宋时期（960—1279 年），中国经济高度发展，文化空前繁荣，海外贸易十分活跃。众多的中国商人到高丽、日本和东南亚诸国开办贸易货栈，"住蕃"这些国家。中国政府也在外商云集的广州、泉州等城市设立"蕃坊"，为他们提供居住和经商的场地。频繁的经贸往来为文化交流架设起友谊的长桥。高丽的统治者非常重视中国书籍的输入，不断向宋朝求书。宋朝皇帝先后多次将当时中国的重要典籍，包括《孟子》赠送给高丽王朝。日本入宋的僧侣也积极在中国寻访书籍，包括《孟子》《孟子精义》《晦庵集注孟子》在内的数以百计的典籍被运回日本。与此同时，中国的印刷术传入朝鲜、日本和越南等国，使他们在大量输入中国典籍的同时，也大量印刷这些典籍并回输中国。这一时期，高丽、日本和东南亚诸国受到理学的影响越来越大，孟子的思想影响自然超过了隋唐时期。

元朝（1271—1368 年）统治全中国的时间虽然不足百年，但由于它建立了中国历史上幅员最辽阔的帝国和海上陆上最辽远的"丝绸之路"，就使这一时期的海外贸易空前发达。不仅中国去海外从事经贸活动的商人超过宋朝，外国入住中国各地的"蕃客"也较宋朝大大增加。同时，由于战争造成大量宋朝遗民流落海外，就使这一时期的中外文化交流在深度和

① 《三国史记》卷八《新罗本纪》，电子版文渊阁四库全书。

广度上较前有更大拓展。元朝赠送高丽王朝的中国典籍多达万卷,《朱子全书》作为孔孟儒学的正宗在那里得到广泛传播。此期,中日之间僧侣来往特别频繁,加上大量宋遗民在日本定居,儒学对日本的影响更加深广了。

明朝时期(1368—1644年),中国与东亚儒学文化圈的朝鲜、日本和越南等东南亚国家的经济文化交流较前代更加深入和发展。如明太祖、明成祖、明宣宗、明代宗等皇帝多次向朝鲜国王或朝鲜使团赠送"五经""四书"之类的典籍数以千百计。《五经大全》《四书大全》《性理大全》等作为教科书在朝鲜的全面推行,就使那里的各级学校的理学教育和科举考试有了系统的经义标准。明朝与日本使团来往频繁,僧侣互访不断,朱子学在日本获得了广泛传播。为了克服本国人直接阅读汉文理学著作的障碍,京都南禅寺的歧阳方秀(1363—1424年)还对朱熹的《四书集注》标注了日本假名,这种"汉籍和训"大大便利和加速了四书等典籍的传播。此期明朝与当时还是独立国家的琉球的来往几乎超过任何国家。据谢必震《中国与琉球》一书统计,明朝近三百年间,明政府向琉球派遣使团28次,而琉球向明朝派遣使团达537次,双方进行着持续不断的经济文化交流。琉球的留学生一批又一批地进入明朝的国子监学习,接受专门为他们安排的学习内容,其中"五经""四书"等经典的研读是主要内容。明朝与安南关系较前更为密切。安南的胡朝灭亡后,明朝宣布改安南为交趾,在那里设三司进行直接管理。明成祖于1415年下令在安南的府、州、县设立儒学学校,并从全国各地选取儒学教师前往任教。不久又向安南各府、州、县颁赠"五经""四书"、《性理大全》等儒学经典,并要求各地按定额选拔生员到北京国子监学习。由此,使儒学以较前更大规模、更快速度向安南传播。

从明朝中叶到1840年的鸦片战争前,在中外文化交流史上出现了一个新现象,这就是欧洲传教士的东来和他们以西文翻译中国的经典。如意大利耶稣会士罗明坚最早将《孟子》译成西文,稿本今日仍存于意大利国家图书馆。意大利耶稣会士利玛窦1593年将四书译成拉丁文。随后,从

16世纪末到18世纪初，中国的"五经""四书"等典籍陆续译成西文出版发行并得到广泛传播，为欧洲人了解中国开启了一扇重要的窗口。此一时期，儒学发展的最新成果宋明理学在朝鲜、日本、越南等儒学文化圈得到更进一步的传播。这些国家都出现了一批训练有素、学识渊博的理学家，他们不仅传播中国的理学，而且消化创新，创造出自己的思想学术流派。如日本在17世纪出现的古义学派，就否定程朱的理气心性之说，直接追踪孔孟经典。伊藤仁斋（1627—1705年）怀疑宋儒之学与孔孟之旨不同，极力彰显《论语》《孟子》是"千载不传之学"。在柬埔寨、印度尼西亚、槟榔屿等地，也建孔庙，设学校，传授"五经""四书"。这一时期，与西学东渐相呼应的是东学西渐的日益澎湃，孔子和儒学对法国资产阶级启蒙思想的产生曾起了巨大启迪作用。

1840—1911年70多年的清朝晚期，是中国遭受西方殖民主义者疯狂侵略、逐渐沦为半殖民地半封建社会的历史时期，但也是中外经济文化交流空前活跃的时期。在西学大量输入中国、引起中国思想文化发生巨变的同时，以儒学为核心的中国文化即东学也以前所未有的规模和速度向西方传播。如1869年清朝总理衙门就应美国政府的要求，经皇帝批准后，将包括《孟子》在内的十三经等典籍赠予美国。其他各国也通过各种渠道从中国收集大量典籍，充实他们的研究机构和图书馆。同时，中国典籍的西文翻译，无论规模还是水平，都大大超过以前。如学贯中西的著名学者辜鸿铭，就在这期间将"四书"等典籍翻译成英文，其水平远远超过此前传教士翻译的作品。随着与中国交往的日益加深和频繁，特别是大量中国典籍在西方的传播，欧美各国汉学研究的规模和水平不断提高。英国牛津大学教授理雅各（1815—1897年）是第一位汉学讲座教授，他以毕生精力完成了包括"四书""五经"在内的中国经典的译作。法国汉学家顾赛芬（1835—1919年）不仅编著了《法华词典》和《汉法大字典》等工具书，而且完成了"四书"和其他经书的法汉对照本，极大地便利了中国传统文化在法国的传播。

中华民国时期（1912—1949年），随着中外文化交流的进一步扩大，西方的汉学研究取得了更加显著的成绩。如德国人卫礼贤（1873—1930年）两次来中国，多年寓居青岛，与许多中国学者交往。他将中国不少经书和子书译成德文并达到信、雅、达的高水平，《孟子》就是在1916年第一次译成德文的。在日本，此期也出现了大量中国经典的日译本，1926年出齐的《日本名家四书注释全书》，大大便利了孟子思想在日本的传播。在印度，著名学者泰戈尔在他创办的国际大学中安排汉学课程，聘请中国学者谭云山前去教授中文和进行学术交流。1937年又在国际大学创办了中国学院，包括《孟子》在内的大量中国典籍摆放在这所学院的图书馆中。国际大学中国学院既是印度了解中国的窗口，又是印度汉学的研究基地，在中印文化交流中发挥了重要作用。

1949年新中国成立后，特别是改革开放以来，随着中国国力的日益强大和国际地位的不断提高，世界各国都加强了与中国的文化交流，对中国传统文化的研究和吸纳更以空前的规模和速度发展。如韩国20世纪60年代出版的《世界思想全集》，其中6卷介绍中国的思想，孟子和《孟子》一书是重点之一。1980年成立的新加坡国立大学中文系，是该国从事中国语言、历史、哲学教学和研究的中心。其中的哲学史研究，孟子思想是重要内容之一。在他们出版的《学术论文集刊》第二集中，就发表有苏新鋈的论文《孟子的美学思想》。21世纪开始十年以来，数以百计的孔子学院几乎遍布与中国建交的所有国家，孟子思想作为中国传统思想文化的重要组成部分，正以前所未有的规模和速度大步走向世界。

第三十三章　孟学之史

　　由于孟子是孔子之后儒家学派的最著名代表人物之一，所以他去世之后并不寂寞，仍然是中国思想史，尤其是儒学史不断被论及的人物。对他的思想和事功，或赞颂继承，或发展弘扬，或辩难商榷，或批判贬抑，这些论述，就形成了绵延两千多年的孟学之史。下面仅将战国至民国时期的孟学史加以简略梳理，以见证孟子及其思想对中国和世界影响之深巨。

一、战国时期孟子与其他学派的互动

　　孟子在世之时，正是战国"百家争鸣"如火如荼的岁月，他继承前辈儒家代表人物孔子、曾子、子思的思想，积极参与同其他学派的论争。在此过程中，他曾猛烈批判墨家创始人墨翟、道家学派代表杨朱、农家学派代表许行、纵横家的代表张仪、公孙衍，并与曾任魏相的著名经济财政专家白圭就治水和税收问题进行交锋，与稷下学宫的掌门人淳于髡就"男女授受不亲"问题进行辩诘，还同"别墨"之一的宋轻进行义利之辨，与告子进行人性之辨。在与这些学派的互动中，将儒学推进到一个新的高峰。这方面的内容，在上面的述论中都已涉及。在他死后，晚于他的荀子、韩非和吕不韦都对他的思想进行过批评。

　　先秦儒家八派之一的孙氏之儒即荀子一派的儒学，其代表人物荀子是战国各学派的集其大成者，是一个百科全书式的学者。他"援法入儒"，礼法并重，为秦汉以后的中国封建社会找到了最适宜的意识形态，所以谭嗣同才断言"二千年之学，荀学也"。不过，在儒学内部，荀子是思孟学派的激烈批判者，他在《非十二子》一文中说：

> 略法先王而不知其统，犹然而材剧志大，闻见杂博，案往旧造说，谓之五行，甚僻违而无类，幽隐而无说闭约而无解。案饰其辞而祗敬之曰："此真先君子之言也。"子思唱之，孟轲和之，世俗之沟犹瞀，嚾嚾然不知其所非也。遂受而传之，以为仲尼、子游为兹厚于后世，是则子思、孟轲之罪也。①

荀子这里批评思孟学派，说它虽然能够大略效法先王但却不知其纪纲，并且"材剧志大，闻见博杂"，根据一些前古之事自己造出五行之说仁义礼智信。抨击这个学说乖僻违戾，不知善类，幽隐闭结不能自解其说，进而又自奉其学说是先君子即孔子的真传。子思唱之于前，孟子和之于后，世上那些愚蠢游移不定的儒者，在一片喧嚣争辩声中不知其学说的根本谬误之处，于是接受而传播，还以为是仲尼、子游之言，能够垂德于后世呢。荀子尽管猛烈地批评了孟子的"性善论"，针锋相对地以"性恶论"与之对垒，但他们在人性论方面也有共同之处，这表现在，一是都将仁义礼智等伦理观念视为美德，二是都认为修养是个人达成美好道德境界的唯一途径。更重要的是，荀子也继承了孔子、孟子等前辈儒家的基本理念，如仁义礼乐、仁政民本、德主刑辅等，由此成为孔子之后儒学阵营中与思孟学派鼎足而立的最具影响力的一派，他们之间的同还是大于异的。

先秦法家学派是与儒家学派最鲜明对立的学派之一。韩非作为荀子的学生，进一步发挥了对儒学尤其是孟子的批判。在《显学篇》中，韩非对儒、墨、道等学派都进行了毫不留情的批判，但对儒家学派批判的炮火最为猛烈。例如，他批判儒家的仁政恤贫理念：

----

① 王先谦：《荀子集解》，中华书局 2013 年版，第 110—112 页。

今世之学士语治者，多曰："与贫穷地以实无资。"今夫与人相若也，无丰年旁入之利，而独以完给者，非力则俭也；与人相若也，无饥馑疾疚祸罪之殃，独以贫穷者，非侈则惰也。侈而惰者贫，而力而俭者富。今上征敛于富人而布施于贫家，是夺力俭而与侈惰也，而欲索民之疾作而节用、不可得也。①

又如他批判孔孟等儒家的德治仁义理论之无用，大力张扬权势和法治的神力：

故敌国之君王，虽说吾义，吾弗入贡而臣；关内之侯虽非吾行，吾必使执禽而朝。是故力多则人朝，力寡则朝于人，故明君务力。夫严家无悍虏，而慈母有败子，吾以此知威势之可以禁暴，而德厚之不足以止乱也。夫圣人之治国，不恃人之为吾善也，而用其不得为非也。……故不务德而务法……言先王之仁义，无益于治……故明主……不道仁义。②

再如他批判孟子"得人心者得天下"的理念：

今不知治者必曰："得民之心。"欲得民之心而可以为治，则是伊尹、管仲无所用也，将听民而已矣。民智可以用，犹婴儿之心也。……故举士而求贤智，为政而求适民，皆乱之端，未可与为治也。③

在《忠孝篇》中，韩非认定儒学倡导的孝悌忠顺是"天下乱"的主要原因，而儒家崇敬的圣人尧、舜、汤、武则更是"反君臣之义，乱后世之教者"："尧为人君而君其臣，舜为人臣而臣其君，汤、武为人臣而弑其主、

---

① 王先慎：《韩非子集解》，中华书局 2013 年版，第 501 页。
② 王先慎：《韩非子集解》，中华书局 2013 年版，第 504—506 页。
③ 王先慎：《韩非子集解》，中华书局 2013 年版，第 506—508 页。

刑其尸，而天下誉之，此天下所以至今不治也。"① 总之，法家的韩非既是法家的集大成者，也是儒家思想，尤其是孟子思想的最猛烈的批判者。他批判儒家忠孝仁义的主要理论根据就是人人自私，人与人之间的关系纯粹是以利害为转移，人世间根本就不存在伦理亲情。就法家倡导"不分贵贱亲疏一断于法"来说，它传达了一个重要的治国理民的理念，为后来中华法系的形成作出了重要贡献。然而，法家学派在强调法制的同时却绝对排斥德治，特别排斥基于伦理亲情的道德伦理在维护国家稳定和社会长治久安中的作用，则走向反面。因为法和德是治理国家和社会不可或缺的两轮，缺少其中任何一轮，国家和社会都不能正常运行。完全依靠法家理念建立和运行的秦朝只存在了 15 年便灰飞烟灭，恰恰印证了这一真理。

战国百家争鸣中杂家的代表是吕不韦（？—前 235 年），他在任秦国丞相的时候，让门下宾客按照他的意图编纂了《吕氏春秋》一书。该书希图综合诸子百家的学说，为即将统一全国的秦朝统治者损益出一个适应国家和社会治理的思想体系。为此，它广泛吸纳了诸子百家的理论，其中特别注意吸纳儒家的思想学说。如吸纳孟子关于"天下定于一"的统一论，强调只有全国统一于一个天子的统治下才能有和平和安宁："当今之世，浊甚矣。黔首之苦，不可加矣。天子既绝，贤者废伏，世主恣行，与民相离，黔首无所告愬。"②"乱莫大于无天子。无天子则强者胜弱，众者暴寡，以兵相残，不得休息。"③ 再如它吸纳了孟子关于德治和仁政的理论：

德也者，万民之宰也……圣人形德乎己，而四方咸饬乎仁。④

德行昭美，比于日月，不可息也。豪士时之，远方来宾，不可塞也。⑤

① 王先慎：《韩非子集解》，中华书局 2013 年版，第 510 页。
② 许维遹：《吕氏春秋集释》，中华书局 2016 年版，第 137 页。
③ 许维遹：《吕氏春秋集释》，中华书局 2016 年版，第 255 页。
④ 许维遹：《吕氏春秋集释》，中华书局 2016 年版，第 182 页。
⑤ 许维遹：《吕氏春秋集释》，中华书局 2016 年版，第 60 页。

先王先顺民心，故功名成。夫以德得民心以立大功者，上世多有之矣。夫失民心而立功名者，未之曾有也。①

凡君之所以立，出乎众也。立已定而舍其众，是得其末而失其本。得其末而失其本，不闻安居。②

执民之命，重任也，不得以快志为故。③

《吕氏春秋》也继承了儒家，尤其是思孟学派修齐治平的君子修养论，认为只有修养成贤圣之人才能膺承天下国家的大任："昔者，先圣王成其身而天下成，治其身而天下治。故善响者不响于声，善影者不于影于形，为天下者不于天下于身。"④ 以为"为国之本在于为身，身为而家为，家为而国为，国为而天下为。故曰以身为家，以家为国，以国为天下。此四者，异位同本。"⑤ 这显然是从孟子的"天下之本在国，国之本在家，家之本在身"脱胎而来。《吕氏春秋》接受孟子的民本理念：

主之本在于宗庙，宗庙之本在于民，民之治乱在于有司。⑥

人主有能以民为务者，则天下归之矣。⑦

《吕氏春秋》既接受孟子的德治思想，强调"为天下及国，莫如以德，莫如行义"⑧，也接受儒家及孟子的伦理规范，强调君臣父子夫妇的定位，对敬亲行孝给以特别的关注：

---

① 许维遹：《吕氏春秋集释》，中华书局 2016 年版，第 171 页。
② 许维遹：《吕氏春秋集释》，中华书局 2016 年版，第 85 页。
③ 许维遹：《吕氏春秋集释》，中华书局 2016 年版，第 495 页。
④ 许维遹：《吕氏春秋集释》，中华书局 2016 年版，第 56 页。
⑤ 许维遹：《吕氏春秋集释》，中华书局 2016 年版，第 408 页。
⑥ 许维遹：《吕氏春秋集释》，中华书局 2016 年版，第 257 页。
⑦ 许维遹：《吕氏春秋集释》，中华书局 2016 年版，第 518 页。
⑧ 许维遹：《吕氏春秋集释》，中华书局 2016 年版，第 450 页。

> 凡为天下，治国家，必务本而后末。……务本莫贵于孝。……故爱其亲不敢恶人，敬其亲不敢慢人。爱敬尽于事亲，光耀加于百姓，究于四海，此天下之孝也。……民之本教曰孝。①

显然，吕不韦极大地吸纳了孔孟思想的精华，设计了未来统一国家的君王治国理政的基本思想理念。可惜后来统一中国的秦始皇在清除吕不韦及其政治势力的同时，也将其思想精华一并抛弃，将法家的绝对专制主义奉为金科玉律，结果是二世而亡，使一个空前强大的秦王朝仅仅经过 15 年就土崩瓦解。

春秋战国时期参加百家争鸣的各学派，都以平等的地位投入这场史无前例的思想学术论争，他们相互诘难，激烈辩论，但基本上都能从各自的学理出发，明己之是，诘人之非，一方面张扬自己的学派，一方面也在批判异己学派的同时悄悄吸取对方的思想学术理念，从而推进了当时思想学术的发展。到战国落幕的时候，出现了以《吕氏春秋》为代表的杂家，该书几乎将先秦所有的学派都吸纳进自己的体系中，儒学，包括孟子的思想自然也融进其中的不少篇章。不过，这一时期的学派互动还谈不上对孟子及其思想的学术研究，因为他们都是从各自学派的立场出发，与后世学者价值中立的客观研究不可同日而语。

二、秦汉时期孟学史

秦汉时期（前 221—220 年）是中国现代历史编纂学认定的中国封建社会的初期阶段，经历了秦（前 221—前 206 年）、西汉（前 205—8 年）、新朝（9—23 年）、东汉（25—220 年）等四个朝代。秦朝是秦始皇按照"以法为教""以吏为师"，罢黜百家，独尊法术的原则建立起来的一个皇朝，它实行文化专制主义，制造了"焚书坑儒"的惨剧。然而，秦朝的统

---

① 许维遹：《吕氏春秋集释》，中华书局 2016 年版，第 264—267 页。

治恰恰表明了法家专制主义的弊端，它以二世、15 年而亡昭示了单纯法
家思想无法维系国家和社会的长治久安。在秦末农民战争中建立的西汉皇
朝，从建国伊始就对秦朝的统治进行认真反思，经过两三代人的努力，终
于在汉武帝时期确定了"罢黜百家，独尊儒术"的思想文化政策。这个政
策影响了中国此后两千多年古代社会的政治、经济，尤其是思想文化的发
展。对孟子和孟学的研究也在曲折中不断发展和繁荣，经历了与时间的前
进成正比的悠长岁月。

西汉初年，对孟子和孟学的研究作出重大贡献的是陆贾、贾谊、韩
婴和贾山。

陆贾（约前 240—前 170 年），是西汉初年著名的政治家和思想家。
他参与刘邦创建西汉皇朝的政治军事活动，他撰写的《新语》12 篇，融
合先秦儒、道、法、阴阳等思想，在很多方面继承和发展了孟子思想。如
在人性论问题上，他虽然没有明确认同孟子的性善论，但性善论的倾向还
是比较明显的：

> 盖力学而诵《诗》《书》，凡人所能为也；若欲移江、河，动泰
> 山，故人力所不能也。如调心在己，背恶向善，不贪于财，不苟
> 于利，分财取寡，服事取劳，此天下易知之道，易行之事，岂有
> 难哉？[①]

在政治思想方面，陆贾更是大力宣扬孟子的仁义观："君子握道而
治，据德而行，席仁而坐，杖义而强，虚无寂寞，通动无量。""德布则功
兴，百姓以德附，骨肉以仁亲，夫妇以义合，朋友以义信，君臣以义序，
百官以义承。""守国者以仁坚固，佐君者以义不倾。君以仁治，臣以义
平。""仁者道之纪，义者圣之学。……德仁为固，仗义而强。……君子以

---

① 《新语·慎微》，董治安主编《两汉全书》第 1 册，山东大学出版社 2009 年版，第
74 页。

义相褒，小人以力相欺，愚者以力相乱，贤者以义相治。"① 在陆贾看来，治国理政的道理并不复杂，只要君臣依据道、德、仁、义的基本原则行事，一切都迎刃而解。在《新书·术事》篇中，他进一步强调："立世者不离道德，调弦者不失宫商，天道调四时，人道治五常。……故圣贤与道合，愚者与祸同，怀德者应以福，挟恶者报以凶，德薄者位危，去道者身亡，万世不易法，古今同纪纲。"② 所以他笃信《谷梁传》的话"仁者以治亲，义者以利尊。万世不乱，仁义之所治也"③。

贾谊（前200—前168年），西汉初年著名的政治家、思想家和文学家，曾任长沙王太傅，有著作《新书》传世。贾谊的思想呈现儒、道互补的特色。他对孟子思想的继承和发展突出体现在民本意识的高扬和深化：

> 闻之于政也，民无不为本也。国以为本，君以为本，吏以为本。故国以民为安危，君以民为威侮，吏以民为贵贱，此之谓民无不为本也。闻之于政也，民无不为命也。国以为命，君以为命，吏以为命。故国以民为存亡，君以民为盲明，吏以民为贤不肖，此之谓民无不为命也。闻之于政也，民无不为功也，故国以为功，君以为功，吏以为功。国以民为兴怀，君以民为弱强，吏以民为能不能，此之谓民无不为功也。闻之于政也，民无不为力也，故国以为力，君以为力，吏以为力，故夫战之胜也，民欲胜也。攻之得也，民欲得也。守之存也，民欲存也。故吏率民而守，而民不欲存，则莫能以存矣。故率民而攻，民不欲得，则莫能以得矣。故率民而战，民不欲胜，则莫能以胜矣。……知善而弗行，谓之不明。知恶而弗改，必受天殃。天有常福，必与有德。天有常菑，必与夺民时，故夫民者，至

---

① 《新语·道基》，董治安主编《两汉全书》第1册，山东大学出版社2009年版，第63—64页。
② 《新语·术事》，董治安主编《两汉全书》第1册，山东大学出版社2009年版，第64—65页。
③ 《新语·道基》，董治安主编《两汉全书》第1册，山东大学出版社2009年版，第64页。

贱而不可简也，至愚而不可欺也。故自古至于今，与民为仇者，有
迟有速，而民必胜之。①

在这里，贾谊全面论述了"民无不为本"的道理：国家的安危、君主的威
侮、官吏的贵贱，取决于民本；国命、君命、吏命，取决于民命；国功、
君功、吏功，取决于民功；国力、君力、吏力，取决于民力；战、守、攻、
取，取决于民欲。所以，国家的安危存亡，君主的生死荣辱，官吏的贵贱
贤不肖，一切皆取决于民心的向背。因此，他得出结论："夫民者，万世
之本也，不可欺。凡居于上位者，简士苦民者，是谓愚，敬士安民者是
谓智。"②

在贾谊看来，既然国、君、吏都必须以民为本，那么，君主的行政
理民就应该从爱民出发，以道治民，"爱而使之附"，重德化而轻刑罚，"欲
以刑罚慈民，辟其犹以鞭狎狗也，虽久弗亲矣"，"故治国家者，行道之
谓，国家必宁"。③以道治民，就要像黄帝那样，"职道义，经天地，纪人
伦，序万物，以信与仁为天下先"。像颛顼所说，"功莫美于去恶而为善，
罪莫大于去善而为恶"。像帝喾所执着的"政莫大于信，治莫大于仁"④。
还应该像周文王时的鬻子所言，对民如阳光，初则"旭旭然如日之始出"，
继而则"暵暵然如日之正中"。更应该如成王时鬻子所言："政曰：兴国之
道，君思善则行之，君闻善则行之，君知善则行之。位敬而常之，行信而
长之，则兴国之道也。"⑤至于以道治民的具体措施，则大体约制在轻徭、

---

① 《新书·大政上》，董治安主编《两汉全书》第1册，山东大学出版社2009年版，第
318—319页。

② 《新书·大政上》，董治安主编《两汉全书》第1册，山东大学出版社2009年版，第
320页。

③ 《新书·大政下》，董治安主编《两汉全书》第1册，山东大学出版社2009年版，第
321—322页。

④ 《新书·脩政语上》，董治安主编《两汉全书》第1册，山东大学出版社2009年版，第
325页。

⑤ 《新书·脩政语下》，董治安主编《两汉全书》第1册，山东大学出版社2009年版，第
328—329页。

薄赋、节俭、省刑以及赈济鳏寡孤独等穷苦无告之民等诸多方面。贾谊在《过秦论》中，借指斥二世胡亥的失误，阐明了这方面的内容：

> 今秦二世立，天下莫不引领而观其政。夫寒者利裋褐，而饥者甘糟糠。天下之嗸嗸，新主之资也。此言劳民之易为仁也。乡使二世有庸主之行而任忠贤，臣主一心而忧海内之患，缟素而正先帝之过；裂地分民以封功臣之后，建国立君以礼天下，虚囹圄而免刑戮，除去收帑污秽之罪，使各反其乡里；发仓廪，散财币，以振孤独穷困之士；轻赋少事，以佐百姓之急；约法省刑，以持其后，使天下之人皆得自新，更节修行，各慎其身；塞万民之望，而以威德与天下，天下集矣。即四海之内，皆欢然各自安乐其处，唯恐有变。虽有狡猾之民，无离上之心，则不轨之臣无以饰其智，而暴乱之奸止矣。二世不行此术，而重之以无道，坏宗庙与民更始作阿房宫，繁刑严诛，吏治刻深，赏罚不当，赋敛无度，天下多事，吏弗能纪，百姓困穷而主弗收恤，然后奸伪并起而上下相遁，蒙罪者众，刑戮相望于道，而天下苦之。自君卿以下至于众庶，人怀自危之心，亲处穷苦之实，咸不安其位，故易动也。是以陈涉不用汤武之贤，不藉公侯之尊，奋臂于大泽而天下响应者，其民危也。故先王见始终之变，知存亡之机，是以牧民之道，务在安之而已。①

贾谊这里对二世一系列行政措施的激烈批判，无非是说，以道治民的具体措施不过是反其道而行之罢了。

君主的以道治民，以爱附民，行仁义信善于民，其前提是君明吏贤，"君明而吏贤，吏贤而民治矣。故苟上好之，其下必化之，此道之政也"。如何选取贤吏呢？贾谊提出了"察吏于民"的方针：

---

① 《新书·过秦下下》，董治安主编《两汉全书》第 1 册，山东大学出版社 2009 年版，第 221 页。

夫民者，贤不肖之杖也，贤不肖皆具焉。故贤人得焉，不肖者
休焉。……故夫民者虽愚也，明上选吏焉，必使民与焉。故士民誉
之，则明上察之，见归而举之；故士民苦之，明上察之，见非而去
之。故王者取吏不妄，必使民唱，然后和之。故夫民者，吏之程也。
察吏于民，然后随之。夫民至卑也，使之取吏焉，必取其爱焉。故
十人爱之有归，则十人之吏也。百人爱之有归，则百人之吏也。千
人爱之有归，则千人之吏也。万人爱之有归，则万人之吏也。故万
人之吏也，选卿相焉。夫民者，诸侯之本也；教者，政之本也；道
者，教之本也。有道然后教也，有教然后政治也，政治然后民劝之，
民劝之然后国富也。[①]

贾谊的"察吏于民"，当然不是后世官吏民选的制度，但他认识到国君选
取官吏应该体察民意，并且以民意为依归，则具有鲜明的进步意义。至于
贤明官吏的标准，不外乎遵循儒家提倡的道德信条，是父慈、子孝、兄
友、弟恭、友友、家和，"夫道者行之于父则行之于君矣，行之于兄则行
之于长矣，行之于弟则行之于下矣，行之于身则行之于友矣，行之于子则
行之于民矣，行之于家则行之于官矣。故士则未仕而能以试矣。圣王选举
也，以为表也。问之然后知其言，谋焉然后知其极，任之以事然后知其
信"[②]。要求所有官吏都是儒学所推尊的道德楷模自然是太高了，但这种对
于理想主义目标的设定，恰恰反映了贾谊对官吏素质的超高诉求。这正
是儒家，尤其是孟子"内圣外王"的理想君王和理性政治的一以贯之的
要求。

贾谊的人性论也明显吸纳了孟子的理念。在《新语·六术》中，他
提出"六理"：道、德、性、神、明、命。认为"六理无不生也，已生而

---

① 《新书·大政下》，董治安主编《两汉全书》第 1 册，山东大学出版社 2009 年版，第
322—323 页。

② 《新书·大政下》，董治安主编《两汉全书》第 1 册，山东大学出版社 2009 年版，第
323 页。

六理存乎所生之内。是以阴阳、天地、人尽以六理为内度，内度成业，故谓之六法。六法藏内，变流而外遂，外遂六术，故谓之六行。……人有仁、义、礼、智、圣之行，行和则乐，乐兴则六，此之谓六行"。这里的六理、六法是每个人根于内的德性，相当于孟子的善端；而六术、六行是指人的外向的行为，是德性的外在延伸，这明显将孟子的性善论进一步深化了。

韩婴（约前 200—前 130 年），也是西汉初年人，官至常山王太傅。他对《易》和《诗》都有精深研究，是韩《诗》学的创始人。著有《周易韩氏传》2 篇、《韩诗故》36 卷，《韩诗内传》4 卷、《韩诗说》41 卷。这些著作后来皆亡佚，流传至今的著作是《韩诗外传》10 卷。韩婴的思想体现了传统儒家的政治理念。如在《周易韩氏传》中，他写道："五帝官天下，三王家天下。家以传子，官以传贤。若四时之运，功成者去。不得其人则不居其位。"[1] 这一方面显示他对以传贤为特征的"五帝官天下"的肯定，但也反映出他对由"官天下"向"家天下"转化的必然性的认可。在《韩诗内传》中，他写道："事臣者帝，交友爱臣者王，臣臣者霸，虏臣者亡。"[2] 这显示了他对君王"任贤使能"的钟情。

韩婴的政治思想中，"以礼治国"是其核心内容：

　　传曰：在天者莫明乎日月，在地者莫明于水火，在人者莫明乎礼义。故日月不高，则所照不远；水火不积，则光炎不博；礼义不加乎国家，则功名不白。故人之命在天，国之命在礼。君人者降礼尊贤而王，重法爱民而霸，好利多诈而危，权谋倾覆而亡。

　　君子有辩善之度，以治气养性，则身后彭祖；修身自，则名配尧、禹。宜于时则达，厄于穷则处，信礼者也。凡用心之书，由礼则礼达，不由礼则悖乱。饮食衣服，动静居处，由礼则知节，不由礼则垫陷生疾。容貌态度，进退移步，由礼则夷。国政无礼则不行，

---

① 班固：《汉书》卷七十七《盖宽饶传》，中华书局 1962 年版，第 3246 页。

② 《韩诗外传》卷一，董治安主编《两汉全书》第 2 册，山东大学出版社 2009 年版，第 665 页。

王事无礼则不成，国无礼则不宁，王无礼则死亡无日矣。①

礼者治辩之极也，强国之本也，威行之道也，功名之统也。……君人者以礼分施，均偏而不偏，臣以礼事君，忠顺而不解；父宽惠而有礼，子敬爱而致恭；兄慈爱而见友，弟敬诎而不竭；夫照临而有别，妻柔顺而听从，若夫行之而不中道即恐惧而自竦，此妇道也。偏立则乱，具立则治。②

你看，在韩婴看来，礼是国之"命"，所以，国必须以礼而立，依礼运行，离开礼这个国家的生命线，国家就一天也难以存活。而韩婴的礼，就内容而言是国家存在的理论基础，就形式而言则是国家运行的一切规范和制度。韩婴对礼的重视超过了孟子，已经接近荀子了。

韩婴知道，国君治理国家，最主要的是治吏和治民。而在这两方面，最容易出现的有 12 个"痼疾"，就是痿、蹶、逆、胀、满、支、膈、盲、烦、喘、痹、风。这些"痼疾"，可以归结为不用贤吏和虐待百姓两个方面，二者又紧密联系在一起。不用贤吏必然重用贪残之吏，而贪残之吏必然虐待百姓，致使其"歌吟诽谤"。他特别强调任贤："昔者禹以夏王，桀以夏亡；汤以殷王，纣以殷亡。故无常安之国，宜治之民，得贤则昌，不肖则亡，自古及今未有不然也。"③这里展示的仍然是儒家传统的任贤和德治的理念。韩婴认为，只要这 12 个"痼疾"得到"贤医"治疗，贤才被重用，德治的理念被贯彻，百姓的处境就会安然顺畅，他理想中的"为乐""太平盛世"也就会降临人间。韩婴构想的这个人间"为乐"之世基本上是农业社会政治清明、风调雨顺时期的写照。韩婴明白，他心目中的"为乐"之世能不能真正实现，其中最重要的条件有两个：一是国家能不

① 《韩诗外传》卷一，董治安主编《两汉全书》第 2 册，山东大学出版社 2009 年版，第 670—671 页。
② 《韩诗外传》卷四，董治安主编《两汉全书》第 2 册，山东大学出版社 2009 年版，第 713 页。
③ 《韩诗外传》卷五，董治安主编《两汉全书》第 2 册，山东大学出版社 2009 年版，第 729 页。

能使百姓稳定地占有一定的生产资料，二是国家能不能减轻百姓的税负。如果百姓不能占有一定的生产资料，如果税负超过百姓的承受能力，其他条件再好百姓也乐不起来。因此，为了达到"养其民"的目标，他特别强调实行"井田"制和"等赋正事"：

> 古者八家而井田，方里为一井。广三百步长三百步为一里，其田九百亩。广一步长百步为一亩，广百步长百步为百亩。八家为邻，家得百亩。余夫各得二十五亩。家为公田十亩，余二十亩共为庐舍，各得二亩半。八家相保，出入更守，疾病相忧，患难相救，有无相贷，饮食相召，嫁娶相谋，渔猎分得。仁恩施行，是以其民和亲而相好。①

> 王者之等赋正事，田野什一，关市讥而不征，山林泽梁以时入而不禁。相地而衰正，理道而致贡，万物群来，无有流滞，以相遗移。近者不隐其能，远者不疾其劳，无幽闲僻陋之国，莫不趋使而安乐之，夫是之谓王者之等赋正事。②

"井田"制的记载最早见于《孟子》一书，对其有无和具体结构等问题至今聚讼纷纭，但后世儒家不时将其作为解决土地问题的灵丹妙药，实际上是不切实际的幻想。韩婴这里对"井田"制下百姓美妙生活的描绘，显示的恰恰是儒生"迂远而阔于事情"的一面。"田野什一"的税负也屡见之于《孟子》等先秦典籍的记载，孟子认为这种税率是最恰当适中的，超过或不及都影响百姓的安定和国家行政的正常运行。韩婴的"等赋"思想基本上继承了儒家尤其是孟子的税收理论，即税负要兼顾国家和百姓的利益，不收商品流通税，允许百姓按时到山林湖沼进行采集，鼓励民间自

---

① 《韩诗外传》卷四，董治安主编《两汉全书》第 2 册，山东大学出版社 2009 年版，第 714—715 页。

② 《韩诗外传》卷三，董治安主编《两汉全书》第 2 册，山东大学出版社 2009 年版，第 706—707 页。

由交易，做到人无闲者，货畅其流。这些构想尽管了无新意，但却是维系国家、社会正常运行和百姓正常生活的基本条件。

韩婴作为儒家思想的继承者和阐释者，同样笃信孟子关于"民本"的理念。"井田"和税负的论述显示了他对百姓生活状况的关注，而这个关注的背后就是"民本"意识。韩婴借助齐桓公和管仲的对话表述自己的"民本"理念：

> 齐桓公问于管仲曰："王者何贵？"曰："贵天。"桓公仰而视天，管仲曰："所谓天，非苍莽之天也。王者以百姓为天，百姓与之则安，辅之则强，非之则危，倍之则亡。诗曰：'民之无良，相怨一方。'民皆居一方而怨其上，不亡者未之有也。"①

在韩婴看来，民是国君之天，民心的向背决定了国家的安、强、危、亡，所以国君必须真心爱护百姓，关心他们的冷暖饥寒，解除他们的切肤之痛："处饥渴，苦血气，困寒暑。动肌肤，此四者，民之大害也。害不除，不可教御也。"②只有这样，才能使之心甘情愿地以真情回报国君，乐为之用，甚至乐为之死：

> 君者，民之源也。源清则流清，源浊则流浊。故有社稷者不能爱其民，而求民亲已爱已，不可得也。民不亲不爱，而求为己用，为己死，不可得也。民弗为用，弗为死，而求兵之劲，城之固，不可得也。兵不劲，城不固，而欲不危削灭亡，不可得也。夫危削灭亡之情皆积于此，而求安乐是闻，不亦难乎？③

---

① 《韩诗外传》卷四，董治安主编《两汉全书》第2册，山东大学出版社2009年版，第716页。
② 《韩诗外传》卷三，董治安主编《两汉全书》第2册，山东大学出版社2009年版，第708页。
③ 《韩诗外传》卷五，董治安主编《两汉全书》第2册，山东大学出版社2009年版，第723—724页。

因为君是"民之源"，所以其表率作用就具有关键意义，由此也就导出了韩婴对于国君个人修养及其作为道德楷模问题的论述。他认为，国君首先要设身处地地感知百姓的要求，而这并不需要亲身下到百姓中间去体验，只需"推己及人"就可以了：

> 昔者不出户而知天下，不窥牖而见天道，非目能视乎千里之前，非耳能闻乎千里之外，以己之情量之也。已恶饥寒焉，则知天下之欲衣食也。已恶劳苦焉，则知天下之欲安佚也。已恶衰乏焉，则知天下之欲富足也。知此三者，圣王之所以不降席而匡天下。①

了解民情，关心民瘼，主动解除百姓的痛苦，这自然非常重要。但更重要的是以自己的道德人格引领百姓汲汲向善，形成良好的社会风尚：

> 上不知顺孝则民不知反本，君不知敬长则民不知贵亲。禘祭不敬，山川失时，则民无畏矣。不教而诛，则民不识劝也。故君子修身及孝则民不倍矣，敬孝达乎下则民知慈爱矣，好恶喻乎百姓则下应其上如影响矣。是则兼制天下，定海内，臣万姓之要法也，明王圣主之所不能须臾而舍也。②

不仅如此，作为国君，还必须有"谦德"：

> 天道亏盈而益谦，地道变盈而流谦，鬼神害盈而福谦，人道恶盈而好谦。谦者，抑事而损者也。持盈之道，抑而损之，此谦德之于行也，顺之者吉，逆之者凶。……故德行宽容而守之以恭者荣，土

---

① 《韩诗外传》卷三，董治安主编《两汉全书》第 2 册，山东大学出版社 2009 年版，第 708 页。
② 《韩诗外传》卷五，董治安主编《两汉全书》第 2 册，山东大学出版社 2009 年版，第 726 页。

地广大而守之以俭者安位，位尊禄重而守之以卑者贵，人众兵强而守之以畏者胜，聪明睿智而守之以愚者哲，博闻强记而守之以浅者不溢。此六者，皆谦德也。①

这种所谓"谦德"带有浓重的黄老色彩，说明在汉初黄老政治的氛围中，韩婴的思想也明显受其影响。最后，韩婴告诫国君，虽然任贤用贤是良好政治的重要条件，但最可恃的还是自己，因此国君应该把握住自己，"从身始"，以自己足可为天下楷模的道德形象、超强智慧和卓越的行政能力，开创和维系一个清明繁荣的盛世：

魏文侯问狐卷子曰："父贤足恃乎？"对曰："不足。""子贤足恃乎？"对曰："不足。""兄贤足恃乎？"对曰："不足。""弟贤足恃乎？"对曰："不足。""臣贤足恃乎？"对曰："不足。"文侯勃然作色而怒曰："寡人问此五者于子，一一以为不足者，何也？"对曰："父贤不过尧，而丹朱放；子贤不过舜，而瞽瞍顽；兄贤不过舜，而象傲；弟贤不过周公，而管叔诛；臣贤不过汤、武，而桀、纣伐。望人者不至，恃人者不久。君欲治，从身始，人何可恃乎？"②

总起来看，韩婴的政治思想很少创新之处，基本上是复述或阐释先秦儒家，尤其是孟子的理论，但在汉初黄老思想弥漫朝堂的政治氛围中，他坚持儒家思想并极力加以宣传，对于在一定程度上制衡黄老的偏颇，扩大儒家思想的影响，都起了积极作用，为儒家思想的后来居上，作了有力的铺垫。特别应该指出的是，韩婴是在孟子之后较早关注孟子事迹并进行收集和整理的学者，在《韩诗外传》卷九第一次记述了孟母"断机杼"和

① 《韩诗外传》卷八，董治安主编《两汉全书》第 2 册，山东大学出版社 2009 年版，第 771—772 页。
② 《韩诗外传》卷八，董治安主编《两汉全书》第 2 册，山东大学出版社 2009 年版，第 771 页。

孟母守信和阻止其出妻的故事，第一次将孟母作为圣母的形象展示出来，其中的教育学原理和家庭伦理一直为后人津津乐道，成为后来构筑孟子众多事迹的母本之一。

西汉初年的贾山，以屡屡上书文帝，"其言多激切，善指事意"引人注目。从他最著名的上书《至言》中，可以窥视到他继承和发扬孟子政治思想的倾向。他猛烈批判秦政之失，在汉初反思秦朝"二世而亡"的思潮中，他的批判具有一定的代表性：

> 至秦则不然。贵为天子，富有天下，赋敛重数，百姓任罢，赭衣半道，群盗满山，使天下之人戴目而视，侧耳而听。……秦非徒如此也，起咸阳而西至雍，离宫三百，钟鼓帷帐，不移而具。又为阿房之殿，殿高数十仞，东西五里，南北千步，从车罗骑，四马鹜驰。旌旗不桡。为宫室之丽至于此，使其后世曾不得聚庐而讬处焉。为驰道于天下，东穷燕齐，南极吴楚，江湖之上，濒海之观毕至。道广五十步，三丈而树，厚筑其外，隐以金椎，树以青松。为驰道之丽至于此，使其后世曾不得邪径而讬足焉。死葬乎骊山，吏徒数十万人，旷日十年。下彻三泉合采金石，冶铜锢其内，漆涂其外，被以珠玉，饰以翡翠，中成观游上成山林。为葬薶之侈至于此，使其后世曾不得蓬颗蔽冢而讬葬焉。秦以熊罴之力，虎狼之心，蚕食诸侯，并吞海内，而不笃礼义，故天殃已加矣。……
>
> 昔者，秦政力并万国，富有天下，破六国以为郡县，筑长城以为关塞。……秦王贪狼暴虐，残贼天下，穷困万民以适其欲也。……秦皇帝以千八百国之民自养，力罢不能胜其役，财尽不能胜其求，一君之身耳，所以自养者驰骋弋猎之娱，天下弗能供也。劳罢者不得休息，饥寒者不得衣食，亡罪而死刑者无所告诉，人与之为怨，家与之为仇，故天下坏也。秦皇帝身在之时，天下已坏矣，而弗自知也。①

---

① 班固：《汉书》卷五十一《贾山传》，中华书局1962年版，第2327—2332页。

贾山这里对秦朝暴政的批判，显示了他对良好政治的理解，其核心是民本。因此，他要求国君必须爱民，轻徭薄赋，缓用民力；必须自我约束，节俭省刑。目的是给百姓创造一个良好的生产条件和生存环境。不可一世的秦王朝之所以在秦始皇死后数月即陷入百姓造反的火海，不数年即"宗庙灭绝"，就是因为它"贪狼暴虐，残贼天下，穷困万民"，致使百姓"人与之为怨，家与之为仇"，灭亡的命运已经无法挽回了。

贾山在强调民本的同时，还强调国君必须尊贤用贤和虚心纳谏。他说，国君持雷霆万钧之威，使具有"尧舜之智"和"孟贲之勇"的臣子也不敢进谏，这就使高高在上的国君一直蒙在鼓里，无法了解政治和社会的真相，根本不知道社稷之危，只能在"自我感觉良好"的状态中走向灭亡。秦始皇就是如此：

> 秦皇帝居灭绝之中而不自知者何也？天下莫敢告也。其所以莫敢告者何也？亡养老之义，亡辅弼之臣，亡进谏之士，纵恣行诛，退诽谤之人，杀直谏之士，是以道谀媮合苟容，比其德则贤于尧舜，课其功则贤于汤武，天下已溃而莫之告也。

在贾山看来，国君要想时时知道事实真相，发现自己的过失而及时改正，就必须实行"古者圣王之制"：

> 古者圣王之制，史在前书过失，工诵箴谏，瞽诵诗谏，公卿比谏，士传言谏，庶人谤于道。商旅议于市，然后君得闻其过失也，闻其过失而改之，见义而从之，所以永有天下也。[①]

这里的关键是尊贤和用贤，即"尊养三老""立辅弼之臣""置直谏之士""学问至于刍荛"。这里贾山所关注的仍然是儒家尤其是孟子的帝王品

---

① 班固：《汉书》卷五十一《贾山传》，中华书局1962年版，第2330页。

格修养和他们应该具备的执政能力。其实，这些看似简单实际很难具有的品格和能力，往往只存在于孟子和其他儒家的期望之中，而儒家学者们却一再不厌其烦地向他们的君王兜售。

西汉时期，对儒学和孟子思想最能发扬光大的代表人物是董仲舒（约前179—前104年），他被景帝征召至长安，任命为博士。汉武帝继位后，下诏"举贤良文学之士"，他三次参加对策，详细阐述了天人感应、君权神授、德主刑辅、禁民二业、大一统等理论，并提出了"罢黜百家，独尊儒术"的建议，得到武帝的赏识，做了两任诸侯王的相。据《汉书·董仲舒传》记载，他的著作共有123篇，但最后留传下来的只有《春秋繁露》一书。

董仲舒是汉代新儒学的创始人。他创立的新儒学由天人感应的神学目的论、君权天授说和专制主义大一统的政治论以及性三品说和三纲五常的道德观所组成。这些思想理念中大都闪烁着孟子思想的深巨影响。他把墨家的天鬼观念和思孟学派的天人合一观念，用邹衍的阴阳五行学说加以改造，进一步神化天人关系，创立了一套较完整的天人感应的神学目的论，由此把被荀子以唯物论打破的天的偶像重新恢复起来。他认为天是"万物之祖"①，"百神之大君"②，是明察秋毫、赏善罚恶的自然界和人类社会的最高主宰。自然界的四时运行、风晴阴雨，人类社会的治乱安危、尊卑贵贱，都是天神"阳贵而阴贱"意志的体现。他又用五行相胜附会君臣父子之道，神化封建制度。他进而认为，天既安排地上的正常秩序，同时又监督这一秩序的运行。如果君王治理有方，国泰民安，天就出示祥瑞（凤凰、麒麟等）表示赞赏。如果君王有了过失，天便降下灾异（各种自然灾害）加以谴告；如还不省悟，天就变易君主，另择贤能。这就是天人感应。孟子思想中虽然没有明确的天人感应论，但他将地上君王权力和地位的取得一律归于"天与之"，显然是董仲舒构筑天人感应论的最有力

---

① 《春秋繁露·顺命》，电子版文渊阁四库全书。
② 《春秋繁露·郊语》，电子版文渊阁四库全书。

的思想资源之一。为了论证封建制度的永恒性，他又鼓吹"道之大原出于天，天不变，道亦不变"①的形而上学思想。这里的"道"实际上指的是全部封建的社会制度和伦理观念，而这些东西却是"万世无弊"的。既然如此，改朝换代又怎样解释呢？董仲舒于是提出了"三统""三正"的理论，认为每一个王朝代表一统，共有黑、白、赤三统，夏朝为黑统，殷朝为白统，周朝为赤统。与之相适应，每个王朝应有不同的岁首，夏朝以阴历正月为岁首，殷朝以十二月为岁首，周朝以十一月为岁首。这就是"三正"。"三统""三正"周而复始，王朝的更替也就只是表现为"改正朔，易服色"，而"道"却是永世不变的。这种循环命定论的历史观所论证的恰恰是封建制度的永恒论。他的这一理论明显借鉴了孟子"五百年必有王者兴"的循环论理念。

"君权天授"是董仲舒政治思想的重要内容，其理论指向是君主统治权的合法性。

尽管历史上夏、商、周三代政权的更替都是通过血腥的战争手段完成的，尽管秦朝的统一、汉朝的代秦而起也都是经过战场的拼搏实现的，他们的合法性是浴血的枪刀剑戟赢得的，然而，思想家们在为这些王朝的存在寻找合法性时却几乎都转向了"君权天授"和"五德终始"之类的历史命定论和历史循环论。董仲舒虽不是"君权天授"论的首创者，但他却是这一理论的最完备、最有深度的论证者，是这一理论的集其大成者。这一理论的第一个层次是认定"天地是万物之本"，人是天创造的：

> 天者，万物之祖，万物非天不生。②
>
> 天地者，万物之本，先祖之所出也。广大无极，其德炤明，历年众多，永永无疆。天出至明，众之类也，其伏无不炤也，地出至晦，星日为明，不敢暗。君臣、父子、夫妇之道取之此。③

---

① 《春秋繁露·为人者天》，电子版文渊阁四库全书。
② 《春秋繁露·顺命》，电子版文渊阁四库全书。
③ 《春秋繁露·观德》，电子版文渊阁四库全书。

　　为生不能为人，为人者天也。人之人本于天，天亦人之曾祖父也。此人之所以乃上类天也。人之形体，化天数而成；人之血气，化天志而仁；人之德行，化天理而义；人之好恶，化天之暖清；人之喜怒，化天之寒暑；人之受命，化天之四时。人生有喜怒哀乐之答，春秋冬夏之类也。①

这一理论的第二个层次是认定"天子受命于天""王者配天"："惟天子受命于天，天下受命于天子，一国则受命于君。君命顺则民有顺命，君命逆则民有逆命"②：

　　天不言，使人发其意；弗为，使人行其中。名则圣人所发天意，不可不深观也。受命之君，天意之所予也。故号为天子者，宜视天如父，事天以孝道也。③

　　圣人副天之所行以为政，故以庆副煖而当春，以赏副暑而当夏，以罚副凉而当秋，以刑副寒而当冬。庆赏罚刑，异事而同功，皆王者之所以成德也。庆赏罚刑与春夏秋冬，以类相应也如合符。故曰王者配天，谓其道。天有四时，王有四政，四政若四时，通累也，天人所同有也。④

这一理论的第三个层次是认定"君为民心""民为君体"：

　　天生之，地载之，圣人教之。君者，民之心也；民者，君之体也。心之所好，体必安之；君之所好，民必从之。故君民者，贵孝弟而好礼义，重仁廉而轻财利，躬亲职此于上，而万民听生善于

---

① 《春秋繁露·为人者天》，电子版文渊阁四库全书。
② 《春秋繁露·为人者天》，电子版文渊阁四库全书。
③ 《春秋繁露·制度》，电子版文渊阁四库全书。
④ 《春秋繁露·四时之副》，电子版文渊阁四库全书。

下矣。①

　　古之造文者，三画而连其中谓之王。三画者，天地与人也。而连其中者，通其道也。取天地与人之中以为贯而参通之，非王者孰能当是？

　　人主立于生杀之位，与天共持变化之势。②

替代旧君王的新君王也不能改变依道行政的本质。所以，即使新王以不同于前代的正朔、服色展示新朝的新面貌，也是"有改制之名，无易道之实"：

　　今所谓新王必改制者，非改其道，非变其理，受命于天，易姓更王，非继前王而王也。若一因前制，修故业，而无有所改，是与继前王而王者无以别。受命之君，天之所大显也。事父者承意，事君者仪，志事天亦然。今天大显已物，袭所代而率与同，则不显不明，非天志。故必徙居处，更称号，改正朔，易服色者，无他焉，不敢不顺天志而明自显也。若其大纲，人伦道理，政治教化，习俗文义尽如故，亦何改哉？故王者有改制之名，无易道之实。③

既然地上的君王一切都按上天的意志行事，他就必须能够与天顺利地互通讯息，时时交流，于是，董仲舒创造的"天人感应"就派上了用场。董仲舒一方面感到专制主义中央集权需要在政治上和思想上树立君主的绝对权威，因而给他安上天这样强大的守护神；另一方面也隐隐觉察到不受限制的君主权力一旦为所欲为，也会给国家和社会带来意想不到的灾难，于是又让这个守护神时刻监督君王的行政，希望利用他公正无私、明察秋毫的眼睛来对君主的活动加以监督和约束，从而使君王的行政按照天

---

① 《春秋繁露·为人者天》，电子版文渊阁四库全书。

② 《春秋繁露·王道三通》，电子版文渊阁四库全书。

③ 《春秋繁露·楚庄王》，电子版文渊阁四库全书。

意即道运行。否则，天就会来一次改朝换代，形式是"以有道伐无道"：

> 天人相与之际，甚可畏也。国家将有失道之败，而天乃先出灾害以谴告之。不知自省，又出怪异以警惧之，尚不知变，而伤败乃至。以此见天心之仁爱人君而欲止其乱也。①
>
> 且天之生民，非为王也，而天立王以为民也。故其德足以安乐民者，天予之；其恶足以贼害民者，天夺之。……言天之无常予无常夺也。……王者，天之所予也，其所伐皆天之所夺也。……故夏无道而殷伐之，殷无道而周伐之，周无道而秦伐之，秦无道而汉伐之。有道伐无道，此天理也，所从来久矣②

不必怀疑董仲舒的愿望有其真诚的一面，不过，必须指出，他天真地借助天神的威力限制君主滥用权力的希冀，只不过是一厢情愿而已。事实是，不仅汉代，就是以后中国历史数以百计的君王，有哪一个时刻怀着对天谴的敬畏之心？又有哪一个因天谴而改弦更张与民更始呢？当然，指出董仲舒良好愿望的虚幻并不是要谴责他，因为他的时代还不具备产生权力制衡思想的条件。董仲舒上述与君权有关的理论，几乎都能从孟子的学说中找到相对应的内容，最重要的是，他们都将天神化为一个人格神的上帝，用天的意志以及地上君王对天意的顺逆来解释地上君权的授予与运行。

董仲舒对孟子的大一统观念也是情有独钟，进而在超越孟子极力强调皇帝专制和中央集权的同时，对孟子和儒家传统"德主刑辅"的治国理念进行了系统全面的阐述和发挥。董仲舒从"天道右阳不右阴"的认识出发，全面阐发"德主刑辅"的治国理念。要求对百姓的治理以教化为主，以刑罚为辅，实施"教本狱末"的政策："教，政之本也；狱，政之末也。

---

① 班固：《汉书》卷五十六《董仲舒传》，中华书局1962年版，第2498页。
② 《春秋繁露·尧舜不擅移汤武不专杀》，电子版文渊阁四库全书。

其事异域，其用一也。不可不以相顺，故君子重之也。"① 董仲舒在其《春秋繁露》和举贤良文学对策中，一再强调教化的作用：

> 南面而治天下，莫不以教化为大务。立太学以教于国，设庠序以化于邑，渐民以仁，摩民以谊，节民以礼，故其刑罚甚轻而禁不犯者，教化行而习俗美也。

> 古者修教训之官，务以德善化民……天令之谓命，命非圣人不行；质朴之谓性，性非教化不成；人欲之谓情，情非度制不节。是故王者上谨于承天意，以顺命也；下务明教化民，以成性也；正法度之宜，别上下之序，以防欲也。脩此三者，而大本举矣。②

将教化即引导百姓向善作为为政的主导方向，而将惩治犯罪放在次要位置，这种治国理念也可以称之为"王道"政治，它要求为政者真诚地"爱民"，"教以爱，使以忠"，使之自觉"修德"，耻于犯法，特别要最大限度地减轻对百姓的索取，给他们创造一个"家给人足"的生产生活条件，使之感受"王道"之下的幸福与满足。他将"五帝三王之治天下"描绘成"王道"政治的样板。这种描绘显然是儒家传统的理想化政治的希冀和诉求，与实际的"五帝三王之治"根本不是一回事。不过，董仲舒的"王道政治"实际上是孔子"德政"和孟子"仁政"理想的继承和发展。在理想化"五帝三王之治"的同时，他也为之树立起"恶政"对立面，这就是桀纣。在儒家的政治学中，桀纣同样是被经典化了的"恶政"样板。在这个"恶政"样板中，董仲舒反对的是国君的骄奢淫逸和与之相联系的对百姓的肆意盘剥和榨取。这里，董仲舒也把孟子对桀纣的恶谥和讨伐进一步发挥了。在他"德主刑辅"的治国理念中，还有两项重要内容，一是帝王个人修养，他继承孔子和孟子"身正，不令而行"的思想，强调帝王必须

---

① 《春秋繁露·精华》，电子版文渊阁四库全书。
② 《春秋繁露·精华》，电子版文渊阁四库全书。

"正心"，使自己成为百官和万民的道德表率。二是举贤用贤。董仲舒深知贤才对国家兴亡有着至关重要的作用，"任非其人，而国家不倾者，自古及今，未尝闻也。……任贤臣者，国家之兴也"①，于是更多地把注意力集中在"贤才"的选取、培植和任用上。他提出了举贤用贤的具体措施，一是兴太学，二是要郡国岁举贤良。董仲舒举贤的建议都被武帝接受并付诸实行。此后，由郡国举贤良文学（后来又加上举孝廉等名目）和从太学生中选取官吏的制度成为两汉最重要的选官制度，改变了汉初武力功臣把持官位的局面，大大提高了官吏的文化素质，对后世的选官制度产生了深巨的影响。董仲舒论述的"德主刑辅"的观念，从总体上并没有超出孔子、孟子、荀子等先秦儒家创始人的"王道""仁政"理论，他的贡献在于重提并系统化了这一理论，而在汉武帝要求改变"黄老政治"的关键时刻，及时为之做了理论的引导。

董仲舒认为，要建设一个安定和谐的社会，必须使社会的所有成员都有适合自己的谋生手段。他理想的社会财富分配原则，是既要有一定的贫富差距，但又不能使这种差距太大，尤其不能使财富集中于少数富人之手而导致大量贫穷之人难以生存。为此，他提出"禁民二业"的社会财富分配论：

> 孔子曰："不患贫而患不均。"故有所积重，则有所空虚矣。大富则骄，大贫则忧。忧则为盗，骄则为暴，此众人之情也。圣者则于众人之情，见乱之所从生。故其制人道而差上下也，使富者足以示贵而不至于骄，贫者足以养生而不至于忧。以此为度而调均之，是以财不匮而上下相安，故易治也。今世弃其度制而各从其欲，欲无所穷而俗得自恣，其势无极。大人病不足于上而小民羸瘠于下，则富者愈贪利而不肯为义，贫者日犯禁而不可得止，是世之所以难治也。②

---

① 《春秋繁露·精华》，电子版文渊阁四库全书。
② 《春秋繁露·度制》，电子版文渊阁四库全书。

董仲舒认识到，一个时期的社会财富总量是一定的，有大富必有大贫，贫富差距过大是"乱之所从生"的根本原因。为了防止生乱而造成社会秩序的失控，就要求国家和政府制定制度与政策调节贫富，使二者虽有差距但不致生乱，这里掌握的"度"就是"使富者足以示贵而不至于骄，贫者足以养生而不至于忧"。办法是"禁民二业"："故君子仕则不稼，田则不渔，食时不力珍，大夫不坐羊，士不坐犬。"同时建立"度制"，使"贵贱有等，衣服有别，朝廷有位，乡党有序，则民有所让而民不敢争"①。在举贤良文学对策中，董仲舒进一步搬出"天意"论证"禁民二业"的合理性，同时对达官富豪肆无忌惮地聚敛财富、与民争利的贪婪行径进行毫不留情的鞭挞。董仲舒清醒地意识到，"富者奢侈羡溢，贫者穷急愁苦"造成的"民不聊生"是社会矛盾和阶级矛盾激化的根本原因，所以提出自己理性化的社会财富的分配方案。这是一个既维持地主阶级对农民的剥削压迫而又对这种剥削压迫加以限制，既使农民接受剥削而又使他们维持最低生活水准而不犯上作乱的调和矛盾的社会改良方案，实际上是为封建统治设计的长治久安之术。然而，这只是他自己的一厢情愿。因为只要没有办法限制达官富豪无止境的贪欲，就无法阻止劳动者相对贫困化和绝对贫困化，当然也就没有办法消解社会矛盾和阶级矛盾的尖锐化。董仲舒的上述认识，与孔子的"不患寡而患不均，不患贫而患不安"、孟子的"制民恒产，必使仰足以事父母，俯足以畜妻子，乐岁终身饱，凶年免于死亡"的理想是连在一起的。

汉武帝当国时期达到了西汉历史的顶峰，疆域空前扩大，国力空前强大，社会空前繁荣，但这一切都是建立在劳动人民巨大牺牲的基础之上。到武帝后期，"海内虚耗，户口减半"的颓象已经显现出来，社会矛盾和阶级矛盾的激化导致的农民起义的星星之火也不时在各地显现。董仲舒锐敏地看到土地兼并和奴婢急增引起的社会危机，又提出限田和限奴的建议："古井田法虽难卒行，宜少近古，限民名田，以澹不足，塞并兼之

① 《春秋繁露·度制》，电子版文渊阁四库全书。

路，盐铁皆归于民，去奴婢，除专杀之威。薄赋敛，省繇役，以宽民力，然后可善治也。"① 这个限田和限奴、盐铁归民、薄赋省役的建议，在武帝晚年部分得到推行，在一定程度上缓和了当时已经趋向尖锐的社会矛盾和阶级矛盾，并成为转向"昭宣中兴"的先导。这些思想和主张，在很大程度上都是儒家和孟子关于民本与"薄赋敛、省徭役"理念的继承和发扬。

另外，在义利观方面，董仲舒推出"义以为上"和"正其谊不谋其利"的命题，认为义和利的关系是辩证的，义以养心，利以养身，但应该以义统率利，而不应该唯利是图，更不应该为富不仁，"义之养生人，大于利而厚于财也"。他要求统治者做"义以为上"的表率，"显德以示民"②。这与孟子的义利观念如"君仁，莫不仁君义，莫不义"的思想是一致的。

总之，董仲舒推出的以经学命名的新儒学中，大量继承了孟子的思想和理念，是孟子思想在新形势下的进一步深化和发扬。

刘安（前 179—前 122 年），是西汉开国皇帝刘邦的孙子，在西汉前期的宗室贵族子弟中，他是最有学问的一个人。他周围召集了众多有学问的宾客，集体编著了《淮南子》一书。尽管该书被学界认定为西汉道家思想的代表作，但其受儒家，包括孟子的思想影响也是显著的。如吸取了儒家关于虚心纳谏的思想：

> 古者天子听朝，公卿正谏，博士诵诗，瞽箴师诵，庶人传语，史书其过，宰彻其膳。犹以为未足也，故尧置敢谏之鼓，舜立诽谤之木，汤有司直之人，武王立戒慎之鞀，过若毫厘而既已备之也。夫圣人之于善也，无小而不举；其于过也，无微而不改。尧、舜、禹、汤、文、武皆坦然天下而南面焉。③

---

① 班固：《汉书》卷二十四上《食货志》，中华书局 1962 年版，第 1137 页。
② 《春秋繁露·身之养重于义》，电子版文渊阁四库全书。
③ 《淮南子·主术训》，电子版文渊阁四库全书。

又如"民本"思想，它一方面要求国君为百姓创造一个良好的生产生活条件，"安民""足用""勿夺时"，使之"生不乏用，死不转尸"，过上安乐的生活；另一方面要求国君"省事""节欲""反性""去载"，从而做到"取民有度"，使之不会因为过度榨取而生"饥寒之患"：

食者，民之本也。民者，国之本也。国者，君之本也。是故人君者，上因天时，下尽地财，中用人力。是以群生遂长，五谷蕃植。教民养育六畜，以时种树，务修田畤，滋植桑麻，肥境高下，各因其宜。①

为治之本，务在于安民；安民之本，在于足用；足用之本，在于勿夺时；勿夺时之本，在于省事；省事之本，在于节欲；节欲之本，在于反性；反性之本，在于去载。去载则虚，虚则平。平者，道之素也；虚者，道之舍也。能有天下者，必不失其国；能有其国者，必不丧其家；能治其家者，必不遗其身；能修其身者，必不忘其心；能原其心者，必不亏其性；能全其性者，必不惑于道。②

人主租敛于民也，必先计岁而收，量民积聚，知饶馑有余不足之数，然后取车舆衣食供养其欲。

故有仁君明王，其取下有节，自养有度，则得承受于天地，而不离饥寒之患矣。③

再如顺民之性制定礼乐制度进行教化的思想：

圣人之治天下，非易民性也。拊循其所有而涤荡之，故因则大，化则细矣。……民有好色之性，故有大婚之礼，有饮食之性，故有大飨之谊；有喜乐之性，故有钟鼓筅弦之音；有悲哀之性，故有衰绖

---

① 《淮南子·诠言训》，电子版文渊阁四库全书。
② 《淮南子·主术训》，电子版文渊阁四库全书。
③ 《淮南子·主术训》，电子版文渊阁四库全书。

哭踊之节。故先王之制法也，因民之所好而为之节文者也。因其好
色而制婚姻之礼，故男女有别；因其喜音而正雅、颂之声，故风俗
不流；因其宁家室、乐妻子，教之以顺，故父子有亲；因其喜朋友
而教之以悌，故长幼有序。然后修朝聘以明贵贱，飨饮习射以明长
幼，时搜振旅以习用兵也，入学庠序以修人伦。此皆人之所有于性，
而圣人之所匠成也。故无其性，不可教训；有其性，无其养，不能
遵道。①

《淮南子》这里大讲了"民本""足用"和顺民之性制定礼乐制度进行教化
等儒家的政治思想，显示了它自觉或不自觉地向儒家思想的倾斜。

被誉为中国"史学之父"的司马迁（前145？—?）尽管特别钟情于
道家思想，但他认为治国理政必须儒道互补。他大量吸收了儒家尤其是孟
子的尊君、礼贤、民本、仁政、礼义廉耻、贵贱尊卑等理论，目的是期望
国家和社会在和谐有序的状态下运行。出于尊君和加强中央集权的理念，
他对刘邦剿灭异姓诸侯王的举措基本上持肯定态度，赞扬文、景、武数代
君王削弱同姓诸侯王的政策是"强本弱枝"所必须，同时对一些诸侯王的
死灭表示了批判的态度。

司马迁虽然极力维护皇帝的独尊和中央集权，但同时要求皇帝和各
级官府时刻将民本、仁政作为最核心的执政理念。他笃信孔子"导之以
政，齐之以刑，民免而无耻。导之以德，齐之以礼，有耻且格"的名言，
笃信老子"上德不德，是以有德；下德不失德，是以无德。法令滋章，盗
贼多有"的教诲，更接续孟子，猛烈谴责夏桀、商纣等独夫民贼的虐民害
物的暴政，借贾谊的《过秦论》，对秦始皇、秦二世残民以逞的酷烈政治
进行无情的鞭挞。对迷信长生之术、屡屡被骗、劳民伤财而迟迟不醒悟的
汉武帝施以辛辣的讽刺。在《史记·项羽本纪》中，他既充分肯定项羽世
罕其匹的军事才干和推翻秦朝的历史功绩，又毫不客气地指出其失败的根

---

① 《淮南子·泰族训》，电子版文渊阁四库全书。

本原因是"欲以力征经营天下",没有在政治上回应百姓的迫切要求。他专设《酷吏传》,一方面记载并批判酷吏草菅人命、对百姓肆意杀罚、滥施刑威的酷烈之行,另一方面也赞扬他们中的部分人"据法守正"的"伉直"品格。他专设《佞幸传》,记载并批判那些对国君溜须拍马、引导其骄奢淫逸的奸佞小人。专设《循吏传》,对那些"奉职循理""所居民富,所去见思,生有荣号,死见奉祀"的循吏,记载其事迹并加以衷心的颂扬。他感慨万端地说:"法令所以导民也,刑罚所以禁奸也。文武不备,良民惧然身修者,官未曾乱也。奉职循理,亦可以为治,何必威严哉?"①他为敢于顶住文帝压力、仅处罚犯跸惊皇帝车骑的人以金钱的廷尉张释之立传,称赞他"守法不阿意"的刚直之风。

司马迁钟情贤人理政,他说:"国之将兴,必有祯祥,君子用而小人退。国之将亡,贤人隐,乱臣贵。"②他极力赞扬子产、子贱、西门豹等作为贤人为官的政绩,说:"传曰:'子产治郑,民不能欺;子贱治单父,民不忍欺;西门豹治邺,民不敢欺。'三子之才能谁最贤哉?治者当能别之。"③而对李斯、蒙恬不顾百姓死活,助秦始皇为虐,则持鲜明的批判态度。

司马迁十分推崇礼在维系等级秩序中的作用。他解释礼的起源说:"礼由人起。人生有欲,欲而不得,则不能无忿,忿而无度,则争,争则乱。先王恶其乱,故制礼义以养人之欲,给人之求,使欲不穷于物,物不屈于欲,二者相待而长,是礼之所起也。"肯定礼的作用是"贵贱有等,长少有差,贫富轻重皆有称"。既满足人们的各种需求,又使这种满足符合"尊卑贵贱之序":

> 天尊地卑,君臣定矣。高卑已陈,贵贱位矣。④

---

① 司马迁:《史记》卷一百一十九《循吏列传》,中华书局 1959 年版,第 3099 页。
② 司马迁:《史记》卷五十《楚元王世家》,中华书局 1959 年版,第 1990 页。
③ 司马迁:《史记》卷一百二十六《滑稽列传》,中华书局 1959 年版,第 3213 页。
④ 司马迁:《史记》卷二十四《乐书》,中华书局 1959 年版,第 1194 页。

　　人道经纬万端，规矩无所不贯，诱进以仁义，束缚以刑罚，故德厚者位尊，禄重者宠荣，所以总一海内而整齐万民也。人体安驾乘，为之金舆错衡以繁其饰；目好五色，为之黼黻文章以表其能；耳乐钟磬，为之调谐八音以荡其心；口甘五味，为之庶羞酸咸以致其美；情好珍善，为之琢磨圭璧以通其意。故大路越席，皮弁布裳，朱弦洞越，大羹元酒，所以防其淫侈，救其彫敝。是以君臣朝廷尊卑贵贱之序，下及黎庶车舆衣服宫室饮食嫁娶丧祭之分，事有宜适，物有节文。①

司马迁由礼推至各种制度，认定制度的健全和有序运行是维持国家和社会正常秩序的必要条件。所有这些思想和观念，几乎都能从孟子那里找到契合点。

　　司马迁在孟学研究史上的最大贡献是为儒家代表人物孔子、孟子和荀子立传，《史记·孔子世家》《史记·孟子荀卿列传》是最早比较全面系统记载孔子、孟子和荀子生平事迹与思想学说的史学著作。从严格意义上讲，真正的孟子研究应该是从司马迁开始的。《史记·孟子荀卿列传》实际上是司马迁为稷下学宫作的学术专传，记载了几乎所有的稷下学宫的学者。该传虽然记载孟子的事迹并不多，却是最珍贵的原始资料之一，因为它记述了孟子最基本的史迹，将孟子的籍贯、师承、著作、思想要点、所处时代特点都讲清楚了，为后世的研究提供了最具史料价值的资料和线索。其中，司马迁特别重视孟子思想中的义利之辨，基本上抓住了孟子思想作为伦理本位的核心，是非常有见地的。

　　在汉昭帝始元六年（公元前81年）朝廷召开的著名"盐铁会议"上，从民间请来的60多位贤良文学齐集首都长安，与桑弘羊为代表的政府官员就国家一系列的大政方针，尤其是经济政策进行辩论。他们的很多观点阐发了儒家特别是孟子的许多理念。

---

① 司马迁：《史记》卷二十三《乐书》，中华书局1959年版，第1157—1158。

在这场具有重大思想史意义的辩论中，贤良文学祭起的法宝，一是仁义礼乐，二是重本抑末。你看，他们一出场，就高高举起了这两面旗帜，攻击政府实行的盐、铁官营、酒专卖以及均输等经济政策是"示民以利"，违背了"导民以德"和"以礼义防民欲"的儒家信条：

> 文学曰："礼义者，国之基也。而权利者，政之残也。孔子曰：'能以礼让为国乎？何有。'伊尹、太公以百里兴其君，管仲专于桓公，以千乘之齐，而不能至于王，其所务非也。故功名隳坏而道不济。当此之时诸侯莫能以德而争于公私，故以权相倾。今天下合为一家，利末恶欲行？淫巧恶欲施？大夫君以心计册国用，構构诸侯，参以酒榷，咸阳、孔仅增以盐、铁，江充、杨可之等，各以锋锐，言利末之事析秋毫，可谓无间矣。非特管仲设九府，徼山海也。然而国家衰耗，城郭空虚。故非崇仁义无以化民，非力本农无以富邦也。"①

> 文学对曰："窃闻治人之道，防淫佚之原，广道德之端，抑末利而开仁义，毋示以利，然后教化可兴，而风俗可移也。今郡国有盐、铁、酒榷、均输，与民争利。散敦厚之朴，成贪鄙之化，是以百姓就本者寡，趋末者众。夫文繁则质衰，末盛则本亏。末修则民淫，本修则民悫。民悫则财用足，民侈则饥寒生。愿罢盐、铁、酒榷、均输，所以进本退末，广利农业，便也。"

> 文学曰："夫道民以德，则民归厚，示民以利，则民俗薄。俗薄则背义而趋利，趋利则百姓交于道而接于市。老子曰：'贫国若有余。'非多财也，嗜欲众而民躁也。是以王者崇本退末，以礼义防民欲，实菽粟货财。市商不通无用之物，工不作无用之器。故商所以通郁滞，工所以备器械，非治国之本务也。"②

---

① 《盐铁论·轻重》，电子版文渊阁四库全书。
② 《盐铁论·本议》，电子版文渊阁四库全书。

　　贤良曰:"三代之盛无乱萌,教也。夏、商之季世无顺民,俗也。是以王者设庠序,明教化,以防道其民,及政教之洽,性仁而喻善。故礼义立,则耕者让于野,礼义坏,则君子争于朝。人争则乱,乱则天下不均,故或贫或富。富则仁生,澹则民争止。"

　　贤良曰:"……教之以德,齐之以利,则民从义而从善,莫不入孝出悌,夫何奢侈暴慢之有?"①

当桑弘羊提出由于对匈奴的战争需要这些经济政策支持时,贤良文学们又搬出"仁政,无敌于天下"的说辞应对,大谈以仁义和德行使"近者亲附"和"远者说服"的迂阔之论,高唱"善克者不战,善战者不师"的高调,同时在对待周边少数民族关系上坚持保守主义,反对用兵:

　　文学曰:"孔子曰:'有国有家者,不患寡而患不均,不患贫而患不安。'故天子不言多少,诸侯不言利害,大夫不言得丧,畜仁义以风之,广德行以怀之,是以近者亲附而远者说服。故善克者不战,善战者不师,善师者不陈。修之于庙堂,而折冲还师。王者行仁政,无敌于天下,恶用费哉?"②

　　文学曰:"古者天子之立于天下之中,县内方不过千里,诸侯列国,不及不食之地。《禹贡》至于五千里,民各供其君,诸侯各保其国。是以百姓均调而繇役不劳也。今推胡、越数千里,道路廻,远士卒劳罢。故边民有刎颈之祸,而中国有死亡之患。此百姓所以嚣嚣而不默也。夫治国之道,由中及外,自近者始。近者亲附,然后来还。百姓内足,然后邮外。……今中国弊落不忧,务在边境。意者地广而不耕,多种而不耨,费力而无功。"③

---

① 《盐铁论·授时》,电子版文渊阁四库全书。
② 《盐铁论·本议》,电子版文渊阁四库全书。
③ 《盐铁论·地广》,电子版文渊阁四库全书。

这些迂腐的书生们将"仁者无敌"的古训变成脱离了物质条件的符咒，正说明他们根本不了解实际行政的甘苦，不了解匈奴的实际情况，对边境地区汉匈对峙的形势更是一无所知，完全是想当然地侈谈儒家的那些与实际难以契合的信条，自然是南辕北辙了。当桑弘羊以"均有无而通万物"为他所重视的工商政策辩护时，贤良文学就将古代百姓最简陋刻苦的生活理想化，认为茅屋、布褐、土硎之外的生活设施都"无益于用"，都是一种"溢利"行为，统统都应该去掉。这其中自然不乏反对奢侈淫靡的成分，但总体倾向是反对经济的发展和追求提升生活质量的愿望。通篇充塞的是乐于清贫、甘于简陋的安于现状的不求进步的小农意识。这些观点显然已经与孟子希望百姓"乐岁终身饱，凶年免于死亡"的期许拉开了距离，几乎与墨子向最低生活水准看齐的观念同流了。由于贤良文学来自民间，对桑弘羊主持实施的经济政策的弊端还是有着较深切的了解，对这些政策给百姓造成的危害也有较清醒的认知，因此他们的揭示也给历史留下真切的纪录。不仅如此，贤良文学还对当时的贫富悬殊和社会不公以及上层达官显贵无以复加的奢靡之风有着比较贴近现实的认识，并通过一连串的对比发出强烈的谴责，表达了他们义愤填膺的愤激之情：

　　贤良曰："……古者，夫妇之好，一男一女，而成家室之道。及后，士一妾，大夫二，诸侯有侄娣九女而已。今诸侯百数，卿大夫十数，中者待御，富者盈室。是以女或旷怨失时，男或放死无匹。古者，凶年不备，丰年补败，仍旧贯而不改作。今工异变而吏殊心，怀败成功，以匿厥意。意极乎功业，务存乎面目。积功以市誉，不恤民之急。田野不辟，而饰亭落，邑居丘墟，而高其郭。古者，不以人力徇于禽兽，不夺民财以养狗马。是以财衍而力有余。今猛兽奇虫，不可以耕耘，而令当耕耘者养食之。百姓或短褐不完，而犬马衣文绣，黎民或糠糟不接，而禽兽食肉。古者，人君敬事爱下，使民以时，天子以天下为家，臣妾各以其时共公职，古今之通义也。今县官多畜奴婢，坐禀衣食，私作产业，为奸利，力作不尽，县官失实。百姓或无斗筲之储，官奴累百金。黎民昏晨不释事，奴婢垂拱遨游也。古者，亲近而疏远，贵所同而贱非类，不赏无功，不养无用。今蛮、貊无功，县官居肆，广屋大第，坐禀衣食。百姓或旦暮不澹，蛮夷或厌酒肉。黎民泮汗力作，令蛮夷交颈肆踞。……"①

进而，贤良文学对于武帝后期穷兵黩武加重百姓赋税徭役负担的举措同样加以愤怒的揭露和谴责：

> 今中国为一统，而方内不安，繇役远而外内烦也。古者无过年之繇，无踰时之役，今近者数千里，远者过万里，历二期。长子不还，父母愁忧，妻子咏叹，愤懑之恨发动于心，慕思之积痛于骨髓。②

同时对桑弘羊竭力颂扬的通过筑长城、拒敌万里外的"险固"观大张挞伐，极力鼓吹所谓"在德不在固"的"险固"观；彻底否定桑弘羊坚持的坚甲利兵说，将"道德为城""仁义为郭"的儒家信条推向极致，再一次展示了儒家知识分子对于"险固"的理想化但却完全脱离实际的偏颇。最后，贤良文学尖锐批判桑弘羊极力颂扬和坚持的"法势""甲兵"治国理民论，认为"法能刑人而不能使人廉，能杀人而不能使人仁"③。尽管刑罚具有"禁强暴"的功能，但只能是等而下之的德治教化的补充手段，只能为辅而不能为主。如果反其道而行之，收到的只能是国破家亡的结果：

> 文学曰："古者明其仁义之誓，使民不踰。不教而杀，是以虐也。与其刑不可踰，不若义之不可踰也。闻礼义行而刑罚中，未闻刑罚

---

① 《盐铁论·散不足》，电子版文渊阁四库全书。
② 《盐铁论·徭役》，电子版文渊阁四库全书。
③ 《盐铁论·申韩》，电子版文渊阁四库全书。

行而孝悌兴也。"①

　　文学曰："春夏生长，圣人象而为令。秋冬杀藏，圣人则而为法。故令者教也，所以导民人；法者刑罚也，所以禁强暴也。二者治乱之具，存亡之效也。在上所任，汤、武经礼义，明好恶，以导其民，刑罪未有所加，而民自行义，殷、周所以治也。上无德教，下无法则，任刑必诛，劓鼻盈蔂，断足盈车，举河以西不足以受天下之徒，终而以亡者，秦王也。非二尺四寸之律异，所行反古而悖民心也。"②

　　与桑弘羊鲜明的法家立场不同，贤良文学处处坚持儒家的鲜明立场，所以他们一方面对桑弘羊赞扬的商鞅、吴起等法家代表人物嗤之以鼻，攻击不遗余力，另一方面盛赞生于乱世的孔子，认为他"思尧、舜之道，东西南北，灼头濡足，庶几世主之悟"③的"知其不可而为之"的救世精神永远值得珍视和弘扬，同时对儒家心目中的圣贤尧、伊尹、管仲等人送上深情的颂歌：

　　文学曰："商鞅峭法长利，秦人不聊生，相与哭孝公。吴起长兵攻取，楚人骚动，相与泣悼王。其后楚日以危，秦日以弱。故利蓄而怨积，地广而祸构，在利用不竭而民不知，地尽西河而人不苦也。今商鞅之册任于内，吴起之兵用于外，行者勤于路，居者匮于室，老母号泣，怨女叹息。"④

　　文学曰："天下不平，庶国不宁，明王之忧也。上无天子，下无方伯，天下烦乱，圣贤之忧也。是以尧忧洪水，伊尹忧民，管仲束缚哦，孔子周流，忧百姓之祸而欲安其危也。是以负鼎俎、囚拘、匍匐以救之。故追亡者趋，拯溺者濡。今民陷沟壑，虽欲无濡，岂

---

① 《盐铁论·绍圣》，电子版文渊阁四库全书。
② 《盐铁论·大论》，电子版文渊阁四库全书。
③ 《盐铁论·大论》，电子版文渊阁四库全书。
④ 《盐铁论·非鞅》，电子版文渊阁四库全书。

得已哉?"①

总起来看，贤良文学虽然在政治思想上坚持了儒家的基本理念，对于汉武帝时期加强专制主义中央集权的政治经济政策弊端的揭示也颇具真知灼见，但由于他们固守原始儒学的信条而缺乏创新，因而很难突破董仲舒政治思想所达到的水平。并且，更因为他们几乎在所有问题上都否定桑弘羊的观点，致使他们将儒家的一些本来正确的思想观念也强调过头，显示了儒家知识分子"迂阔而远于事情"的尚空谈而不谙实际的缺陷。

刘向（前79—前8年），出身西汉宗室贵族，中国古典文献学的奠基人，西汉思想文化史上最博学的大学者，在经学、史学、文学、文献学等领域以及天文历法等自然科学方面均取得卓越成就，留下一大批著作。刘向的著作大部分散佚，今存者主要是《新序》《说苑》《列女传》及其他著作的辑本。这是研究他政治思想的主要依据。刘向的思想以儒家为主干，大量吸收了孟子的思想。其政治思想，似可以用"圣君""贤臣"概括，而"圣君""贤臣"的标准则是儒家的德治主义。这在他写的《战国策书录》对先秦至秦朝历史的述论有明确的阐发。在刘向看来，自西周至秦统一，中国出现的是伦理道德的逆向运动。越往后来，君德越浅薄，越是"无道德之教，仁义之化"，越是"化道浅薄，纲纪坏败"，而只能"任刑罚以为治，信小术以为道"，所以才会在不断的道德滑坡中出现秦始皇和秦二世这样的"恶魔"，酿成秦始皇"焚书坑儒"的惨剧。这样的认识自然是一种偏见，但却是汉以后不少思想家的共识，因为他们往往将中国历史上道德的黄金时代推向三皇五帝和夏、商、周三代，从而树立起黄帝、尧、舜、禹、汤、文、武、周公、孔子的圣人谱系。这个谱系，由孟子开其端，最后由唐代的韩愈梳理定格。

刘向理想的政治，首先是有一位占据道德制高点的"圣君"，一位"无为""博爱""任贤""容众""寡为"、广开言路、虚心纳谏、博采众长、

---

① 《盐铁论·论儒》，电子版文渊阁四库全书。

"踔然独立"、允文允武、敬下亲民的明君：

> 晋平公问于师旷曰："人君之道，如何？"对曰："人君之道，清净无为，务在博爱，趋在任贤；广开耳目，以察万方；不固溺于流俗，不拘系于左右；廓然远见，踔然独立；屡省考绩，以临臣下。此人君之操也。"平公曰："善。"
>
> 齐宣王谓尹文曰："人君之事，何如？"尹文对曰："人君之事，无为而能容下。夫事寡易从，法省易因，故民不以政获罪也。大道容众，大德容下，圣人寡为而天下理矣。……宣王曰："善。"
>
> 成王封伯禽为鲁公，召而告之曰："尔知为人上之道乎？凡处尊位者，必以敬下，顺德规谏，必开不讳之门，撙节安静以藉之。谏者勿振以威，母格其言，博采其辞，乃择可观。夫有文无武，无以威下；有武无文，民畏不亲。文武俱行，威德乃成；既成威德，民亲以服。清白上通，巧佞下塞，谏者得进，忠信乃畜。"伯禽再拜受命而辞。①

这个"圣君"、明君，必须以"民本"作为自己治国理政的出发点和落脚点，"以百姓为天"，对他们"富之""教之"，进而使百姓对自己的君王"与之""辅之"，而不是"非之""背之"：

> 齐桓公问管仲曰："王者何贵？"曰："贵天。"桓公仰而视天。管仲曰："所谓天者，非谓苍苍莽莽之天也。君人者，以百姓为天。百姓与之则安，辅之则强，非之则危，背之则亡。《诗》云：'人之无良，相怨一方。'民怨其上，不遂亡者，未之有也。"
>
> 河间献王曰："管子称：'仓廪实，知礼节；衣食足，知荣辱。'夫谷者，国家所以昌炽，士女所以姣好，礼义所以行，而人心所以

---

① 刘向：《说苑》卷一《君道》，电子版文渊阁四库全书。

安也。《尚书》五福以富为始。子贡问为政，孔子曰：'富之。'既富，乃教之也。此治国之本也。①

这样的明君，在孟子那里已经具备雏形。刘向的论述进一步明确具体了。刘向甚至认为，得不到百姓拥护，"纵淫"而"弃天地之性"的无良君王，被百姓驱逐也是罪有应得。那个卫献公之被逐，就是"百姓绝望"的结果。因为民是国本，所以必须设身处地为民着想，关心他们的饥寒、狱讼以及才尽其用等等切身利益。这方面最具代表性的人物是尧和周公：

> 河间献王曰："尧存心于天下，加志于穷民，痛万姓之罹罪，忧众生之不遂也。有一民饥，则曰：'此我饥之也。'有一人寒，则曰：'此我寒之也。'一民有罪，则曰：'此我陷之也。'仁昭而义立，德博而化广，故不赏而民劝，不罚而民治。先恕而后教，是尧道也。"

> 周公践天子之位，布德施惠，远而逾明。十二牧，方三人，出举远方之民，有饥寒而不得衣食者，有狱讼而失职者，有贤才而不举者，以入告乎天子。天子于其君之朝也，揖而进之曰："意，朕之政教有不得者与？何其所临之民有饥寒不得衣食者，有狱讼而失职者，有贤才而不举者也？"②

> 圣人之于天下百姓也，其犹赤子乎！饥者则食之，寒者则衣之，将之养之，育之长之，唯恐其不至于大也。③

这个"圣君"、明君，必须"得贤材以自辅，然后治"。他引伊尹对商汤说的一段话，说明"慎于择士，务于求贤"的重要性：

> 王者得贤材以自辅，然后治也。虽有尧、舜之明而股肱不备，

---

① 刘向：《说苑》卷三《建本》，电子版文渊阁四库全书。
② 刘向：《新序》卷一，电子版文渊阁四库全书。
③ 刘向：《新序》卷一，电子版文渊阁四库全书。

则主恩不流，化泽不行。故明君在上，慎于择士，务于求贤。设四佐以自辅，有英俊以治官。尊其爵，重其禄，贤者进以显荣，罢者退而劳力。是以主无遗忧，下无邪慝；百官能治，臣下乐职；恩流群生，润泽草木。昔者虞舜左禹右皋陶，不下堂而天下治，此使能之效也。①

接着，他引晏婴的一段话，将不用贤提升至"三不祥"的高度："国有三不祥……夫有贤而不知，一不祥；知而不用，二不祥；用而不任，三不祥也。"刘向尽管不厌其烦地阐发德治的重要性，但也不是绝对排斥"刑"，而是肯定刑、诛对惩恶的必要性，他只是将治国的重点落实到德化上。而德化的治国原则归结到最后一点，就是爱民，给百姓看得见的实实在在的利益，这就必须实行轻徭、薄赋、节俭、省刑、赏罚公平、进贤去不肖等一系列的惠民政策。

刘向特别谈到尊贤、用贤、重贤在治国理政中的重要性："谗邪进则众贤退，群枉盛则正士消。"②他的《新序》《说苑》几乎录入了五帝、夏、商、周三代至春秋战国两千多年来君王们尊贤、用贤、重贤的所有故事。其中尤其对黄帝、尧、舜、禹、汤、文、武、周公、孔子等礼贤的事迹和箴言，更是不厌其烦地赞扬和渲染。他大谈尊贤、用贤、重贤的重要意义：

夫明王之施德而下下也，将怀远而致近也。夫朝无贤人，犹鸿鹄之无羽翼也，虽有千里之望，犹不能致其意之所欲至矣。是故游江海者托于船，致远道者托于乘，欲霸王者托于贤。伊尹、吕尚、管夷吾、百里奚，此霸王之船、乘也。释父兄与子孙，非疏之也；任庖人、钓屠与仇雠、仆虏，非阿之也；持社稷、立功名之道，不得不

---

① 刘向：《新序》卷一，电子版文渊阁四库全书。
② 董治安主编：《两汉全书》第 9 册，山东大学出版社 2009 年版，第 4895 页。

然也。犹大匠之为宫室也，量小大而知材木矣，比功校而知人数矣。是故吕尚聘而天下知商将亡，而周之王也；管夷吾、百里奚任，而天下知齐、秦之必霸也，岂特船、乘哉！夫成王霸固有人，亡国破家亦固有人。桀用有辛，纣用恶来，宋用唐鞅，齐用苏秦，秦用赵高，而天下知其亡也。非其人而欲有功，譬其若夏至之日而欲夜之长也，射鱼指天而欲发之当也，虽舜、禹犹亦困，而又况乎俗主哉！①

刘向列举大量史实，证明尊贤而国兴、用佞而国亡的道理。再进一步，他要求君王在尊贤的前提下，不拘一格地招揽贤能之士，"周公旦白屋之士所下者七十人，而天下之士皆至；晏子所与同衣食者百人，而天下之士亦至；仲尼脩道行，理文章，而天下之士亦至矣"。尤其重要的，是能够慧眼识人，将那些处于卑贱地位的贤能之士简拔出来，安排到适宜发挥他们才干的岗位上，使他们发挥榜样的力量，吸引更多的贤才。最后，刘向认为，君王要想吸引更多的贤才，最重要的是自己必须是个明君，在贤才面前放低身段，自谦自让，"满而不溢"："高上尊贤，无以骄人；聪明圣智，无以穷人；资给疾速，无以先人；人刚毅勇猛，无以胜人。不知则问，不能则学。虽智必质，然后辩之；虽能必让，然后为之。故士虽聪明圣智，自守以愚；功被天下，自守以让；勇力距世，自守以怯；富有天下，自守以廉。此所谓高而不危，满而不溢者也。"②他以周公为例，说明自谦自让、"满而不溢"的重要性：

> 周公摄天子位七年，布衣之士执贽所师见者十二人，穷巷白屋所先见者四十九人，时进善者百人，教士者千人，官朝者万人，当此之时，诚使周公骄而且吝，则天下贤士至者寡矣。苟有至，则必贪而尸禄者也。尸禄之臣，不能存君矣。③

---

① 刘向：《说苑》卷八《尊贤》，电子版文渊阁四库全书。
② 刘向：《说苑》卷十《敬慎》，电子版文渊阁四库全书。
③ 刘向：《说苑》卷八《尊贤》，电子版文渊阁四库全书。

总起来看，与董仲舒比，刘向在思想上虽然没有多少创见，但他作为当时学识最渊博的学者，留下堪比司马迁之外的汉代任何学者的众多著作。既精心梳理了正、反两方面的政治经验，又集中阐发了以儒家学说为主，综合道、法学说的圣君贤臣理论，使中国传统思想中的民本观念、德化意识和德、刑互补理论更加系统与凸显，这些珍贵的资料对后世中国各王朝的政治思想建设产生了巨大而深远的影响。特别值得提及的，是他在韩婴之后，将《韩诗外传》记述的孟子的故事做了进一步的系统和条理化。如"断机杼""孟母三迁"和阻止孟子出妻的故事，较《韩诗外传》的记述显然更加增强了故事性、合理性和感染力。更可贵的是，刘向在《列女传·邹孟轲母》中，收录了一个"孟母三迁"的故事，将孟母作为一个伟大教育家的形象生动展现出来了。刘向的儿子刘歆是西汉末年学识最渊博的学者之一。他继承自己老子的思想和学问，在文献学和版本目录学方面都取得了划时代的成就。他在政治上主张儒法互补，既弘扬了孔孟的德治理念，也坚持了法家的纲纪意识，接近荀子的思想，其实是对孔、孟、荀三位儒学大师的综合继承。

扬雄（前53—18年），字子云，蜀郡成都（今四川郫县）人，也是西汉末年的重要思想家。他写了阐述自己哲学思想，特别是宇宙观的《太玄》和阐述自己社会政治理想的《法言》。他确立了尊儒宗孔的思想宗旨，认定"通天地人曰儒"[1]，只有孔子之道才是"关百圣而不惭，蔽天地而不耻"[2]的绝对真理。而在诸子中，只有孟子和荀子与孔子不异，是孔子思想的真正继承者，所以孟、荀高于诸子。他特别赞扬孟子"勇于义而果于德，不以贫富贵贱死生动其心"[3]。认为孟子是实践儒家"内圣外王"的典型："或问：孟子知言之要，知德之奥？曰：非苟知之，亦允蹈之。"[4]扬雄的政治思想总体倾向于儒家学说，而对于法家学说，总体上持排拒态度，

① 扬雄：《法言》卷十二《君子》，《诸子集成》7，上海书店1986年影印版，第39页。
② 扬雄：《法言》卷十二《五百》，《诸子集成》7，上海书店1986年影印版，第22页。
③ 扬雄：《法言·渊骞》，《诸子集成》7，上海书店1986年影印版，第33页。
④ 扬雄：《法言·君子》，《诸子集成》7，上海书店1986年影印版，第37页。

斥责"申、韩之术，不仁之至"①，因而笃信仁、义、礼、智、信等儒家的基本理念：

> 或问"仁、义、礼、智、信"之用。曰："仁，宅也。义，路也。礼，服也，智，烛也。信，符也。处宅，由路，正服，明烛，执符，君子不动，动斯得矣。"②

所以，最后，他的政治理念还是落实到儒家的"民本"，要求发展生产，关心百姓疾苦，使社会上的各类人群都得到妥善安排，生、老、病、死都得到妥善照顾。而所有这一切的民生安排，都是在"贵贱有等"的大前提下进行，"同贫富，等贵贱"的意识在他那里是压根不存在的：

> 或问："何以治国？"曰："立政。"曰："何以立政？"曰："政之本，身也。身立则政立矣。"或问："为政有几？"曰："思斁。"或问"思斁"。曰："昔在周公，征于东方，四国是王；召伯述职，蔽芾甘棠，其思矣夫！齐桓欲径陈，陈不果内，执辕涛途，其斁矣夫！於戏！从政者审其思斁而已矣。"或问"何思何斁？"曰："老人老，孤人孤，病者养，死者葬，男子亩，妇人桑之谓思。若污人老，屈人孤，病者独，死者逋，田亩荒，杼轴空之谓斁。"③
>
> 或曰："人有齐死生，同贫富，等贵贱，何如？"曰："作此者，其有惧乎？信死生齐，贫富同，贵贱等，则吾以圣人为嚣嚣。"④

这些理念显然是孔子、孟子思想的创造性继承。

东汉时期，对孟子的研究较西汉有了新的进展，突出表现就是为

---

① 扬雄：《法言》卷四《问道》，《诸子集成》7，上海书店 1986 年影印版，第 12 页。
② 扬雄：《法言》卷三《修身》，《诸子集成》7，上海书店 1986 年影印版，第 7 页。
③ 扬雄：《法言》卷九《先知》，《诸子集成》7，上海书店 1986 年影印版，第 25 页。
④ 扬雄：《法言》卷十二《君子》，《诸子集成》7，上海书店 1986 年影印版，第 39 页。

《孟子》作注的著作开始出现。最早为《孟子》作注的是章帝时期的豫章南昌（今江西南昌）人程曾，其后又有郑玄、刘熙、高诱、赵岐等人，流传下来的只有赵岐的《孟子章句》。另外，王充、班固、王符、仲长统、徐干等学者也与孟学有着密切的关系，他们的著作中所展示的理论趋向明显受孟子思想的影响。

王充（27—79年），会稽上虞（今属浙江）人，是杰出的唯物论思想家。他有疑古精神，喜欢标新立异，大胆直言。其代表作《论衡》中有《问孔》《刺孟》两篇文章，对《论语》和《孟子》中的一些细枝末节提出不同的看法：

> 孟子见梁惠王。王曰："叟，不远千里而来，将何以利吾国乎？"孟子曰："仁义而已，何必曰利？"夫利有二：有货财之利，有安吉之利。惠王曰"何以利吾国？"何以知不欲安吉之利？而孟子径难以货财之利也？《易》曰："利见大人，利涉大川，乾元亨利贞。"《尚书》曰："黎民亦尚有利哉！"皆安吉之利也。行仁义得安吉之利。孟子不且语问惠王"何谓利吾国？"，惠王言财货之利，乃可答。若设令惠王之问，未知何趣，孟子径答以货财之利。如惠王实问货财，孟子无以验效也。如问安吉之利，而孟子答以货财之利，失对上之旨，违道理之实也。①

这里，王充将"利"分为"安吉之利"和"货财之利"，诘问孟子没有分清两种利。其实，孟子指责惠王的利是指与仁义对立的私利，并不包括与仁义相近的安吉之利，这在孟子和惠王都是明白的，所以王充对孟子的责难实在是无的放矢。而实际上，他一方面承认孔子、孟子是圣贤和大才，一方面在许多方面认同和赞扬孔子孟子的观点。如在《论衡·命禄》中，他就承认"孔子圣人，孟子贤者"。又如在《论衡·逢遇》中，他说："或

---

① 王充：《论衡·刺孟》，《诸子集成》7，上海书店1986年影印版，第100页。

以圣贤之臣，造欲为治之君，而终有不遇，孔子、孟轲是也。孔子绝粮陈、蔡，孟轲困于齐、梁，非时君不用善也，才下知浅，不能用大才也。"承认孔子孟子是"大才"。他在《论衡》的一些篇章中就承认道德、制度和法纪的作用。在《本性篇》中，他说：

> 情性者，人治之本，礼乐所由生也。故原情性之极，礼为之防，乐为之节。性有卑谦辞让，故制礼以适其宜；情有好恶喜怒哀乐，故作乐以通其敬。礼所以制，乐所为作者，情与性也。①

由此出发，王充对韩非坚持"明法尚功"而卑薄礼义作用的极端片面的理论进行了猛烈批判。他指出："夫儒生，礼义也；耕战，饮食也。贵耕战而贱儒生，是弃礼义，求饮食也。使礼义废，纲纪败，上下乱而阴阳缪，水旱失时，五谷不登，万民饥死，农不得耕，士不得战也。……故以旧防为无益而去之，必有水灾；以旧礼为无补而去之，必有乱患。"②他进一步肯定儒者和礼义的作用说：

> 儒者之在世，礼义之旧防也，有之无益，无之有损。庠序之设，自古有之，重本尊始，故立官置吏。官不可废，道不可弃。儒生，道官之吏也，以为无益而废之，是弃道也。夫道无成效于人；成效者，须道而成。然足蹈路而行，所蹈之路，须不蹈者；身须手足而动，待不动者，故事或无益而益者须之，无效而效者待之。儒生，耕战所须待也；弃而不存，如何也？韩子非儒，谓之无益有损，盖谓俗儒无行操，举措不重礼，以儒名而俗行，以实学而伪说，贪官尊荣，故不足贵。夫志洁行显，不徇爵禄，去卿相之位，若脱躧者，居位治职，功虽不立，此礼义为业者也。国之所以存者礼义也；民无

---

① 王充：《论衡·本性》，《诸子集成》7，上海书店 1986 年影印版，第 28 页。
② 王充：《论衡·非韩》，《诸子集成》7，上海书店 1986 年影印版，第 95 页。

礼义，倾国危主。今儒者之操，重礼爱义，率无礼之士，激无义之人，人民为善，爱其主上，此亦有益也。①

这实际上就是承认，治国虽然离不开制度和法纪，但决不能放弃礼义这些儒家的基本理念。接着，他就强调治国必须"德""力"双举，使二者各有侧重，互为补充，互相支持，才能立于不败之地。这一切都表明，王充的政治思想基本上没有脱离孔孟之道。

班固（32—92年）字孟坚，是班彪的长子，他们父子是东汉初年最有学问的佼佼者中的名角。班固写了《汉书》，开创了中国纪传体断代史的先河。他的思想继承了孔孟儒学的基本理念，并通过《汉书》展现出来。例如，他也明确肯定礼乐刑罚等制度和法纪对治国理民不可或缺的作用：

《六经》之道同归，而《礼》《乐》之用为急。治身者斯须忘礼，则暴嫚入之矣；为国者一朝失礼，则荒乱及之矣。人函天地阴阳之气，有喜怒哀乐之情。天禀其性而不能节也。圣人能为之节而不能绝也，故象天地而制礼乐，所以通神明，立人伦，正情性，节万事者也。人性有男女之情，妒忌之别，为制婚姻之礼；有交接长幼之序，为制乡饮之礼；有哀死思远之情，为制丧祭之礼；有尊尊敬上之心，为制朝觐之礼。哀有哭踊之节，乐有歌舞之容，正人足以副其诚，邪人足以防其失。故婚姻之礼废，则夫妇之道苦，而淫辟之罪多；乡饮之礼废，则长幼之序乱，而争斗之狱蕃；丧祭之礼废，则骨肉之恩薄，而背死忘先者众；朝聘之礼废，则君臣之位失，而侵陵之渐起。故孔子曰："安上治民，莫善于礼，移风易俗，莫善于乐。"礼节民心，乐和民声，政以行之，刑以防之。礼乐政刑四达而不悖，则王道备矣。②

---

① 王充：《论衡·非韩篇》，《诸子集成》，上海书店1986年影印版，第95页。
② 班固：《汉书》卷二十二《礼乐志》，中华书局1962年版，第1027—1028页。

夫人宵天地之貌，怀五常之性，聪明精粹，有生之最灵者也。爪牙不足以供耆欲，趋走不足以避利害，无毛羽以御寒暑，必将役物以为养。任智而不恃力，此其所以为贵也。故不仁爱则不能群，不能群则不胜物，不胜物则养不足。群而不足，争心将作，上圣卓然先行敬让博爱之德者，众心说而从之。从之成群，是为君矣；归而往之，是为王矣。《洪范》曰："天子作民父母，为天下王。"圣人取类以正名，而谓君为父母，明仁爱德让，王道之本也。爱待敬而不败，德须威而久立，故制礼以崇敬，作刑以明威也。圣人既躬明悊之性，必通天地之心，制礼作教，立法设刑，动缘民情，而则天象地。故曰先王立礼，"则天之明，因地之性"也。刑罚威狱，以类天之震曜杀戮也；温慈惠和，以效天之生殖长育也。《书》云"天秩有礼"，"天讨有罪"。故圣人因天秩而制五礼，因天讨而作五刑。大刑用甲兵，其次用斧钺；中刑用刀锯，其次用钻凿；薄刑用鞭扑，大者陈诸原野，小者致之市朝，其所繇来者上矣。[1]

班固显然认识到，礼、乐、政、刑对于治理国家和社会的重要作用，礼乐，包括道德，是从教化入手，对百姓进行潜移默化的精神化育，而刑政则是以强制的制度和法纪，规范百姓的言行，从而保证国家和社会安定有序的运行。这些观点基本上都是儒家基本理念的复述和创新弘扬。班固撰写的《汉书》，大量篇幅记述的是从帝王将相到士、民、工、商以及游侠等各类人物的生平事迹，其中的重点是帝王和他的各级官吏，从中可以看出他对皇帝和官吏的道德、才智以及能力等的要求。例如，他认为一个明君应该是雄才大略、英武明断、慧眼识才、爱才用才、善驭臣下、善待百姓、知错必改、自奉简约等。在他看来，西汉十多个皇帝没有一个完全达到他设定的标准，所以，他对每个皇帝的评价，只是突出某个或某几个方面，而对一些所谓昏君，他也能毫不客气地加以谴责。如对文帝，主要表

---

[1]　班固：《汉书》卷二十三《刑法志》，中华书局1962年版，第1079—1080页。

彰他的节俭、宽仁和以德化民等几个方面。而对武帝，尽管高度肯定了他的文治武功，但对他的奢侈享乐则予以负面评价。昭、宣两代皇帝承武帝好大喜功、大作大为之后"海内虚耗，户口减半"的政况国势，君臣同心，上下一致，努力恢复文、景时期的与民休息政策，使一度危殆的形势重新稳定下来，创造了汉王朝的中兴气象，所以得到班固由衷的赞誉。对于元帝，班固仅仅肯定他"多材艺，善史书"以及音乐方面的天赋，同时对他"牵制文义，优游不断"，无所作为，导致昭宣之业的衰败则大有微词。对于成帝，也只说他"善修容仪"，有所谓"穆穆天子之容"，对他"湛于酒色"，使"赵氏乱内，外家擅朝"，最后种下王莽篡政的祸根则大加谴责。班固认定，国家政治的好坏，对社会和民众治理的优劣，皇帝是无可争辩的第一责任人，是功别人夺不去，是祸更难辞其咎，所以，他通过对皇帝的评判彰显自己的明君意识。

班固同时认定，好皇帝固然重要，但皇帝的意志必须通过自上而下的众多臣子贯彻执行，所以有没有一支良好的官吏队伍对吏治的好坏更是至关重要。从一定意义上讲，他《汉书》中的《本纪》和人物传，都是在探索君臣关系，特别是探索什么样的君臣关系能够促进盛世的出现。在《汉书·公孙弘卜式儿宽传》的"赞曰"中，他对武帝和昭、宣时代的人才之盛发出了由衷的赞美，认为这是构成西汉鼎盛时代的最重要的原因。与明君相对应，班固认为良臣也自有其标准。从他对一些良臣的评判看，他心目中的良臣起码是对君王忠贞，对国事鞠躬尽瘁，关心百姓疾苦，刚正不阿、严正执法、清正廉明、自奉简约，道德行止足可为民表率。依照这个标准，他对那些勋业卓著的功臣宿将和政绩显著、品格优异的清官廉吏大加表彰，而对那些欺君篡政、贪残害民的奸臣、佞臣、酷吏则大张挞伐。班固坚持的这些明君贤臣的标准和他对君主和臣子的评论，显然都是孔子和孟子反复论证过的标准在写史过程中的创造性运用，说明孔孟的思想已经溶化在他的思想深处了。

东汉后期，随着外戚和宦官交替擅权所造成的政治黑暗日甚一日，在知识分子中涌现出一批批判现实的著名思想家，王符、仲长统和徐干等是他们的杰出代表。他们以传统儒家思想为武器，一方面猛烈批判东汉的黑暗政治，一方面推出治国理政的方案，将孔孟思想的精华作了创造性的发挥和弘扬。

王符（约85—162年）字节信，安定临泾（今甘肃镇原）人。一生不仕，潜心学问，写出了中国思想史上具有代表性的著作《潜夫论》。王符对人与自然（天、地）的关系作了具有相当辩证意义的理解。认为人虽是自然不断运动变化的产物，但人一旦产生出来，她又有着自己的主观能动性，与天地有着不同的运动空间和运动方式，这就是"天道日施，地道日化，人道日为"。由于他认定"人道日为"，更由于他钟情儒家的政治理念，所以，他就认定君王治民的最根本原则就是道、德、教、化：

> 人君之治，莫大于道，莫盛于德，莫美于教，莫神于化。道者，所以持之也；德者，所以苞之也；教者，所以知之也；化者，所以致之也。民有性，有情，有化，有俗。情、性者，心也，本也；化、俗者，行也，末也。末生于本，行起于心。是以上君抚世，先其本而后其末，慎其心而理其行。心精苟亡，则奸匿无所生，邪意无所载矣。①

道、德、教、化最后归结为"治民心"，"化变民心也，犹正变民体也"，"是故上圣常不务治民事而务治民心"。这种将"治民心"先于治民事的理念，尽管在物质和精神的关系上有颠倒之嫌，但却是儒家一贯的传统思维。而在王符看来，民心能否治好，世俗民风能否良好，关键在君王的所作所为：

> 是故世之善否，俗之薄厚，皆在于君。上圣和气以化民心，正表仪以率群下，故能使民比屋可封，尧、舜是也。其次躬道德而敦

---

① 王符：《潜夫论》卷八《德化第三十三》，电子版文渊阁四库全书。

慈爱，美教训而崇礼让，故能使民无争心而致刑措，文、武是也。其次明好恶而显法禁，平赏罚而无阿私，故能使民辟奸邪而趋公正，理弱乱以致治强，中兴是也。治天下，身处污而放情，怠民事而急酒乐，近顽童而远贤才，亲谄谀而疏正直，重赋税以赏无功，妄加喜怒以伤无辜，故能乱其政以败其民，弊其身以丧其国者，幽、厉是也。①

正因为如此，王符对君王提出了非常高的要求。他认为，君王必须是道德学问皆可成为官民表率的"圣人"，为此，君王必须虚心向学：

天地之所贵者人也，圣人之所尚者义也，德义之所成者智也，明智之所求者学问也。虽有至圣，不生而智；虽有至材，不生而能。故志曰：黄帝师风后，颛顼师老彭，帝喾师祝融，尧师务成，舜师纪后，禹师墨如，汤师伊尹，文武师姜尚，周公师庶秀，孔子师老聃。若此言之而信，则人不可以不就师矣。夫此十一君者，皆上圣也，犹待学问，其智乃博，其德乃硕，而况于凡人乎？②

君王只有虚心向学才能"明智"，不唯如此，君王要想成为明君，更必须"通聪兼听"，即不仅听取最亲近的贵臣亲信的意见，更要听取疏远而卑贱者的意见，让各色人通过不同的方式、不同的途径，将真实的意见反映上来。同时，明君还有一个重要的表征，就是"尊贤任能，信忠纳谏"。这其中，一要谨慎选举，通过"贡士"选拔贤才；二要注重考功，通过严格有效的考绩辨明各级官吏的德才智能，以便升陟黜赏：

圣王之建百官也，皆以承天治地，牧养万民者也。是故有号者

---

① 王符：《潜夫论》卷八《德化第三十三》，电子版文渊阁四库全书。
② 王符：《潜夫论》卷一《赞学第一》，电子版文渊阁四库全书。

必称于名，典理者必效于实，则官无废职，位无非人。夫守相令长，
效在治民；州牧刺史，在悉聪明，九卿分职，以佐三公；三公总统，
典和阴阳；皆当考治以效实为王休者也。侍中、大夫、博士、议郎，
以言语为职，谏诤为官。及选茂才、孝廉、贤良方正、惇朴、有道、
明经、宽博、武猛、治剧，此皆名自命而号自定，群臣所当尽情竭
虑称君诏也。①

王符热切期望出现一个"君明""臣正""百姓化""奸匿绝"的美好社会：

是故明君临众，必以正轨，既无厌有，务节礼而厚下，复德而
崇化，使皆阜于养生而竞于廉耻也。是以官长正而百姓化，邪心黜
而奸匿绝，然后乃能协和气而致太平也。《易》曰："圣人养贤，以
及万民。"国以民为本，君以臣为基。基厚，然后高能可崇也；马肥，
然后远能可致也。人君不务此而欲致六平，此犹薄趾而望高墙，骥
瘫而责远道，其不可得也必矣！②

这种社会理想显然与孔子孟子阐述的"老安少怀"的仁政理想是相通的。
王符政治思想中最珍贵的是他的"民本"理念。请看他的论证：

凡人君之治，莫大于和阴阳。阴阳者以天为本，天心顺则阴阳
和，天心逆则阴阳乖。天以民为心，民安乐则天心顺，民愁苦则天
心逆。民以君为统，君政善则民和治，君政恶则民冤乱。君以得臣
为本，臣忠良则君政善，臣奸枉则君政恶。得臣以选为本，选举实
则忠贤进，选虚伪为则邪党贡。选以法令为本，法令正则选举实，
法令诈则选虚伪。法以君为主，君信法则法顺行，君欺法则法委弃。

---

① 王符：《潜夫论》卷二《思贤第八》，电子版文渊阁四库全书。
② 王符：《潜夫论》卷二《班禄第十五》，电子版文渊阁四库全书。

君臣法令之功，必效于民。故君臣法令善则民安乐，民安乐则天心
慰，天心慰则阴阳和，阴阳和则五谷丰，五谷丰而民眉寿，民眉寿
则兴于义，兴于义而无奸行，无奸行则世平，而国家宁、社稷安，
而君尊荣矣。是故天心、阴阳、君臣、民氓、善恶相辅至而代相征
也夫。夫民者国之基也，君者民之统也，臣者治之材也。工欲善其
事，必先利其器。是故将致太平者，必先调阴阳；调阴阳者，必先
顺天心；顺天心者，必先安其民；安其民者，必先审择其人。是故国
家存亡之本，治乱之机，在于明选而已矣。圣人知之，故以为黜陟
之首。①

且夫国以民为基，贵以贱为本。是以圣王养民，爱之如子，忧
之如家，危者安之，亡者存之，救其灾患，除其祸乱。②

王符这里论述了天、君、民、臣的关系，其最重要的结论则是"天以民为
心"和"民者国之基"。他的民本思想最后归结为"力田所以富国"，因
而要求"明君蒞国，必崇本抑末，以遏乱危之萌"。而为了能够使民"力
田"，最重要的是保证民有充裕的生产时间，因而提出"爱日"之说：

国之所以为国者，以有民也。民之所以为民者，以有谷也。谷
之所以丰殖者，以有人功也；功之所以能建者，以日力也。治国之日
舒以长，故其民闲暇而力有余；乱国之日促以短，故其民困务而力
不足。③

为了保证民有充裕的生产时间，最根本的条件是"君明察""臣循正"，政
治清明，赋役轻而均平。王符深情呼唤君王"为民爱日"："孔子称庶则富
之，既富则教之。是故礼义生于富足，盗贼起于贫穷；富足生于宽暇，贫

---

①　王符：《潜夫论》卷二《本政第九》，电子版文渊阁四库全书。
②　王符：《潜夫论》卷五《救边第二十二》，电子版文渊阁四库全书。
③　王符：《潜夫论》卷四《爱日第十八》，电子版文渊阁四库全书。

穷起于无日。圣人深知力者乃民之本也而国之基也，故务省役而为民爱日。"这些观点，正是孟子民本思想和"制民恒产"与"百亩之田，勿夺其时"理念的具体应用和弘扬。

徐干（171—218 年），字伟长，北海剧（今山东昌乐西）人。他留下《中论》一书，该书内容丰富，涉及生命观、富贵观、言论观、辩论观以及学习的意义和方法等许多问题，但比较集中的还是对清明政治和君子人格修养的论述。在他看来，政治清明与否关键在于国君是英明还是愚暗，二者的区分在于是"务本"还是"详于小事而略于大道，察于近物而暗于远数"①。一个英明的君主必须眼光远大，胸怀四海，其所务必在"大道、远数"：

> 为仁足以覆帱群生，惠足以抚养百姓，明足以照见四方，智足以统理万物，权足以变应无端，义足以阜生财用，威足以禁遏奸非，武足以平定祸乱；详于听受，而审于官人；达于兴废之原，通于安危政分。如此，则君道毕矣。②

这就是说，一个英明的君主必须致力于中正之道和长远谋略。为此，要求他们仁德足以覆盖生民，慈惠足以抚养百姓，光明足以照耀四方，智慧足以管理万物，机变足以应付无穷变化，道义足以丰富财物器用，威严足以应付奸邪不法，雄武足以敉平灾祸混乱。同时，还要求他们明达国家治乱兴废的原因，熟知社会安定与危殆的区别。而且，他还应该能够虚心详尽地听取他人的意见，审慎地选取和任用人才。这里，徐干为他心目中的"圣明天子"立下了一个标准。这个标准基本上涵盖了传统儒学对一个英明君主的要求，其中包括了他的品格修养、智慧才能、威严气度和用人准则。徐干明白，尽管一个"务本"的"圣明天子"是清明政治的首要条

---

① 王符：《潜夫论》卷四《爱日第十八》，电子版文渊阁四库全书。
② 徐干：《中论·务本》，电子版文渊阁四库全书。

件，但一个清明政府的运作却必须有成千上万的贤才组成的官吏队伍去完成，所以，选取和任用忠贞睿智的宰辅去领导整个国家机器的运转就十分重要了。在《中论·审大臣》中，他一再阐明大臣是"治万邦之重器"，任用得人是良好政治的关键：

> 大臣者，君之股肱耳目也，所以视听也，所以行事也。先王知其如是也，故博求聪明锐哲君子，措诸上位，执邦之政令焉。执政聪明锐哲，则其事举；其事举，则百僚莫不任其职；百僚莫不任其职，则庶事莫不致其治；庶事莫不致其治，则九牧之民莫不得其所。

为了选取符合要求的执政大臣，君主不仅要看"众誉"，即众人尤其是时论对他们的评价，更必须"亲察"他们的品格和才能，犹如文王之识姜尚，齐桓公之拔擢宁戚。徐干还特别指出，对"众誉"不能迷信和盲从，因为"众誉"往往反映的是流俗之见，而大贤一般都居于"陋巷"，不去刻意迎合流俗。如果君主"非有独见之明，专任众人之誉，不以己察，不以事考"，就难以发现他们，就会与之失之交臂。徐干认为，大贤不但有着独特的品格和才干，而且也有着自己独特的行事原则，"诚非流俗之所豫知"。不过，只有他们执政秉权，国家才能得到治理，社稷才能得到安宁：

> 大贤为行也，衰然不自见，儡然若无能，不与时争是非，不与俗辩曲直，不矜名，不辞谤，不求誉，其味至淡，其观至拙。夫如是，则何以异乎人哉？其异乎人者，谓心统乎群理而不缪，智周乎万物而不过，变故暴至而不惑，真伪丛萃而不迷。故其得志，则邦家治以和，社稷安以固，兆民受其庆，群生赖其泽，八极之内为一。①

---

① 徐干：《中论·审大臣》，电子版文渊阁四库全书。

显然，徐干的政治思想没有超越传统儒学的框架，他希望有一个"圣明天子"，选取几个"大贤"的宰辅，主持一个高效运作的官府，创造一个清明的政治局面。这些思想基本上都是孟子仁政理想的复述。

徐干《中论》的另一个论述重点是君子人格。东汉末年，清议盛行，士林浮华交会成为时尚。士子对皓首穷经已失去兴趣和耐心，希冀在浮华交会中通过名流品评一举成名，身价百倍，整个知识界弥漫着浮躁、矫饰的风气。徐干对这种风气十分痛心。他认为古代人们之所以不事交游，努力工作，原因在于当时政治清明，人人各安其位，各得其所，升迁制度完备合理，人人都能得到及时晋升。可是，后来世道衰微，国君是非不明，臣下黑白不分；录取士人不由乡党举荐，考察德行不根据功德阅历；帮衬多的人就是贤才，帮衬少的人就是不肖；安排爵位听从没有验证的言论，颁发俸禄依据州郡的歌谣，这种风气自然就成了浮华交会盛行不衰的土壤。徐干痛心于士林的堕落，希望儒生们恢复传统的君子人格。为此，他特别强调知识分子的人格修养。他认为，要达到人格的完善，具备高尚的道德，就必须抓住根本。这就要从四个方面下功夫。首先是严于律己，宽以待人，学习别人长处，去掉自己短处："君子之于己也，无事而不惧焉：我之有善，惧人之未吾好也；我之有不善，惧人之未吾恶也；见人之善，惧我之不能修也；见人之不善，惧我之必若彼也。"① 一生兢兢业业，不断反省自己，做到日新又日新，"故君子不恤命之将衰，而忧志之有倦"。其次，要言行一致，言信行果，"君子务以行前言"。第三，见微知著，从小事做起，从自我做起，处处时时以君子人格要求自己，只有积小才能致大，"朝为而夕求其成"，"行一日之善而求终身之誉"，纯粹是小人的心理和行为。第四，一生修养，一生为善，不求福必至，而求心之安。不能因为个别人为善得祸就弃善而不为，更不能因为个别人为恶得福而去为恶。君子修养抓根本，就是着重练内功，在练内功的同时，也要注意自己的仪表容貌、言行举止，即"正容貌，慎威仪"，因为它是一个人内在操行的

---

① 徐干：《中论·修本》，电子版文渊阁四库全书。

外在表现。而一个"威而不猛，泰而不骄"的君子，"无尺土之封而万民尊之，无刑罚之威而万民畏之，无羽籥之乐而万民乐之，无爵禄之赏而万民怀之"①。因此，他必须使自己的言谈举止合乎礼法，不管在孤身独处的时候，还是在颠沛穷困的时候，都不要忘记自己的君子身份，都要随时检点自己的言行，做到"立必磬折，坐必抱鼓，周旋中规，折旋中矩，视不离乎结袷之间，言不越乎表著之位，声气可范，精神可爱，俯仰可宗，揖让可贵，述作有方，动静有常，帅礼不荒，故为万夫之望也。"②徐干进而认为，君子人格还表现在虚怀若谷，永不自满，时时检点自己的短处，学习别人的长处。一个人最可贵的品质不在于他有超常的才智和能力，而在于他能不断学习别人的长处和改正自己的错误："君子之善于道也，大则大识之，小则小识之，善无大小，咸载于心，然后举而行之；我之所有，既不可夺，而我之所无，又取于人；是以功常前人而人后之也。故夫才敏过人，未足贵也；博辩过人，未足贵也；勇决过人，未足贵也；君子之所贵者，迁善惧其不及，改过恐其有余。"只要"鉴于人以观得失"，就会目光宏远，"见邦国之表"，"闻千里之外"，使"我之聪明无敌于天下"。③这里徐干对君子人格的论述，也基本上是孟子君子人格意蕴的阐发，不过增加了对时代条件的回应而已。

仲长统（180—220年），东汉高平（今山东滕州）人，曾在曹操的谋臣荀彧幕中服务。他的著作《昌言》展示的哲学、政治、经济、社会等思想以及伦理观念等，更多显示的是儒家思想的特征。他继承儒家传统的注重人事，反对鬼神迷信的唯物论思想，提出了"人事为本，天道为末"的观点，旗帜鲜明地反对祈祷鬼神以避祸。他以刘邦、刘秀创建帝业，萧何、曹参、丙吉、陈平、霍光等建立不世勋业的事实为根据，得出了"惟人世之尽耳，无天道之学焉"的结论。进而还指出，所谓用天道，不是祈求上天神祇的佑护，而是使自己的活动不违背并顺应自然规律："所贵于

---

① 徐干：《中论·法象》，电子版文渊阁四库全书。
② 徐干：《中论·法象》，电子版文渊阁四库全书。
③ 徐干：《中论·虚道》，电子版文渊阁四库全书。

用天道者，则指星辰以授民事，顺四时而兴功业。"因为政治的好坏，社会的安危，关键在于统治者。国君必须尽人道，明是非。其大要是："王者官人无私，惟贤是亲；勤恤政事，屡省功臣，赏赐期于功劳，刑罚归于罪恶。政平民安，各得其所。则天地将自我而正矣，休祥将自应我而集矣，恶物将自舍我而亡矣。"王者如反其道而行之，"所官者非亲属则崇幸也，所爱者非美色则巧佞也，以同异为善恶，以喜怒为赏罚……虽五方之兆不失四时之礼，断狱之政不违冬日之期，蓍龟积于庙门之中，牺牲群于丽碑之间，冯相坐台上而不下，祝史伏坛旁而不去，犹无益于败亡也。以此言之，人事为本，天道为末，不其然与？故审我已善，而不复恃乎天道，上也；疑我未善，引天道以自济者，其次也；不求诸己而求诸于天者，下愚之主也。"① 这些论断，无疑显示了仲长统坚定的唯物主义无神论的立场和清醒的现实主义态度，不啻当时思想园地里一支怒放的奇葩。它出现在谶纬神学弥漫、符瑞灵异之说盛行的东汉末年，是十分难能可贵的。仅此而言，东汉末年唯物论旗手的桂冠也非他莫属。他的这些理念，继承的是孔子孟子为代表的儒家坚持的人事为本的理性的现实主义。

仲长统的许多思想，集中体现在他提出的 16 条纲领中：

> 明版籍以相数阅，审什伍以相连持，限夫田以断兼并，定五刑以救死亡，益君长以兴政理，急农桑以丰委积，去末作以一本业，敦教学以移性情，表德行以厉风俗，核才艺以叙官宜，简精悍以习师田，修武器以存守战，严禁令以防借差，信赏罚以验惩劝，纠游戏以杜奸邪，察苛刻以绝烦暴。②

这 16 条纲领，既是仲长统政治、经济、军事、教育、教化、伦理思想的总汇，也是他为挽救东汉王朝颓势而开的药方。他对自己的纲领信心十

---

① 马国翰辑：《全后汉文》卷八十九，《全上古三代秦汉魏晋南北朝文》，中华书局 1982 年版，第 955 页。

② 范晔：《后汉书》卷四十九《仲长统传》，中华书局 1965 年版，第 1653 页。

足，自诩道："审此十六者以为政务，操之有常，课之有限，安宁勿懈惰，有事不迫遽，圣人复起，不能易也。"实在说来，这16条纲领基本上都是儒家传统思想的归纳与复述，创新之处并不多，但反映了他强烈的社会责任感与对国家政务的参与意识。正因为如此，他特别关注东汉末社会的各种弊端，对其揭露之大胆，剖析之深入，抨击之猛烈，当时思想界实无一人能望其项背。比如他揭露和抨击皇室奢侈淫乱之风，宦官专权之害，外戚擅政之患，以及豪族势力膨胀引起的阶级矛盾和社会矛盾的激化，不仅犀利、辛辣、深刻、准确，字字击中要害，生动而形象地揭示了东汉王朝走向灭亡的必然性，而且以强烈的使命感，深沉的忧患意识，提出了一系列的救治之方。他要求加强对皇室子弟的教育，使他们成为品格高尚、率己正人、勤政爱民的表率，以担负起统治万民、管理国家的重任。他力倡建立严格的选士制度，真正把社会的精英选拔出来，以组织一支高效廉洁的国家官吏队伍，并以高薪养廉的办法保证他们衣食无虞，以使之毫无后顾之忧地投入到政务活动中去。同时要求朝廷任人以专，赋权以重，使之大胆决策，果断行政，从而实现国家行政的高效有序运作。他提倡德、刑并用，既反对轻德重刑，又反对弃刑而只靠教化，甚至主张恢复肉刑以达到对犯罪者的威慑。在经济上，他看到土地私有、土地买卖，尤其是皇室、豪民兼并土地给整个社会，特别是给社会下层百姓带来的危害，极力主张恢复井田制。这些主张尽管反映了那个时代相当一批知识分子从解决土地问题入手抑制贫富分化的热望，但展示的却是他们带有迂腐气息的幻想。仲长统对东汉朝廷日益恶化的财政状况忧心如焚，认为这一切都是三十税一的轻税政策造成的。他主张限制土地兼并，让无地少地的农民耕种无主荒地，发展生产，培养税源，同时恢复什一税制，以解决朝廷财政能力弱化的问题。这里，仲长统不仅认识到财政能力对国家行政至关重要的意义，而且也认识到轻税政策的弊端。此点与荀悦对两汉税制的评判是一致的。他的这些思想和措施明显受孟子批判精神和"井田"制、轻徭薄赋之类思想的影响。

东汉对后世孟学研究影响最大的学者是赵岐（约108—201年）。他是京兆长陵（今陕西咸阳东北）人，为当时著名的经学家。他的主要贡献是撰写了《孟子章句》，首开对《孟子》一书注疏的先河，所以《四库全书总目提要》对其作了充分的肯定："盖其说虽不及后来之精密，而开辟荒芜，俾后来得循其途而深造，其功不可泯也。"宋朝的孙奭在《孟子音义叙》中也充分肯定其对后世的影响："自陆善经已降，其所训说，虽小有异同，而共宗赵氏。"清代的焦循在《孟子正义》一书中赞扬说："古之精通《易》理，深得伏羲、文王、周公、孔子之旨者莫如孟子。生孟子后，能深知其学者莫如赵氏。"这些评论是比较确当的。赵岐自己在该书卷首的《孟子题辞》中，解释自己注疏该书的原因时说："儒家惟有《孟子》，闳远微妙，缊奥难见，宜在条理之科。于是乃述己所闻，证以经传，为之章句，具载本文，章别其指，分为上、下，凡十四卷。"赵岐所以倾全身心之力为《孟子》作注，主要是因为他特别推崇孟子的"崇高节，抗浮云"的品格：

> （《孟子》）包罗天地，揆叙万类，仁义道德，性命祸福，粲然靡所不载。帝王公侯尊之，则可以致隆平，颂清庙；卿大夫士蹈之，则可以尊君父，立忠信；守志厉操者仪之，则可以崇高节，抗浮云。有风人之托物，《二雅》之正言，可谓直而不倨，曲而不屈，命世亚圣之大才者也。
>
> （《孟子》）盖所以佐明六艺之文，崇宣先亡之指务，王制拂邪之隐括，立德立言之程式也。①

赵岐生当东汉末年的离乱岁月，身处险象环生的流亡途中，十余年间，他总是随身携带《孟子》一书，因为他正是从这部书中得到精神的滋养，体味"富贵不能淫，贫贱不能移，威武不能屈"的大丈夫品格，获得

---

① 赵岐：《孟子章句·孟子叙篇》，电子版文渊阁四库全书。下面的引文皆出于该书，从略。

继续生活下去的勇气和力量。也正是在离乱中，他萌生了为《孟子》作注的志愿并付诸实践，终于完成了这一划时代的名著：

> 知命之际，婴戚于天，遘屯离蹇，诡姓遁身，经营八纮之内，十有余年，心劑形瘵，何勤如焉！尝息肩弛担于济、岱之间，或有温故知新，雅德君子，矜我劬瘁，眷我皓首，访论稽古，慰以大道。余困否之中，精神遐漂，靡所济集，聊欲系志于翰墨，得以乱思遗老也。惟六籍之学，先觉之士释而辩之者既已详矣。儒家惟有《孟子》，闳远微妙，缦奥难见，宜在条理之科。

《孟子章句》共 14 卷 261 章，开篇是《孟子题辞》，是全书的序言，叙述孟子其人其书以及自己撰写该书的意图宗旨；结篇是《孟子篇叙》，就《孟子》一书的篇次结构等阐述自己的意见。赵岐是在对《孟子》一书进行长期精研的基础上写出这部名著的，这首先表现在他对孟子思想内在理路的准确把握。在《孟子篇叙》中，他说：

> 孟子以为圣王之盛，惟有尧舜，尧舜之道，仁义为上，故以梁惠王问利国，对以仁义，为首篇也。仁义根心，然后可以大行其政，故次之以公孙丑问管晏之政，答以曾晰之所羞也。政莫美于反古之道，滕文公乐反古，故次以文公为世子始有从善思礼之心也。奉礼之谓明，明莫甚于离娄，故次之以离娄之明也。明者当明其行，行莫大于孝，故次以万章问舜于田号泣也。孝道之本，在于情性，故次以告子论情性也。情性在内而主于心，故次于尽心也。尽己之心，与天道通，道之极者也，是以终于尽心也。

如此梳理《孟子》各篇之间的关系，比较恰当地揭示了孟子思想内圣外王的本质和逻辑路径，显示了他对孟子思想体系的准确把握和透辟理解。

在《孟子章句》中，赵岐对每一章的诠释都是紧紧抓住其思想要旨，将孟子思想最精华的内容揭示出来。例如，在诠释《梁惠王》一章时，集中揭示孟子的仁政和民本理念：

> 治国之道明，当以仁义为名，然后上下和亲，君臣集穆。天经地义，不易之道。故以建篇立始也。
>
> 人君田猎以时，钟鼓有节，发政行仁，民乐其事，则王道之阶，在此矣。故曰："天时不如地利，地利不如人和"矣。

在诠释《公孙丑》一章时，则进一步解释孟子王道仁政对治国安民的重要意义，突出人君"尊德乐义为贤"和"君子以守道不回为志"的深刻底蕴：

> 行仁政，则国昌而民安，得其荣乐。行不仁，则国破民残，蒙其耻辱。……国必修政，君必行仁；祸福由己，不专在天。
>
> 不以封疆之界禁之，使民怀德也；不依险阻之固，恃仁惠也。不以兵革之威，仗道德而已矣。
>
> 人君以尊德乐义为贤，君子以守道不回为志。

在诠释《滕文公》《离娄》和《尽心》等篇时，则突出孟子的大丈夫精神和独立人格的意蕴：

> 孟子以礼言之，男子之道，当以义匡君，女子则当婉顺从人耳。……今此二（苏秦张仪）者，从君顺指，无辅弼之义，安得为大丈夫也。
>
> 循理而动，不合时人；阿意事贵，胁肩所尊，俗之情也。是以万物皆流，而金石独止。
>
> 穷不失义，不为不义而苟得，故得己之本性也。达不离道，思利民之道，故民不失其望也。古之人得志君国，则德泽加于民人。

> 不得志，谓贤者不遭遇也。见，立也。独治其身，以立于世间，不失其操也，是故独善其身。达谓得行其道，故能兼善天下也。

赵岐的注释尽管也有某些粗疏和牵强之处，但他抓住了孟子思想最重要最本质的内容，同时在名物训诂方面保留了不少古义，为后来学者进一步理解和诠释孟子其人其书提供了重要资料。如他在司马迁《孟子荀卿列传》的基础上，进而考证出孟子出于始祖是春秋时期鲁国孟孙氏，从而将其祖先追述到黄帝那里，得到后世的公认。总之，赵岐的《孟子章句》作为保存至今的第一部诠释《孟子》的著作，为后世对《孟子》的进一步研究奠定了基础，在孟学研究史上具有不可替代的作用。

赵岐对孟子研究的贡献还在于，他第一次认定孟子的始祖是春秋时期三桓之一的孟孙氏，并与徐干差不多同时尊孟子为"命世亚圣之大才"，这可能是后来元朝封孟子为"亚圣"的最早的根据。

三、魏晋南北朝隋唐五代时期孟学史

魏晋南北朝时期（220—589 年）三个半世纪多的历史，是中国南北分裂、列国纷争、"五胡乱华"的动荡不定的岁月，也是中国思想史上儒、释、道三足鼎立，儒学相对处于低潮的时代。此期继承发展和弘扬孟学最具成就的两个人物是傅玄和颜之推。

傅玄（217—278 年）是魏晋之际著名的哲学家和文学家，他最重要的著作是《傅子》一书。该书比较集中地继承了孟子的仁政学说和由此生发开来的一系列治国理政和教育的理念。他发扬孟子"仁者爱人"的理论，认为"仁人，天下之命"，"君子修身君位，非利名也，在乎仁义"[1]，将孟子视为主观精神和行事原则的"仁"的内涵做了进一步的阐发：

---

① 傅玄：《傅子·仁论》，电子版文渊阁四库全书。

> 仁者，推己以及人也，故己所不欲，勿施于人，推己所欲，以
> 及天下……推己心孝于父母，以及天下。则天下之为人子者，不失
> 其事亲之道矣；推己心有乐于妻子，以及天下，则天下之为人父者，
> 不失其室家之欢也；推己之不忍于饥寒，以及天下之心，含生无冻馁
> 之忧矣。……推所好以训天下，而民莫不尚德；推所恶以诫天下，而
> 民莫不知耻。①

这就将孟子由己而推人的由内向外的逻辑理路清晰地展示出来了。傅玄进
而将孟子通过"内省"获得"仁"的品格的理论加以阐发。他说："君子
内省其身，怒不乱德，喜不乱义"，将历史上的志士仁人作为自己修养的
标杆，见贤思齐，时时事事省察，就会不断进步：

> 相伯夷于首阳，省四皓于商山，而知夫秽志者之足耻也。存张
> 骞于西极，念苏武于朔垂，而知怀间室之足鄙也。推斯类也，无所
> 不至矣。德比于上，欲比于下。德比于上故知耻，欲比于下故知足。
> 耻而足之，则圣贤其可几，知足而已，则固陋其可安也。②

孟子仁政论的核心是民本，傅玄深悟其道，认定"国以民为本"，所以
"安民而上危，民危而上安者，未之有也"③。只有民富裕安定，国家和君
主才会稳定自己的统治，"民富则安，贫则危"。如何使百姓得以富裕和安
定呢？在傅玄看来，君主必须如孟子说的那样"寡欲"，甚至"无欲"：

> 天下之福，莫大于无欲；天下之祸，莫大于不知足。无欲则无
> 求，无求者所以成其俭也。不知足则物莫能盈其裕矣。莫能盈其裕，

---

① 傅玄：《傅子·仁论》，电子版文渊阁四库全书。
② 傅玄：《傅子·安民》，电子版文渊阁四库全书。
③ 傅玄：《傅子·安民》，电子版文渊阁四库全书。

则虽有天下，所求无已，所欲无极矣。①

这就必须要求明君"止欲而宽天下"②，减轻百姓的负担。由此出发，傅玄与孟子一样反对统治者的横征暴敛，希望统治者宽省刑罚，赢得民心。他对秦朝的暴虐无道大张挞罚：

> 秦始皇之无道，岂不甚哉。视杀人如杀狗彘，狗彘仁而用之，犹有节，始皇之杀人，触情而已，其不以道如是。李斯又深刻峻法，随其指而妄杀人，秦不二世而灭，李斯无类矣。以不道愚人，人亦以不道报之，人仇之，天绝之。行无道，未有不亡者也。③

> 是故圣帝明王，惟刑之恤，惟敬五刑以成三德。若乃暴王昏主，刑残法酷，作五虐之刑、炮烙之辟，而天下之民无所措手足矣。④

傅玄并不是要求废除刑罚，而只是要求用刑适度，根据社会情况的变化，在宽刑的前提下，灵活地做到宽严相济。同时要求发展农业生产，使"天下足食"，进而要求国家政府节约开支，轻徭薄赋，为百姓创造一个较好的生产生活条件，"度时宜而立制，量民力而役赋"，"上不举非常之赋，下不进非常之贡，上下同心以奉常教，民虽输力致财，而莫怨其上者，所务公而制有常也"⑤。

傅玄还继承了孟子的社会和谐思想，期望打造一个和谐社会。而这个和谐社会的最重要标志就是维护社会既有的等级制度，人人各安其位，为君者，尽君道；为臣者，尽臣道；其他各色人等，都要扮演好自己担负的角色。其中，最关键的是君王实践仁义的信条，做天下臣民百官的

---

① 傅玄：《傅子·曲制》，电子版文渊阁四库全书。
② 傅玄：《傅子·检商贾》，电子版文渊阁四库全书。
③ 傅玄：《傅子·问刑》，电子版文渊阁四库全书。
④ 傅玄：《傅子·法制》，电子版文渊阁四库全书。
⑤ 傅玄：《傅子·平役赋》，电子版文渊阁四库全书。

表率：

> 立德之本，莫尚乎正心。心正而后身正，身正而后左右正，左右正而后朝廷正，朝廷正而后为国家正，国家正而后天下正。故天下不正，修之国家；国家不正，修之朝廷；朝廷不正，修之左右；左右不正，修之身；身不正，修之心。所修弥近，而所济弥远。①
>
> 上好德则下修行，上好言则下饰辩。②

这里阐发的仍然是孟子一再强调的修齐治平的由内向外扩张的理路，也就是君主所走的"内圣"之路。而为臣子的，必须尽上臣道，即孟子所谓"怀仁义以事其君"。傅玄的解释是臣子遵循"敬职""至公"和"去私"的行为规范：

> 有公心必有公道，有公道必有公制。③
>
> 既受禄于官，而或营私利，则公法绳之于上而显议废之于下。……仁让之教存，廉耻之化行，贪鄙之路塞，嗜欲之情灭，百官各敬其职，大臣论道于朝，公议日兴而私利日废矣。④

傅玄沿着孟子对百姓施以教化、通过教化获得民心的思路，也比较重视对百姓实施儒家思想为主的政治和人伦教化，其中最重要的是礼乐制度和君臣父子的身份观念：

> 能以礼教兴天下者，其知大本之所立乎？夫大本者，与天地并存，与人道俱设。虽蔽天地，不可以质文损益变也。大本有三：一曰

---

① 傅玄：《傅子·正心》，电子版文渊阁四库全书。
② 傅玄：《傅子·戒言》，电子版文渊阁四库全书。
③ 傅玄：《傅子·通志》，电子版文渊阁四库全书。
④ 傅玄：《傅子·重爵禄》，电子版文渊阁四库全书。

> 君臣，以立邦国；二曰父子，以立家室；三曰夫妇，以别内外。三本
> 者立，则天下正。①

他批评商鞅残害抛弃礼乐的谬论，认定秦朝的灭亡是因为它撤去礼乐这个
坚固的"藩卫"。而礼乐的主要内容，一是诚信，一是德刑与礼法的相辅
相成：

> 盖天地著信，而四时不悖；日月著信，而昏明有常；王者体信，
> 而万国以安；诸侯秉信，而境内以和；君子履信，而厥身以立。②
>
> 独任威刑而无惠，则民不乐生；独任德惠而无威刑，则民不畏
> 死。民不乐生，不可得而教也；民不畏死，不可得而制也。有国立
> 教，能使其民可教可制者，其唯威德足以相济乎？③

这里体现的不仅是孟子的思想，而且成为儒家的基本共识。

魏晋南北朝时期与孟学研究关系密切的另一代表人物是颜之推
（531—约589年），他生逢乱世，历仕南朝梁、北朝魏、北齐、北周和隋
朝，是一个学识渊博的知识分子。他著作甚多，影响最大的是《颜氏家
训》，该书阐发了孟子的许多思想理念。在人性问题上，他继承孟子"养
心莫善于寡欲"的理念，倡导"少欲知足"。他强调孟子以仁义礼乐为基
础的伦理道德和等级制度，猛烈抨击墨子和杨朱是"无君无父"的"禽兽
之人"："墨翟之徒，世谓热腹；杨朱之侣，世谓冷肠。肠不可冷，腹不可
热，当以仁义为节文耳。"④ 他与孟子一样重视教育，认定环境对人的成长
具有重要作用。首先是家庭环境：

---

① 傅玄：《傅子·礼乐》，电子版文渊阁四库全书。
② 傅玄：《傅子·义信》，电子版文渊阁四库全书。
③ 傅玄：《傅子·治体》，电子版文渊阁四库全书。
④ 颜之推：《颜氏家训·省事》，《诸子集成》8，上海书店1986年影印版，第27页。

> 夫风化者，自上而行于下者也，自先而施于后者也。是以父不
> 慈则子不孝，兄不友则弟不恭，夫不义则妇不顺矣。①

所以，他特别要求为儿童创造良好的家庭与社会环境，以利于他们的健康
成长：

> 人在年少，神情未定，所与款狎，熏渍陶染，言笑举对，无心
> 于学，潜移暗化，自然似之；何况操履艺能，较明易习也。是以与善
> 人居，如入芝兰之室，久而自芳也；与恶人居，如入鲍鱼之肆，久而
> 自臭也。②

由家庭环境，颜之推更引申至对教育的重视。因为孟子与其他儒家学者
一样，特别重视教育的作用，认为"善政不如善教"。而五伦和所有修、
齐、治、平的理论也都是通过教育传授的："夫有人民而后有夫妇，有夫
妇而后有父子，有父子而后有兄弟；一家之亲，此三而已。自兹以往至于
九族，皆本于三亲焉。故于人伦为重者也，不可不笃。"③ 他认为教育的内
容首先是仁义忠孝等最基本的伦理观念，其次是各种治国理政和生产生活
的技能，即"德"和"艺"。颜之推虽然看重做官从政的仕宦之业，但并
不鄙薄农业和手工业者，要求自己的子弟都要具备一种谋生的职业："夫
明六经之旨，涉百家之书，纵不能增益德行，敦厉风俗，犹为一艺，得以
自资。"④ 由于他所处的时代国家的教育系统已经残破不堪，难以承担起系
统教育的任务，颜之推特别重视家庭教育的作用。要求对儿童及早进行教
育，以正确的教学方法，严肃认真的态度，言传身教，使儿童的身心都能
获得正常健康的发展。他特别推崇孟子的教育理念，发扬孟子谦虚、进

① 颜之推：《颜氏家训·治家》，《诸子集成》8，上海书店 1986 年影印版，第 4 页。
② 颜之推：《颜氏家训·慕贤》，《诸子集成》8，上海书店 1986 年影印版。第 12 页。
③ 颜之推：《颜氏家训·兄弟》，《诸子集成》8，上海书店 1986 年影印版，第 3 页。
④ 颜之推：《颜氏家训·勉学》，《诸子集成》8，上海书店 1986 年影印版，第 13 页。

取、专心致志、持之以恒、博约结合、融会贯通的学习态度：

> 夫学者所以求益耳，见人读数十卷书，便自高大，凌忽长者，轻慢列；人疾之如仇敌，恶之如鸱枭。如此以学自损，不如无学也。
>
> 古人勤学，有握锥投斧，照雪聚萤，锄则带经，牧则编简，亦为勤笃。
>
> 《书》曰："好问则裕。"《礼》云："独学而无友，则孤陋而寡闻。"盖须切磋相起明也。见有闭门读书，师心自是，稠人广坐，谬误差失者多矣。
>
> 夫学者贵能博闻也。……观天下书未遍，不得妄下雌黄。或彼以为非，此以为是，或本同末异，或两文皆欠，不可偏信一隅。①

这些读书学习的经验之谈，显然是颜之推对儒家和自己读书学习经验的总结，具有相当的普世价值。

总起来看，魏晋南北朝时期的思想呈现明显的多元化趋向，儒家独尊的局面已经被打破。不过在儒、释、道多元并存的格局中，儒家思想仍不失盟主的地位，因为儒学修、齐、治、平的理论作为一种治国理政的理论是释、道无法代替的。

隋唐五代时期（589—960年）的近四个世纪，是中国封建社会发展的第二个阶段，也是中国封建社会经济文化繁荣发展的重要时期。这一时期，尽管道学（道教）、佛学（佛教）仍然有相当大的势力，对政治也产生了相当大的影响，但与儒学相比，则较魏晋南北朝时期有所下降。其中最根本的原因，一是儒学中蕴含着大量的远较释、道更丰富而又切实可用的治国理政思想；二是儒家学者更多地以孟子思想为武器，对释、道进行了猛烈的批判与反击，从而将孟子的研究提到一个新水平。

隋朝著名儒家学者王通（584—618年），自比孔子，"绍宣尼之业"，

---

① 颜之推：《颜氏家训·勉学》，《诸子集成》8，上海书店1986年影印版，第14—19页。

在释、道势力大张的情况下自觉肩负起复兴儒学的使命。他极力倡导和恢复儒学的王道仁政和穷理尽性等理论，推动了对传统儒学的继承和发展，同时又启迪了宋明理学的产生。后世不少学者将其列为与孟子、荀子、董仲舒、韩愈相伯仲的人物，唐朝末年的皮日休在《文中子碑》就将他与孟子相提并论，给予极高的评价：

> 孟子之门人，郁郁于乱世；先生之门人，赫赫于盛时。较其道与孔、孟，岂徒然哉？设先生生于孔圣之世，余恐不在游、夏之亚，况七十子欤？

王通继承了孟子的王道仁政思想，一直鼓吹恢复孟子颂扬的"尧舜之运"，对实践尧舜之道的周公和孔子倍加赞扬：

> 吾视千载以已上，圣人在上者，未有若周公焉。其道则一，而经制大备，后之为政，有所持循。吾视千载而下，未有若仲尼焉，其道则一，而述作大明，后之修文者，有所折中矣。千载而下，有申周公之事者，吾不得而见也。千载而下，有绍宣尼之业者，吾不得而让也。①

这表明，王通与言必称尧、舜、文、武、周公、孔子的孟子站到了相同的立场上。他对孟子的王道仁政学说情有独钟，与孟子的"保民而王"相对应，他提出"正主庇民"的主张，要求君王"以天下为心"，摈弃个人私利，以民为本，使"天地有奉，生民有庇"②，将百姓的利益放在至高无上的位置，"不以天下易一人之命"③。至于庇民的具体措施，也基本上在孟子省刑罚、薄赋敛、制民之产、施以忠信孝悌的教化等方面。如要求少敛

---

① 王通：《中说·天地》，电子版文渊阁四库全书。
② 王通：《中说·述史》，电子版文渊阁四库全书。
③ 王通：《中说·天地》，电子版文渊阁四库全书。

息役，赏罚结合，以德授官，杜绝战争："强国战兵，霸国战智，王国战义，帝国战德，皇国战无为。"①

王通在天人观上也紧追孟子"参天地之化育"的思想，强调人在宇宙中的主体地位和认识能力，"气为上，形为下，识都其中"②，进而认定"识为神"，张扬了人作为宇宙精神花朵的主体意识。王通特别推崇孟子的道德修养理论，认为知命、穷理、尽性既是人们认识的过程，也是道德修养的理路。他强调诚和静："推之以诚，则不言而信；镇之以静，则不行而谨。唯有道者能之。"③要求人们敬慎敬诚、正心思过、寡言无争，将儒家倡导的道德信条内化为自己的心志，外化为自己的行动。他还对孟子先义后利，甚至"舍生而取义"的义利观大为激赏，要求仁人君子"见利争让，闻义争为"，"闻难思解，见利思避，好成人之美"④，展现了高尚的道德情操。

吴兢（670—749 年）是唐朝的史官，他编撰的《贞观政要》一书，全面总结了唐朝历史最辉煌年代的贞观时期（627—649 年）的历史经验。该书按时间顺序，系统编排君臣对话、奏疏和方略等资料，论述了为君之道、君臣鉴戒、任贤纳谏、伦理道德、正身修德、固本宽刑、征伐安边、善始慎终等一系列治国理政的重要问题。贯穿其中的主要是包括孟子思想在内的儒家理论，特别是王道政治思想的阐发和弘扬。唐朝尽管对释、道也比较推崇，给道教和佛教的发展创造了不少优惠条件，但唐朝君臣都明白，最切合中国实际的治国理政理论还是在儒学的宝库中，所以，唐朝开国伊始，高祖和太宗就发出了重建各级各类学校传授儒家经典、推尊儒学和孔子孟子等儒学大师的诏书。对此，魏征有着准确到位的认识：

儒之为教大矣，其利物博矣。笃父子，正君臣，尚忠节，重仁

---

① 王通：《中说·问易》，电子版文渊阁四库全书。
② 王通：《中说·立命》，电子版文渊阁四库全书。
③ 王通：《中说·周公》，电子版文渊阁四库全书。
④ 王通：《中说·魏相》，电子版文渊阁四库全书。

义，贵廉让，贱贪鄙，开政化之本源，凿生民之耳目，百王损益，一以贯之。虽世或污隆，而斯文不坠，经邦致治，非一生也。涉其流者，无禄而富，怀其道者，无位而尊。①

《贞观政要》大量阐发了孟子的民本思想和仁政理论。如它引述李世民的话："君依于国，国依于民""国以民为本"②。"为君之道，必先存百姓，若损百姓以奉其身，犹割股以啖腹，腹饱而身毙矣。"③他特别强调人民对于国家和君王的重要性，告诫太子说："舟所以比人君，水所以比黎庶，水能载舟，亦能覆舟。"④魏征亦凸现民众的作用："君，舟也；人，水也。水能载舟，亦能覆舟。"⑤孟子猛烈抨击霸道，极力讴歌王道和仁政。李世民和魏征在总结隋朝灭亡的教训时，都指出其根本之点是"仁义不修"，舍弃了以民为本的仁政。而长治久安的为国之道就是"抚之以仁义，示之以威信，因人之心，去其苛刻，不作异端"⑥。李世民强调实行仁政的重要性：

> 林深则鸟栖，水广则鱼游。仁义积则物自归之。人皆知畏避灾害，不知下仁义则灾害不生。夫仁义之道，当思之在心，常令相继，若斯须懈怠，去之已远。犹如饮食资身，恒令饱腹，乃可存其性命。⑦

对于如何行使仁政，贞观君臣也以孟子的保民而王、省刑罚、薄赋敛、发展生产、厉行教化为标准，以"存百姓""营衣食""安人宁国"为

---

① 魏征等：《隋书》卷七十五《儒林传》，中华书局1995年版，第1705页。
② 《贞观政要·务农》，电子版文渊阁四库全书。
③ 《贞观政要·君道》，电子版文渊阁四库全书。
④ 《贞观政要·教戒太子诸王》，清文渊阁四库全书。
⑤ 《贞观政要·政体》，电子版文渊阁四库全书。
⑥ 《贞观政要·仁义》，电子版文渊阁四库全书。
⑦ 《贞观政要·君道》，电子版文渊阁四库全书。

目标，实行静而抚之的政策。魏征认为"静之则安，动之则乱"①，所以"用法务在宽简"②。李世民深悟此道，他说：

> 国家法令，惟须简约，不可一罪作数种条。格式既多，官人不能尽记，更生奸诈，若欲出罪即引轻条。数变法者，实不益道理，宜令审细，毋使互文。③

贞观君臣强调"薄赋敛，轻租税"，要求"省徭役，不夺其时"，"使人人皆得营生守其资财"。④ 为了使百姓衣食丰饶，要求"不夺农时"，使他们有充分的时间从事生产。同时要求统治阶级厉行节俭，对百姓厉行教化，形成良好的社会风尚："敦行礼让，使乡闾之间，少敬长，妻敬夫。"⑤

隋唐时期对孟学研究作出最大贡献的是"文起八代之衰，道济天下之溺"的大文学家、思想家韩愈（768—824年）。韩愈在唐朝释、道之势甚嚣尘上的情势下，毅然站出来，大批佛老，力倡儒学，成为儒学复兴运动的旗手。他极力推尊孟子及其思想，在他杜撰的中国真理传授系统"道统"中，孟子被列为其中的关键人物之一：

> 夫所谓先王之教者，何也？博爱之谓仁，行而宜之之谓义，由是而之焉之谓道，足乎己，无待于外之谓德。其文《诗》《书》《易》《春秋》，其法礼、乐、刑、政，其民士、农、工、贾，其位君臣、父子、师友、宾主、昆弟、夫妇，其服丝麻，其居宫室，其食粟米、蔬果、鱼肉，其为道易明，而其为教易行也。是故以之为己，则顺而祥；以之外人，则爱而公；以之为心，则和而平；以之为天下国家，

---

① 《贞观政要·刑法》，电子版文渊阁四库全书。
② 《贞观政要·刑法》，电子版文渊阁四库全书。
③ 《贞观政要·赦令》，电子版文渊阁四库全书。
④ 《贞观政要·政体》，电子版文渊阁四库全书。
⑤ 《贞观政要·务农》，电子版文渊阁四库全书。

无所处而不当。是故生则得其情，死则尽其常，郊焉而天神假，庙焉而人鬼飨。曰：斯道也，何道也？曰：斯吾所谓道也，非向所谓老与佛之道也。尧以是传之舜，舜以是传之禹，禹以是传之汤，汤以是传之文、武、周公，文、武、周公传之孔子，孔子传之孟轲，轲之死，不得其传焉。①

韩愈所列的这个"道统"是否真实存在或可讨论，但有一点可以肯定，即他借此把儒家思想的传授系统进行了大致不差的梳理，并从中突出了孟子的地位，使之成为其中不可或缺的关键人物。而他理出的这个系统几乎得到了后世儒家的普遍承认。

韩愈继承孟子的仁义学说，进一步阐发了其作为儒家伦理思想核心的意义。在孔子和孟子那里，爱是由父子兄弟推衍的有等差的爱，韩愈则将其发展为一种博爱精神：

博爱之谓仁，行而宜之之谓义，由是而之焉之谓道，足乎己，无待于外之谓德。仁与义为定名；道与德，为虚位；故道有君子小人，而德有吉有凶。

这显示了对孟子伦理道德观念的深化理解。同时，他又沿着孟子的论述方向，将修、齐、治、平的"内圣外王"之道加以新的阐发，认为仁义内修为德，外王为道，使仁义道德从个人修养推衍到治国之道："以之为己，则顺而祥；以之为人，则爱而公；以之为心，则和而平；以之为天下国家，则无所处而不当。"②

韩愈在人性论问题上，既继承孟子的仁义为本然之性的观点，又以"性三品"说对他的理论予以修正。韩愈认为，人性分为善、可善可恶和

---

① 《韩昌黎文集·原道》，电子版文渊阁四库全书。
② 《韩昌黎文集·原道》，电子版文渊阁四库全书。

恶等上、中、下三品，上品的善和下品的恶都是不变的，只有中品的可善可恶可以通过教化使之改恶向善。他又将情引入人性论，认定情也有上中下三品，它们是由喜、怒、哀、惧、爱、恶、欲的程度不同划分的。韩愈将人性论与礼法刑政的作用结合起来，构筑起他的政治法律和伦理道德体系。韩愈还在他的修养方法中引入孟子的养气说，强调"浩然之气"与义与道的关系，进而再将其与文章的气势联系起来，张扬文章的磅礴气势，形成一种文章的风格。对此，苏洵悟出了孟子和韩愈在文章风格方面的联系与继承：

> 孟子之文，语约而意尽，不为巉刻斩绝之言，而锋不可犯。韩子之文，如长江大河，浑浩流转，鱼鼋蛟龙，万怪惶惑而抑遏蔽掩，不使自露，而人自见其渊然之光，苍然之色，亦自畏避，不敢迫视。①

显然，孟子与韩愈的文章都从浩然之气中得到了启发。

另外，韩愈作为与孟子相近的大教育家，在继承孟子教育思想和教学方法方面也有创新之处。他继承孟子关于教育目的是明人伦的思想，认为教育的目的就是进行"先王之教"的仁义道德、礼乐刑政、君臣父子等理念的灌输，而教材也就是儒家经典的《诗》《书》《礼》《易》《春秋》等。韩愈明确提出教育的作用是"传道授业解惑"，教师的最根本标准就是能否掌握"道"的精髓。他还提出教师与学生互相切磋、教学相长的理念："弟子不必不如师，师不必贤于弟子，闻道有先后，术业有专攻，如是而已。"② 这一经典表述不断为后世所引征。在教学方法方面，韩愈也对孟子因材施教、启发诱导、专心致志、由博反约、勤学深思等原则加以继承和创造性地发展。

---

① 苏洵：《嘉祐集·上欧阳内翰第一书》，电子版文渊阁四库全书。
② 《韩昌黎文集·师说》，电子版文渊阁四库全书。

总之，韩愈在推尊孟子形象、提高孟子地位、阐发孟子思想方面的贡献都是前无古人的。后人不仅将他视为孟子思想的传人，而且将其地位比之于孟子之于孔子。皮日休就说："世有昌黎先生，则吾以为孟子矣。"① 苏轼说：

> 自汉以来，道术不出于孔时，而乱天下者多矣。晋以老庄亡，梁以佛亡，莫或正之。五百余年而后得韩愈，学者以愈配孟子，盖庶几焉。②

崔述则认定："非孟子则孔子之道不详，非韩子则孟子之术不著。"③ 这些评价，韩愈显然是当之无愧的。

李翱（772—841 年）是仅次于韩愈的唐朝儒家学者，与韩愈关系很铁，思想也较接近，同时也是继承和弘扬孟子思想的代表人物之一。在人性论问题上，他提出"复性说"，认同孟子的"性善论"，认为"人之性本皆善"，而所以出现"恶"是因为"情"所蔽："人之所以惑其性者，情也。喜、怒、哀、惧、爱、恶、欲七者，皆情之所为也。情既昏，性斯匿矣，非性之过；七者循环而交来，故性本能充也。"④ 所以去恶归善的唯一办法和途径就是"去情复性"，剔除情欲，使被蒙蔽的"性"显露出来。这意味着，每个人只要通过修养"去情复性"，就可以成为圣人。这恰恰与孟子的"人皆可以为尧舜"的理念相通。

李翱与韩愈一样持"道统论"："吾之道非一家之道，是古圣人所由之道也。吾之道塞则君子之道消矣。吾之道明则尧、舜、文、武、孔子之道未绝于地矣。"⑤ 他认定这个道统在孟子死后已经中断，到韩愈才又恢复

---

① 皮日休：《皮子文薮·原化》，电子版文渊阁四库全书。
② 《苏轼文集·六一居士集序》，电子版文渊阁四库全书。
③ 崔述：《孟子事实录》卷下，《崔东壁遗书》，上海古籍出版社 2013 年版。
④ 《李翱集·答高侯第二书》，电子版文渊阁四库全书。
⑤ 《李翱集·与陆傪书》，电子版文渊阁四库全书。

起来，所以韩愈是孟子之后振兴儒学的第一功臣。李翱与孟子一样重视君臣、父子、夫妇、兄弟、朋友等"五伦"作为核心伦理观念的意义："列天地，立君臣，亲父子，别夫妇，明长幼，浃朋友，六经之旨矣。"① 无论是治家还是治国，明人伦都具有关键意义，所以对于百姓应该施以这种人伦的教化："教其父母，使之慈；教其子弟，使之孝；教其在乡党，使之敬让。……善为政者莫大于理人，理人者莫大于既富之又教之。"②

唐朝注释和研究《孟子》的著作，见于著录的有 5 部，包括陆善经的《孟子注》、张镒的《孟子音义》和丁公的《孟子手音》等三部注本，以及林慎思的《续孟子》和刘柯的《翼孟》等两部研究专著。这其中，前三部书已经亡佚，而据看到《孟子音义》和《孟子手音》两书的北宋孙奭判定，它们有着"漏略颇多""讹谬时有"的明显缺陷，但开创之功还应该肯定。

林慎思（844—880 年）通过《续孟子》和《伸孟子》两书极力阐发以儒家思想治理民众和推行教化的理念。其中特别注重阐发孟子的仁政思想，对待百姓，要求均赋敛，均徭役："均役于民，使民力不乏；均赋于民，使民用常足。"③ 对待官吏，要求举贤。他发挥孟子选取贤人要广泛听取各方意见和实际考察的思想："贤不肖在王之左右诚久矣，进退以恭，言容以庄。目之于外，诚不分其贤不肖也。在禄以诱之，劳以处之，索其内然后辨矣。"④ 这是很有见地的。他继承孟子的义利观，强调先义后利："移厚利之心而在仁义，移薄仁义之心而在利。"⑤ 林慎思也认同孟子教化与刑罚相辅相成的观点，将"齐之以刑"与"齐之以礼"结合起来。林慎思的著作显然对扩大和传播孟子思想起了促进作用。

刘柯（772—?）是唐朝后期的著名思想家和学者，他因崇拜孟子，

---

① 《李翱集·答朱载言书》，电子版文渊阁四库全书。
② 《李翱集·平赋书》，电子版文渊阁四库全书。
③ 林慎思：《续孟子·乐正子》，电子版文渊阁四库全书。
④ 林慎思：《续孟子·齐宣王》，电子版文渊阁四库全书。
⑤ 林慎思：《续孟子·梁大夫》，电子版文渊阁四库全书。

而取名"柯"。其《翼孟》是阐发孟子思想的重要著作,"于圣人之旨,作者之风,往往而得"①,得到著名诗人白居易的赞扬,但该书宋朝以后亡佚。

皮日休(834—约883年),是唐朝末年著名的文学家和思想家,曾参加黄巢起义军,最后不知所终。其著作汇集为《皮子文薮》。他与韩愈一样贬斥佛老,大力张扬孟子、王通和韩愈的思想。他赞扬王通:"文公之文,蹴杨、墨于不毛之地,蹂释、老于无人之境……孔道巍然而自立。"赞扬韩愈:"身行圣人之道,口吐圣人之言,行若颜、闵,文若游、夏。"②更力主将《孟子》列入官定教科书。

皮日休继承和弘扬孟子的仁政和民本思想:"圣人务安民,不先置不仁,以见其仁焉;不先用不德,以见其德焉。"③他极力颂扬尧舜,对孟子以民心取天下的主张更是倍加赞扬:"古之取天下也以民心,今之取天下也以民命。唐、虞尚仁,天下之民从而帝之。不曰取天下以民心乎?汉、魏尚权,驱赤子于利刃之下,争寸土于百战之内,由士为诸侯,由诸侯为天子,非兵不能威,非战不能服,不曰取天下以民命者乎?"④他继承孟子关于诛杀桀、纣之类独夫民贼的理论,认定百姓有权驱逐和诛杀危害百姓的暴君:"尧、舜,大圣也,民且谤之。后之王天下,有不为尧、舜之行者,则民扼其吭,捽其首,辱而逐之,折而族之,不为甚矣。"⑤正因为有如此激进的思想,所以他参加农民军就不奇怪了。

皮日休继承孟子的教育思想,认为教育是"明人伦"的重要途径,他要求通过学校教育弘扬儒家学说,进行仁义礼乐的教育:"夫居位而愧道者,上则荒其业,下则偷其言。业而可荒,文弊也;言而可偷,训薄也。故圣人俱是寝移其化,上自天子,下至子男,必立庠以化之,设序以

---

① 朱彝尊:《经义考》,电子版文渊阁四库全书。

② 皮日休:《皮子文薮·请韩文公配享太学书》,电子版文渊阁四库全书。

③ 皮日休:《皮子文薮·秦穆谥缪论》,电子版文渊阁四库全书。

④ 皮日休:《皮子文薮·读司马法》,电子版文渊阁四库全书。

⑤ 皮日休:《皮子文薮·原谤》,电子版文渊阁四库全书。

教之。"① 他要求以《易》《诗》《书》《礼》《乐》《春秋》为教材，使天下臣民百姓都受到良好教育，以建立一个政通人和的美好社会。他继承孟子的个人修养理论，强调通过修养，养好六箴，即心、口、耳、目、手、足，使之达到"安不忘危，慎不忘节，穷不忘操，贵不忘道"②。他提倡的修养科目基本上涵盖了儒家伦理道德的各个方面。

皮日休与韩愈一样，是孟学发展史上跳不过去的人物。宋人和清人对他的作用和地位都有着比较公允的评价：

> 皮子起衰周后千余年，当韩子道未光大之时，独能高出李伯泰、司马君实诸公所见，而创其说，继李汉、皇甫持正诸人，而力致其尊崇。非知孟、韩之深，而具有知言知人之识者，能乎？昔范文正以《中庸》授横渠张子，论者谓："有宋一代，道学始自文正唱之。"然则孟子之得继孔、曾、思，而称"四子"，韩子之超轶荀、杨，而上配孟子，虽经程、朱、欧、苏诸公表章论定，即谓其议，实自皮子开之，可也。③

> 今观集中书、序、论、辨诸作，亦多能原本经术，其《请孟子为学科》《请韩愈配享太学》二书，在唐人尤为卓识，不得谨以词章目之。④

四、宋元时期的孟学研究

北宋（960—1126 年）是被周予同先生称为"孟子升格运动"的时期，其著作由"子"升为"经"，其人被配享孔庙升为"圣"，昔日儒学的代表人物由"孔颜"变成了"孔孟"，"亚圣"的名号也为孟子所独占。而

---

① 皮日休：《皮子文薮·移成均博士书》，电子版文渊阁四库全书。
② 皮日休：《六箴序》，电子版文渊阁四库全书。
③ 《重刊宋本文薮序》，电子版文渊阁四库全书。
④ 《四库全书·文薮提要》，电子版文渊阁四库全书。

这个过程，是由一系列的儒学大师推动的。

北宋第一个推尊孟子的是官至监察御史的柳开（946—1000 年）。他明确宣告："吾之道，孔子、孟轲、扬雄、韩愈之道；吾之文，孔子、孟轲、扬雄、韩愈之文也。"① 他在知润州修孔庙时，第一次将孟子纳入配享之列。此例一开，其他地方也将孟子配享孔庙，孟子的影响逐步扩大。不久，朝廷下令重新整理古籍，孙奭（962—1033 年）作为主校官担任《孟子》一书的校订。他是宋初著名学者，撰写了《孟子音义》一书。该书以诠释字音为主，兼及字义的解释，以反切注音，共 1208 条，是研究《孟子》古音和古注校勘的重要参考资料。其中引证的陆善经的《孟子注》、张镒的《孟子音义》和丁公的《孟子手音》等三部书的资料尤为珍贵，因为这些书后来亡佚。由于该书是现存《孟子》注释中所存的最早的注本，成为孟学研究史上最重要的经典著作之一，至今仍是研究孟子的重要资料。孙奭还撰写了《孟子注疏》（朱熹认定是伪作），尽管学界对其学术水准评价不高，但它是最早以"疏"的形式出现的一部书，且条理清楚，平正通达，作为初学《孟子》的入门书，对《孟子》的普及功不可没。

在宋朝复兴儒学中具有先驱地位和开创之功的，是以"宋初三先生"显名的孙复、石介、胡瑗。他们均以孟子的继承人自居，为提高孟子的地位和张扬孟子的思想尽上自己很大的努力。孙复（992—1057 年）早期在泰山讲学，被称为"泰山先生"，官至殿中丞。他杜撰出自己认定的"道统"谱系："吾之所谓道者，尧、舜、禹、汤、文、武、周公、孔子之道也，孟轲、荀卿、扬雄、王通、韩愈之道也；吾学尧、舜、禹、汤、文、武、周公、孔子、孟轲、荀卿、扬雄、王通、韩愈之道三十年，故不知进之所以为进，退之所以为退也。"② 他特别推崇孟子的功劳，认为他"拔天下之民于夷狄之中，而复置之中国，俾我圣人之道炳焉不坠……孟子可谓能御大菑、能捍大患者也"③。石介（1005—1045 年），曾在徂徕山下讲学，

---

① 柳开：《河东先生集》卷一，电子版文渊阁四库全书。
② 《孙明复小集·信道堂记》，电子版文渊阁四库全书。
③ 《孙明复小集·兖州邹县建孟庙记》，电子版文渊阁四库全书。

人称"徂徕先生",官至太子中允。胡瑗（993—1059年），人称安定先
生，曾任职太学。他们二人都推崇孟子思想，强调儒学的道统，对宋代孟
子之学的复兴起了重要作用，所以清朝的徐宗干才将他们视为与韩愈一样
的关键人物：

> 孔子殁，圣学榛芜百余年而后孟子出。子舆氏殁，历秦、汉、
> 唐数百年而后昌黎韩子出。圣学不绝如缕，又二百年而后宋儒辈出。
> 夫圣人之道，得宋儒而复显。宋儒之学，得孙、石而始倡。①

这一评价是切中肯綮的。

接着"宋初三先生"登场的为弘扬孟学作出重要贡献的人物，是宋
朝的名臣范仲淹、欧阳修和王安石。

范仲淹（989—1052年），官至参知政事，曾参与著名的"庆历新政"
的改革事宜。他特别服膺孟子的"浩然之气"和大丈夫精神，一生忧国忧
民忧道，在《岳阳楼记》中，他将孟子的"乐以天下，忧以天下"化为
"先天下之忧而忧，后天下之乐而乐"的名言，自誓"夫不能利泽生民，
非大丈夫平生之志"②，展示了一种博大深广的家国情怀。他敢于否定传统
的章句注疏之学，坚持以自己的思想来理解和阐发孟子的精神。他继承孔
孟的"仁民爱物""安百姓""济天下"的民本思想，提出一系列"救民之
弊"的改革措施，为推进利国利民的改革贡献了自己毕生的精力，不愧为
孟子理想的忠实践行者。

欧阳修（1007—1072年）是著名的文学家、思想家和政治家，北宋
的文坛领袖，唐宋八大家之一，官至参知政事、翰林学士。他推崇孟子
思想，赞扬孟子对《诗经》的诠释，认为"孔子之后，唯孟轲最知道"③。
他对孟子在儒学发展史上的贡献评价很高："仲尼之业，垂之六经，其道

---

① 石介：《徂徕石先生文集》卷七，附录三，电子版文渊阁四库全书。
② 吴曾：《能改斋漫录》卷十三，电子版文渊阁四库全书。
③ 《欧阳修全集·居士外集》，电子版文渊阁四库全书。

闳博，君人治物，百王之用，微是无以为法。故自孟轲、扬雄、荀况之徒又驾其说，扶而大之。"① 在人性论问题上，他调和孟子、荀子和扬雄的观点，强调加强自身修养的意义："为君子者，修身治人，而己性之善恶不必究也。"② 他反对佛老，但要求人们不要停留在感情的义愤，而要对其进行理性的分析，以发扬儒家思想的正义性和真理性去战胜它。

王安石（1021—1086 年），是北宋著名政治家、思想家和文学家，也是唐宋八大家之一，官至丞相，神宗时主持变法。他一生崇拜孟子，其两首诗展示了这种崇敬之情：

> 沉魄浮魂不可招，遗编一读想风标。何妨举世嫌迂阔，故有斯人慰寂寥。③
>
> 欲传道义心犹在，强学文章力已穷。他日若能窥孟子，终身何敢望韩公。④

王安石将孟子思想作为变法的武器，在上神宗的奏疏中不时引用《孟子》增强其说服力。正是在他主政时期，孟子正式配享孔庙，《孟子》升格为儒家经典，成为各级学校的教科书和科举考试的重要科目。他与儿子和门人都精心研读《孟子》，并为之做注："王介甫素喜孟子，自为之解，其子雱与其门人许允成皆有注释，崇观间场屋举子宗之。"⑤ 他特别关注《孟子》中关于性、命、道、王霸、义利等概念和范畴的研究，并提出自己独特的见解。如在人性问题上，他基本认同孟子的性善说，同时将"情"引入人性论，认为性为情之本，情为性之用，性情不可分。最后推出"性不可以善恶言"的结论。再如他关于"命"的观点，一方面认同人之"贵贱

---

① 《欧阳修全集》卷一百二十四，电子版文渊阁四库全书。
② 《欧阳文忠公文集》卷四十七，电子版文渊阁四库全书。
③ 《临川先生文集》卷三十二，电子版文渊阁四库全书。
④ 《欧阳文忠公文集》卷四十七，电子版文渊阁四库全书。
⑤ 姚应绩：《昭德先生读书后曾志》卷二，电子版文渊阁四库全书。

生死"、万物兴废都是由"命"决定，承认有一个不以人的意志为转移的
客观必然性，另一方面又大力张扬人的主观能动性，认为人能够发挥行仁
由义的内在潜质，达到成圣成贤的目标：

> 孟子曰：命也，仁之于父子也，义之于君臣也，礼之于宾主也，
> 知之于贤者也，圣人之于天道也，命也，有性焉，君子不谓命也。
> 由此而言之，则圣贤之所以为圣贤，君子虽不谓之命，而孟子固曰
> 命也已，不肖之所以为不肖，何以异于此哉？①

这里显示了王安石沟通天道性命的努力，而集中于践履儒家核心价值观的
信念与决心。王安石特别继承孟子的"民贵君轻"的民本思想，强调"国
以民为本"的理念，要求当政者关心百姓的冷暖，为他们创造较好的生产
和生活条件：

> 夫悯仁百姓而无夺其时，无侵其财，无耗其力，使其无憾于衣
> 食，而有以养生丧死，此礼义廉耻之所长，而二帝三王诚敕百工诸
> 侯之所先，后世不可以忽者也。②

王安石推行的新法的基本出发点和主要内容，就是围绕着民本展开其布局
的，并且收到较明显的效果。

北宋的理学家与孟学有着更为明显和直接的关系。

周敦颐（1017—1073 年）是北宋理学的开山之祖。他援佛、道入儒，
以《太极图·易说》完成了自己的宇宙观和方法论。他尽管没有专门论述
孟子的著作，但在自己的学说中却揉进了思孟学派的许多重要内容。例
如，他将思孟学派"诚"的理论作了创造性的阐发：

---

① 《临川先生文集》卷六十八，电子版文渊阁四库全书。
② 《王安石全集》卷四十八，电子版文渊阁四库全书。

　　诚者，圣人之本，"大哉乾元，万物资始"，诚之源也。"乾道变化，各正性命"，诚斯立焉，纯粹至善者也。故曰"一阴一阳之谓道，继之者善也，成之者性也"。元亨，诚之通，利贞，诚之复。大哉《易》也，性命之源乎！

　　圣，诚而已。诚，五常之本，百行之源也。静无而动有，至正而明达也。五常百行，非诚，非也，邪暗，塞也，贵诚则无事矣。

　　诚无为，几善恶。德，爱曰仁，宜曰义，理曰礼，通曰智，守曰信。性焉安焉之谓圣，复焉执焉之谓贤，发不可见、充周不可穷之谓神。①

　　如此一来，他就将思孟学派的"诚"概念扩而大之为贯穿天道性命和"五常""百行"的自然界和人类社会的本体，成为理学的一个重要范畴。他继承孟子的"养心寡欲"论，认定圣贤是通过寡欲的"养心"得来的。他进而认定诚就是人的本性，其与中和、刚、柔、善、恶构成人的"五品性"，这就创造性地发展了孟子的人性论，大大丰富了孟子关于天道性命的内容。

　　张载（1020—1077 年）也是北宋理学的奠基者之一，是理学中关学一派的创始人。他继承孟子思想，撰写了《孟子解》一书，他推尊孟子为孔子之后最伟大的圣人，"要见圣人，无如《论》《孟》为要"②，对《孟子》一书的诠释是张载展示其理学思想的主要内容。尽管该书已经亡佚，但我们从散见于其他著作中摘引的一些条目仍可窥见其核心内容。他继承孟子的性善论，提出"心统性情"的命题，认为人的"天地之性"是善的，而"气质之性"则可能遮蔽善性而行恶，所以应该以"天地之性"改造"气质之性"，使人人能够改恶向善，这就需要"大其心"而"体天下之物"：

---

① 周敦颐：《周元公集·通书》，电子版文渊阁四库全书。
② 《张子全书》卷六《义理》，电子版文渊阁四库全书。

> 大其心则能体天下之物，物有未体，则心为有外。世人之心，止
> 于闻见之狭，圣人尽性，不以见闻梏其心，其视天下无一物非我，孟
> 子谓尽心则知性知天以此。天大无外，故有外之心不足以合天心。①

这就进一步发挥了孟子的尽心知性知天的理论。张载关心国家安危和百姓
疾苦，他继承孟子的民本思想，将他的"井田"制设计成改革土地占有关
系的蓝图，希望以此作为实施仁政的张本。他的"为天地立心，为生民立
命，为往世继绝学，为万世开太平"的自誓，更显示了他宏伟的抱负和鲜
明的家国情怀。

　　在北宋理学史上，继周敦颐、张载而起的有二程为代表的"洛学"。
程颢（1032—1085 年）是周敦颐的弟子，北宋理学的重要代表人物，他
的思想主要通过对《大学》《中庸》《论语》《孟子》的解释而呈现。其关
注和讨论的命题是心、性、天、理、仁、义、道、德等，对《孟子》一书
中提到的"不动心""志气""浩然之气""勿忘勿助长""王霸""不忍人
之心""四端""伯伊柳下惠之隘与不恭"以及"心""性""仁"等进行了
许多创新性的诠释。他解释孟子的性善论，提出"性即气，气即性"的命
题，认为"本然之性"超越善恶，这种性论就是心性一元论或性气一元论
的雏形。他发展孔子和孟子的仁学理论，强调博施济众的深广的人道主义
的道德修养论，将仁推尊为万物浑然一体的最高精神境界。

　　程颐（1033—1107 年）是程颢的亲弟弟，与哥哥一起亲炙周敦颐。
《孟子》一书是程颐的重要思想资源，通过重新界定孟子关于性、理、命、
心、静、才、气等概念阐述自己的思想。如他将性和理等同，认定其为具
有普遍性的本体概念。他给予"性善论"以极高的评价，"若乃孟子之言
善者，乃极本穷源之性""孟子言人性善是也。虽荀、扬亦不知性。孟
子所以独出诸儒者，以能明性也"②。他认为心、命与性、理的本质都是善

---

① 《张子全书》卷二《大心篇第七》，电子版文渊阁四库全书。
② 《河南程氏遗书》卷十八，电子版文渊阁四库全书。

的。人才质的美恶与否决定于禀气的清浊和后天的修为。人所禀之气，受之于天，是天人之间的中介，所以养气是达到天人合一境界的有效途径。理、天、性、心是同一事物的不同表述：

> 孟子言心、性、天，只是一理否？曰：然。自理言之谓之天，自禀受言之谓之性，自存诸人言之谓之心。①
>
> 在天为命，在义为理，在人为性，主于身为心，其实一也。②

显然，程颐的孟子研究打上了强烈的理学色彩，其思辨水平大大提升了。

二程的弟子和后学沿着老师开辟的路子继续前行。杨时（1053—1135 年）是理学中洛学的传播者和闽学的开创者，是二程至朱熹的桥梁。他写了《孟子解》一书，特别肯定孟子辟杨墨的功劳：

> 方世衰道微，使杨墨之道息，而奸言诐行不得逞其志，无君无父之教不行于天下，而民免于禽兽，则其为功非小矣。③

极力肯定《孟子》一书的价值：

> 《孟子》一部书只是要正人心，教人存心养性，收其放心。④

杨时与弟子、朋友讲论《孟子》时也对仁、心、性、权变、养气、志气等概念进行了不乏精彩的阐发，他还注重《孟子》本文的互证和史实的陈述，彰显了孟学研究的某些新的特色。

谢良佐（1050—1103 年）是程颐弟子，他对孟子思想的解读主要集

---

① 《河南程氏遗书》卷二十二，电子版文渊阁四库全书。
② 《河南程氏遗书》卷十八，电子版文渊阁四库全书。
③ 程颐：《龟山集》卷二十五，电子版文渊阁四库全书。
④ 程颐：《龟山先生语录》卷三，电子版文渊阁四库全书。

中在性命义理方面，对仁、不动心、志气、知言养气、浩然之气、勿忘勿助长等命题的诠释展现了自己独到的见解。

游酢（1053—1123年）写了《孟子杂解》和《孟子精义》两书，其中对孟子心性问题的解释不乏新的阐发。尹焞（1070—1142年），程颐弟子，作《孟子解》一书（已佚），多延续师说，自己发明较少，但在学问源流考察以及王霸、恭敬、仁等论题上也有自己的见解。

苏辙（1039—1112年），北宋著名文学家，与父苏洵、兄苏轼一起列入唐宋八大家。他著作甚多，其中《孟子解》一书展现了他对孟子其人其书的见解。他对孟子的"性善论"深入研判，认为性与善不能等同，性是中是道，善是性的效果。对"不动心"和"浩然之气"进行新的解释，认为心和气不是一回事，心是气的主导，而气是"心之发"和"心之使"：

> 心所欲为，则其气勃然而应之；心所不欲而强为之，则其气索然而不应。人必先有是心也，而后有是气，故君子养其义心以致其气，使气与心相狎而不相离，然后临事而其气不屈。①

由此出发，他认定养心比养气重要，人们应该在养心的前提下养气，通过养气达到致"浩然之气"的目标。苏辙对孟子将义和利对立起来的观点表示了不同意见：

> 梁惠王问利国于孟子，孟子对曰："王何必曰利？亦有仁义而已矣。"先王之所以为其国，未有非利也，孟子则有为言之耳，曰："是不然。"圣人躬行仁义而利存，非为利也，唯不为利，故利存。小人以为不求则不获也，故求利而民争，民争则反以失之。孙卿子曰："君子两得之者也，小人两失之者也。"此之谓也。②

---

① 苏轼：《孟子解》，电子版文渊阁四库全书。
② 苏轼：《孟子解》，电子版文渊阁四库全书。

《孟子解》是苏辙少年时代的著作，展示了他的青春锐气和理性思考。晚年的苏辙对孟子投去了更多的崇敬，并以孟子弟子自居，自诩自己的学问出自孟子。他写了《孟子传》，大大丰富了《孟子荀卿列传》中关于孟子的内容，突出和加强了孟子思想中反对战争和讴歌仁政的理念。

南宋是宋代理学的鼎盛时期，由于孟子及其思想是理学最重要的思想资源，因而孟学研究随着理学的兴盛自然得到空前的发展。

张九成（1092—1159 年）是南宋著名理学家，晚年写了《孟子传》一书，充分阐发《孟子》的义理宏旨，对孟子及其学说给予了极高的评价：

> 呜呼！孟子可谓特立独行者也。当战国之际，战争、纵横、诡诈之说荡如稽天，焚如野火，而孟子独守帝王之道，超然于颓波坏堑中，不枉不挠，不动不盈。余读此时之史，见夫战争之说、纵横之说、诡诈之说遍满天下，而孟子之言间见，层出于诸说之间，是犹粪壤之产芝菌，而喧啾之有凤凰也。久之诸说消亡，灰烬烟灭，与粪壤同归于无。而吾孟子仁义之说炳然独出，与日月河汉横属古今。呜呼！吾侪之学当何学乎？余所谓祖帝王而宗颜孟者，殆不可忽也。①

张九成在极力推崇孟子及其思想的同时，对李觏、司马光、苏轼、晁说之等人的非孟言论也给予严肃认真的回应，认为他们误读了《孟子》，误解了孟子，对孟子是不公平的。他对孟子提出的一些概念或范畴进行诠释，并提出自己的见解。如他发挥孟子的性善论，认定孟子是从本体论的角度对人性进行最切中肯綮的论述：

> 论染习，论气习，与夫不识性之正体者，皆非善性论者也。其

---

① 张九成：《孟子传》卷四，电子版文渊阁四库全书。

> 善性论者，莫如孟子。夫孟子之所论性善者，乃指性之本体而言，
> 非与恶对立之善也。①

他还用"以情卜性"诠释孟子的性情论，进而以"格物穷理"作为孟子修
善养性方法，即通过对万事万物的穷究，认识万理归一的天理，而这个天
理就是仁义礼智信的道德规范。张九成更是极力张扬孟子的王道仁政理
论。他说：

> 君君臣臣、父父子子、兄兄弟弟、夫夫妇妇。植桑种田，育鸡
> 豚，畜狗彘，谨庠序，申孝悌。使老者衣帛食肉，不负戴于道路，
> 黎民不饥不寒，不漂流于沟壑，此所谓王道也。②

这包含了政治、社会、道德和经济方面的内容，基本上是孟子思想的概
括。总起来看，张九成通过《孟子传》一书，将孟子与理学进行了无缝对
接，使孟子的思想资源转化为理学的内容，成为陆九渊心学的先导，所以
《四库全书》对其有一个中肯的评价：

> 是书，则以当时冯休作《删孟子》、李觏作《常语》、司马光作
> 《疑孟》、晁说之作《诋孟》、郑厚叔作《艺圃折衷》，皆以排斥孟子
> 为事，故特发明义利经权之辩。著孟子尊王贱霸有大功，拨乱反正
> 有大用。每一章为一篇，主于阐扬宏旨，不主于笺诂文句，是以曲
> 折纵横，全如论体，又辩治法者多，辩心法者少，故其言亦切近事
> 理，无由旁涉于空寂。在九成诸著作中，此为最醇。③

张栻（1133—1180年），是理学湖湘学派的代表人物，与朱熹、吕祖

---

① 张九成：《孟子传》卷二十六，电子版文渊阁四库全书。
② 张九成：《孟子传》卷二十，电子版文渊阁四库全书。
③ 《四库全书·孟子传·提要》，电子版文渊阁四库全书。

谦并称"东南三贤"。他极力推崇《论语》《孟子》，撰写《孟子说》，对孟子的人性论、义利观和仁政王道等思想作了深入发挥。孔子和孟子都关注义利之辨，重义轻利，将义利对立起来。张栻一方面肯定孔孟观点的重要性："学者潜心孔孟，必得前门而入。愚以为莫先于义利之辨。"① 一方面将义利之辨提升至天理之公与一己之私对立的高度进行论列：

> 盖出义则入利，去利则为善也，此不过毫厘之间，而有黑白之异，霄壤之隔焉。夫善者，天理之公。孳孳为善者，在乎此而不舍也。至于利，则一己之私而已。盖其处心积虑，惟以便利于己也。
>
> 夫义利二者相去之微，不可以不深察也，学者于操舍之际验之，则可见其大端而知所用力矣……及其至也，私欲尽而天理纯，舜之所以圣者，盖可得而几矣。②

如此一来，张栻就将义利之辨纳入了理学的体系。他对孟子的仁政学说更是情有独钟，着重点则是民本，即给百姓创造较好的生产和生活条件。他热望"制民恒产"，要求使百姓都有一块赖以生存的土地：

> 土地吾受之于先君也，人民吾所恃以为国者也，政事吾所以治也，以之为宝，则必敬之而不敢慢，重之而不敢轻，爱惜护持而唯恐其有所玷失也。③

这里强调了人民、土地、政事"三宝"对治国理政的重要意义，而其中百姓生活是否富裕为重中之重。为了百姓富裕，就必须减轻他们的赋役负担，而这恰恰是得民心的重要条件。在张栻那里，孟子的养民、富民、足民和保民思想成为他关注的重要基点之一。

---

① 张栻：《孟子讲义序》，电子版文渊阁四库全书。
② 张栻：《孟子说》卷七，电子版文渊阁四库全书。
③ 张栻：《孟子说》卷八，电子版文渊阁四库全书。

　　吕祖谦（1137—1181 年），是南宋中期著名的理学家。他肯定孟子的性善论，认为天人同一体，天人同一性，天性人性都是体现"中正仁义之体"的至善：

> 人生而静，天之性也，中正仁义之体，而万物之一源也。①
> 吾之性本与天地同其新，吾之天本与天地同其体。②

而他同时认定，人的心和性也是统一的，这就与孟子的"尽心知性"联系在一起了。他还发挥孟子的"良知良能"说，认为每个人生来都具备善良的本性，只是因为被"外物所诱"而"障蔽"本性，所以只有通过自我的道德修养，才能恢复本来的"良知良能"，成为身心健全的人。在义利观方面，他认为孟子并不反对合乎仁义的利，因而反对将义利绝对对立起来，而是应该"义利相和"，这种观点显然具有更多的合理性。

　　杨万里（1127—1206 年）是南宋著名理学家，他极力彰显韩愈首创的"道统说"，但其中又加了一个颜回，并且认定继承道统的是二程而非韩愈：

> 伏羲尧舜禹汤文武，圣之高曾也；周孔，圣之祖父也；颜子，圣之宗子也；孟子，圣之别子也；二程子，宗子别子之宗子也。③

杨万里在人性问题上是孟子性善论的笃信者：

> 盖自夫子有性习近远之论而不明言性之善恶，至孟子则断之以性善之说，于是荀、扬、韩三子者各出一说，以与孟子竞……至于裂性而三之，裂性而五之，则亦不胜其劳矣。性为善耶？恶耶？孟

---

① 吕祖谦：《与朱元晦》，电子版文渊阁四库全书。
② 吕祖谦：《易说·咸》，电子版文渊阁四库全书。
③ 杨万里：《诚斋集·庸言》，电子版文渊阁四库全书。

子之意明，而后性善之论定，而后天下之为善者众。①

他进而发挥孟子"诚者天之道，思诚者人之道"的思想，将"诚"与"伪"和"诈"对立起来，并通过对《易》的诠释与孟子思想对接："天行健，健即诚者，天之道也；君子以自强不息，且不息亦诚也，所谓诚者，人之道也。"②从而沟通"天道"与"人道"，联通"性命"与"伦理"，为儒学从汉学向宋学的转化作出了不可替代的贡献。

余允文生卒年不详，他的《尊孟辨》一书，是两宋历史上回击非孟者的杰作。该书包括《尊孟辨》三卷、《续辨》二卷、《别录》一卷，对宋代的非孟之论逐条加以批驳："凡辨司马光《疑孟》者十一条，附史剡一条；辨李觏《常语》者十七条，郑厚叔《艺圃折衷》者十条。《续辨》则辨王充《论衡·刺孟》者十条，辨苏轼《论语说》者八条。……等于是对宋代疑孟或反孟者的质疑做了总检讨。"③他之所以不遗余力地与这些思想学术界的大人物对战，目的就是捍卫孔孟之道。这在他写的《尊孟辨原序》中已经说得十分明白了：

> 道不明，由无公议也。议不公，由无真儒也。冠圆履方，孰不为儒诵诗读书？孰不学道必有得焉，而后能自信！必自信焉，而后信于人。目或蔽于所见，耳或蔽于所闻，耳目之蔽，心之蔽也。公议何有哉？《易》曰"问以辩之"，《中庸》曰"辩之弗明弗措也"。道之不明久矣，辩其可已乎？昔战国有孟轲氏，愿学孔子，术儒术，道王道，言称尧舜，辞辟杨墨，倡天下以仁义。圣人之道，蚀而复明，孟子力也。孟氏没，斯道将晦，七篇之书幸免秦火。后之读其书者，虽于时措之宜，未能尽识，至其翕然称曰孔孟，岂可厚诬天下后世，以为无真儒无公议哉？噫！道同则相知，道不同则不相知。

---

① 杨万里：《诚斋集·子思论》，电子版文渊阁四库全书。

② 杨万里：《诚斋易传》卷一，电子版文渊阁四库全书。

③ 夏长朴：《尊孟与非孟》，《中国哲学》第20辑，辽宁教育出版社2002年版，第600页。

兰陵荀卿，大儒也，以性为恶，以礼为异哉！其所谓道无惑乎？不知孟氏并七十二子而非之也。本朝先正司马温公与夫李君泰伯、郑君叔友，皆一时名儒，意其交臂孟氏，而笃信其书矣。温公则疑而不敢非，泰伯非之而近于诋，叔友诋之而逮乎骂。夫温公之疑，疑信也，俟后学有以辩明之。彼二君子昧是意，其失至此，人之讥诮不恤也，岂以少年豪迈之气，攻呵古人，而追悔不及欤？伊川程先生谓孟子有泰山岩岩之气象，乃知非而诋，诋而骂者，殆犹烟雾蓊兴，时焉蔽之耳，何损于岩岩！余惧世之学者随波逐流，荡其心术，仁义之道益泯，于是取三家之说，折以公议而辩之。非敢必人之信，姑以自信而已。命之曰《尊孟辨》，俟有道者就而正焉。

这里讲他与司马光、李觏、郑厚叔辩诘的原因是"惧世之学者随波逐流，荡其心术，仁义之道益泯"，显然有矢志卫道的志向。再后他又写《续尊孟辨》，讲他与王充、苏轼辩诘的原因是求自己之心安："虽然孟子之书如日星丽天，有目者皆知尊之，岂待余之辨而后尊耶？曰：尊孟云者，余自谓也。有见闻与余同者，当共尊之矣。"余允文对非孟派观点的驳斥尽管主要从正宗理学的立场出发，但也在不少地方打中了非孟观点片面性的偏颇。如他列出司马光为反对孟子对"汤武革命"的赞扬而认定汤放桀、武王伐纣是"篡乱"的观点加以批驳。司马光认为：

人臣之义，谏于君而不听，去之可也，死之可也，若之何以其贵戚之故敢易位而处也？孟子之言过矣。君有大过无若纣，纣之卿士莫若王子比干、箕子、微子之亲且贵也。微子去之，箕子为之奴，比干谏而死。孔子曰"商有三仁焉"。夫以纣之过大而三子之贤，犹且不敢易位也，况过不及纣而贤不及三子者乎？必也使后世有贵戚之臣，谏其君而不听遂废而代之。曰：吾用孟子之言也，非篡也义也，其可乎？或曰：孟子之志欲以惧齐王也。是又不然。齐王若闻孟子之言而惧，则将愈忌恶其贵戚，闻谏而诛之；贵戚闻孟子之言又将起而蹈之，则孟子之言不足以格骄君之非，而适足以为篡乱之资也？其可乎？

这里司马光提出的问题，在西汉初年辕固和黄生就已经辩论过。由于唐宋时代臣子篡位已经被认定为最十恶不赦的罪行，司马光由此出发非议孟子肯定汤武之放杀的观点在当时是很刁钻而难于反驳的，但余允文以权变的理念为孟子进行了有力的辩护：

道之在天下有正有变，尧舜之让，汤武之伐，皆变也。或谓尧舜不慈，汤武不义，是皆圣人之不幸而处其变也。禅逊之事，尧舜行之则尽善，子哙行之则不善矣。征伐之事，汤武行之则尽美，魏晋行之则不美矣。伊尹之放太甲，霍光之易昌邑，岂得已哉？为人臣者，非不知正之为美，或曰从正则天下危，从变则天下安，然则孰？苟以安天下为大，则必曰从变可。唯此最难处。非通儒莫能知也。尹、光异姓之卿，擅自废立，后世犹不得而非之，况贵戚之卿乎？纣为无道，贵戚如微子、箕子、比干不忍坐视商之亡而覆宗绝祀，反复谏之不听，易其君之位，孰有非之者？或去或奴或谏而死，孔子称之曰"商有三仁焉"，以仁许之者。疑于大义犹有所关也。三仁固仁矣，其如商祚之绝！何季札辞国而生乱，孔子因其来聘，贬而书名，所以示法春秋，明大义，书法甚严，可以监矣。君有大过，贵戚之卿反复谏而不听，则易其位，此乃为宗庙社稷计，有所不得已也。若进退废立出群小阉寺，而当国大臣不与焉，用彼卿哉，是故公子光使传诸弑其君僚，《春秋》书吴以"弑"，不称其人而称其国者，归罪于大臣也。其经世之虑深矣。此孟子之言亦得夫春秋之遗意欤！

再如对李觏非议孟子"行仁义王天下"观点的批驳也是十分有力的：

仁义者，人心之所同好。不仁不义者，人心之所同恶，岂惟人心好恶为然，天心亦如之。汤武为顺天应人之举，放桀伐纣，岂得已哉？孟子闵战国之际，人之道不立，矢口成言，无非仁义，而谓孟子以仁义为篡器，斯言一发，天下以谈仁义为讳，则人将遗其亲后，其君而同于禽兽之类矣。言其可不慎乎？汤有惭德，《仲虺之诰》言之详。孔子虽以武为未尽善，而终宪章之，故象《易》之《革》曰：汤武革命，顺乎天而应乎人。其论仁政德教，必以三代为称首，曷尝谓汤武不可为钦？惜乎战国之君，以孟子为迂阔，不能求为汤武，三代之治不可复见，此僻儒得以妄生讥议也。①

这里余允文进一步从仁义的角度对"汤放武伐"加以诠释，给"仁义王天下"一个理直气壮的肯定。再后，他对李觏提出的滕文公行仁政不成功而非议孟子理论"无验"的攻击进行回应：

常语曰：或曰：孟子之言，诸侯实不听之也，谓迂阔者乎？曰：迂阔有之矣，亦足悍也。孟子谓诸侯能以取天下矣，位卿大夫岂不能取一国哉？为其君不亦难乎？然滕文公尝行孟子之道矣，故许行陈相目之曰"仁政"曰"圣人"，其后寂寂不闻滕侯之得天下也，孟子之言固无验也。

余氏辩曰：滕文公常行孟子之道矣，既而许子为神农之言告文公，文公与之处。孟子盖尝辟之，以从许子之道，是相率而为伪，恶能治国家，则知文公行孟子之道不克终矣。当是时，许行称之曰"仁政"，曰"圣人"，亦不可谓行孟子之言无验。其后不闻滕侯之得天下。夫天下，大物也，岂可必得哉？然滕侯亦未尝礼孟子，使为辅相而授以国政，此不足为孟子疵。②

---

①　李觏：《尊孟辨》卷中，电子版文渊阁四库全书。
②　李觏：《尊孟辨》卷中，电子版文渊阁四库全书。

这里余允文提出两个理由反驳李觏，一是滕文公没有重用孟子，"使为辅相而授以国政"；二是考察"仁政"的效能要有一个较长的时段，不能用"立竿见影"的标准妄加评断。这种理由应该说是比较公允的。

再看余允文对苏轼的批驳。苏轼认为孟子提出的"以生道杀人"会被暴君污吏作为借口肆意杀戮无辜百姓：

> （苏轼）说曰：季康子问政于孔子曰："如杀无道以就有道，何如？"孔子对曰："子为政，焉用杀？子欲善而民善矣。君子之德风，小人之德草，草上之风必偃。虽尧舜在上，不免于杀无道。然君子终不以杀人为训。民之不幸而自蹈于死，则有之。吾未尝杀。"孟子言"以生道杀，民虽死不怨杀者"。使后世暴君污吏皆曰"吾以生道杀之"，故孔子不忍言之。

苏轼这里提出的理由本身就有强词夺理之嫌：以生道杀人指对确实犯有死罪的案犯进行处决，难道因为这样会给暴君污吏留下肆意杀戮无辜百姓的借口就不对死刑犯加以惩罚吗：

> 余氏辩曰：古先哲王，设刑辟，罪之大者必加诸戮。然先王之心未尝不欲生之也。至于杀之，乃出于不得已耳。苟惟常以生生之道存心，而民自蹈刑辟，虽死不怨杀者，此理之常也。是唐虞三代之君，皆以生道杀民。观诸《典》《谟》可见。彼暴君污吏，视杀人如刈菅，然使用孟子以生之言藉口，则亦知所戒惧矣。如曰孔子不忍言杀，即《康诰》《酒诰》考之，而文武周公皆忍也，何为独责孟子？[①]

这里余允文认为"以生道杀人"是从古至今所有圣君的准则，只有坚持

---

① 李觏：《续尊孟辨》，电子版文渊阁四库全书。

"以生道杀人"，才能惩罚罪恶，保护好人，维护正常的社会秩序。而苏轼的观点恰恰是迂阔的书生之见。

当然，从总体上看，《尊孟辨》并不是一部具有高深思辩水准的著作，在理学著作如林的两宋时代，它还不能与周敦颐、二程、张载、朱熹、陆九渊等人的著作相比肩，但是，他在司马光、苏轼等官高位重的学界大腕也质疑孟子及其著作的情况下，毅然站出来向他们挑战，对弘扬孟子思想、巩固孟子思想的地位还是起了振聋发聩的作用，是值得充分肯定的。正如四库全书馆臣所肯定的："然当群疑蜂起之日，能别白是非而定于一尊，于经籍不为无功，但就其书而观，固卓然不磨之论也。"①

南宋陆九渊（1139—1193 年）创始的心学一派，是自认直接继承孟子思想的一个理学流派。陆九渊极端推崇孟子，以孟子思想继承人自诩。他认为孟子是中国"道统"的重要传承人，在孟子之后，韩愈、二程皆难以接续孟子："传夫子之道者，乃在曾子……自曾子传之子思，子思传之孟子，乃得其传者，外此则不可言道。"②孟子之后的 1500 年间，任何人都不能说真正继承了这个道统。只有他自己才是这个道统的嫡系传人："窃不自揆，区区之学，自谓孟子之后，至是而始一明也。"③在回答学生的提问时，他也明确说自己的学说是"因读《孟子》而自得之"④。后世不少学者也认为他继承了孟子的思想和学术路径，明朝的心学大师王阳明就承认："陆氏之学，孟氏之学也。"⑤清朝的全祖望也认定："象山之学，先立乎大者，本乎《孟子》。"⑥孟子的"心"本来也有本体论的意蕴，他大讲"尽心、知性、知天"和"万物皆备于我"，而陆九渊正是由此引申，将"心"直命为宇宙本体，"心即理"："万物森然于方寸之间，满心而发，

---

① 李觏：《尊孟辨》卷中，电子版文渊阁四库全书。

② 《象山全集》卷一，电子版文渊阁四库全书。

③ 《象山全集》卷十，电子版文渊阁四库全书。

④ 《象山全集》卷三十五，电子版文渊阁四库全书。

⑤ 《阳明全集》卷四十七，电子版文渊阁四库全书。

⑥ 《宋元学案》卷五十八，电子版文渊阁四库全书。

充塞宇宙，无非此理。"①"宇宙便是吾心，吾心便是宇宙。"②由此建立起自己的心学体系。

陆九渊将认识本心即"理"作为认识的对象和目的：

> 彝伦在人，维天所命……学校庠序之间，所谓切磋讲明者，何以舍是而他求？所谓格物致知也，格此物致此知也，故能明明德于天下。《易》之穷理，穷此理也，故能尽性知命。《孟子》之尽心，尽此心也，故能知性知天。③

他充分发挥孟子思想中强调主观能动性的内容，以"存心""养心""求放心"作为道德修养的方法和途径，达到"学为人"即符合当时道德标准的人：

> 夫子曰："吾道一以贯之。"孟子曰："夫道一而已矣。"曰："涂之人可以为禹。"曰："人皆可以为尧舜。"曰："人有四端，而自谓不能者自贼者也。"曰孰无心，道不外索，患在戕贼之耳、放失之耳。古人教人，不过存心、养心、求放心……此乃为学之门，进德之地。④

他进一步发挥孟子发明本心即存在于自己内心的真理的意念，强调在为学上"立其大者"，即把握和发掘自身蕴含的宇宙真理，而不必去大千世界无穷尽的格物。

最后，陆九渊也继承了孟子的民本理念，鼓吹"民为邦本""民贵君轻"："天生民而立之君，使司牧之，张官置吏，所以为民也……民为邦

---

① 《象山全集》卷三十四，电子版文渊阁四库全书。
② 《象山全集》卷三十二，电子版文渊阁四库全书。
③ 《象山全集》卷十九，电子版文渊阁四库全书。
④ 《象山全集》卷五，电子版文渊阁四库全书。

本，得乎丘民为天子，此大义正理也。"① 他认定君主不是可得而私的尊位，而是用以为百姓谋福利的职责，但后世的许多君主已经将这种关系颠倒了。

两宋集其大成的理学家、教育家和思想家是朱熹（1130—1200 年），他同时也是两宋孟学研究的集其大成者。他以传统儒学为本，批判地吸收、融会佛、道的理念和方法，建立起庞大的理学思想体系，与二程合称为"程朱理学"，成为宋以后中国封建社会占主流地位的意识形态。朱熹研究《孟子》的著作主要有《孟子集注》《孟子精义》（又名《孟子集义》）《孟子成问》《孟子要略》和《朱子语类》中的一些篇章。他全面继承和发展了孟子的思想和学说，极大地扩大了孟学在宋代和以后的影响，并使之提高到一个前所未有的高度。显然，在孟学发展史上，朱熹是当之无愧的头号功臣。

朱熹对孟学发展的贡献主要体现在三个方面：第一是完善了自韩愈开启的道统说；第二是将"四书"提高到超越其他经书的地位；第三是潜心编著了《孟子集注》，为后人学习和研究孟子及其思想提供了一个最权威诠释的文本。

所谓"道统"，即是儒家传道的系统，进一步说就是儒家真理的传授系统，这个传授系统是由一系列前后相继的大思想家组成的传授链条。在中国历史上，最早明确提出"道统"说的虽然是韩愈，但在韩愈之前的孟子那里，已经列出了尧、舜、禹、皋陶、商汤、伊尹、周文王、太公望、散宜生、孔子和他自己的传授系列，这个系列所蕴含的真理是以"先王之道""圣人之道""先圣之道"表述的，所以，孟子实际上开启了道统说的端绪。是韩愈正式提出"道统"和它的传授系列："尧以是传之舜，舜以是传之禹，禹以是传之汤，汤以是传之文、武、周公，文、武、周公传之孔子，孔子传之孟轲。轲之死，不得传焉。"② 韩愈自己以接续道统的嫡

---

① 《象山全集》卷五，电子版文渊阁四库全书。
② 《韩昌黎文集·原道》，电子版文渊阁四库全书。

系传人自诩。后来，宋代学者如"宋初三先生"、欧阳修、二程等都提出他们认可的"道统说"。这些人尽管对道统传授系列的人员排列互有出入，但对存在一个"道统"却是没有疑义的。朱熹全面继承、发展和完善了"道统说"，并给出了一个经过充分斟酌的传授系列：

夫尧、舜、禹，天下之大圣也，以天下相传天下之大事也，以天下之大圣行天下之大事，而其授受之际，丁宁告戒不过如此，则天下之理岂有以加于此哉！自是以来，圣圣相承，若成汤、文、武之为君，皋陶、伊、傅、周、召之为臣。既皆以此而接夫道统之传，若吾夫子，则虽不得其位而所以继往圣，开来学，其功反有贤于尧舜者。然当是时见而知之者，惟颜氏曾氏之传得其宗，及曾氏之再传而复得夫子之孙子思，则去圣远而异端起矣。子思惧夫愈久而愈失其真也。于是推本尧舜以来相传之意。质以平日所闻父师之言，更互演绎，作为此书，以诏后之学者。盖其忧之也深，故其言之也切，其虑之也远，故其说之也详。其曰"天命率性"，则道心之谓也；其曰"择善固执"则精一之谓也；其曰"君子时中"，则执中之谓也。世之相后，千有余年，而其言之不异如合符节，历选前圣之书，所以提挈纲维，开示蕴奥，未有若是其明且尽者也。自是而又再传，以得孟氏，为能推明是书，以承先圣之统，及其没而遂失其转焉。则吾道之所寄，不越乎言语文字之间，而异端之说日新月盛，以至于老佛之徒出，则弥近理而大乱镇矣。然而尚幸此书之不泯，故程夫子兄弟者，出得有所考，以续夫千载不传之绪，得有所据，以斥夫二家似是之非。盖子思之功于是为大，而微程夫子，则亦莫能因其语而得其心也。惜乎其所以为说者不传。而凡石氏之所辑录，仅出于其门人之所记，是以大义虽明，而微言未析。至其门人所自为说，则虽颇详尽而多所发明，然倍其师说而淫于老佛者亦有之矣。熹自蚤岁即尝受读而窃疑之，沈潜反复，盖亦有年，一旦恍然似有以得其要领者，然后乃敢会众说而折其衷。既为定著章句一篇，以俟后之君子，而一二同志复取石氏书，删其繁乱名以辑略，且记所尝论辩取舍之意，别为或问以附其后。然后此书之旨支分节鲜脉络贯通，详略相因，巨细毕举，而凡诸说之同异得失，亦得以曲常旁通，而各极其趣。虽于道统之传不敢妄议，然初学之士或有取焉。则亦庶乎升高行远之一助云尔。①

这里朱熹编制的这个道统是由尧、舜、皋陶、禹、汤、伊尹、傅说、文、武、周公、召公、孔子、颜子、曾子、子思、孟子、二程等人组成的。其中他特别强调了颜子、曾子、子思和二程的作用，此前道统编制中的扬雄、王通、韩愈等人则被排除。在这篇《中庸章句序》中，朱熹还第一次将"道"与"统"连在一起，从此"道统"成为一个专有名词。在此前儒家思想家的著作中，"道统"的意蕴早已存在，但明确将其作为一个专有名词推出，则是朱熹所创："《中庸》何为而作也？子思子忧道学之失其传而作也。盖自上古圣神继天立极，而道统之传有自来矣。"② 同时，朱熹又将"见而知之"和"闻而知之"作为传授的途径，从而使隔代的传授显得更加合情合理。他特别把所谓"十六字心传"作为"道统"的核心意蕴加以诠释，使之显得更加神秘和神圣：

其见于经则允执厥中者，尧之所以授舜也，人心惟危，道心惟微，惟精惟一，允执厥中者，舜之所以授禹也。尧之一言至矣尽矣，而舜复益之以三言者，则所以明夫尧之一言必如是而后可庶几也。盖尝论之，心之虚灵，知觉一而已矣。而以为有人心、道心之异者，则以其或生于形气之私，或原于性命之正，而所以为知觉者不同，是以或危殆而不安，或微妙而难见耳。然人莫不有是形，故虽上智不能无人心，亦莫不有是性，故虽下愚不能无道心，二者杂于方寸

---

① 朱熹：《中庸章句序》，电子版文渊阁四库全书。
② 朱熹：《中庸章句序》，电子版文渊阁四库全书。

之间而不知所以治之，则危者愈危，微者愈微，而天理之公卒无以胜。夫人欲之私矣，精则察夫二者之间而不杂也，一则守其本心之正而不离也。从事于斯，无少间断，必使道心常为一身之主而人心每听命焉。则危者安，微者著，而动静云为，自无过不及之差矣。①

由此，朱熹完成了"道统"说的最后构建，使后世儒家思想有了一个类似宗教格言的神秘信仰。不仅如此，他在构建这个道统时，还进一步突出了孟子在道统传授中特殊的地位和作用：

> 孔子传之孟轲，轲之死，不得其传。此非深知所传者何事，则未易言也。夫孟子之所传者何哉？曰：仁义而已矣。孟子之所谓仁义者何哉？曰：仁，人心也；义，人路也。曰：恻隐之心，仁之端也；羞恶之心，义之端也。如斯而已矣。然则所谓仁义者，又岂外乎此心哉？尧舜之所以为尧舜，以其尽此心之体而已。禹、汤、文、武、周公、孔子传之，以至于孟子，其间相望，有或数百年者，非得口传耳授，密相付属也。特此心之体，隐乎百姓日用之间，贤者识其大，不贤者识其小，而体其全且尽，则为得其传耳。虽穷天地，亘万古，而其心之所同然，若合符节。由是而出，宰制万物，酬酢万变，莫非此心之妙用，而其时措之宜，又不必同也。故尧舜与贤，而禹与子，汤放桀，文王事殷，武王杀受，孔子作《春秋》以翼衰周，孟子说诸侯以行王道，皆未尝同也，又何害其相传之一道？而孟子之所谓仁义者，亦不过使天下之人各得其本心之所同然者耳。李氏以苏、张、孙、吴、班焉，盖不足以窥孟子之藩篱而妄议之也。推此观之，则其所蔽亦不难辨矣。②

---

① 朱熹：《中庸章句序》，电子版文渊阁四库全书。
② 朱熹：《晦庵集》卷七十三，电子版文渊阁四库全书。

这里朱熹对孟子所传授的儒家思想精义的把握是十分准确的，说明他对孟子思想的理解比同时代之人高出一筹。

朱熹在肯定孟子在传承道统中举足轻重的地位之后，却把韩愈排除出道统继承的序列，而认定孟子之后道统中断了 1400 多年，直到二程方才重新发现道统并自觉地继承下去：

> 有宋元丰八年，河南程颢伯淳卒。潞公彦博题其墓曰："明道先生。"而其弟颐正叔序之曰："周公殁，圣人之道不行，孟轲死，圣人之学不传。道不行，百世无善治；学不传，千载无真儒。无善治，士犹得以明夫善治之道，以淑诸人，以传诸后；无真儒，则天下贸贸焉莫知所之，人欲肆而天理灭矣。先生生乎千四百年之后，得不传之学于遗经，以兴起斯文为己任。辨异端，辟邪说，使圣人之道焕然复明于世。盖自孟子之后，一人而已，然学者于道不知所向，则孰知斯人之为功，不知所至，则孰知斯名之称情也哉！"①

而他自己，正是接续二程继承了道统：

> 宋德隆盛，治教休明。于是河南程氏两夫子出，而有以接乎孟氏之传……然后古者大学教人之法，圣经贤传之指，灿然复明于世。虽以熹之不敏，亦幸私淑而与有闻焉。②

这里朱熹说得虽然还有点隐晦，但其后学黄干则突出他完善儒家道统的特殊地位和作用：

> 道之正统，待后人而传。自周以来，任传道之责者不过数人，

---

① 朱熹：《孟子集注》卷十四，电子版文渊阁四库全书。
② 朱熹：《大学章句序》，《大学集注》，电子版文渊阁四库全书。

> 而能使斯道章章较著者，一二人而止耳。由孔子而后，曾子、子思继其微，至孟子而始著。由孟子而后，周、程、张子继其后，至熹而始著。①

历史上是否有一个道统另作别论，但朱熹在儒学传承上的功劳的确应该是最前列之一。朱熹接续二程，为提高孟子的地位做了艰苦卓绝的努力。直到唐代，尽管韩愈为孟子大声鼓与呼，但却没有改变《孟子》一书"子"的位置。到宋代，二程首先将《孟子》提高到与《论语》同等的地位，而到朱熹那里，则直认《大学》《中庸》《论语》《孟子》组成的"四书"重于"六经"："自尧舜以下，若不生个孔子，后人去何处讨分晓？孔子后若无个孟子，也未有分晓。"② 他认为，只有《论语》《孟子》能够"直得圣人本意"，其他经书却是隔着数重：

> 某尝说，《诗》《书》是隔一重两重说，《易》《春秋》是隔着三重四重说，《春秋》义例、《易》爻象，虽是圣人立下，令说者用之，各信己说，然于人伦大纲皆通，但未知曾得圣人当初本意否……令欲直得圣人本意不差，未须理会《经》，先须于《论语》《孟子》中专意看他。③

二程、朱熹将《论语》《孟子》提高至"经"的尊位，甚至认为它们超过六经，由此引发了上百年的尊孟与贬孟的学术争论，直至南宋理宗下诏书肯定朱熹等的意见，才算为这场争论作了总结：

> 朕惟孔子之道，自孟轲后不得其传，至我朝周颐（周敦颐）、张载、程颢、程颐，真见力践，深探圣域，千载绝学，始有指归。中

---

① 脱脱等：《宋史》卷四百二十九《道学三·朱熹传》，中华书局 1995 年版，第 12769 页。
② 《朱子语类》卷九十三，电子版文渊阁四库全书。
③ 《朱子语类》卷一百〇四，电子版文渊阁四库全书。

兴以来，又得朱熹，精思明辨，使《中庸》《大学》《论》《孟》之书，本末洞彻……其令学官列诸从祀，以示崇奖之意。①

朱熹在中国思想史上最重大影响最深远的贡献之一，是他精心编纂包括《孟子》在内的《四书集注》。其中对《孟子》的集注，他一改前人过多关注字义、名物制度等繁琐考证的偏颇，着重从主要内容上整体把握孟子的思想体系，而且文字精练顺畅，辨析深刻到位，被后世公认为汉代以来最好的注本之一，明、清两朝更成为国家钦定的教科书和科举的标准，在中国教育史上发挥了不可替代的作用。通过注释，朱熹继承和发展了孟子思想。例如，在对人个体的认识上，他承认人的生理和情感欲望的正当性与合理性，但又认为不能让这种欲望无节制地发展，必须以仁义礼智的道德规范加以约束和调节，这是维护人际关系的和谐和社会正常运行所必需的。在社会政治思想方面，朱熹继承和发展了孟子"德治""王道"理念，强调"国以民为本"，治理天下以"得民心为本"，要求统治者关注民生，发展生产，不误农时，减轻税负，藏富于民，达到"国富"与"民富"的双赢目标。为此，他特别要求君主通过严格持续的自我修养，自省自律，成为臣民的表率，同时注意选贤使能，虚心纳谏，做到"正心以正朝廷，正朝廷以正百官，正百官以正万民，正万民以正四方"②，进而达到国治、民富、天下太平的愿景。

当然，在孟子思想诞生和其后传播的过程中，尽管颂扬之声占据主流，但反对非议者也不绝如缕，不时出来表述他们的观点。战国时期，以韩非为代表的法家是对儒家和孟子最激烈的批判者，秦朝更以"焚书坑儒"昭示了政治上的极端排儒立场，而汉代则有王充的《问孔》《刺孟》有名于时。到了两宋时期，由于思想和言论的自由度空前扩展，再加上"党同伐异"的政治斗争混杂其间，非孟、疑孟的思潮也得以毫无阻碍地

---

① 毕沅：《续资治通鉴》卷一百七十，中华书局 1957 年版，第 4630 页。
② 《朱文公文集》卷六十七，电子版文渊阁四库全书。

表达。

李觏是宋朝第一个站出来发出非孟声音的思想家。他在《常语》一书中集中批判孟子的背离孔子和背叛《六经》：

> 尧传之舜，舜传之禹，禹传之汤，汤传之文武周公，文武周公传之孔子，孔子传之孟轲，轲之死，不得其传焉。如何？曰：孔子死，不得其传矣。彼孟子者，名学孔子，而实背之者也。焉得传？敢问何谓也？曰：孔子之道，君君臣臣也。孟子之道，人皆可以为君也。天下无王霸，言伪而辨者不杀，诸子得以行其意。孙、吴之智，苏、张之诈，孟子之仁义，其原不同，其所以乱天下一也。①
>
> 孟子者，五霸之罪人也。五霸率诸侯事天子，孟子劝诸侯为天子……其视周室如无有也。……孔子曰……管仲相桓公，霸诸侯，一匡天下，民到于今受其赐。微管仲，吾其被发左衽矣。而孟子谓以齐王，犹反手也。
>
> 孟子曰：尽信书，则不如无书。仁人无敌于天下，以至仁伐至不仁，而何其血之流杵也？曰：纣一人恶邪，众人恶邪？众皆善而纣独恶，则去纣久矣，不待周也。夫为天下逋逃主，萃渊薮，同之者可遽数也？纣亡则逋逃者曷归乎？其欲拒周者人可数耶？血流漂杵，未足多也。或曰：前徒倒戈攻于后以北。故荀卿曰：杀者皆商人，非周人也，然则商人之不拒周，审矣！曰：如此北，焉用攻？又曰：甚哉！世人之好异也。孔子非吾师乎？众言驩驩，千泾百道，幸存孔子。畔之不已，故今人至取《孟子》以断六经矣，呜呼！信《孟子》而不信经，是犹他人而疑父母也。②

不难看出，这里李觏对孟子的责难，在很大程度上是由于误解孟子原意，

① 余允文：《尊孟辨》卷中，电子版文渊阁四库全书。
② 余允文：《尊孟辨》卷中，电子版文渊阁四库全书。

更是由于他从维护君主的绝对权威出发而坚持的保守主义立场。李觏的观点当时就受到一些学者的反驳。如南宋学者张九成在其所著的《孟子传》一书中，就针对李觏的论点逐条加以批驳：

> 曰：学者学圣贤，当考其时，论其人，熟诵其上下之辞，深味其前后之意，岂可为乘间伺隙，掇取一言半辞，便不信不疑，而遽诋訾圣贤哉！夫所谓王道者，非王者之位，王者之道也。王者之道，君君臣臣父父子子夫夫妇妇，植桑钟田，育鸡豚，畜狗彘，谨庠序，申孝悌，使老者衣帛食肉，不负载于道路，黎民不饥不寒，不漂流于沟壑，此王道也。

而同朝的余允文也对李觏所谓"孟子者五霸之罪人"的责难加以批驳：

> 孟子说列国之君，使之行王政者，欲其去暴虐，行仁义，而救民于水火耳。行仁义而得天下，虽伊尹、太公、孔子说其君，亦不过此。彼五霸者，假仁义而行，阳尊周室而阴欲以兵强天下。孟子不忍斯民死于斗战，遂以王者仁义之道诏之。使当世之君，不行仁义而得天下，孟子亦忍之矣，岂复劝诸侯为天子哉！①

不过，李觏对孟子思想也并非一味贬斥，对孟子的"制民之产""省刑薄敛""取民有制"等"生民之本"的理念他还是衷心拥戴的。他自己也毫不讳言对孟子的尊崇："鸡鸣而起，诵孔子、孟轲群圣之言，纂成文章，以康国济民为意。"②

宋朝疑孟的行列中，还有大史学家司马光（1019—1086 年）。因为当时主持变法的王安石极力尊孟，司马光站在他对立面就作《疑孟》与之对

---

① 余允文：《尊孟辨》卷中，电子版文渊阁四库全书。
② 《李觏集》卷二十七，电子版文渊阁四库全书。

垒，其中提出 12 条疑问，如对《孟子》中"孟子将朝王"展示的孟子之倨傲态度严加批评：

> 孔子，圣人也；定、哀，庸君也。然定、哀召孔子，孔子不俟驾而行；过位，色勃如也，足躩如也。过虚位，且不敢不恭，况召之有不往而他适乎？孟子，学孔子者也，其道岂异乎？夫君臣之义，人之大伦也。孟子之德，孰与周公？其齿之长，孰与周公之于成王？成王幼，周国负之以朝诸侯；及长而归政，北面稽首畏事之，与事文、武无异也。岂得云彼有爵，我有德齿，可慢彼哉？①

司马光这里以"贵贵"，即坚持上下尊卑的等级观念，反对孟子的"尊贤"，同时将二者对立起来，显示了他保守的政治立场。

宋朝最大的非孟派以叶适（1150—1223 年）为代表。他是南宋唯物论思想的主要代表人物，创立了著名的永嘉学派。因为他对两宋以程、周、张、朱熹为代表的理学持否定态度，既坚决否定他们坚持的道统说，将孟子排除尧、舜、文、武、周公、孔子以后的道统传承系统；也批判孟子的心性学说，从源流上否定程、周、朱熹为代表的理学的理论依据。进而也排除程、周、张、朱熹的道统继承人资格，目的是为自己争取在道统中的尊位。这层秘密被他的弟子孙之宏道破了：

> 窃闻学必待习而成，因所习而记焉，稽合乎孔氏之本统者也。夫去圣绵邈，百家竞起，学失其统久矣。汉唐诸儒，皆推宗孟轲氏，谓其能嗣孔子。至本朝闽、洛骤兴，始称子思得之曾子，孟轲本之子思，是为孔门之要传。近世张、吕、朱二三钜公，益加探讨，名人秀士鲜不从风而靡。先生后出，异识超旷，不假梯级，谓洙泗所讲，前世帝王之典籍赖以存。开物成务之伦纪赖以著；《易象》《象》，

---

① 余允文：《尊孟辨》卷上，电子版文渊阁四库全书。

仲尼亲笔也，《十翼》则讹矣。《诗》《书》，义理所聚也，《中庸》《大学》则后矣。曾子不在四科之目，曰："参也鲁。"以孟轲能嗣孔未为过也，舍孔子而宗孟轲，则于本统离矣。故根柢《六经》，折衷诸子，剖析秦汉，迄于五季，以吕氏《文鉴》终焉。其致道成德之要，如渴饮饥食之切于日用也；指治摘乱之几，如刺膏中肓之速于起疾也；推迹世道之升降，品目人材之短长，皆若绳准而铢称之，前圣之绪业可续，后儒之浮论尽废。其切理会心，冰消日朗，无异新造孔室之闳深，继有宗庙百官之美富，可谓稽合乎孔子之本统者也。①

叶适的思想在许多方面是卓有建树的，但他否定孟子在传承儒学中的尊位显然是囿于学派的偏见。宋朝除以上非孟者外，还有一个郑厚叔，在其所写的《艺圃折衷》一书中，对孟子进行了最激烈的攻讦。余允文的《尊孟辨》引录了他的 10 条文字，其中说：

> 《春秋》书王，存周也。孔子曰："如有用我者，吾其为东周乎！"此仲尼之本心也。孟轲非周民乎？履周之地，食周之粟，常有无周之心，学仲尼而叛之者也。……为孟轲者，徒以口舌求合，自媒利禄，盖亦使务是而已矣。奈何今日说梁惠，明日说齐宣，说梁襄，市滕文，皆啖之使为汤、武之为，此轲之贼心也。孟子以游辞曲说，簧鼓天下，其答陈代、告子、万章、公孙丑之问，皆困而遁，遁而支离。想当时酬酢之际，必沮气赧颜，无所不至，所谓浩然者安在哉？近世欧阳永叔、王介甫、苏子瞻之徒僻好其书，呜呼，斯文衰矣！②

非但如此贬斥，还在人格上对孟子大肆诋毁，诬称他"非贤人"，是苏秦、

---

① 孙之宏：《习学记言》序，电子版文渊阁四库全书。
② 余允文：《尊孟辨》卷下，电子版文渊阁四库全书。

张仪之类的"忍人""辩士"："其资薄，其性慧，其行轻，其说如流，其应如响，岂君子长者之言哉?"进而攻击孟子是"挟仁义以欺天下"的"卖仁义者"①。对郑厚叔近乎泼妇骂街式的诋毁之言，余允文、黄震和朱熹都给予有力批驳，将其视为"病风丧心"之徒。其实郑厚叔攻讦孟子的内容恰恰是孟子具有民主性精华的因素，说明他维护的是最顽固的封建集权专制。

两宋时期尊孟与疑孟、非孟的争论延续了一百多年，反映的是孟子及其思想的提升在思想学术界引起的震撼。这场争论为孟子地位的进一步提升和孟子思想的传播起了推波助澜的作用。

元朝（1206—1368 年）统治中国北方一个半世纪，灭宋以后统治全中国也近一百年。由于汉族知识分子的推动和元朝统治者的顺应历史潮流的决策，儒学的新形态理学被立为统治者认可的治国理政思想。孟子及其思想得到与宋朝同等的尊崇，孟子亚圣的封号就是元朝皇帝赐予并被后世一直沿用的。

元朝理学承袭宋朝理学，四书成为最重要最广为宣传的经典。元朝的理学家对孟子及其著作的研究较之宋朝理学家有了进一步的深入和发展。

许衡（1209—1281 年）是元朝第一大儒，"理学宗师"。他数度担任国子祭酒，在为元朝的制度建设作出重大贡献的同时，更为元朝统治者转变统治思想起了举足轻重的作用。其著作汇集为《鲁斋遗书》。他继承程朱思想，适当吸收陆九渊心学理念，坚持孟子的性善论，要求通过"修身养性"提升官民的道德水平。他极力宣扬孟子的民本思想和"王道""仁政"意识，认为得天下在得天下民心："得天下心无他，爱与公而已矣。爱则民心顺，公则民心服。既顺且服，于为治也何有?"② 由爱民出发，主张制民之产，劝课农桑，轻徭薄赋。他的这一理论在一定程度上影响了元

---

① 余允文：《尊孟辨》卷下，电子版文渊阁四库全书。
② 许衡：《鲁斋遗书》卷七，电子版文渊阁四库全书。

朝的税收政策。

比许衡稍晚的刘因（1247—1293 年），被清朝人全祖望誉为同许衡相伯仲的"元北方两大儒"之一，有《静修文集》遗世。他大力弘扬孟子的"人人皆可为尧舜"的观点，提出"天下之人皆可为圣人"的理念，进而发挥孟子"践形"的理论，提出"践其形，尽其性，由思入睿，自明而诚"修养成圣之路。这些理论对于扭转元朝初年衰颓的世风产生了比较积极的影响。

出生于抚州崇仁（今属江西）的吴澄（1249—1333 年），在元朝理学界有"南吴北许"之誉。他是宋朝心学一派在元朝的代表之一，文章汇为《吴文正集》。他对"道统说"深信不疑，他根据《周易》元、亨、利、贞的排序，将道统的上古、中古、近世三个历史时期中的每一段都分为元、亨、利、贞四段，将孟子列入"中古之贞"的位置。他继承孟子的"性善论"，认为人人都本有纯然善的"天地之性"，但也掺杂导向恶的"气质之性"，只不过可以通过"反之于心"的修养克服恶而复之善。这与孟子的人性论是非常契合的。

元朝的另一理学家金履祥（1232—1303 年）著有《孟子集注考证》一书，该书为朱熹的《孟子集注》作疏，诠释其中的疑难问题，同时对朱熹的理学思想加以阐发。他的弟子许谦在为该书所作的序中说：

> 朱子深求圣心，贯宗百世，作为《集注》……然其立言浑然，辞约意广，往往读之者或得其粗，而不能悉究其意；或一得之致，自以为意出物表，曾不知初未离其范围。凡世之诋誉混乱，务新奇以求名者，于弊正坐此。此考证所以不可无也。先师之著是书，或隐括其说，或演绎其简妙，或滤其幽，发其粹，或补其古今名物之略，或引群言以证之。大而道德性命之精微，细而训诂名义之弗可知者，本隐以之显，求易而得难。吁！尽在此矣。该求孔孟之道者不可不读《论》《孟》，读《论》《孟》者不可不读《集注》，《集注》有《考

证》，则精朱子之义，而孔孟之道章章在乎人心矣。①

金履祥的这部著作对于《孟子》一书在元朝及其后的传播显然起了积极的作用。

元朝的另一理学大家许谦（1269—1337 年）是金履祥的弟子，他与乃师一样终生不仕，而以教书和著述度过成人后的岁月。他的主要著作《读四书丛说》有《孟子》二卷。在该书中，许谦对孟子的心性论作了理气论的解释。从性善论出发，将天地之性作为人性善的依据，而将人性恶与气质之性连在一起。解决的办法是剔除"物欲所蔽"，使天地之性成为人性的主导。他还将孟子的"尽心知性"与朱熹的"格物致知"联系起来，通过"养浩然之气"达到道德践履的实现。他发展孟子的"天命"思想，将"命"分为"天理之命"和"气数之命"，尽管"气数之命"决定人的生死寿夭、富贵贫贱，但只要循"天理"而行，发扬"天理之命"的制约作用，人就能达到他最好的结果。此外，他对《孟子》中的许多史实名物、字义字音都进行了诠释，大大有助于加深对该书的理解。比如，认定孟子天下"定于一"的观点是顺应了中国历史走向统一的潮流：

> 一谓统天下为一家，正如秦汉之制，非谓如三代之王天下而封建也。此孟子见天下之势，而知其必至于此，非以术数谶纬而知之也。盖自太古立为君长，则封建之法行。黄帝置大监，监于万国。夏会诸侯于涂山，执玉帛者亦万国。迨汤受命，其能存者三千于国，时云千八百国。至孟子时相雄长者，止七国尔，余小国，盖不足道也。自万国以至于七国，吞并之积，岂一朝一夕之故。今世既合，不可复分，终必又并而为一，举天下而郡县之而后已。至于秦汉，孟子之言即验，但秦犹嗜杀人，故虽一而不能定，至然后定也。②

---

① 金履祥：《孟子集注考证·序》，电子版文渊阁四库全书。
② 许谦：《读孟子丛说上·梁惠王上》，电子版文渊阁四库全书。

如此解释，既符合孟子的原意，也展示统一作为历史潮流的合理性，是相当有见地的。显然，许谦的著作对元明时期理解孟子思想及其著作起了积极作用。

五、明清时期的孟学研究

明清时期（1368—1911 年）的近五个半世纪，是中国封建社会的晚期。一方面是专制主义中央集权的进一步强化，一方面是社会发展颓势的不断显现。同时，随着资本主义萌芽的成长，一些新的思想因素也在潜滋暗长，对孟子及其思想的研究也呈现十分复杂的局面。

明朝的创业之主朱元璋尽管出身贫苦农民，在夺得全国政权后也推行了不少有利于发展生产、安定民生的诸如澄清吏治、轻徭薄赋等的政策措施，但他在加强专制主义统治的同时，也进一步加强思想文化上的专制，对《孟子》一书中所展示的民主性的理念不能容忍，于是有罢孟子配享孔庙的诏命和《孟子节文》的编撰。他虽然在某种程度上也重视孟子的仁政思想，但对孟子"民贵君轻"和君臣对等的理念却很反感，所以在洪武五年（1372 年）京师（南京）文庙落成时，他就下诏罢去孟子配享的资格，并声言对谏者"以大不敬"论处，从而引起一次轰动朝野的政治风波。其时任刑部尚书的钱唐抗疏入谏，慷慨陈词："臣为孟轲死，死有余荣！"[1] 虽然钱唐未被处死，孟子配享不久亦恢复，但此事表明，最高统治者中的部分人已经感到孟子思想的一些内容与自己的政治理念并非完全契合。为此，朱元璋命儒生刘三吾编辑《孟子节文》，删去《孟子》书中有碍专制统治的内容。刘三吾只能硬着头皮完成这个费力不讨好的任务，而且还必须给出一个冠冕堂皇的理由：

《孟子》七篇，圣贤扶持名教之书。但其生于战国之世，其时诸

---

① 张廷玉等：《明史》卷一百三十九《钱唐传》，中华书局 1995 年版，第 3982 页。

侯方务合纵、连横，以功利为尚，不复知有仁义。唯惠王首礼聘至其国，彼其介于齐、楚、秦三大国之间，事多龃龉，故一见于孟子，即问何以便利其国（非财利之利也），孟子恐利源一开，非但有害仁义，且将有弑夺之祸。仁义，正论也，所答非所问矣。是以所如不合，终莫能听纳其说。及其欲为死者雪耻，非兵连祸结不可也。乃谓制梃以挞秦楚之坚甲利兵，则益迂且远矣。台池鸟兽之乐，引文王灵台之事，善矣。《汤誓》"时日害丧"之喻，岂不太甚哉！雪宫之乐，谓贤者有此乐，宜矣。谓"人不得"即有非其上之心，又岂不太甚哉！其他，或将朝而闻命中止，或相待如草芥而见报施以仇雠，或以谏太过不听而易位，或以诸侯危社稷则变置其君，或所就三、所去三而不轻其去就于时君—固其崇高节、抗浮云之素志，抑斯类也，在当时列国诸侯，可也，若夫天下一君，四海一国，人人同一尊君亲上之心，学者或不得其扶持名教之本意，于所不当言不当施者，概以言焉，概以施焉，则学非所学，而用非所用矣。今翰林儒臣三吾等，既请旨与征来天下耆儒同校蔡氏书传，蒙赐其名曰《书传会选》，又《孟子》一书中间词气之间抑扬太过者八十五条，其余一百七十条余条，悉颁之中外校官，俾读是书者知所本旨。自今八十五条之内，课试不以命题，科举不以取士。壹以圣贤中正之学为本，则高不至于抗，卑不至于谄矣。抑《孟子》一书，其有关于名教之大，如：孔子学于尧舜，后人因其推尊尧舜而益知尊孔子之道；诸侯之礼，吾未之学，而知其所学者周天子盛时之礼，非列国诸侯所僭之礼。皆所谓护前圣所未发者，其关世教讵小补哉！①

《孟子节文》删削的 85 条，基本上都是该书民主性的精华，如"民贵君轻"、斥责和反抗独夫民贼、鼓吹恒产恒心、暴露统治者凶残贪腐、反对过度征敛、反对战争、反对黑暗政治、颂扬"仁政"救民、要求君王做表

---

① 王其俊主编：《中国孟学史》上册，山东教育出版社 2012 年版，第 458—459 页。

率等内容，在在都在删削之列。一个专制政权，连孟子思想都不能容忍，其表面的强悍与内心的屠弱是多么强烈的对比！好在这个《节文》只诏令通行了17年，到永乐九年（1411年）就失去了法律效力，再也无人理睬。这说明，真理的声音总是无法窒息的。《孟子节文》的编撰实在是朱元璋走的一步颠顸而愚蠢的臭棋，到清朝编《四库全书》的时候，也没有收录该书。

朱元璋尽管为了维护专制独裁强令删削《孟子》，但这位有着贫困僧人经历的皇帝却深知程朱理学对于维护统治的意义，所以严令国家考试必须以理学对儒家经典的注释文本为标准。在其倡导下，明初思想界依然沿着宋代理学的路子发展，对孟子的研究也只是在此范围内进行。被誉为明初北方第一大儒的河南渑池人曹端（1376—1434年）留下不少研究孟学的著作，其中如《四书样说》《儒学宗统谱》等书比较集中展现他的孟子观。他持守孔孟正统，力辟佛、道为"歪理邪说"；他弘扬孟子的性善论，主张通过内省达到"诚""敬"的自我修养；他钟情孟子的民本理念，关心民瘼，要求躬行实践，注重道德教化，形成良好的社会风尚。明初另一大儒、山西河津人薛瑄（1399—1464年）开启北方的"河东之学"，是理学在北方的重镇。他有《读书录》《从政名言》《薛文清公文集》等名世。他尊崇从孔孟至朱熹的道统说，极力鼓吹孟子的民本思想，认定得民心者得天下的理念："自古未有不遂民心而得天下者……为政临民岂可视民为愚且贱而加慢易之心哉！"[1] 他认可孟子的性善论，认为性就是孟子讲的仁义礼智，性也就是理，"性者万理之统宗"[2]，也就是道、德、诚、命、忠、恕等道德信条，"天地万物，唯性字一字括尽"[3]。所以为学就是复性，通过立心主敬，"求放心"，并在平常躬行践履中认识天理。

抚州崇仁（今属江西）人吴与弼与薛瑄（1391—1469年）并称明初南北两大儒。他是崇仁学派的创始人，一生躬耕自食，清贫自守，潜心学

① 薛瑄：《读书录》卷三，电子版文渊阁四库全书。
② 薛瑄：《读书录》卷十五，电子版文渊阁四库全书。
③ 薛瑄：《读书录》卷十五，电子版文渊阁四库全书。

问，有《康斋先生集》《日录》等传世。他钟情理学，思想"一禀宋人成说"。他特别强调孟子关于君臣、父子、夫妇、长幼、朋友的五伦之说，认为五伦之理每人皆备，与生俱来："人之所以人，以其有此理也。必不失乎此心之理而各尽乎五伦之道，庶无忝乎所生。"[1] 五伦与生俱来，也就是孟子的性本善。他解释恶的由来，归咎于气质的不纯，而修养功夫就在于孟子的"存心养气"。吴与弼的弟子、上饶（今属江西）人胡居仁，也是一个终生不仕、以讲学和做学问为职志的儒生，曾主持白鹿书院，有《居业集》《易象钞》《胡文敬公集》《胡子粹言》等著作传世。他的学问基本上囿于程朱理学。他钟情孟子的性善论，认定"心与理一"。为了存理尽性，必须躬行孟子内省的修养功夫，他也注重治世之学，推崇民本思想，要求恢复"井田制"，使人人有田可耕，进而减轻赋税，发展生产，使百姓富裕起来。

明初思想文化史上的一个重大事件是成祖时期《四书大全》《五经大全》《性理大全》的修撰。时间在成祖十二年至十三年间（1414—1415年），由成祖下诏，由胡广、杨荣、金幼孜主持，集中39位著名学者编撰完成。这三部《大全》的完成和颁行全国，标志着程朱理学官学化的完成和确立。从此，程朱理学成为八股取士的学术根据和评判标准，也成为主流意识形态的主要载体，为维护专制统治起了无可替代的作用。对孟子的研究而言，《四书大全》在学术上没有任何创见，只是重复朱熹的解释而已。

明朝中期，在程朱理学日趋僵化的情况下，崛起了心学一派，给当时的学坛吹进一缕清风。其始作俑者是广东新会白沙里人陈献章（1428—1500年），史称白沙先生。他创始了江门之学，其著作汇为《陈献章集》。他接续宋朝陆九渊的"宇宙即是吾心，吾心即是宇宙"的理念，进一步发挥孟子的"万物皆备于我"的思想，提出"君子一心，万理完具。事物虽多，莫非在我"[2] 的命题。他以"端倪"替代孟子的"善端"，

---

[1]　吴与弼：《康斋先生集》卷二，电子版文渊阁四库全书。

[2]　《陈献章集·论前辈言铢视轩冕尘视金玉》（中），中华书局1987年版，第55页。

提出"主静"的修养方法，要求人们在不断的内省中养成君子人格。陈献章政治上无所作为，但作为一个有成就的学者却培养了一大批有才干的学生，其中最负盛名的是广东增城新塘人湛若水（1466—1560 年），官至南京礼部、吏部、兵部尚书，留下《湛甘泉文集》《圣学格物通》《四书训》等著作。他发挥孟子"万物皆备于我"的理念，推出"心包万物"的命题，从而把孟子的四端说、性善论和万物皆备于我的思想融会贯通在一起，在明朝初年的心学一派独树一帜。

明朝最重要的心学派的代表人物，是浙江余姚的王守仁（1472—1528 年），因其在贵州阳明洞创办阳明书院，又称阳明先生。他创始的心学派史称阳明学派，简称"王学"。他生活在明朝中叶，官至南京兵部尚书，主要著作有《传习录》《大学问》《王文成公全集》《王阳明全集》。他发挥孟子的"良知"说，将良知与天合一，使之变成无所不包的宇宙本体。他进而发挥孟子的性善论和尽心知性的理论，沿着"四端说"更深入地诠释了性、情、善、恶的由来：

> 性，一而已；仁义礼智，性之性也；聪明睿智，性之质也；喜怒哀乐，性之情也；私欲客气，性之蔽也。质有清浊，故情有过、不及，而蔽有浅、深也。私欲、客气，一病两痛，非二物也。①
>
> 无善无恶是心之体，有善有恶是意之动，知善知恶是良知，为善去恶是格物。②

显然，王阳明的心学与孟子思想有着极其密切的传承关系，他将孟子主观能动性的理论做了更进一步的发展。

王艮（1483—1541 年）创立的"泰州学派"被后世定位为"王学左派"。他主张学术下移，关注百姓日用，是王学一派中比较接地气的学派。

---

① 《王阳明全集·传习录上》，电子版文渊阁四库全书。
② 《王阳明全集·传习录下》，电子版文渊阁四库全书。

其思想著作被后学编为《心斋王先生全集》。王艮特别推崇孟子，认为他有一种博大崇高的气象。学习孔子之学必须通过孟子：

> 门人问志尹学颜。先生曰："我而今只说志孔子之志，学孔子之学。"曰："孔子之志与学与伊尹颜渊异乎?"曰："未可轻论。且将孟子之言细思之，终当有悟。"①

王艮发挥孟子的良知说，认为良知是人的天性，人人具备，所以既应该"致良知"，更应该"良知致"，将良知贯穿于普通百姓的人伦日用中。他特别钟情于孟子的"安身为大"的理念，极力倡导"安身立本"论：

> 诸生问："夫子谓止至善为安身，则亦何所据乎?"孟子曰：守孰为大，安身为大。失其身而能事其亲者，吾未之闻。同一旨也。不知安身，身不能保，又何以保天下国家哉……止至善，安身者，立天下之大本也。本治而末治，正己而物正也，大人之学也。是故身也者，天地万物之本也，天地万物，末也。知身之为本，是以明明德而亲民也。身未安，本不立也。本乱而末治者，否矣。其本乱，治末愈乱也。故《易》曰："身安，而天下国家可保也。"如此而学，如此而为大人也。不知安身，则明明德亲民却不曾立得天下国家的本，是故不能主宰天地，干旋造化。立教如此，故自生民以来，未有盛于孔子者。②

王艮认定人人安身立本，就是人人按良知保身爱己爱人，人我互爱，也就天下太平。他进而贯彻孟子"反身而诚""反求诸己"的思想，努力从个体生命出发探求天下大义，要求所有人都从自己做起，通过"格物"正心

---

① 《心斋王先生全集·语录》，电子版文渊阁四库全书。
② 《心斋王先生全集·语录》，电子版文渊阁四库全书。

诚意立本，修养君子人格。

泰州学派还有两个颇具悲剧色彩的重要代表人物，他们是江西永丰人何心隐（1517—1579 年）和福建晋江人李贽（1527—1602 年）。何心隐因反对宰相张居正禁止讲学和毁弃书院而被湖北巡抚杖毙。李贽因被当权者诬为"异端"被捕入狱并在狱中自杀身亡。何心隐有《四书究正注解》《何心隐集》等著作传世。李贽有《焚书》《藏书》《四书评》等著作传世。何心隐对孟子思想的继承和发展突出表现在论证人之欲望的必要性与合理性。孟子承认人的正当欲望，即对富贵利禄的追求、对身体愉悦的体认都是自然而合理的。何心隐则进一步认定人们对"货色""聚和"等的追求也是合理的：

> 昔公刘虽欲货，然欲与百姓同欲……以育欲也。太王虽欲色，亦欲与百姓同欲，以基王业，以育欲也。育欲在是，又奚欲哉？
> 欲货色，欲也；欲聚和，欲也……族既聚和，欲亦育欲。①

由此出发，他认同孟子的民本思想，主张百姓的欲望应该得到满足，这就是"尽天之性"。同时，他又认为人的欲望不能无限膨胀，而应该加以节制，达到"节而和"，即使每个人的欲望通过社会的调节达到协和状态。何心隐思想无疑发展了孟子思想中更接地气的内容，因为他更专注百姓的实际的生活诉求。

李贽充分肯定孟子继承孔子思想的历史地位和他的性善说："孟氏之学，识其大者，真若登孔子之堂而受衣钵也。其足继孔圣之传无疑，其言性善亦甚是。"②他也继承孟子肯定人的自然生理需求所谓"食色性也"的必要性：

---

① 《何心隐集》卷二，电子版文渊阁四库全书。
② 李贽：《焚书》卷一，电子版文渊阁四库全书。

如好货，如好色，如勤学，如进取，如多积金宝，如多买田为子孙谋，博求风水为儿孙福荫，凡世间一切治生、产业等事，则其所共好而共习，共知而共言者，是真迩言也。夫天下之民物众矣，若必欲其皆如吾之条理，则天地亦且不能。故寒能折胶，而不能折朝市之人；热能伏金，而不能伏竞奔之子。何也？富贵利达所以厚吾天生之五官，其势然也。是故圣人顺之，顺之则安之。①

李贽进而更承认私心私欲的合理性，同时也承认节制欲望的必要性，要求人们"知足"和"脱俗"："富莫富于常知足，贵莫贵于能脱俗；贫莫贫于无见识，贱莫贱于无骨力。"②因为承认百姓追求幸福生活的权利，自然也就肯定孟子的民本意识和安民养民的意义："夫社者，所以安民也；稷者，所以养民也。民得安养，而后君臣之责始塞，君不能安养斯民，而后臣独为之安养斯民。"③李贽还继承孟子"人皆可以为尧舜"的理念，认定"尧舜与涂人一，圣人与凡人一"④，反映了他朴素的平等观。

李贽由于对宋儒高度赞誉孔孟和《论语》《孟子》不满，尤其对宋儒将孔孟儒学视为"万世至论"不满。他从真理的相对性出发，否定孔孟儒学的理念是超越时空的真理，对《论语》《孟子》进行了颇带感情色彩的攻讦：

夫六经、《语》《孟》，非其史官过为褒崇之词，则其臣子极为赞美之语。又不然，则其迂阔门徒、懵懂弟子，记忆师说，有头无尾，得后遗前，随前所见，笔之于书。后学不察，便谓出自圣人之口也，决定目之为经矣。孰知药，随时处方，以救此一等懵懂弟子、迂阔门徒云尔。药医假病，方难执定，是岂可遽以为万世之至论乎？⑤

---

① 李贽：《焚书》卷一，电子版文渊阁四库全书。
② 李贽：《焚书》卷六，电子版文渊阁四库全书。
③ 李贽：《焚书》卷六十八，电子版文渊阁四库全书。
④ 李贽：《李氏文集》卷上，电子版文渊阁四库全书。
⑤ 李贽：《焚书》卷三，电子版文渊阁四库全书。

这种观点不仅与他前面对孔子孟子的赞誉相矛盾，而且也显示了他的偏激和方法论上的片面性，是不足取的。

明朝晚期，湖北应城人陈士元撰写的《孟子杂记》是一部比较全面研究孟子及其著作的名著。该书共四卷，对孟子的生平、家世、遗文、逸事、艺文、《孟子》与《诗》《书》《礼》的关系、《孟子》文本等进行了细密详尽的考订，廓清了许多误传误信的记载。如其中对孟子名与字的考证，认定古籍中关于其字"子舆、子车、字居"的记载均属讹误，其师承只能是司马迁记载的"子思之门人"，其余记载均属以讹传讹。该书显示了作者深厚的学养和精湛考证的功力，对促进孟学的传播起了积极作用。

湖北京山人郝敬（1558—1639 年）是一位精于思考和勤于写作的儒生，有《九经解》和《山草堂集》传世，其中《孟子说解》是一部继承和发展孟子思想的名著。该书继承孟子的性善论，认定性是全善，而恶出于"习"，即意念情欲的恣意驰骋，只有"以性化习"和"反习归性"才能保证去恶从善。他又从孟子的"四端"论出发，主张性情一元，反对宋儒将二者分开，认为"孔子原性见情，孟子推情见性，一也"①。进而他将人的身、心、欲三者统一起来，既承认人的欲望的合理性，又要求这种欲望的满足必须"中节"，即合情合理，不危害社会和其他人。这就需要"养心"："大抵人只是一心，心只是一点欲，养身、养气、养心，总归之养心。"② 郝敬的上述观点，在一定意义上是对程朱理学和陆王心学的委婉批判，因为他们基本上都是将性一分为二，而将气质之性看作恶的根源。

无锡（今属江苏）人高攀龙（1562—1626 年）是与顾宪成创设无锡东林书院的大学者，是东林党的中坚人物，在与魏忠贤为首的明朝末年腐败势力的斗争中以身殉职。身后留下《古本大学》《四子要书》《周易孔义》《东林讲义札记》等著作。他坚持儒家的道统立场，推重孟子和朱熹在儒学史上的崇高地位。他继承孟子的性善论，批判佛学的性无善恶说和对人

---

① 郝敬：《孟子说解》卷十一，电子版文渊阁四库全书。

② 郝敬：《孟子说解》卷十一，电子版文渊阁四库全书。

伦道德的蔑视："尧舜之道，孝悌而已，孟子指出孩提爱敬是最切最真处。以是为妄，何所不妄仁义礼智乐？其实只事亲从兄二者，二者既妄，五者皆伪人道尽灭矣！几何而不胥为禽兽也，真常寂照，将焉用之？"他批判佛学的虚空意念，崇尚儒家治国平天下的理想："谓孔子为才人，谓佛经皆孔孟不及道，其小视孔孟甚哉！吾以为孔孟道及处，学佛者不能知；其不肯道及处，学佛者不能知；其不屑道及处，学佛者不能知。"① 他对佛学的批判，突出展现了对孟子家国情怀的高扬。

明朝末年的浙江山阴（今绍兴）人刘宗周（1578—1645 年），也是与阉党魏忠贤进行坚决斗争的仁人志士。他官至左都御史，留下《刘子全书》等著作。他是蕺山学派的创始人，思想宗王学而有所修正。他继承孟子的性善论，反对将理气、心性分开。他说："性者，心之理也。心以气言，而性前条理也。离心无性，离气无理。"② 又说："仁非他也，即恻隐之心是；义非他也，即羞恶之心是；礼非他也，即辞让之心是；智非他也，即是非之心是也。是孟子明以心言性也。"③ 他发挥《中庸》关于"慎独"的思想，认为为学为德都离不开这一核心理念。他突出孟子关于"天下之本在国，国之本在家，家之本在身"的意识，概括"君子之学"的意蕴：

> 君子之学，先天下而本之国，先国而本之家与身，亦属之己矣。又自身而本之心，本之意，本之知。本至此，无可推求，无可揣控，而其为己也，隐且微矣。隐微之地，是名曰独，其为何物乎？本无一物之中而物物具焉，此至善之所统会也。致知在格物，格此而已。④

他进而用"慎独"诠释《中庸》《孟子》的"思诚"之说："诚者，天之道

---

① 《高子遗书》卷三《异端辨》，电子版文渊阁四库全书。
② 《刘子全书》卷十九《复沈石臣进士》，电子版文渊阁四库全书。
③ 《明儒学案》卷六十二《蕺山学案》，电子版文渊阁四库全书。
④ 《刘子全书》卷三十八《大学古记约义》，电子版文渊阁四库全书。

也，独之体也。诚之者，慎独之功也。"① 他认为，通过"慎独"的功夫，使人的道德达到"中和"的境界，实现"人人皆可以为尧舜"的理想：

> 须信我辈人人是个人，人便是圣人之人。圣人人人可做，于此信得及，方是良知眼孔……学者第一义在先开见地，合下见得在我者，是堂堂地做个人，不与禽兽伍，何等至尊至贵！盖天之所以与我者如此，而非以圣凡岐也。圣人亦人，尔学以完具其所以为人即圣矣。偶自亏欠，故成凡夫，以我偶自亏欠之人，而遂谓生而非圣人可乎？②

刘宗周极力弘扬孟子"富贵不能淫，贫贱不能移，威武不能屈"的大丈夫精神，在明末政治腐败、道德沦丧的情况下，要求士大夫坚持"慎独"的修养功夫，挽救每况愈下的世道人心，在学术上开启了新的风气，对明末清初的学风起了重要的转化作用，成为实学思潮崛起的嚆矢。

清朝（1644—1911 年）统治全中国 268 年，在这长达两个半世纪多的岁月里，学者对孟子及其思想的研究达到巅峰，著作数量之多，研究内容之丰富、涉及问题之广泛，都超越此前任何时期。

直隶保定容城（今属河北）人孙奇逢（1588—1675 年），被誉为"清初三大儒"之一。他 11 次拒绝清廷征召，以讲学和著述度过了自己的一生，留下《理学宗传》《圣学录》《北学编》《洛学边》《四书近指》等著作，后人将其著作汇编为《夏峰集》《孙夏峰先生全集》。他的思想学说调和折中理学与心学，"以慎独为宗，以体认天理为要，以日用伦常为实际"③。他发展孟子的"尽心知性知天"和"万物皆备于我"的理念，提出将天、命、心、性、理合之于一的"心本论"思想。他一方面强调修养上的"慎独"工夫，一方面弘扬躬行践履、经世宰物的实行原则，要求将孟

---

① 《刘子全书》卷十《学言》，电子版文渊阁四库全书。
② 《刘子全书》卷十二《圣人会约·约言》，电子版文渊阁四库全书。
③ 汤斌：《汤潜庵集·征君孙钟元先生墓志铭》，电子版文渊阁四库全书。

子修、齐、治、平的担当意识贯穿到实际行动中去，经世致用，实现儒学提倡的"内圣外王"之道。他特别推崇孟子的"汤武革命"和诛杀独夫民贼、鼓励民众反抗暴政的思想："残贼之人，谓之一夫。一章之案，在此二字，以诛字易弑字，是《春秋》之笔。汤武此举犯古今大难，亏孟子看得真，判得定。"① 他的思想推动了清朝初年实学思潮的发展。

浙江余姚人黄宗羲（1610—1695 年）是明清之际最著名的思想家、哲学家、史学家，主要著作有《孟子师说》《易学象数论》《明儒学案》《宋元学案》等。他通过对孟子思想的重新认识，全面总结宋明理学的发展演变，提出理气、心性、性情合一的理念。《孟子师说》一书集中展示了他对孟子及其思想的新认识：

> 先师子刘子（刘宗周）于《大学》有《统义》，于《中庸》有《慎独义》，于《论语》有《学案》，皆其微言所寄，独《孟子》无成书。羲读《刘子遗书》，潜心有年，粗识先师宗旨所在，窃存其意，因成《孟子师说》七卷，以补所未备，或不能无所出入，以俟知先生之学者纠其谬云。②

这里显示，他的目的是揭示刘宗周批判宋明理学空谈心性的弊端，通过还原孟子思想的真谛，改变当时的学术风气和思想倾向。在该书中，他弘扬孟子的"四端"论，竭力将理气、心性、性情整合为一，使人心和道心、天理和人欲统一起来：

> 仁无迹象可言，孟子于无迹象之中，指出迹象，人人可以认取，如"仁义礼智根于心"，"恻隐之心，仁之端也"云云，"仁，人心也"，不一而足。盖人之为人，除恻隐、羞恶、辞让、是非之外，

---

① 孙奇逢：《四书近指》卷十四，电子版文渊阁四库全书。
② 黄宗羲：《孟子师说·题辞》，沈善洪主编《黄宗羲全集》第一册，浙江古籍出版社2005 年版，第 48 页。

更别无心，其憧憧往来，起灭万变者，皆因外物而有，于心无与也。故言"求放心"，不必言"求理义之心"，言"失其本心"，不必言"失其理义之心"，则以心即理也。孟子之言明白如此，奈何后之儒者，误解人心道心，歧而二之？心之所有，止此虚灵知觉，而理则归之天地万物，必穷理才为道心，否则虚灵知觉，终为人心而已！殊不知降衷而为虚灵，知觉只此道心，道心即人心之本心。唯其微也故危。①

如此解释是否符合孟子原意可作别论，但他通过如此论证，守住了他的心即理的观念。黄宗羲批判明末"束书不观，游谈无根"的空疏学风，力倡经世致用、实事求是的新风，特别继承孟子的民本思想和诛杀独夫民贼的变革意识，猛烈抨击君主的独裁专制，认定"天下之大害"是专制君王。他提出天下民众则是国家的主体，"天下为主，君为客"，所以"天下之治乱，不在一姓之兴亡，而在万民之忧乐"②，这些理念已经接近近代的民主意识了。

江苏昆山人顾炎武（1613—1682年），是明清之际与黄宗羲齐名的大思想家、经学家、史学家，他一生坚持民族气节，不与清朝合作，致力于讲学和著述，在经、史、地理、音韵、金石、诗文等方面都卓有建树，留下了《日知录》等一大批学术论著，成为"清学开山之祖"。他弘扬孟子的修、齐、治、平的社会担当意识，认定为学的宗旨是"明学术，正人心，拨乱世，以兴太平之事"③。他创造了"贵创"的治经方法，以严谨的考证，对经史进行整理，力图还原典籍和史实的本来面目。如通过对《史记》等古籍引证的孟子之文，对照《孟子》七篇文本，从差异中断定《孟

---

① 黄宗羲：《孟子师说·仁人心也章》，沈善洪主编《黄宗羲全集》第一册，浙江古籍出版社 2005 年版，第 141 页。
② 黄宗羲：《明夷待访录·原臣》，沈善洪主编《黄宗羲全集》第一册，浙江古籍出版社 2005 年版，第 5 页。
③ 顾炎武著，黄汝成集释：《日知录集释·初刻日知录自序》，上海古籍出版社 2006 年版，第 1 页。

子》可能有外篇。他特别注重弘扬孟子的民本意识，反对君主专制，推出反对"独治"，实行"众治"的主张。他钟情孔子孟子的社会担当意识，以天下国家为己任："天生豪杰，必有所任……今日者拯斯人于涂炭，为万世开太平，此吾辈之任也。仁以为己任，死而后已。"① 他第一次区分"亡国"与"亡天下"，一姓之亡为亡国，而仁义不行，大道沦丧则是亡天下。"天下兴亡，匹夫有责"，人人都应该承担起自己的社会责任。他批判宋明理学的空谈误国，大力倡导崇实致用，认定"博学于文""行己有耻"为"圣人之道"。他发挥孟子关于人必须有耻辱之心的理念，认为没有耻辱之心是最大的无耻：

> 《五代史·冯道传论》曰："'礼、义、廉、耻，国之四维，四维不张，国乃灭亡。'"然而四维之中，耻尤为要。故夫子之论士，曰："行己有耻。"孟子曰："人不可以无耻，无耻之耻，无耻矣。"又曰："耻之于人大矣。为机变之巧者，无所用耻焉。"所以然者，人之不廉，而至于悖礼犯义，其原皆生于无耻也。故士大夫之无耻，是谓国耻。②

顾炎武在思想和学术上的理论和实践，引导着清朝初年的学风，成为继往开来的一代宗师。

湖南衡阳人王夫之（1619—1692 年），既是矢志抗清的仁人志士，也是成就卓著的大思想家、经学家和历史学家。在终年隐居的状态下，写出了一系列化时代的巨著《张子正蒙》《思问录》《尚书引义》《周易外传》《读四书大全说》《读通鉴论》《黄书》《宋论》《四书训义》《噩梦》《老子衍》《庄子通》等，树立了中国思想史上的巍巍丰碑。

《读四书大全说》全面展示了王夫之的哲学思想，对理气关系、道器

---

① 顾炎武：《亭林文集》卷三《病起与蓟门当事书》，中华书局 1959 年版，第 48 页。

② 顾炎武著，黄汝成集释：《日知录集释》卷十三《廉耻》，上海古籍出版社 2006 年版，第 772 页。

关系、心物关系、知行关系、理欲关系进行了精辟论述，建立起达到中国古代哲学史巅峰的唯物论体系。他继承孟子关于人的生理欲望合理性的观点，强调理欲统一的道德观，猛烈批判程朱理学"存天理，去人欲"的主张："孟子承孔子之学，随处见人欲，即随处见天理。学者循此以求之，所谓'不远之复'者，又岂远哉？"①他继承孟子的性善论，认为良知良能就是人性，其内涵就是仁与义。他特别继承和发展孟子的民本思想，深刻认识到民众在天下兴亡中的重要作用，而明朝覆灭的根本原因就是官吏对百姓的残酷剥削，由此提出"严以治吏，宽以养民"的行政方针：

> 严者，治吏之经也；宽者，养民之纬也；并行不悖，而非以时为进退也……故严以治吏，宽以养民，无择于时而并行焉，庶得之矣。②

《读四书大全说》有三卷阐释《孟子》，肯定孟子是"圣人""先贤"，孟子学说是"圣贤之学"，"孟子之功，不在禹下"③。赞扬孟子高尚的气节和人格，"不容自乞卑官，以枉道辱己"④，多次推尊孟子的"浩然之气"和大丈夫精神。他批判宋儒对孟子思想的曲解，对"天""理""恻隐之心"等一系列《孟子》书中的概念和范畴进行了比较合乎孟子本意的诠释，给后人学习和理解孟子及其著作提供了有益的启示。

陕西盩厔（今周至）人李颙（1627—1705年），是明末清初著名的教育家和思想家，同黄宗羲、孙奇逢一起被誉为"清初三大儒"。后人将他的著作汇为《二曲集》。李颙总结明朝灭亡的教训，认为人心道德沦丧是主因。他继承孟子的性善论，要求人们，特别是士大夫通过"悔过自新"恢复"至善无恶"的本性。这就要求人们认识和学习孟子"先立其大者"

① 王夫之：《读四书大全说》卷八，《船山全集》第六册，岳麓书社1991年版，第912页。
② 王夫之：《读通鉴论》卷八，中华书局1975年版，第239页。
③ 王夫之：《读四书大全说》卷十，《船山全集》第六册，岳麓书社1991年版，第1092页。
④ 王夫之：《读四书大全说》卷九，《船山全集》第六册，岳麓书社1991年版，第1046页。

的观念，开掘自己的良知良能："能先立乎其大，学问方有血脉，方是大本领。若舍本趋末，靠耳目外索，支离葛藤，唯训诂是耽，学无所本，便是无本领。"① 在实践中不断完善个人的道德伦常、礼义廉耻，才能达到救世的目的。

清朝初年，浙江平湖人陆陇其（1630—1693 年），享有"醇儒第一""传道重镇"的美誉，是程朱理学的代表之一。他清廉为官，开馆授徒，传播程朱理学，抨击陆王心学的空疏无根。他的《四书讲义困勉录》中，有 14 卷阐发孟子思想，又作《孟子集注大全》14 卷。其中心主旨，就是"朱子之学，孔孟之门户"，只有"尊朱子而黜阳明"，才能"人心可正，风俗可淳"②。

四川达州（今四川达县）人唐甄（1630—1704 年）也是清初著名思想家，主要著作汇编为《潜书》，其思想在清初的启蒙思潮中占有重要位置。他继承孟子仁政、民本、反对不义战争等理念，反思历史教训，抨击时政之弊，主张进行政治和社会改革，希望百姓过上富裕安定的生活。唐甄对孟子由衷地钦敬，认为他的思想涵盖了"圣人之治天下"的全部理论，有大功于天下百姓：

> 自尧舜以下，其言浑矣。孔子乃明言之，孟子又益显之。自闻孟子之言，而后知圣人之治天，其事庸，其用近，如布帛之可暖，谷肉之必可饱。妇人孺子，皆可听其言而知之，一曲之士皆可遵其言而用之。③

唐甄认为孟子思想的精华在于心性事功之学，而后世最能得其真谛的是陆九渊和王阳明。他继承孟子的良知说，认定良知、心、性是一个东西，

① 李颙：《四书反身录》卷七，电子版文渊阁四库全书。
② 陆陇其：《三鱼堂文集》卷五《上汤潜庵先生书》，电子版文渊阁四库全书。
③ 唐甄：《潜书·潜存》，电子版文渊阁四库全书。

"性统天地，备万物""心具天地，统万物"①。而心、性也就是仁、义、礼、智，其外用就是经世致用，救世安民。修身的目的是为了治国平天下，成就"内圣外王"的目标，进而推衍出具有初步近代民主意念的理论。他猛烈批判专制帝王及其属下的各级官吏的横暴凶残，甚至直斥帝王是天下最大的"盗贼"，贪官污吏是杀人越货的"匪寇"：

> 穴墙而入者，不能发人之密藏；群刃而进者，不能夺人之田宅；御旅于途者，不能破人之家室；寇至诛焚者，不能穷山谷而边四海。彼为吏者，星列于天下，日夜猎人之财……如填壑谷，不可满也。夫盗不尽人，寇不尽世，而民之毒于吏者，无所逃于天地间。②

所以，在他看来，光有仁人之君还不行，还必须严惩贪官污吏："以刑狐鼠之官，以刑豺狼之官，而重刑匿狐鼠、养豺狼之官。"③他还提出抑制君主权力的主张，要求增加公卿民众对君主监督的权力。虽贵为天子，也应该"处身如农夫，殿陛如田舍，衣食如拚士"④。而君主一旦变成独夫民贼，百姓就有权力造反，将其诛杀，届时，无论什么力量也无法阻止君主灭亡的命运："虽九州为宅，九川为防，九山为阻，破之如椎雀也；虽尽荆蛮之金以为兵，尽其畿省之籍以为卒，推之如蹶弱童也。"⑤唐甄弘扬孟子的民本理念，推出爱民、富民的主张。他深信民为邦本的思想："国无民，岂有四政！封疆，民固之；府库，民充之；朝廷，民尊之；官职，民养之。"⑥所以，立国之道首在富民：

> 立国之道无他，惟在于富。自古未有国贫而可以为国者。夫富

---

① 唐甄：《潜书·良功》，电子版文渊阁四库全书。
② 唐甄：《潜书·富民》，电子版文渊阁四库全书。
③ 唐甄：《潜书·权实》，电子版文渊阁四库全书。
④ 唐甄：《潜书·尚治》，电子版文渊阁四库全书。
⑤ 唐甄：《潜书·远谏》，电子版文渊阁四库全书。
⑥ 唐甄：《潜书·明鉴》，电子版文渊阁四库全书。

在编户，不在府库。若编户空虚，虽府库之财积如山丘，实为穷国，不可以为国矣。①

由此出发，国家必须以"养民"为第一要务，当政者必须以富民为功："虽官有百职，职有百务，要归于养民。"② 为了民富，他提出发展多种经营的主张，既要大力发展农林牧渔，也要发展工商业，使人尽其才，地尽其利，货畅其流。这些主张，已经突破了传统的"重本抑末"理论，展现了较广阔的视野。

直隶博野（今属河北）人颜元（1635—1704 年），甘愿清贫自守，在讲学和著述中度过一生，有《存性编》《习斋言行录》等传世。他继承孟子的性善论，认为人性相近，是善的，"人皆可以为尧舜"。而恶的出现是因为"引蔽习染"，经过学习，明理识性，就可以改恶从善。程朱理学将人性分为"义理之性"和"气质之性"是没有道理的。他进而认为理欲是统一的，"理在欲中"。所以人的修养就在于"践形尽性"，通过习动达到践善习善的目的。他在一定程度上将实践的理念引入自己的学说，反映了他的认真求实的态度。他的学说后来被他的弟子李塨继承和弘扬，形成具有相当影响的"颜李学派"，展现了清代"实学"的实绩。

山西太原人阎若璩（1636—1704 年）是清代古文经学派的著名代表人物。他继承和弘扬顾炎武的考据学理论，以博学于文、辨伪存真的训诂考据方法，对孟子的生平事迹进行了极其细密精当的考证。他的《孟子生卒年月考》一书，以《七篇》为主要根据，参以《史记》等文献，不仅对孟子的一生经历进行了详细的考辨，而且对《七篇》涉及的时间、地理、人物和各种制度都加以细致辨析，订正了不少古人的讹误，是对孟子一生史迹研究的力作。他撰著的《古文尚书疏证》更是清代考据学的代表作，其学术方向和治学方法深深影响了乾嘉学派。

---

① 唐甄：《潜书·存言》，电子版文渊阁四库全书。
② 唐甄：《潜书·考功》，电子版文渊阁四库全书。

福建安溪人李光地（1642—1718 年）是康熙朝的著名理学大臣，官至吏部尚书、文渊阁大学士。他曾奉旨编纂了《性理精义》《朱子全书》《周易折中》等著作，以御纂、御定名义颁行学宫，作为教科书对当时的教育产生了巨大影响。他的主要著作《论语孟子札记》《中庸余论》《朱子语类四纂》《榕村全集》等都有名于时。李光地宗本程朱、兼采陆王，注意折中融会各家学说，极力维护孔孟儒家的道统论。他尊崇孟子，认为他是孔子之后"独出诸儒"的伟大人物，称颂他"才大，学问直溯源头，掘井见源，横说竖说头头是道"①。他继承孟子的性善论，认为性无不善，只是由于所禀之气不同，才出现善恶的差异，所以修养就是变化气质以就性之本然，其顺序应该是立志、持敬、致知、躬行，这就将孟子、程朱和陆王的学说结合在一起了。

乾嘉时期（1736—1820 年）的孟学研究达到清代最兴盛的时期。有的学者总结此期孟学具备四个特点：一是着重《孟子》汉注的研究；二是治学态度严谨、研究问题深入、治学方法细密；三是推出了一批专门研究某个问题的专著；四是通过孟子研究阐发新的问题。②这一时期，对孟子生平事迹及《孟子》一书的考证、训诂、辨义、辑佚、校勘、编纂等，达到空前的繁荣。如王特选、孟衍泰的《孟子年表》，孟经国的《闲道集》，蒋一鉴的《孟子章句考年》，任亮霖的《孟子时事略》，狄子奇的《孟子编年》，林春溥的《孟子列传纂》，曹之升、施彦士、黄本骥分别编撰的《孟子年谱》，邵晋涵的《孟子述义》，戴震的《孟子字义疏证》，翁方纲的《孟子附记》，崔述的《孟子事录》，周广业的《孟子四考》，阮元的《孟子论仁论》《孟子音义校勘记》《孟子注释校勘记》，焦循的《孟子正义》，宋翔凤的《孟子赵注补正》《四书释地辩证》），都产生了相当的影响。

安徽休宁（今屯溪）人戴震（1724—1777 年），曾参与《四库全书》的编纂，是 18 世纪最著名的思想家和百科全书式的学者，乾嘉学派中皖

---

① 李光地：《榕村语录》卷五《上孟》，电子版文渊阁四库全书。

② 董洪利：《孟子研究》，江苏古籍出版社 1997 年版，第 297—299 页。

派的领军人物。他既精通训诂考据，又精研儒家义理，留下《原善》《原象》《孟子私淑录》《孟子字义疏证》《声韵考》《方言疏证》等著作，后人将其汇编为《戴氏遗书》《戴震集》。《孟子字义疏证》是戴震精研孟子思想的代表作，通过广征博引，条分缕析，对《孟子》一书中最重要的概念、范畴，如理、天道、性、才、道、仁、义、礼、智、诚、权等，进行了系统、全面、细密、深入的疏证，较全面地继承和发展了孟子的思想，建立起自己的唯物论的思想体系，在中国古代思想史和经学史上写下浓墨重彩的一页。戴震对孟子及其著作充满尊仰和钦敬，他认为自己一生写的最重要的书就是《孟子字义疏证》，而写此书的目的就是捍卫孟子思想，"正人心之要"①，批驳对孟子思想的歪曲和误读：

> 孟子辩杨墨；后人习闻杨、墨、老、庄、佛之言，且以其言汩乱孟子之言，是又后乎孟子者之不可已也。苟吾不能知之亦已矣，吾知之而不言，是不忠也，是对古圣人贤人而自负其学，对天下后世之人而自远于仁也。吾用是惧，述《孟子字义疏证》三卷，韩退之氏曰："道于杨、墨、老、庄、佛之学而欲之圣人之道，犹航断港绝潢以望于海也。故求观圣人之道，必自孟子始。"呜呼，不可易矣。②

孟子承认人们个体需要的多样性，既有生理的自然需求，也有精神生活的自觉追求。戴震充分继承和发展了孟子的这一理念。他认为每个人都有欲、情、知的需求，即有对声色嗅味的生理需求（欲），有喜怒哀乐的情感表现（情），有对是非、美丑、好恶的辨别能力（知）。此外，人之为人，"心之官则思"，更有理性思维对"理义"的追求。不过，人们对欲、情、知的追求不能无限扩张，必须依靠理性思维对其加以节制，这就是以理节欲和以理制欲，使之保持在合理的范围之内。孟子是一个理想主

---

① 段玉裁：《戴东原先生年谱》，《戴震文集》，中华书局 1980 年版，第 241 页。
② 戴震：《孟子字义疏证序》，《孟子字义疏证》卷上，中华书局 1982 年版，第 1—2 页。

义者，一生致力于仁政社会的建立，要求君主爱民施仁，臣子忠君爱民，制民恒产、发展生产、轻徭薄赋、节俭省刑、君民同乐、道德高尚、民风淳朴，在国家统一的和平环境中，士、农、工、商都能和谐生活。但现实社会却是到处充满战争、屠杀，一方面是无限享乐，残民以逞，一方面是百姓性命难保，温饱不继，辗转沟壑，孟子对此屡屡发出严厉的批判。戴震继承孟子的社会批判思想，对宋明以来统治者挟政治权力和程朱理学造成的歪理盛行、正义难申的社会现实进行猛烈批判：

> 故今之治人者，视古贤圣体民之情，遂民之欲，多出于鄙细隐曲，不措诸意，不足为怪；而及其责以理也，不难举旷世之高节，著于义而罪之。尊者以理责卑，长者以理责幼，贵者以理责贱，虽失，谓之顺；卑者、幼者、贱者以理争之，虽得，谓之逆。于是下之人不能以天下之同情、天下所同欲达之于上；上以理责其下，而在下之罪，人人不胜指数。人死于法，犹有怜之者；死于理，其谁怜之！①

这里戴震对封建社会"以理杀人"的揭露是对其打着神圣合理旗号的意识形态罪恶的首次揭示，具有深刻的理论认识意义。同时，他也毫不留情地揭露各级官府对百姓深及骨髓的肆意盘剥："议过则吹疾苛察，莫之能免；征敛则无遗锱铢，多取者不减，寡取者必增，已废者复举，暂举者不废。"如此"贪暴以贼其民"，引来人民的反抗是必然的，"乱之本，鲜不成于上"。这就接续和弘扬了孟子关于诛杀"独夫民贼"的理论。面对如此黑暗罪恶的不公平社会，继承孟子的理想社会蓝图，提出"体民之情，遂民之欲"的施政理念，强调富民、利民，尽量满足百姓物质生活的要求：

> 孟子告齐梁之君，曰"与民同乐"，曰"省刑罚，薄税敛"，曰"必使仰足以事父母，俯足以畜妻子"，曰"居者有积仓，行者有裹

---

① 戴震：《孟子字义疏证》卷上，中华书局 1982 年版，第 10 页。

囊"，曰"内无怨女，外无旷夫"，仁政如是，王道如是而已。①

　　孟子论"民无恒产，因无恒心"；论"施仁政于民，省刑罚，薄税敛，深耕易耨；壮者以暇日修其孝悌忠信，入以事其父兄，出以事其长上"；论"死徙无出乡，乡田同井，出入相友，守望相助，疾病相扶持，则百姓亲睦"，明乎怀土怀惠，则为政必有道矣。②

这里戴震借孟子的话阐发自己的政治主张，全面展示了他期望百姓在良政下过上安定富足有尊严生活的理想。同时，戴震也同孟子一样，十分重视伦理道德在建设和谐社会中的积极意义，认为其突出作用是协调人与人之间的关系：

　　为子以孝，为弟以悌，为臣以忠，为友以信，违之，悖也；为父以慈，为兄以爱，为君以仁，违之，亦悖也。父子之伦，恩之尽也；昆弟之伦，洽之尽也；君臣之伦，恩比之于父子，然而敬之尽也；朋友之伦，洽比于昆弟，然而谊之尽也；夫妇之伦，恩若父子，洽若昆弟，敬若君臣，谊若朋友，然而辨之尽也。孝悌、慈爱、忠信，仁所务致之也；恩、洽、敬、谊，辨其自然之符也；不务致，不务尽，则离、怨、凶、咎随之；悖，则祸患危亡随之。③

但这种协调是有条件的，这就是父慈与子孝、兄爱与弟悌、君仁与臣忠互为条件，双方都必须遵循自己应该遵循的道德规范，良好的社会秩序才能建立起来。这种认识正是他对孟子君臣互相承担义务思想的弘扬和拓展。他进而发展孟子"老吾老以及人之老，幼吾幼以及人之幼"的理念，期望君臣百姓之间良性互动，"遂己之欲者，广之能遂人之欲；达己之情者，

---

① 戴震：《孟子字义疏证》卷上，中华书局 1982 年版，第 10 页。
② 戴震：《孟子字义疏证》卷上，中华书局 1982 年版，第 77 页。
③ 戴震：《孟子字义疏证》卷上，中华书局 1982 年版，第 77 页。

广之能达人之情"①，这就能使天下人同欲，建立起天下人人都能得到满足的和谐社会。显然，戴震的愿望不乏理想化的成分，但其中主观的真诚却是显而易见的。

直隶大兴（今属北京）人翁方纲（1733—1818年），官至内阁学士。他精研经史，在经学、史学、金石学等方面都有较高造诣。他对孟学的研究集中在《孟子附记》一书中。该书对《孟子》一书从篇章结构到内容义理，直至涉及的典籍和名物制度，都有较详尽的疏解和考订，对当时和后人学习与研究孟子及其思想提供了有益的启示。在思想上，他特别重视对孟子的民本思想如保民而王等内容，显示了他关心民瘼、佑护百姓的心态：

> 自篇首二章，从初见梁王叙起。此下二章，则梁王一自言其尽心，一自言其承教，此皆可以进言之机矣。而孟子于其言尽心，则归结于罪岁；于其言承教，则归结于率兽食人，且皆以梃刃刺人为喻，即此见尔日民生之重困，而圣贤之心，亟以救民为要也。他如答齐宣王之问，则首曰保民；以及对邹君，则首曰君之民；对滕君，则首曰民事。尧舜之道，仁义之旨，未有先于此者，此经世之急务也。②

翁方纲从整体结构和内在联系上把握《孟子》一书，认定该书的核心内容是"闲圣道"和"崇王道"，而七篇所有内容都"贯摄"着这一中心主旨：

> 《孟子》七篇，以言性善、正人心、距杨墨，为闲圣道也；以行仁政、黜伯功、救民水火，为崇王道也啊。此达公都子好辩章，专

---

① 戴震：《孟子字义疏证》卷下，中华书局1982年版，第41页。
② 翁方纲：《孟子附记》卷上，《从书集成》，中华书局1985年版，第3页。

言闲圣道，而未及与行仁政、崇王道，言固各有当也。至说到杨墨一段，则引公明仪语，为率兽食人言之，非为行仁政言也。然其语义之间，则未尝不隐隐与行仁政崇王道相为映发。所以究言邪说者，不得作直推到害于其政。前篇论不动心于知言一节，亦然。《孟子》七篇，无一处不相贯摄也。①

这种对《孟子》思想体系的总体把握在专重考据的乾嘉学派中是凤毛麟角，自然更是可贵的。当然，翁方纲在本书中涉及内容最多的还是对结合《孟子》文本对孟子思想的诠释。这其中，牵扯最多的是对后世影响广泛的赵岐的《孟子章句》和朱熹的《孟子集注》。他一方面肯定两书的贡献，而另一方面则毫不客气地对两书的讹误、偏见进行指证和纠偏，从而使对孟子及其思想的研究推进了一步。

直隶大名（今属河北）人崔述（1740—1816 年），是乾嘉学派中对中国古代历史和古代文献的考证与辨伪方面取得成就最显著的史学家和经学家之一。卷帙浩繁的《考信录》（后人汇编为《崔东壁遗书》）显示了他不朽的实绩。该巨著中的《孟子事实录》一书，集中了他对孟子史事和思想的评论。他通过充分论证，排除了对孟子师承的各种臆猜，认定《史记·孟子荀卿列传》记载的"私淑诸人"的正确性。他通过对孟子前后历史的疏理，进一步肯定了他在中国儒学史和思想史上无人堪比的贡献，肯定了他在孔子之后第一儒学大师的尊位：

　　唐韩子《原道》篇叙道统之传，云："文武、周公传之孔子，孔子传之孟子。"而无一语及他人者。自宋以来儒者则以颜、曾、思、孟并称，且于孟子时若有所不满焉者。余按：孔子以后能发明二帝、三王之道者，孟子一人而已，唯颜子或可与相埒，其余未见有可抗行者也。何以言之？杨墨横行，圣人之道微矣。幸有孟子辞而辟之，

----

① 翁方纲：《孟子附记》卷上，《丛书集成》，中华书局 1985 年版，第 21 页。

而后之学者咸知尊孔子而黜异端。然而两汉、魏晋之间，老、庄刑
名谶纬之术犹纷驰于天下，几夺圣人之道而居其上。其后虽渐衰微，
而学者尚多浸淫出入于杨、墨之说而不自知；其甚者，至以佛氏之
教，与尧、舜、孔子之教等量齐观。然则向无孟子，圣人之道必不
能自伸于杨、墨、佛氏盛行之日，而尧之北面朝舜，禹之德衰传启，
汤、武之放伐之为篡弑，人必皆信以为实然；其敝也，将以仁义为强
人之物，刑名为治国之方，王政日湮而封建井田之制悉泯。由是言
之，《孟子》一书岂非三代以下之所断不可无者哉？盖尝论之，孟子
之于孔子，犹周公至于文武也。文武虽圣人，无周公以继之则太平
之治不兴；孔子虽圣人，无孟子以承之则圣道之详不著。故有文武不
可无周公，有孔子不可无孟子，是以韩子谓"孟子之功不在禹下"，
又谓"求孔子之道，当自孟子始"。诚然，非虚语也。乃后人疑孟
非孟者颇多，虽有二三大儒尊崇孟子，然好求圣道于精微杳冥之地，
故见《戴记》"费隐"、"诚明"、"无声无臭"之言以为道之极致，而
于孟子推阐王政圣学之切于实用者反视以为寻常。是以余于《洙泗
余录》之后，条记孟子事实以承孔子之后，夫亦韩子之志也夫！①

这里崔述对孟子在中国道统上地位的阐述应该说是符合实际的，也是全面
正确的。更难能可贵的是，崔述探索了孟子的社会约制思想，他认为这方
面的理论在孟子的治国理政的思想中全面阐发出来。其核心意蕴一是义利
观，一是任贤使能论。他认为孟子的义利观绝不是只讲义不讲利、以义斥
利，而是讲大义大利、义利互补：

> 圣人何尝不言利？《易》曰"乾，元亨利贞"，曰"坤，元亨，
> 利牝马之贞"，曰"利建侯"，曰"利见大人"，曰"利涉大川"者不

---

① 崔述：《孟子事实录》卷下，顾颉刚编《崔东壁遗书》上，上海古籍出版社 2013 年版，
第 430 页。

一而足。圣人何尝不教人以趋利而避害乎? 但圣人所言，义中之利，非义外之利；共有之利，非独得之利；永远之利，非非一时之利。此其所以异也，故曰"见利思义"，曰"因民之所利而利之"，曰"小人乐其乐而利其利"，此以没世不忘也。无如世俗之人，惟利是图，而不复顾义之是非，不但损人以利己也，为臣者且耗国以肥家，甚至贪一时之利，而致酿终身之害者，亦往往有之，可不谓大愚哉! 孟子此言可谓深切著明，惜乎世人之不察也。[1]

义利之辨是中国思想史上著名的论题之一，孟子是深涉其中的重要人物，不少学者将他归入义利对立、只讲义不要利的思想家之列，崔述的论述是对孟子义利观全面深刻的理解和准确把握。任贤使能是孟子不厌其详地阐述的重要理念，是他仁政思想中最重要的组成部分。崔述在论述《孟子梁惠王下》记载的任贤使能内容时写下如下一段评论：

> 按：治国莫要于用人，不得其人则虽善政亦不能行，故周公有《立政》之篇，孔子有"人存政举"之对。《孟子》此章实治国之要术，故今载于《保民》章之后至是而王道全矣……故凡人主处休明之世，俊杰盈庭，政事修举，则不必过为其烦。若不幸值废弛之后，朝多幸位，阿谀成风，非大振乾纲，广开耳目，不足以起其衰而革其弊。孟子此言，诚拨乱反治之良策也夫。[2]

如此论述，深得孟子思想之真谛。崔述的论著对孟子思想在清代的扩大传播起了非常积极的作用。他无疑是孟学的有影响的功臣之一。

浙江海宁人周广业，生卒年不详。他写的《孟子四考》在孟学史上

---

[1]　崔述：《孟子事实录》卷上，顾颉刚编《崔东壁遗书》上，上海古籍出版社2013年版，第412页。

[2]　崔述：《孟子事实录》卷上，顾颉刚编《崔东壁遗书》上，上海古籍出版社2013年版，第416页。

具有一定的地位。该书包括《逸文考》《异本考》《古注考》《出处考》各
一卷。对与孟子有关的一系列问题，从史实到文献，都进行了系统的梳
理、辨析考订，在很大程度上恢复了历史的本来面貌，因而为后世学者所
采用。其中对孟子生平事迹的考辨，就厘清了不少史实。如考出"三岁丧
父"为妄说，在游齐于稷下学宫任职前首仕于邹等，在学术上都有独异
之处。

清朝孟学的集其大成者，是江苏甘泉（今扬州）人焦循（1773—
1820年）。他一生从事历史和经学的研究，精通经、史、历、算、音韵、
训诂之学，对儒家经典中的《易》《书》《礼》《论语》《孟子》都有精深的
研究，并有相应的著作传世。其中的《孟子正义》是数量多达30卷70余
万字的皇皇巨著。该书在全面检视吸收前人成果的基础上，对《孟子》进
行了全面细密和独到精湛的疏解，集前人疏解之大成，范希增在《书目答
问补正》中赞誉说："清儒注《孟子》，焦书最完善。"该书与赵岐《孟子
章句》、朱熹《孟子集注》前后辉映，鼎足而三。他也因这一成就被当时
的史坛领袖阮元誉为"斯一大家"。

焦循自幼即专心一意攻读《孟子》一书，发现《十三经注疏》中列
于孙奭名下的《孟子注疏》是其中质量最差的一种，所以决心重新加以注
疏。而尽管注疏《孟子》有着很多困难，但到他所处的时代，学术的积累
已经有条件达成一个全新的目的：

> 为《孟子》作疏，其难有十：孟子道性善，称尧舜，实发明羲、
> 文、周、孔之学，其言通于《易》，而与《论语》《中庸》《大学》相
> 表里，未可以空悟之言臆之。其难一也。孟子引《书》辞，多在未
> 焚之前，未辨今古文而徒执伪孔以相解说，往往凿枘不入。其难二
> 也。井田封建，殊于《周礼》，求其画一，左支右绌。其难三也。齐
> 梁之事，印诸《国策》《太史公书》，往往龃龉。其难四也。水道必通
> 《禹贡》之学，推步必贯《周髀》之精，六律五音，其学亦造于微，
> 未容空疏者约略言之。其难五也。弃甗这招豚，折枝罄颏，一事之

微，非博考子史百家，未容虚测。其难六也。古字多，转注假借多，赖即懒，姑嗟及咀，呼尔即呼，私淑即叔，凡此之类，不明六书，则训故不合。其难七也。赵氏书名《章句》，一章一句，俱详为分析，陆九渊谓"古注惟赵岐解《孟子》，文义多略"，真谬说也。其注或倒成顺，雅有条理即或不得本文之义，而赵氏之义，焉可诬也？其难八也。赵氏时所据古书，今或不存，而所引旧事，如陈不瞻闻金鼓而死，陈质娶妇而长拜之，苟有可稽，不容失引。其难九也。《孟子》本文，见于古书所引者既有异同，而赵氏注各本非一，执误文讹字，其趣遂舛。其难十也。本朝文治昌明，通儒遍出，性道义理之旨，既已阐明；六书九数之微，尤为独造；推步上超乎一行，水道远迈于平当；通乐律者则判管弦之殊，详礼制者贯古今之变；训诂则统括有书，版本则参稽阙漏；或专一经义极其源流，或举一物以穷其宦奥。前所列之十难，诸君子已得其八九，故处邵武士人时，为疏实艰；而当今日，集腋成裘，会鳍为馔，为事半而为功倍也。①

此一分析，鞭辟入里，说明焦循对《孟子》研究的学术资源已经熟烂于心，这正是他撰著《孟子正义》一书得以成功的前提。

焦循对孟子在义理方面的弘扬与发展，集中于性善论。他将性善诠释为"神明之德"，特点是"灵"，这是人性区别于兽性的根本之点：

> 禽兽之情何以不能为善，以其无神明之德也。人之情何以可以为善，以其有神明之德也。神明之德在性，则情可以旁通，则情可以为善。于情之可以为善，知其性之神明。性之神明，性之善也。孟子于此，明揭"性善"之旨在其情，则可以为善，此融会乎伏羲、神农、黄帝、尧、舜、文王、周公、孔子之言，而得其要者也。②

---

①　焦循：《孟子篇叙》，《孟子正义》卷三十，中华书局 1987 年版，第 1050—1051 页。
②　焦循：《孟子正义》卷二十二，中华书局 1987 年版，第 755 页。

进一步，焦循解释，人的神明之德的重要标志是人具有教化和人为：

> 人之有男女，犹禽兽之有牝牡也。其先男女无别，有圣人出，示之以嫁娶之礼，而民知有人伦矣。示之以耕耨之法，而民知自食其力矣。以此教禽兽，禽兽不知也。禽兽不知，则禽兽之性不善；人知之，则人之性善矣……人之性不难自觉，必待先觉者觉之。故非性善无以施其教，非教无以通其性之善。教即荀子所谓伪也为也。为之而能善，由其性之善也。如鸟兽，则性不善者也。故同此饮食男女，嫁娶以别夫妇，人知之，禽兽不知之。禽兽既不能自知，人又不能使之知，虽为之亦不能善。然人之为善，非由性善而何？①

再进一步，焦循认为人具有道德自觉，即具有变通和推己及人的能力，这恰恰又是人之异于禽兽的重要标志：

> 盖人性所以有仁义者，正以其能变通，异乎物之性也。以己之心，通乎人之心，则仁也。知其不宜，变而之乎宜，则义也。仁义由于能变通，人能变通，故性善；物不能变通，故性不善，岂可以草木之性比之人性？杞柳之性，比戕贼之以为杯棬；人之性，但顺之即为仁义。故不曰戕贼性以为仁义也……杞柳之性，可以戕贼之以为杯棬，不可顺之为仁义，何也？无所知也。人有所知，异于草木，且人有所知而能变通，异乎禽兽，故顺其能变者而变通之，即能仁义也。杞柳为杯棬，在形体不在性，性不可变也。人为仁义，在性不在形体，性能变也。以人力转戾杞柳为杯棬，杞柳不知也。以教化顺人性为仁义，仍其人自知之，自悟之，非他人人力所能转戾也。②

---

① 焦循：《孟子正义》卷十，中华书局 1987 年版，第 317—318 页。
② 焦循：《孟子正义》卷二十二，中华书局 1987 年版，第 734—735 页。

顺此再进一步，焦循就将孟子讲的"四心"和"良心"作为人之异于禽兽的另一个重要标志。因为人有恻隐、羞恶、辞让、是非等心，所以人就具备仁义礼智的道德伦理，而其中的义甚至高于生命，这就要求人们在大义面前能够毫不犹豫地"杀身成仁，舍生取义"。其实这里所强调的仍然是人的道德自觉：

> 欲生恶死，人物所同之性。乃人性则所欲有甚于生，所恶有甚于死，此其性善也，此其良心也。所以见其欲有甚于生，于其所不为苟得见之。何以见其恶有甚于死，于其患有所不避见之。惟其有此良心，乃能如是。使本无良心，则惟欲生而已，惟恶死而已。所欲无有甚于生，则何以不为苟得，所恶无有甚于死，则何以患有所不避，反复以明人必有此良心。或谓此言生死之权度，所欲有甚于生则不苟得此生，所恶有甚于死则不苟于辟患，此舍生而取义之事也。使无义可取，则此时所欲，莫甚于生，则又以得生为是；此时所恶，莫甚于死，则又以辟患为是。生而不义，则不苟生。生而义，则亦不苟死。不为苟得，患有所不辟，为贪生亡义者言也。可以得生，何不用；可以辟患，何不为；为轻生不知义者言也。义不在生，亦不在死，当死而死，当生而生，圣人之权也。①

焦循细如剥笋般的人性之辨，多层次地展现了他对孟子人性论的深入诠释，从而使学术界在这一问题的认识上升到一个新的阶段。紧接着，焦循又将性善论与孟子的推己及人和"修己安天下"的仁政、王道联系起来：

> 孟子称公刘好货，太王好色，与百姓同之，使有积仓而无怨旷，此伏羲、神农、黄帝、尧、舜以来，修己安天下之大道。若必屏妃妾，减服食，而于百姓之饥寒化离莫不关心，是克伐怨欲不行，苦

---

① 焦循：《孟子正义》卷二十三，中华书局1987年版，第784页。

心洁身之士，孔子所谓难而非仁者也。①

　　以己之情，通乎人之情；以己之欲，通乎人之欲。己欲立而立人，己欲达而达人，己所不欲，勿施于人。因己之好货，而使居者有积仓，行者有裹粮；因己之好色，而使内无怨女，外无旷夫。②

如此一来，焦循对孟子性善论的理解就从体系上解钮，突出性善论在他整体思想中的位置，从而进一步深化了对孟子思想的把握。

　　焦循《孟子正义》的另一重大贡献是对赵岐《孟子章句》一书的纠误和深化理解。赵岐之书是现存最早的对《孟子》进行诠释的著作，其开创之功不可没。但正由于是开创，所以存在的问题与不足也相当多。后人如朱熹等对其书中存在的问题也有所纠正，但焦循的纠正却较之前人更全面细致和系统，从人名、地名、技艺、典章制度到历史事实、哲学概念等，无一不在纠谬之列。如《孟子·万章上》中，赵岐将"痈疽"释作治疗痈疽的医生，焦循经过细密考证，认定他是卫灵公的宠臣。在对《孟子·告子上》的诠释中，赵岐混淆了博与奕的区别，以博释奕，焦循则经过认真翔博的考辨，指出博是双陆，奕是围棋，"与博同类而异事"，恢复了事物的本来面目。在哲学概念方面，赵岐在解释《孟子·尽心上》的"莫非命也，顺受其正"时，将孟子所说的"命"释为"受命、遭命、随命"，焦循经过认真辨析，认为孟子的本意是圣贤之人"于正命则顺受，于非命则不受"，即顺从生命的自然规律，不可非命而死，尽最大努力发挥人的主观能动性，创造事业的辉煌。在对赵岐之书纠谬的同时，焦循更注重对赵岐释义的扩展和深化，进一步将《孟子》的精义更全面深入系统地展现出来。如对《孟子·告子上》中的"心之官则思"和"先立乎其大者，则其小者不能夺也"的疏解，尽力将孟子强调培养人之善性的主观能动性的一面发挥出来，肯定人之善性的得失与人的操舍紧密相连，突出

---

① 焦循：《雕菰集》卷九，《丛书集成初编》，中华书局 1985 年版，第 131 页。
② 焦循：《孟子正义》卷二十二，中华书局 1987 年版，第 756 页。

"操之在我"的自主和责任意识。再如焦循在对孟子理想人格等级的诠释，着重剖析"可欲之谓善""充实之谓美"，也深化了赵岐的认识。

总起来看，焦循的《孟子正义》达到了清朝孟子研究的最高水平，得到梁启超和钱穆等国学大师的交口称赞。不过，他的《孟子正义》也有明显的缺失。由于他本人对《易》学颇有造诣，在不少地方情不自禁地以《易》释《孟》，致使有些解释陷入方枘圆凿的困境，如说孟子言性"故者以利为本"就偏离了孟子思想的本旨。

清朝时期荣城人孙葆田撰的《孟志编略》六卷稿，长期没有刻印，直到 2009 年收入《山东文献集成》第三辑第 11 册，由山东大学出版社出版，才得以与读者见面。该书卷一年表，卷二事实，卷三祀典，卷四从祀贤儒传，卷五历代注解传述，卷六杂志，与《三迁志》的内容有所重复。但由于作者对前人成果进行了比较系统的整合，对研究孟子及其有关的事迹还有一定的参考价值。

浙江仁和（今杭州）人龚自珍（1792—1841 年），被学术界誉为中国由封建社会向近代化社会转折时代的"最后"和"最初"一位思想家，是中国近代启蒙的先驱，也开启了中国儒学近代化的过程。因为他在中国封建社会急剧没落和外国侵略者不断入侵的情况下开始反思中国历史和传统文化，更多着眼于揭示儒学与近代化的矛盾，由此进行的对儒学的质疑使他被当时的主流思想学术界目为异端，而这正是他思想独放异彩的所在。他不同意孟子的性善论，认为人性"有私"恰恰是合理的：

> 敢问私者何所始也？告之曰：天有闰月，以处嬴缩之度，气盈朝虚，夏有凉风，冬有燠日，天有私也；地有畸零华离，为附庸闲田，地有私也；日月不照人床闼之内，日月有私也。圣帝哲后，明诏大号，劬劳于在原，咨嗟于在庙，史臣书之。究其所为之实，亦不过曰：庇我子孙，保我国家而已。①

---

① 《龚自珍全集·论私》，上海人民出版社 1975 年版，第 92 页。

他从人人有私出发，要求在满足人们私欲的前提下培养其廉耻观，进而培养人们自尊、自重、自爱的道德观：

> 农工之人，肩荷背负之子则无耻，则辱其身而已；富而无耻者，辱其家而已；士无耻，则名之曰辱国；卿大夫无耻，名之曰辱社稷。由庶人贵而为士，由士归而为小官，为大官，则由始辱其身家，以延及于社稷也。①

在他看来，道德的关键是"知耻"，所以要想改变日益衰颓的世风，必须"以教耻为先"。不过他不承认性善是先天的，认定善恶非固有，而是伦理道德的外在要求："善非固有，恶非固有，仁义、廉耻、诈贼、狠忌非固有。"② 所以性无善恶，都是后起，为善为恶决定于人的道德自觉。他由此质疑孟子以"仁义"为价值内涵的"圣人"的理想人格：

> 天地，人所造，众人自造，非圣人所造。圣人也者，与众人对立，与众人为无尽。众人之宰，非道非极，自名曰我。我光造日月，我力造山川，我变造毛羽肖翘，我理造文字言语，我气造天地，我天地又造人，我分别造伦纪。③

人类文明甚至大地山川都是"众人"所造，这里没有"圣人"的主宰地位，有的是"众人"的主观精神和自我意识。龚自珍的思想显示的是近代个体自主意识的觉醒。

龚自珍尽管赞同孟子的民本思想，但他对一切由君主从"仁政"出发的对百姓的赐予心存疑忌，认为民本应该从激活君、臣、民三者的互动关系入手，明确分工，互相协同，达到社会安定和谐的目标。他特别关注

---

① 《龚自珍全集·明良论二》，上海人民出版社 1975 年版，第 31—32 页。
② 《龚自珍全集·壬癸之际胎观第七》，上海人民出版社 1975 年版，第 18 页。
③ 《龚自珍全集·壬癸之际胎观第一》，上海人民出版社 1975 年版，第 12—13 页。

农业生产造成的宗法关系："农之始，仁孝悌义之极，礼之备，智之所自出宗之为也。"① 由此看出，龚自珍的近代意识还难以突破中国宗法农业社会固有关系的束缚。

与龚自珍齐名的湖南邵阳人魏源（1794—1857年），是晚清著名的今文经学家、近代维新改革思想的先驱。他编著的《皇朝经世文编》《海国图志》《书古微》《诗古微》《公羊古微》《孟子年表》等著作，对于唤醒国人的民族危机意识和改革图存思想起了重要的积极作用。

魏源对孟学研究有着独特的贡献。他写的《孟子年表》《孟子年表考》《论语孟子类编序》《孟子小记》《孟子赞》《孟子补赞》等著作对孟子的生平事迹和思想理论都进行了较详细的考辨和阐发，认定《孟子》一书为孟子本人"手著无疑"，万章等门徒可能是孟子口授的笔录者。魏源继承了孟子的"义利观"，既强调"义"的重要性，也重视对正当利的追求，尤其对普通百姓而言，圣人应该满足他们对利的合理追求：

> 圣人以名教治天下之君子，以美利利天下之庶人，求田问舍，服贾牵牛，以卿大夫为细民之行则讥之，细民不责以卿大夫之行也；故《国风》刺淫者数十篇，而刺民好利者无一焉……故于士大夫则开之于名而塞之于利，于百姓则开之于利而坊之于淫。②

他认为既要承认百姓求利的合理性，又要反对无节制的纵欲特别是损人利己的行为，兼顾"见利思义"与"见利思害"。他期望君、臣、民在利益上应该是一个互动互惠的关系："帝王利民，即所以利国也；大臣利民，即所以利家也；士庶人利人，即所以利己也。"③ 面对危机四伏的政况国势，魏源治学特别注重"经世致用"，而这一点恰恰与儒学倡导的积极入世思想和对国家民族的社会担当意识联系在一起，尤其与孟子的"舍我其谁"

① 《龚自珍全集·农宗》，上海人民出版社1975年版，第49页。
② 《魏源集·默觚·治篇三》，中华书局2009年版，第44—45页。
③ 《魏源集·默觚·治篇十》，中华书局2009年版，第64页。

的肩负天下大任的理念相契合，所以他赞扬孟子"宜乎泰山岩岩之象，江汉浩浩之流，配神禹，称邹鲁，而存世无休"①。他认为"经世致用"就是源于孟子，孟子的仁政说、民本论体现的就是"经世致用"，因而"自以学孟子为易简直捷而适于用"②。他根据孟子民贵君轻的理论，认定天子并不是高踞于众人之上的神，而只是众人之中的一员。这就破除了"天下乃帝王一姓之天下"的传统观念，其中蕴涵的是近代的民主意识。针对清朝末年的外患日亟、内政不修的颓势，他提出了一系列的涉及政治、经济、文化和军事改革的方案，特别要求革除官场和知识界的诸多弊端，主要是去"人心之寐"和"人心之虚"，实事求是、脚踏实地、锲而不舍地去完成"实功"和"实事"：

> 去伪、去饰、去畏难、去养痈、去营窟，则人心之寐患祛其一。经实事程实功，以实功程实事，艾三年而蓄之。网临渊而结之，毋冯河，毋画饼，则人才之虚祛其二，寐患去而天下昌，虚患去而风雷行。③

魏源是当时与林则徐一样睁眼看世界的少数中国人之一，他编写《海国图志》，详细介绍列国情势，改变中国传统的夷夏观念，提出"师夷之长技以制夷"的思想，表明他已经超越了孟子的思想达到新的认识世界国家的境界。

湖南湘乡人曾国藩（1811—1872 年）是清朝晚期著名的理学家、政治家、军事家、思想家和文学家。因为镇压太平天国有功，被誉为"同治中兴"的名臣，是近代中国洋务运动的代表人物之一，为中国走向现代化作出了应有贡献。

孟子是曾国藩最服膺的儒学大师之一。他继承孟子关于个体道德修

---

① 《魏源集·孟子补赞》，中华书局 2009 年版，第 317 页。
② 《魏源集·论语孟子类编序》，中华书局 2009 年版，第 147 页。
③ 《魏源集·海国图志序》，中华书局 2009 年版，第 208 页。

养的理论，严格要求自己和兄弟子侄恪守儒家之道，在众多致诸弟的书信中，他总是谆谆告诫诸弟进德修业，"吾人只有进德、修业两事靠得住。进德，则孝弟仁义是也；修业，则诗文作字是也"，"吾所望于诸弟者，不在科名之有无，第一则孝弟为端"①。在政治思想上，曾国藩特别中意孟子的"德治""仁政"学说，他将对国家的忠和对父母的孝融为一体，将报国和爱民冶于一炉。在一篇日记中他坦露心迹说：

> 默观近日之吏治、人心及各省之督抚将帅，天下似无勘定之理。吾惟以一勤字报吾君，以爱民二字报吾亲……行军本扰民之事，但刻刻存爱民之心，不使先人积累，自我一人耗尽。②

他将"德治""仁政"理念用于对军队的统御和管理："带勇之法，用恩莫如用仁，用威莫如用礼。仁者，即所谓欲立立人，欲达达人也，待弁勇如待子弟之心，尝望其成立，望其发达。则人知恩矣。"③他发扬孟子的人本思想，特别重视人才的发现、培养和使用。他认为"为政之要，得人、治事二者并重"④，但以得人为先。而用兵之道，"唯在用人一端"⑤。在长期的带兵作战中，他慧眼识人，善于敢于用人，他说："衡才不拘一格，论事不求苛细，无因寸木朽而弃连抱，无施数罟以失巨鳞。"⑥正因为如此，在他的麾下，猛将如云，谋士如雨，所以最后取得了对太平天国的胜利。曾国藩对孟学的贡献主要表现在他将孟子"德治""仁政"思想变成政纲并在实践中尽力推行，从而在一定程度上维持了晚清社会的短暂稳定和喘息之机。

清朝末年与民国初年，相继出现维新变法运动和革命浪潮，其中的

---

① 《曾国藩家书·致诸弟·劝弟谨记进德修业》，崇文书局 2012 年版，第 8 页。
② 《曾国藩家书·致诸弟·勿为时文所误》，崇文书局 2012 年版，第 78 页。
③ 《曾国藩全集·家书之一·致沅弟季弟》，岳麓书社 2012 年版，第 501 页。
④ 《曾国藩全集·日记之一·咸丰九年》，岳麓书社 2012 年版，第 442 页。
⑤ 《曾国藩全集·日记之二·同治元年》，岳麓书社 2012 年版，第 6828 页。
⑥ 《曾国藩全集·日记之二·咸丰九年·复庄受祺》，岳麓书社 2012 年版，第 205 页。

代表人物康有为、梁启超、谭嗣同、章太炎、孙中山都与孟学有着密切的关系。

广东南海人康有为（1858—1927年）是中国近代今文经学的著名代表人物，戊戌变法运动的领导者。他一生著述很多，其中《新学伪经考》《孔子改制考》和《大同书》最负盛名。其孟学研究集中体现在《孟子微》一书中。他将孟子的民本思想与西方近代的民主思想联系起来，构筑起中国近代的民主平等理念。他继承孟子的性善论并作了新的阐发，认定人欲的合理性："夫天生人必有情欲，圣人只有顺之，而不能绝之。"① 这种情欲集中表现为"求乐免苦"，"一切政教，无非力求乐利生人之事"②。由此出发，他将孟子"仁"的学说发展为平等博爱的仁学理论。他解释孟子的"民贵君轻"理念：

> 此孟子立民主之制，太平法也……所谓君者，代众民任此公共保全安乐之事。为众民之所公举，即为众民之所公用。民者如店肆之东人，君者则聘雇之司理人耳。民为主而君为客，民为主而君为仆，故民贵而君贱易明也。众民所归，乃举为民主，如美、法之总统。然总统得任群官，群官得任庶僚，所谓"得乎丘民为天子，得乎天子为诸侯，得乎诸侯为大夫也"。今法、美、瑞士及南美各国皆行之，近于大同之世，天下为公，选贤与能也。③

他解释孟子的"仁政"学说：

> 此孟子特明升平、授民权、开议院之制……孔子之为《洪范》曰"谋及卿士，谋及庶人"是也。尧之师锡众曰"盘庚之命，众至

---

① 康有为：《礼运注》，中华书局1987年版，第265页。
② 康有为：《大同书》，中华书局1987年版，第6页。
③ 萧公权：《近代中国与新世界：康有为变法与大同思想研究》，江苏人民出版社1997年版，20—21页。

庭"，皆是民权共政之体，孔子创立，而孟子述之。①

　　人人皆天生，故不曰国民而曰天民；人人既是天生，则直隶于天，人人皆独立而平等，人人皆同胞而相亲如兄弟。②

这种今文经学诠释"微言大义"的理路，实际上与孟子的本意已经拉开了距离。而康有为就是用这种办法硬是将孟子思想与近代西方资产阶级的民主、平等、博爱等理念联系在一起。此种随心所欲的诠释是康有为将古人思想转化为近代理念的常用手法，是严肃的历史研究所不取的。

　　广东新会人梁启超（1873—1929 年）是康有为的弟子，是康有为主持戊戌变法运动的主要助手。他一生著述宏富，仅《饮冰室合集》就超过千万字。他的孟学研究集中在《读孟子界说》和一些论述先秦思想史的文章中，梁启超肯定孟子的仁义思想、保民意识、均富观念和个体享有"独立人格"的理念。认定"大同"之义是孟子思想的核心内容之一，"孟子于六经之中，其所得力在《春秋》"，"于《春秋》之中，其所得力在大同之义"，"孟子于《春秋》之中，其所传为大同之义"，"孟子言无义战，为大同之起点"，"孟子言井田，为大同之纲领"，"孟子言性善，为大同之极致"，"孟子言尧舜，言文王，为大同之名号"。③ 梁启超在该文中，比较孔子之后孟子、荀卿两派的区别，大申绌荀褒孟之意：

　　荀子之学在传经，孟子之学在经世。荀子为孔门文学之科，孟子为孔门政事之科。汉兴，诸经皆传自荀卿，其功最高不可诬，然所传微言大义不及孟子。孟子专提孔门欲立立人，欲达达人，天下有道，某不与易之宗旨，日日以救天下为心，实孔学之正派也。④

① 康有为：《孟子微·总论第一》，中华书局 1987 年版，第 20 页。
② 康有为：《孟子微·总论第一》，中华书局 1987 年版，第 13 页。
③ 梁启超：《读孟子界说》，《饮冰室合集》1，文集之三，中华书局 1989 年版，第 17—20 页。
④ 梁启超：《读孟子界说》，《饮冰室合集》1，文集之三，中华书局 1989 年版，第 17 页。

进而肯定孟子的"民贵君轻"说和性善论，认定孟学是孔学的嫡派，是人德之门，学圣之基：

> 汉兴，群经皆传自荀子，十四博士，大半属荀子之学。东汉以后，又遭窜乱。六朝及唐，日益破碎，无论是非得失，均从荀学一派中讨生活矣。二千年来，无有知尊孟子者。自昌黎倡之，宋贤和之，孟学似光大矣。然与孟子经世大义，无一能言者，其所持论，无一不与孟子相反，实则摭荀学吐弃之余而已。唯有不动心之学，间有讲之者，然非其至也。故自宋以来，有尊孟之名，无行孟之实。以孔门嫡派，二千年昏霾湮没，不显于世，斯亦圣教之大不幸也。今二三子既有志于大道，因孟学实入德之门，学圣之基也。持此界说以读《孟子》，必有以异于畴昔之所见者，勿以为习见之书而忽之也。①

湖南浏阳人谭嗣同（1865—1898 年），是热切的爱国者，积极参加戊戌变法运动的急进派的代表，在戊戌政变后他以身殉职，是慷慨走向刑场的"戊戌六君子"之一。他写的《仁学》一书是中国近代哲学史上的重要著作。他以孟子的"大丈夫"精神来塑造自己的理想人格，最后"舍生取义"，"我自横刀向天笑"，以自己壮怀激烈的完美的人格结束了短暂的一生。他继承孟子思想中的民主性精华，猛烈抨击专制制度，要求实现君民平等，将"仁政"与近代民主联系起来：

> 孔学衍为两大支：一为曾子传子思而至孟子，孟故畅宣民主之理，以竟孔子之志。一由子夏传田子方而至庄子，庄故痛诋君主，自尧舜以上，莫或免焉。不幸此两支皆绝不传，荀乃乘间冒孔子之名，以败孔之道。曰："法后王，尊君统。"……故常以为二千年来之

---

① 梁启超：《读孟子界说》，《饮冰室合集》1，文集之三，中华书局 1989 年版，第 21 页。

政，秦政也，皆大盗也；二千年来之学，荀学也，皆乡愿也。唯大盗
利用乡愿，唯乡愿工媚大盗，二者交相资，而罔不托之于孔，被托
者大盗乡愿，而责所托之孔，又乌能知孔哉？①

这里谭嗣同对秦政和荀学的评价，虽然从历史学的角度看有失公允，但
他否定和反对专制制度的倾向则是十分鲜明的，而他利用的资源恰恰是
孟子思想。他从孟子的"民贵君轻"理念出发，大倡君臣、君民平等思
想："君也者，为民办事者也；臣也者，助办民事者也。赋税之取于民，
所以为办民事之资也。如此而事犹不办，事不办而易其人，亦天下之通义
也。……君亦一民也。"② 进而认定民本君末，"非君择民，而民择君"，君
是民"共举"的，由此将孟子的民本发展到民主。而谭嗣同的可贵之处恰
恰在于他对孟子思想的改造和超越。他的《仁学》一书，就是在继承孟子
"仁学"的前提下，将"仁"扩展为"天地万物之源"，又将"通"诠释为
"仁"的本性，再将"通"与平等联系起来，从而将孟子的"仁"嫁接到
自由平等的近代理念上。他还将"以太"与性善联系起来，认为性本无善
恶，善恶只是人们对不同"行为"的认定和命名。因为"以太有相成相爱
之力"，所以说性是善的："唯性无不同，即性无不善，故性善之说，最为
至精而无可疑，而圣人之道，果为尽性至命，贯彻天人，直可弥纶罔外，
放之四海而准。"③ 他通过如此转化，就将人性纳入近代的伦理范畴，从而
与民主、平等、自由联系起来。

六、民国时期的孟子研究

民国时期（1912—1949 年），是中国知识界大量吸收西方资产阶级哲
学、政治学、社会学、经济学、历史学、文学等各种学说并加以消化和创

---

① 《谭嗣同全集·仁学一·二十九》，岳麓书社 2012 年版，第 357—358 页。
② 《谭嗣同全集·仁学二·三十一》，岳麓书社 2012 年版，第 360—361 页。
③ 《谭嗣同全集》上册，中华书局 1981 年版，第 199—200 页。

新的时代。如果说章太炎和孙中山是横跨清朝和民国的过渡人物，那么，其后的李大钊、陈独秀、鲁迅、胡适等以及再后的新儒家则是基本上脱离了清朝旧痕的思想家和学者，他们的孟学研究已经以一种全新的面貌出现于读者面前。

浙江杭州人章太炎（1868—1936年）是中国近代著名的资产阶级民主革命家，一个学贯中西的大思想家和蜚声士林的学者。

章太炎对孟子的性善论持批判态度。他否定性善性恶与生俱来的观点，认为善、恶都是同时进化的，这就是"俱分进化论"。他援引培根的观点，认定"一切道德皆始自利"，先验的善恶是不存在的："夫善恶生于自利，而自利非善恶……自社会言之，则有善恶矣；自人身言之，则有宫商矣。此荀子所谓缘也。无善无恶，就内容言；有善有恶，就外交言，本无异言。"[1] 这表明他已经超越了传统的人性善恶说，而"俱分进化论"展现了章太炎面对当时世界和中国人欲横流、罪恶迭起的局面所展示的人文关怀，但基调是悲观的。

章太炎在近代中国今古文经学的争论中，是古文经学派的代表。他在孟学研究上展示了广阔的视野，从诸子的对比中凸现孟子的价值。他比较孟、荀的异同说：

> 若以政治规模立论，荀子较孟子为高。荀子明施政之术，孟子仅言五亩之宅树之以桑，使民养生送死无憾而已。由孟子此说，乃与龚遂之法相似，为郡太守固有余，治国家则不足，以其不知大体，仅有农家之术尔。又孟子云："尧舜性之也，汤武反之也，五霸服之也。"又谓："仲尼之门无道桓文之事者。"于五霸甚为轻蔑。荀子则不然，谓义立而王、信立而霸、权谋立而亡，于五霸能知其长处。[2]

---

[1]　朱维铮、姜义华：《章太炎选集》，上海人民出版社1981年版，第86—87页。

[2]　章太炎：《国学讲演录·诸子学略说》，凤凰出版社2008年版，第179页。

他进而对孟、荀之学理论本身的内在逻辑进行分析，从中揭示其区别：

> 孟子论性有四端：恻隐为仁之端，羞恶为义之端，辞让为礼之端，是非为智之端。然四端中独辞让之心为孩提之童所不具，野蛮人亦无之。荀子隆礼，有见于辞让之心，性所不具，故云性恶，以此攻击孟子，孟子当无以自解。然荀子谓礼义辞让，圣人所为。圣人亦人耳，圣人之性亦本恶试问何以能化性起伪？此荀子不能自圆其说也。反观孟子既云性善，亦何必重视教育，即政治亦何所用之。是故二家之说俱偏，唯孔子"性相近，习相远"之语为中道也。①

如此揭示孟、荀各自在逻辑上的矛盾，是深入腠里的细密辨析。章太炎在同一篇文章中还将《孟子》的概念范畴与佛学的有关概念范畴相类比，将二者联系起来，以佛学的视野观照孟子的思想：

> 孟子不言天，以我为最高，故曰"万物皆备于我"。孟子觉一切万物，皆由我出。如一转而入佛法，即三界皆由心造之说，而孟子只是数论。数论立神我为最高，一切万物，皆由我流出。孟子之语，与之相契，又曰"反身而诚，乐莫大焉"者，反观身心，觉万物确然皆备于我，故为可乐。孟子虽不言天，然仍入天界。盖由色界而入无色界天，较之子思，高出一层耳……要之，子思、孟子均超出人格，而不能超出天界，其所与婆罗门、数论相等。然二家于修己治人之道，并不抛弃，则异于婆罗门、数论诸家。②

如此类比佛学，虽有时似乎找到二者的相通之处，但往往陷入方枘圆凿的无类比附。

---

① 章太炎：《国学讲演录·诸子学略说》，凤凰出版社 2008 年版，第 179—180 页。
② 章太炎：《国学讲演录·诸子学略说》，凤凰出版社 2008 年版，第 176 页。

广东香山（今广东中山市）人孙中山（1866—1925年），是中国近代民主革命的旗帜，领导中国人民长期进行推翻清朝专制统治的革命斗争，最终取得了辛亥革命的胜利，结束两千多年的帝制，成立中华民国。他在长期从事政治斗争和武装斗争的同时，也努力进行革命理论的构建，推出了"三民主义"学说。他广泛吸取西方资产阶级的革命理论，同时融会改造中国传统文化的精华，其中包括孟子的心性说、民本论和恒产恒心等内容。

孙中山继承孟子的性善论，要求将"固有的旧道德先恢复起来"①，唤醒人们的恻隐之心、羞恶之心、辞让之心和是非之心，将其融入"革命之道德"和"革命之精神"。进而要求废除封建礼教对人性的束缚，破除孟子关于道德修养的自我完善理路，发掘和弘扬革命精神。他继承孟子的民本思想和"民贵君轻"的理念，高倡民权和民生。他看到中国人在长期封建奴役下形成的国民性缺陷，丧失人格，"奴性已深"。要求发扬孟子的"富贵不能淫，贫贱不能移，威武不能屈"的大丈夫精神，克服国民性的弱点，重建利他和服务社会的人生观："今日之我，其生也，为革命而生我；其死也，为革命而死我……以吾人数十年必死之生命，立国家亿万年不死之根基。"②他的三民主义理论特别强调民生主义，关注"人民的生活，社会的生存，国民的生计"。他说："民生问题不解决，社会上的贫富总是不平均。从前孟子说'不患寡而患不均'。如果有了不均，三十年后不革命，五十年一百年后一定要革命。"③而解决民生问题，也就是满足人民的衣食住行的需要：

> 建设之首要在民生。故对全国人民衣食住行四大需要，政府当与人民协力共谋农业之发展，以足民食，共谋织造之发展，以裕民衣；建筑大计划之各式屋舍，以乐民居；修治道路、运河，以利

---

① 《孙中山全集》第9卷，中华书局1986年版，第243页。
② 《孙中山全集》第6卷，中华书局1985年版，第34页。
③ 《孙中山全集》第6卷，中华书局1985年版，第8页。

民行。①

在国家治理问题上，孙中山发扬孟子的"仁政""德治"理论，要求将"法治"与"德治"结合起来，反对西方的"霸道文化"和"强权文化"，致力于建设"东方王道文化"，"由正义公理感化人"②，"多用和平的手段去感化人"③。这表明，孙中山在国家和社会治理思想方面并非"完全西化"，而是将东西方的优长结合在一起，构建自己具有民族特色的治理体系。

1915 年开始的新文化运动，在中国近代史上具有划时代的积极意义。在这个运动中出现的标志性人物陈独秀、李大钊、鲁迅、胡适在孟学研究上都有自己独特的贡献。

安徽休宁（今安徽安庆）人陈独秀（1879—1942 年），是中国近代新文化运动的旗手之一，他高举科学和民主的大旗，对孟学进行了新的剖析，同时最早传播马克思主义，成为中国共产党的创始人之一，是中国无产阶级革命事业，尤其是理论创造的重要开拓者。在新文化运动中，他对中国传统儒学持批判态度，认定它提倡的"纲常名教"是为专制政府服务的。只有彻底批判这些"纲常名教"，"打倒孔家店"，才能使中国走向现代化的新路。陈独秀提倡"人权"，维护个人独立自由的人格尊严，强调个体权益的神圣不可侵犯，"执行意志，满足欲望，是个人生存的根本理由，始终不变"④。这正与孟子的"仁"学理论相契合。因为孟子中意的"人皆可以为尧舜"的理念，正体现了人人平等的人权观。陈独秀虽然承认孟子民本思想的价值，但他正确地阐明了民本与近代民主的区别：

> 所谓民视民听、民贵君轻，所谓民为邦本，皆以君主之社稷——即君主祖遗之家产为本位。此等仁民、爱民、为民之民本主

---

① 《孙中山全集》第 1 卷，中华书局 1981 年版，第 8 页。
② 《孙中山全集》第 11 卷，中华书局 1986 年版，第 405 页。
③ 《孙中山全集》第 9 卷，中华书局 1986 年版，第 215 页。
④ 《陈独秀著作选》第一卷，上海人民出版是 1993 年版，第 347 页。

义——皆自根本上取消国民之资格，而与以人民为主体，由民主义之民主政治，绝非一物。①

陈独秀在对国家学说的体认上，也吸收了孟子的思想资源。如孟子讲"诸侯之宝三：土地、人民、政事"。而陈独秀在1904年写的《说国家》一文中，即提出"土地、人民、主权"的国家三要素说，与孟子的观点相当接近。当然，他的"主权"尽管可以包括孟子的"政事"，但内涵比"政事"要宽泛得多。特别是他贯彻"主权在民"的思想："主权原来是全国国民共有，但是行这个主权的。乃归代表全国国民的政府，一国之中，只有主权居于至高无尊的地位，再没有别的什么能加乎其上了。"②猛烈抨击封建专制制度对民众和社会的毒害，呼吁给人民应得的思想自由和权利平等。

河北乐亭人李大钊（1889—1927年），既是新文化运动的骁将，更是最早传播马克思主义的播火者，是中国共产党的创始人之一。他继承孟子的性善论，最早提出"民德"说。认为"民德"即社会意识体现"良心""天良""灵明""本性"，这些概念基本上都与性善有关联。他同时提出"民彝"的概念，用以表述对人民自由权利和法则的肯定，认定好的"民德"与良政是互为条件、良性互动的：

政治之良窳，视乎其群之善良得否尽量以著于政治；而其群之善良得否尽量以著于政治，则又视乎其制度礼俗于涵育牖导而外，是否许人以径由秉彝之诚，圆融无碍，而为象决于事理得失利害之余裕。③

李大钊吸收孟子"养浩然之气"的修养理论和"富贵不能淫，贫贱不能移，威武不能屈"的大丈夫精神，要求人们具有正气和骨气，积极进取，

① 《陈独秀文章选编》上册，三联书店1984年版，第533页。
② 《陈独秀著作选》第一卷，上海人民出版社1993年版，第55页。
③ 《李大钊文集》第一卷，人民出版社1999年版，第50页。

乐观向上，为世界文明进步和人类幸福而努力奋斗："为世界进文明，为人类造幸福，以青春之我，创造青春之家庭，青春之国家，青春之民族，青春之人类，青春之地球，青春之宇宙，资以乐其无涯之生。"①他进而要求学习孟子的"人皆可为尧舜"的自立自强精神，实现自己的人生价值："真能学孔孟者，真能遵孔孟之言者，但学其有我，遵其自重之精神，以行己立身，问学从政而已足。孔孟亦何尝责人以必牺牲其自我之权威，而低首下心甘为其傀儡也哉？"②他还吸收孟子的"仁政""德治"理论，与西方的民主政治理念相结合，以建设中国现代的民主政治。

浙江绍兴人鲁迅（1881—1936年）本名周树人，是新文化运动中在文学创作方面最显实绩的人物。作为反封建的斗士，他对中国积累数千年的旧礼教和旧思想、旧道德进行了猛烈的批判，痛斥旧社会的历史是人吃人的历史。不过他对孟子也有肯定的地方，在《汉文学史纲要》一书中，他赞扬孟子是当时"欲救世弊"的志士仁人，对他的文采也加以肯定，认为"其叙述择时特精妙"。他虽然对孟子的性善论持批判态度，但对孟子的人格修养理论还是充分肯定的。他一生致力于国民性的改造，吸收的就是孟子"养浩然之气""舍生取义""以天下为己任"的自我磨砺的精神和意志，向往的是独立的人格，自由的精神。

安徽绩溪人胡适（1891—1962年）是中国较早的留美博士，美国实用主义哲学家杜威的信徒，一生笃信西方的民主自由，笃信"全盘西化"，是新文化运动中的旗手之一，也是民国时期对中国思想学术界影响最广泛而深刻的学者之一。他最早将西方的理论和方法引入中国传统文化的研究。在1919年出版的《中国哲学史大纲》中，他对孟子的"性善论"给予同情的理解，认为孟子的人性论以性善为核心，认定"人的本质同是善的"，"人的不善都是由于'不能尽其才'"③。他从"人同具官能""同具善端""同具良知良能"三个层次对性善论加以理解，进而认定孟子的性善

① 《李大钊文集》第一卷，人民出版社1999年版，第194页。
② 《李大钊文集》第一卷，人民出版社1999年版，第153页。
③ 胡适：《中国哲学史大纲》，上海古籍出版社1997年版，第201页。

论能够引申出三个有价值的论点。其一是凸显人的个体位置，人的独立地位，构建起"大丈夫"的理想人格；其二是展现丰富的教育思想，最主要的就是在性善的前提下以主动积极的态度推动人性向善的教育；其三是蕴涵着丰富的政治哲学思想，主导理念是乐利主义，但同时将义、利进行严格的划分。如此论述，给人们耳目一新之感。胡适研究孟学乃至整个中国哲学史从方法论的角度讲，最优长的地方是他的历史眼光，即把所研究的对象严格置于其所处时代进行论列。如他比较孟子与墨子和荀子的异同，指出孟子其实受杨墨影响最大："凡攻击某派最力的人，便是受那派影响最大的人。孟子攻击杨墨最力，其实他受杨墨影响最大。"① 这突出表现在孟子尊重个人和百姓超过君主。他比较孟、荀在人性论上的区别时说："孟子把'性'字包含一切'善端'，即如恻隐之心之类，故说性是善的。荀子把'性'字包括一切'恶端'，如好利之心，耳目之欲之类，故说性是恶的。"由此促成了二人教育思想的不同，"孟子偏重'自得'，而荀子则偏重'积善'。"这种论述应该说是相当深刻的。作为新文化运动的主帅之一，胡适对儒学和孟子基本上持批判态度，因为他认定儒学已经不能适应时代的需要了。不过，他在总体上仍能对儒学和孔孟进行客观的历史的评价：

> 有许多人认为我是反孔非儒的。在许多方面，我对那些长期发展的儒教的批判是很严厉的。但是就全体来说，我在我的一切著述上，对孔子和早期的'仲尼之徒'如孟子，都是相当尊崇的。②

由于胡适引进西方的理论和方法，使中国传统文化，尤其是哲学史的研究进入了一个新阶段。他的开创之功不可没。

"五四"新文化运动后，在胡适派自由资产阶级知识分子和马克思主

---

① 胡适：《中国哲学史大纲》，上海古籍出版社 1997 年版，第 216 页。
② 欧阳哲生主编：《胡适文集》，北京大学出版社 1998 年版，第 418 页。

义先进知识分子共同开展的对儒学的大批判形成主流倾向的情况下，一批深受欧美自由民主思想和中国传统文化双重影响的中国知识分子，开始发掘儒学中与西方现代思想接轨或契合的思想资源，以"内圣开出新外王"为旗帜，对儒学包括孟学进行新的诠释，这些人被称为"新儒学"派，其代表人物是梁漱溟、熊十力、冯友兰、徐复观、唐君毅、牟宗三等。

广西桂林人梁漱溟（1893—1988 年），是中国近代著名民主人士，曾在山东邹平进行乡村建设的改革试验。他在北京大学等高校从事教学和研究，以《东西文化及其哲学》《中国文化要义》《人心与人生》等著作享誉学术界。他认为世界文化分为西方文化、中国文化和印度文化三大体系，中国文化以意欲自为、调和、折中为根本精神。最典型体现这种精神的就是孟子的良知良能说：

儒家说："天命之谓性，率性之谓道。"只要你率性就好了，所以就又说这是夫妇之愚可以与知与能的。这个知和能，也就是孟子所说的不虑而知的良知，不学而能的良能，在今日我们谓之直觉。这种求对求善的本能、直觉，是人人都有的；故孟子说："人皆有不忍人之心……所以谓人皆有不忍人之心者，今人乍见孺子将入于井，皆有怵惕恻隐之心，非所以内交于孺子之父母也，非所以要誉于乡党朋友也，非恶其声而然也。"又说："恻隐之心人皆有之；羞恶之心人皆有之；恭敬之心人皆有之；是非之心人皆有之。恻隐之心仁也；羞恶之心义也；恭敬之心礼也；是非之心智也。仁义礼智，非由外铄我也，我固有之也。"这种好善的直觉同好美的直觉是一个直觉，非二；好德，好色，是一个好，非二。所以孟子说："口之于味也有同耆焉；耳之于声也有同听焉；目之于色也有同美焉。至于心独无所同然乎？心之所同然者何也？谓礼也，义也。圣人先得我心之同然耳。故理义之悦我心，犹刍豢之悦我口。"①

────────

① 梁漱溟：《东西文化及其哲学》，商务印书馆 1999 年版，第 130—131 页。

这里梁漱溟直接将孟子的良知良能说与柏格森的生命哲学融为一体，进而提升孟子思想的理论层次。他继承孟子的理性的自我反省精神，要求人们自觉地修养品格，以"富贵不能淫，贫贱不能移，威武不能屈"的大丈夫精神独立天地间。他直言中国不能走西方民主政治的道路，因为西方的民主政治建立在"原罪"和人们互不信任的前提下，而中国的民族精神是以诚对待别人，不存在互不信任问题，所以只要通过乡村建设提升人们的精神境界，进而发展生产提高人们的生活水平就行了。梁漱溟的这些理论不见得正确，但他主观上是真诚的。

湖北黄冈人熊十力（1885—1968 年）是中国近代著名哲学家和爱国民主人士。他的重要著作《新唯识论》《原儒》《体用论》《明心篇》《佛家名相通译》《乾坤衍》等皆有名于时。熊十力将孟子的心性说与佛学和西方的本体论相融汇，创造了他的唯识论，这种理论是从孟子"万物皆备于我"展开的，最终归于唯识，破除外境，识得本体：

> 本心既是性，但随意异名耳。以其主乎身，曰心。以其为吾人所以生之理，曰性。以其为万有之大原，曰天。故"尽心则知性知天"，以三名所表，实是一事，但取义不一而名有三耳。尽心之尽，谓吾人修为工夫，当对治习或染或私欲，而使本心得显发其德用，无有一意亏欠也。故尽心即是性天全显，故曰知性知天。知者证知，本心之炯然内证也，非知识之知。而孟子之言，则哲学家谈本体者，以为是知识所行之境，而未知其必待修为之功，笃实深纯，乃至克尽其心，始获证见。则终与此理背驰也。①

这表明，他的唯识论实际上就是孟子的本心论，也就是唯心论。熊十力十分钟情于孟子的良知说，他认定，知识的运用一旦离开良知就可能走向邪路，所以知识必须在道德良知的制约下运行。面对中国近代走向民主政治

---

① 熊十力：《新唯识论》，中国人民大学出版社 2006 年版，第 26 页。

的潮流，他又将孟子的民本思想向民权的方向诠释：

> 子舆论政，重教养，贵民（当时列强对内行武断政策，对外侵略主义，故孟氏提倡民权）。以学者为社会之中坚，而惧夫生心害政。故游说横议，诸持浅薄之论及挟异端者，皆与之力辩（以公孙衍、张仪为妾妇之道，谓"善战者服上刑"，又以杨墨为禽兽，唯攻墨为过），识卓哉！当乱世，阅历人事至深，斯言之切也。①

新儒学所谓"内圣开出新外王"，实际上就是将儒家的思想资源按照西方民主政治的理念进行新的诠释，这与近代今文经学派"微言大义"的治学路数是非常相近的。

河南唐河人冯友兰（1895—1990年）是中国近代最著声望的哲学家、哲学史专家，新儒学的代表人物之一。他抗战时期推出的"贞元六书"《新理学》《新事论》《新世训》《新原人》《新原道》《新知言》，建构了自己独特的哲学体系，他穷毕生精力撰著的《中国哲学史》奠定了他在中国哲学史领域泰山北斗式的地位。

冯友兰对孟子及其思想的评价是在其《中国哲学史》等著作中展现的。他以古希腊哲学家类比孔子和孟子："孔子在中国历史中之地位，如苏格拉底之在西洋历史；孟子在中国历史之地位，如柏拉图之在西洋历史，其气象之高明爽亢亦似之。"② 他认为孟子一生继承孔子的事业，以"舍我其谁"的气概，为实现王道政治而奋斗。而这个与"霸道"政治相对立的王道政治，不仅其政治经济制度都是为民而设，就是君主也是为民而立，证据是孟子说的"民贵君轻"和"得乎丘们为天子"。孟子认定义重于利，完全是非功利主义的，而与之对立的墨家学派则是完全的功利主义。孟子政治思想的导向是民主政治。冯友兰认为哲学的最高境界是神秘

---

① 熊十力：《新唯识论》，中国人民大学出版社2006年版，第23页。
② 冯友兰：《中国哲学史》，华东师范大学出版社2000年版，第86页。

主义境界，孟子恰恰达到了这一境界，他的"万物皆备于我"和"养浩然之气"就蕴含着这种境界和展示其精神状态：

> 照孟子和儒家中孟子这一派讲来，宇宙在实质上是道德的宇宙，人的道德原则也就是宇宙的形而上学原则，人性就是这些原则的例证。孟子及其学派讲到天的时候，指的就是这个道德的宇宙。理解了这个道德的宇宙，就是孟子所说的"知天"。一个人如果能"知天"，他就不仅是社会的公民，而且是宇宙的公民，即孟子所说的"天民"。①

冯友兰认为哲学有四种境界，即自然境界、功利境界、道德境界、天地境界，而最高的是天地境界。孟子的"天民"论，就是天地境界。对孟子及其思想如此诠释，显然是一种引申和转化的理解。

湖北浠水人徐复观（1903—1982年）是晚于梁、熊、冯的第二代新儒学代表人物之一，其学术活动主要在1949年以后的港、台地区进行的。体现他学术思想的著作主要是《中国人性论史》《两汉思想史》《中国思想史论集》《儒家政治思想与民主自由人权》《中国经学史的基础》《中国艺术精神》等。他认为孟子对中国文化最大的贡献就是性善说的提出："在人性论的发展过程中，性善两字，直到孟子始能正式明白地说出。性善两字说出后，主观实践的结论，通过概念而可诉之于每一个人的思想，乃可以在客观上为万人万事立教。"②他专从"心善"来解释性善，所谓性、心、情、才，都是围绕心的不同层次。关于恶的来源，徐复观认为孟子的理解，一是来自耳目之欲，一是来自不良环境。生理欲望本身虽然不是罪恶，但不以理性节制而为自身利益侵犯别人的利益，即构成恶；而不良的环境就使心之善难以发挥和显现，进而使恶难以避免。他特别认定孟子的

---

① 冯友兰：《三松堂全集》第6卷《中国哲学简史》，河南人民出版社2000年版，第70页。
② 徐复观：《中国人性史》，上海三联书店2001年版，第141页。

性善论完成了从宗教到人文的转化，是"惊天动地的伟大发现"：

> "生而不可知谓神"的神，都指的是某种神秘实体的存在；至此就完全转化为心德扩充的形容词。这一名词的转化，即表现从宗教向人文的转化的完成。经此一转化，凡是任何原始宗教的神话、迷信，皆不能在中国人的理智光辉之下成立。这代表了人类自我向上的最高峰。所以孟子的性善论，是人对于自身惊天动地的伟大发现。①

徐复观竭力从中国传统文化中寻找与西方民主政治相衔接的资源。他认为孟子"民贵君轻"的民本思想正蕴含着最丰厚的资源：

> 民治的制度实为孟子所未闻，但民治的原则，在《孟子》中已可看出端绪。《梁惠王下》："国君进贤……左右皆曰贤，未可也；诸大夫皆曰贤，未可也；国人皆曰贤，然后察之（察其贤之事实）；见贤焉（见其有贤之事实），然后用之。左右皆曰不可，勿听；诸大夫皆曰不可，勿听；国人皆曰不可，然后察之；见不可焉，然后去之。左右皆曰可杀，勿听；诸大夫皆曰可杀，勿听。国人皆曰可杀，然后察之；见可杀焉，然后杀之。故曰国人杀之也……"这段话的意思，是说用人、去人、杀人之权，不应当由人君来决定，而应当由人民来决定。人民的好恶决定政治的具体内容，而对用人、去人、杀人的政治权力，又主张保留在人民手上，这怎么没有透露出"民主的原则"呢……由此一原则的要求，便发展而为《礼记·礼运》大同章的"天下为公，选贤任能"的主张，这已向制度方面迈进了一大步。②

---

① 徐复观：《中国人性史》，上海三联书店 2001 年版，第 59 页。
② 徐复观：《中国思想史论集》，上海书店出版社 2004 年版，第 113 页。

不管这种论述是否反映了孟子的本意，但徐复观认定孟子代表了中国政治思想史中最高的民主政治的精神则是显而易见的。

四川宜宾人唐君毅（1909—1978 年）是第二代新儒学的代表人物，也是活跃在港台地区的著名学者。他师从熊十力，主要著作有《道德自我之建立》《心物与人生》《人文精神之重建》《中国文化之精神价值》《中国人文精神之发展》《哲学概论》《中国哲学原论》《生命存在与心灵境界》等。

唐君毅考察孟学在中国历史上不断升值的过程，认为不同时代人们对孟学关注的重点不同，而到了近代，孟子就成了民本、民主思想的宗师，成为反对专制的思想武器。他认为孟子思想的核心是"立人"之道：

> 孟子之道，教人下别于禽兽，而向上奋起，以尽心知性，存心养性，以知天、事天，而尚友千古圣贤，更兴起人民旨心志，皆以"天民"自居，"天爵"自贵，若为训政则以"天吏"自任之道。此道之所在，即人之义当行。是为人之配义与道之事……然于此须知孟子之言人之义，乃归本在人之仁。孟子言"仁者，人也；合而言之，道也"，人而能仁以其有义，而立此人之道，方为孟子之道之所存。①

在中国历代思想家中，唐君毅最推崇孟子，他的哲学思想也受孟子影响最深。他积 30 年之功精心撰写的《生命存在与心灵境界》一书，建立了自己"三向九镜"（三向：横观种类、顺观次序、综观层位；九境：万物散殊境、依类成化境、功能序运境、感觉互摄境、观照凌虚境、道德实践境、归向一神境、我法二空境、天德流行境）的哲学体系，其核心就是本着《中庸》的"天命之谓性"和孟子的"尽心知性知天"的理念，扩而形成他的立人道成教化的理论：

---

① 唐君毅：《中国哲学原论·原道篇》，（台）学生书局 1985 年版，第 215 页。

> 天只是性之形上根原。此形上根原之为何物，只能由人依其性
> 而有之自命自令为何物而知之……故孟子谓尽心即知性知天也，尽
> 心即尽此心之自命自令，而行之，亦即就此心自命自令之时，所视
> 为当然者而行之，此亦即尽此天之所予我者，而立此命于我之生命
> 存在之内也……因孟子之言命，或自外境之顺逆说。此外境之顺
> 逆，乃另一义之命……而人于此可有其自命自令之命说。言外境之
> 顺逆之事实，可即启示一义所当为，而见客观之天于人所有命，而
> 人即由此以知所以自命，其义亦更有深于《中庸》之只言性命即天
> 命者。①

尽管讲得有点故作高深，但其意义却是明确的，这就是把孟子性善论引申出的平等精神，接榫至现代民主精神的机体上，充分展示"内圣外王"的理路。

山东栖霞人牟宗三（1909—1995 年）同样是新儒学的第二代中坚，他建立了自己独具特色的哲学体系，著书宏富。主要著作有《认识心之批判》《历史哲学》《道德的理想主义》《政道于治道》《中国哲学的特质》《生命的学河》《名家与荀子》《才性与玄礼》《佛性与般若》《心体与性体》《从陆像山到刘蕺山》《智的直觉与中国哲学》《现象与物自身》《圆善论》《中国哲学十九讲》《康德的道德哲学》等。

孟子及其著作是第二代新儒家特别重视和恣意发挥的思想资源，也是他们最为推崇的中国古代思想家。其中对之评价最高、发挥最多的就是牟宗三。他这样评价孟子：

> 孟子在战国时尽了他的责任，亦为精神表现立下一个型范……
> 殊不知孔子之全，若不经由孟子所开示之精神表现之型范，以为其
> "全"立一精神之系统，则孔子之全亦被拖下来而成为疲软无力矣。

---

① 唐君毅：《中国现代学术经典·唐君毅卷》，河北教育出版社 1996 年版，第 693 页。

> 吾人说孔子为通体是文化生命，满腔是文化理想，转化而为通体是
> 德慧。现在则说：孟子亦通体是文化生命，满腔是文化理想，然转化
> 而为全幅是"精神"。仁以内在而道性善，是精神透露之第一关。浩
> 然之气，配义与道，至大至刚，乃集义所生，非义袭而取，是精神
> 之透顶。万物皆备于我，反身而诚，乐莫大焉，所存者神，所过者
> 化，上下与天地同流。此是由精神主体建体立极而通于绝对，彻上
> 彻下，彻里彻外，为一精神之披露，为一光辉之充实。①

牟宗三所以对孟子及其思想有如此高的评价，是因为在他看来，孟子性善
论所提供的思想资源足以为自己"打开十字"的哲学体系奠定一个坚实的
理论基础。而孟子及其思想作为一种儒家理论宝库的最重要的资源具有其
他资源所不具备的时空超越性：

> 儒家是彻底的纵贯系统，而且是纵贯纵讲……孔子论仁，孟子
> 论性，都是道德的创造性。什么叫道德的创造性呢？用中国老话讲，
> 就是德行之纯亦不已。分解地说，德行之所以能纯亦不已，是因为
> 有一个个超越的根据；这超越的根据便是孟子所谓"性善"的"性"。
> 这个性便是道德的创造性，有这个创造性作为我们的性，我们才能
> 连续不断、生生不息地引发德行之纯亦不已……"性"不是一个空洞
> 的概念，而是有内容的，恻隐之心、羞恶之心、辞让之心、是非之
> 心通通包括在内，孔子的仁也包括在内。②

由孟子的性善论出发，牟宗三又借用康德的"至善"概念创造出"圆善
论"，其利用的资源，依然是孟子思想："圆善，意思是整全而圆满的
善。依孟子，天爵与人爵的综合，所性与所乐的综合，便是整全而圆满的

---

① 牟宗三：《历史哲学》，广西师范大学出版社 2007 年版，第 108 页。
② 牟宗三：《中国哲学十九讲》，世纪出版集团、上海古籍出版社 2005 年版，第 334 页。

善。"① 为什么直接利用孟子的资源呢？他解释说："一因有所凭借，此则省力故；二因讲明原典使人易悟入《孟子》故；三因教之基本义理定在孟子，孟子是智慧学之奠基者，智慧非可强探力索得，乃由真实生命者之洞见，发为不可移故。"② 牟宗三关于民主政治的设定，也从《孟子》寻找历史资源。例如，他将孟子"天子能荐人于天，不能使天与之天下"一段话认定为孟子首先提出"推荐"和"公天下"的理念。将孟子"与民同乐"、与民同富的观念认定为民主政治的顺成理想。将"五亩之宅，树之以桑；百亩之田，勿夺其时"以及轻徭役、薄赋敛等"仁政"措施认定为民主政治的理想：

> 在政治措施上，就个体而顺成，生存第一……不但生存第一，畅达其物质的生活幸福，亦须畅达其价值意义的人生为一"人道的存在"。故曰"谨庠序之教，申之以孝弟之义，颁白者不负载于道路矣"。教者，即教此孝弟忠信、礼义廉耻之道。完整言之，即孟子所谓"父子有亲，夫妇有别，长幼有序，朋友有信"也……故在内容的表现上，就生活之全而言之，牵连至此种教化的意义，不得谓为妨碍自由也。然在政治上所注意之教化亦只能至乎此，过此即非其所能过问。此即政治上的教化意义之限度。此限度，在以前之儒者皆自觉地公认之。律己要严，对人要宽，此是一般地言之。落实在政治上，村对人要宽，第一是"先富后教"，第二是教以起码普遍的人道。③

显然，在牟宗三那里，孟子的"内圣"真能开出民主政治的新外王了。

"十月革命一声炮响，给我们送来了马克思列宁主义"。从 20 世纪二三十年代开始，中国第一代马克思主义历史学家就沿着陈独秀、李大钊开辟的道路，自觉运用马克思主义的理论和方法研究中国历史和文化，在

---

① 牟宗三：《圆善论》，（台）学生书局 1985 年版，第 172 页。
② 牟宗三：《圆善论·序言》，（台）学生书局 1985 年版，第 11 页。
③ 牟宗三：《政道与治道》，广西师范大学出版社 2006 年版，第 107 页。

孟学研究上也进行了新的探索。

四川乐山人郭沫若（1892—1978年），是著名马克思主义历史学家，中国马克思主义历史学的开拓者之一。他的《中国古代社会研究》《十批判书》《青铜时代》等著作引导了中国马克思主义历史学的方向。他对孔子孟子的思想持基本肯定的态度："我之所以比较推崇孔子和孟轲，是因为他们的思想在各家中是比较富于人民本位的色彩。"① 在《十批判书·儒家八派的批判》中，他认定孟子出于子游氏之儒，是思孟学派的掌门人，《大学》《中庸》等都反映这一学派的思想，而"五行"的概念、修齐治平的人生指向也是出于这一派的创造，就是《尧典》《皋陶谟》《禹贡》《洪范》等《尚书》中的篇章，也"是思、孟之徒的作品"。在以后以他作为主编的《中国史稿》第二册中，撰稿者将他研究孟子的观点作了较系统的梳理，认为"思孟学派的理论核心，是把天命和五行学说结合起来，而贯穿以圣王之道（尧、舜、禹、汤、文武、周、孔）"。"思孟学派的天命五行说是以王道为中心的"，这个王道就是"仁政"。但该书受当时"批林批孔"遗绪的影响，对孟子思想过多地予以否定，在很大程度上偏离了郭沫若的基本趋向，显示了"文革"的遗风②。该书出版时，郭沫若已经去世，这个责任当然不应由他担负。

浙江绍兴人范文澜（1893—1969年）也是中国马克思主义史学的开拓者之一。他撰写的《中国通史简编》《中国近代史》在中外都产生了很大影响。范文澜在《中国通史简编》中对孟子有较高评价，认为"孟子学说可以说是孔子的嫡传……孟子确是孔子以后最大的一个儒学大师"。"孟子的政治思想，基本上是劝国王行仁政以达到全中国统一的目的"。这种仁政学说含有不少积极思想：

> 孟子的仁政学说，含有不少独辟的积极思想，如痛斥民贼，说

---

① 郭沫若：《十批判书》，人民出版社1962年版，第424页。
② 郭沫若主编：《中国史稿》第二册，人民出版社1979年版，第64—68页。

汤放桀，武王伐纣是诛独夫不是弑君；如重民轻君，说"民为贵，社稷（国）次之，君为轻"。得民心的人得做天子，天子失民心，就是独夫，人人得而诛之。如君臣关系，说君待臣像手足，那末臣待君像腹心；君待臣像犬马，那末臣待君像路人；君待臣像土芥（轻贱物），那末臣待君像仇敌。如限制君权，说国君用人或杀人，不要单听左右亲近人的话，要国人都说这个人好或国人都说这个人可杀，经国君考察后，才决定用或杀。孔子在《春秋》弑君书法中，承认国人有权杀暴君。孟子依据孔子及西周时敬天保民思想，大胆予以发挥，成为封建时代最可宝贵的一种政治理论。[①]

湖南桃源人翦伯赞（1898—1968 年），也是中国近代马克思主义历史学的奠基人之一。他的主要著作有《历史哲学教程》《先秦史》《秦汉史》《中国历史论集》等，还主编了《中国史纲要》。《中国史纲要》一书对他的孟子观进行了梳理，在客观叙述中基本持肯定态度：

> 孟子……是战国中期儒家学派中的大师。
>
> 孟子主张性善说，认为人的本性是善的，而仁、义、礼、智这四种品质是先天固有的。他要求人们通过存心养性，使这些品质扩而大之，以达到改造客观世界的目的。孟子这种唯心主义理论对后来儒家思想的发展有很大影响。
>
> 在性善论的基础上，孟子又导引出关于仁政的学说。仁政的具体内容就是要求封建统治者注意改善劳动者的生活处境。他认为最要紧的应该农民不失去土地，所谓"有恒产者有恒心"，这样才能使农民不致起来反抗，封建统治才能巩固。
>
> 孟子对统治者是否得民心也特别强调。他说尧、舜得天下，主要是民心所向，而桀、纣之失天下，主要是失去了民心。他说国君

---

① 范文澜：《中国通史简编》第一编，人民出版社 1962 年版，第 268 页。

如果"暴其民者",就将得到"身弑国亡"的下场。如商纣那样的暴君,臣下把他杀死,不算是弑君行为。①

湖南邵阳人吕振羽(1900—1980 年),也是著名马克思主义历史学家,参加过影响深远的中国社会史问题的论战,主要著作有《史前中国社会研究》《商周社会研究》《中国政治思想史》《简明中国通史》等。他对孟子的评价可以说褒贬参半,认为孟子是一位"初期封建制度的拥护者","要求熄灭新兴封建地主的进步思想和农民的革命思想"。其性善论虽然"有着人本主义因素",但是"先验主义",而君臣关系"在本质上是绝对主义"②。尽管承认"民贵君轻"和"诛一夫"的主张具有进步意义,但只能归入改良主义思想。不过总体上说,孟子思想具有民主主义的进步意义。

在近代马克思主义历史学家中,山西平遥人侯外庐(1903—1987 年)是以研究中国思想史闻名的学者,主要著作有《中国思想通史》《中国古代社会史论》《中国封建社会史论》《中国近代哲学史》等。在《中国思想通史》第一卷中,侯外庐认定孟子思想渊源于曾子,完成了儒学唯心主义的放大。认为孟子主张贫富关系永远不变,其仁政思想是企图恢复西周制度,其进贤论则企图调和新旧制度。尽管他对贵族君子在"正人心"方面寄予厚望,但也同情百姓的疾苦,具有一定的人民性因素。他肯定孟子的天论减少了天的主宰成分,同时又从"思诚"入手扩大人性中的理性成分,从而减少了天的"宗教性"和迷信色彩。侯外庐认为孟子完成了先验主义的形而上学体系,是一个充满矛盾但很深入的思想体系。③

参与《中国思想通史》撰稿的广东澄海人杜国庠(1889—1961 年),是较早以马克思主义理论研究中国思想史的学者之一,主要著作有《先秦诸子思想概要》《中国逻辑史》《中国佛学概论》等,最后汇编为《杜国庠

---

① 翦伯赞主编:《中国史纲要》第一册,人民出版社 1979 年版,第 87—88 页。
② 吕振羽:《中国政治思想史》上册,人民出版社 1957 年版,第 179—189 页。
③ 侯外庐:《中国思想通史》第一卷,人民出版社 1957 年版,第 395 页。

文集》。他认为孟子思想的核心一是性善论，二是言必称尧舜，"道性善，表现了他的哲学倾向；言必称尧舜，则表现了他的政治理想"，而"民贵君轻"和"诛一夫"的观点，一方面表现了对人民的同情，另一方面也显示战国时代的人民已经比春秋时期更能展现自己的力量。①

在近代马克思主义史学崛起的同时，其他学术流派也出现异彩纷呈的局面，他们中的一批学者运用西方传入的理论和方法，在孟子研究方面也取得显著成绩。河北深县人罗根泽（1900—1960年），是顾颉刚为代表的"古史辨派"的中坚之一。他的主要著作有《诸子考索》《孟子评传》。《孟子评传》出版于1932年，在《自序》中，他道出撰写该书的初衷：纠前人之谬误，给今人一个真实的孟子：

> 史公于孔子为《世家》详纪言行，于孟子则仅与诸子共传，寥寥百余言，略而且误。赵氏《题辞》，亦未详叙。后儒纷纷稽讨，或为《年谱》，或为《考略》，或为《传纂》，于是其行实略历，粗可考见。然孟子生卒，古籍不载，确定年月，势不可能，《年谱》之作，亦云荒矣。《考略》之流，又病割裂。《传纂》善矣，而今所传者，多载《外书》荒谬之言，《列女》《韩诗》附会之说，至其道术政论，游仕大端，反缺焉，斯所谓倒置植者也。根泽幸生后世，得窥魁儒硕士之所考订，参验比较，曲直见而史实出焉。愚不自揣，以暇时草为《评传》。于其学术思想则提要钩玄，撮论其根核所在，渊源所自，与夫枝干之演化，后世之影响。于其出处行历，则依据《孟子》参以诸儒之考证，信而有征者书之，荒谬怀疑者不录。冀使世人无论学习《孟书》与否，籀此一文，即能略悉孟子之人格学问及事略之大概。唯立说所自，不标出处，去取微意，弗事说明，易滋疑团，且邻掠美；故凡所引书，降格书之；考案之语，又复降焉；庶读者遇有怀疑，有所稽览云。

---

① 《杜国庠文集》，人民出版社1962年版，第20—30页。

应该说，他设定的这个目标，《孟子评传》评传一书基本达到了。该书考证了孟子的名字、"三岁而孤"、生卒年等问题，认定孟子只有名而无字，"三岁而孤"说没有根据，生卒年考定在周烈王初年至赧王二三十年间，基本得到当时和后世学术界的认可。该书赞扬孟子的志向："其志大，其取则远，故能矗立于战国衰乱之世，俗愈卑而己愈高，众愈污而己愈洁，出处进退辞受取予之间，峻立防闲。"① 的确是孟子自己所标榜的"富贵不能淫，贫贱不能移，威武不能屈"的人物。他将孟子之学概括为"植基性善，而以仁为归宿"是比较恰切的。该书系统细密考察了孔子与孟子思想的差别：

> 孔子罕言性，孟子则倡言性善；孔子止言仁，孟子则兼言理义。此固由于二圣之思想，微有不同。亦以孔子之时，时未大乱，人未尽浇，诱导使仁，即能收效于一二。几乎孟子，丧乱已极，人心益诈，纯恃诱导，不克有功，故不得不辅之以含有限制性之理义；言如此则可，背此则非，严厉督责，使之渐趋于仁焉。世人谓孟子并重仁义，其实不然。即其言性善者，亦怵于战国人士之丧心病狂，奸险恶狠，倡言性善，冀以唤起良心，而依仁蹈义耳。乃至孔子唯不攻异端，孟子则大辟邪说；孔子且欲无言，孟子则哓哓争辩；亦因孔子之时，异端尚未大炽，孟子之时，则群说杂出，欲倡己道，必辟彼说，所谓"扬墨之道不息，孔子之道不著，是邪说诬民充塞仁义"者也。后儒不察二圣所处时代不同，环境不同，而妄以此判其优劣。孟不及孔，固无待言，而以此为标准，则殊大谬。甚矣！不知其世，不可遽论人也。②

这种从知人论世出发的对于孔、孟异同的考察，显然能够切中肯綮。最

---

① 罗根泽：《孟子评传》，商务印书馆 1932 年版，第 41—42 页。
② 罗根泽：《孟子评传》，商务印书馆 1932 年版，第 46—49 页。

后，他将孟子的学说归宗于"经世致用"之学，应该说抓住了孟学的核心指向。《孟子评传》一书尽管具有不少优长之处，不过，他的一些观点也不无可议之处。如其在《孟荀论性新解》一文中对比孟、荀关于"性善""性恶"的区别时所表述的观点，则有失偏颇："孟子说性是'善'的，荀子说性是'恶'的，在理论上都是站不住脚的。但他俩的性说，本来都只是一种利用——利用它来推行他们自己的学说。"[①] 其实孟、荀在人性问题上的论述，并不仅仅是一种"利用"，他们自己都有学理的逻辑，罗的说法，很难从孟、荀本人的著作中找到根据，不能算是一种严密的论证。

湖南益阳人陈鼎忠（1879—1968 年），是近代著名的经济学家和国学专家，曾任教于东北大学和无锡国专。他的《孟子概要》一书，是给东北大学学生授课的讲义，内容涉及孟子事迹、著作考辨以及后人注释《孟子》一书的辨析。他考定孟子的生卒年为前 385—前 302 年，一生经历是居邹 40 年，首仕于邹，后游齐，之宋，归邹，至滕，游梁，再次游齐，复游于宋，归邹，至鲁，归邹终老。孟子除作《七篇》外，"通五经，尤长于《诗》《书》"。他考察了历代《孟子》的注释，否定了《十三经注疏》中的《孟子注疏》出于孙奭之手。陈鼎忠第一次以运用西方哲学的"惟心""惟物"概念划分孟子和荀子的区别，给人以别开生面之感：

> 西人言哲学者，门户虽繁，要不出心物二派。释氏之心相而宗亦然。孔子之学，传于七十子，布于天下，四科八儒，区以别矣。要其归宿，不出孟荀二派。孟子唯心，故法先王，道性善，主良知，述仁义。荀子唯物，故法后王，道性恶，主劝学，述礼乐。……孟子为宋学之宗，荀子为汉学之宗，说相反而道实相成，合而一之，尼山之真乃出。太史公以孟荀并传其见卓矣。[②]

[①] 罗根泽：《孟荀论性新解》，《哲学评论》1930 年第 3 卷第 4 期。

[②] 陈鼎忠：《孟子概要》，民生印书馆 1934 年版，第 76—77 页

这里陈鼎忠使用的"唯心""唯物"的概念，还不完全等同于马克思主义哲学所用的"唯心""唯物"的概念。不过他认识到孟、荀思想的相反相成之处，实在是真知灼见。因为只有他们二人思想学说的结合，才构成孔子之后完整的儒学传统。

与《孟子概要》差不多同时出现的《孟子事迹考略》，是广东兴宁人胡毓寰（1898—1981 年）撰著的一部考论孟子事迹著作。该书就孟子事迹有关的一系列问题进行了考辨。他肯定孟子的生卒年为周烈王四年——周赧王二十六年（前 372—前 289 年），这一年代的认定得到当今史学界大部分学者的承认。而所谓孟子之字"子舆、子车"之类的记载，"只可视为近理，未可认为事实"①。孟子"父名字失考。母氏亦未详，娶谁氏，有几子，此阙疑也"②。关于"三岁丧父"和"母教"等故事，作者也持怀疑态度。这些考辨显示了他求真求实的郑重态度。不过对于孟子"君子""小人"分野的阶级分析，尽管当时看来具有初步运用历史唯物论和阶级分析法的积极意义，但实际上却是一种过于简单化的处理。其实，《孟子事迹考略》一书的价值，主要不在于史实的考辨，而在于对孟子事功行藏的评论。例如，对孟子不得仕于齐的利弊得失的评论，就显示了他的卓识：

> 孟子去齐，在其生命史上，实一重大事件。盖彼以齐为最易致"王"之国，宣王又一足用为善之君；一旦不得已去齐，深觉道之将于不行，故不禁慨然致叹天之未与平治天下。后世儒者，皆为孟子不遇于齐惜。明人王世贞独持异论，以"不遇"为孟子庆。其所作《读书后》曰："孟子幸而不见用于齐也。使宣王用之，其始受掣于文忌騶髡之辈，必不究稍究，而受忌于秦楚燕赵之君，兵交临淄之境，故将畏上刑而不出，必以诿孟子，翼以章、丑，必败。其胜之，而先移二周之鼎，天下之罪丛焉，则又败。惟不用，而后世以王佐目之，以不

---

① 胡毓寰：《孟子事迹考略》，（台）正中书局 1946 年版，第 5—6 页。
② 胡毓寰：《孟子事迹考略》，（台）正中书局 1946 年版，第 14 页。

遇惜之，故曰幸也。"王氏之论，虽属推想之谈，然亦不为无理焉。盖孟子政治主张，多治本之策，少治标之方。治本者，其效多缓，如云"行仁政则可使民制梃以挞秦楚之坚甲利兵"，此本属一种理想效果。纵令庶几事实，亦必经长久岁月，始可达其目的。且专重正义，不喜外交联合手腕；反对善战开垦，不言富国强兵。此种政策，假以时日，与以岁月，或可致天下平治；若于战国军事紧张之际，恐正义未申，王道未成，国土既为外敌武力所占，虽有仁政，亦将急无所施矣。……故以孟子政治主张为知本，为富有正义和平之价值，可也；谓能于战国军事紧张中取胜利，未必也。以孟子人格学问高出当时游说之士，可也；以孟子不遇时君，为孟子及天下惜，则殆可不必焉。[1]

如此评论，是深得孟子思想之主导指向的。孟子绝不是万能之人，其长处在于思想的博大深邃，着眼于长治久安，其短处恰恰在于不谙军事谋略和纵横捭阖的外交术。胡毓寰特别赞扬孟子的人生态度："达则兼济天下，穷则独善其身。"对于孟子在战国时期不被当权者重用的际遇，作了同情的理解和礼赞：

> 回想当日与孟子同时之投机政客官僚，如公孙衍张仪之流徒，虽则一怒而诸侯惧，安居而天下熄；然而时过境迁，既成历史上政客官僚纪录中之陈迹。而孟子则以《七篇》传世，数千载下犹受人之尊崇景仰焉。则伟大学者之独善其身，非徒然矣。[2]

千载之后，胡毓寰不愧为孟子的知音。作为纵横捭阖之士的公孙衍、张仪之流当年尽管似乎叱咤风云、风光无限，远远超过孟子的冷遇凄然，但历史的筛选却留住了孟子及其思想，使之光耀千古，温暖人寰。

---

[1] 胡毓寰：《孟子事迹考略》，（台）正中书局1946年版，第63—64页。
[2] 胡毓寰：《孟子事迹考略》，（台）正中书局1946年版，第85页。

孟子年表（前 372—前 289 年）

公元前 372 年　周烈王四年　秦献公十三年　魏武侯二十四年　齐桓公三年　1 岁

生于邹。

公元前 371 年　周烈王五年　秦献公十四年　魏武侯二十五年　齐桓公四年　2 岁

在邹。

公元前 370 年　周烈王六年　秦献公十五年　魏武侯二十六年　齐桓公五年　3 岁

在邹。

公元前 369 年　周烈王七年　秦献公十六年　魏惠王一年　齐桓公六年　4 岁

在邹。

公元前 368 年　周显王一年　秦献公十七年　魏惠王二年　齐桓公七年　5 岁

赵伐齐，至长城。在邹。

公元前 367 年　周显王二年　秦献公十八年　魏惠王三年　齐桓公八年　6 岁

周分东西二国。在邹，"昔孟母，择邻处"，随孟母三迁。

公元前 366 年　周显王三年　秦献公十九年　魏惠王四年　齐桓公九

年　7 岁

秦败韩、魏于洛阳。在邹，入学读书，"受业子思之门人"。

公元前 365 年　周显王四年　秦献公二十年　魏惠王五年　齐桓公十年　8 岁

在邹，读书。

公元前 364 年　周显王五年　秦献公二十一年　魏惠王六年　齐桓公十一年　9 岁

秦败魏于石门，斩首六万。在邹，读书。"子不学，断机杼"，或许发生在此前后。

公元前 363 年　周显王六年　秦献公二十二年　魏惠王七年　齐桓公十二年　10 岁

在邹，读书。

公元前 362 年　周显王七年　秦献公二十三年　魏惠王八年　齐桓公十三年　11 岁

秦败魏于少梁，俘魏相公孙痤。在邹，读书。

公元前 361 年　周显王八年　秦孝公一年　魏惠王九年　齐桓公十四年　12 岁

魏自安邑迁都大梁。卫公孙鞅自魏入秦。在邹，读书。

公元前 360 年　周显王九年　秦孝公二年　魏惠王十年　齐桓公十五年　13 岁

魏凿鸿沟。在邹，读书。

公元前 359 年　周显王十年　秦孝公三年　魏惠王十一年　齐桓公十六年　14 岁

在邹，读书。

公元前 358 年　周显王十一年　秦孝公四年　魏惠王十二年　齐桓公十七年　15 岁

魏筑长城防秦。在邹，读书。

公元前 357 年　周显王十二年　秦孝公五年　魏惠王十三年　齐桓公

十八年　16 岁

　　在邹，读书。

　　公元前 356 年　周显王十三年　秦孝公六年　魏惠王十四年　齐威王一年　17 岁

　　齐立稷下学宫招徕游士。秦用卫鞅为左庶长，开始变法。邹忌相亲。在邹，读书。

　　公元前 355 年　周显王十四年　秦孝公七年　魏惠王十五年　齐威王二年　18 岁

　　韩筑长城，申不害相韩。在邹，读书。

　　公元前 354 年　周显王十五年　秦孝公八年　魏惠王十六年　齐威王三年　19 岁

　　魏围赵都邯郸。秦攻取魏少梁。在邹，收徒讲学或在此时。

　　公元前 353 年　周显王十六年　秦孝公九年　魏惠王十七年　齐威王四年　20 岁

　　齐救赵，孙膑为军师，败魏于桂陵。魏拔邯郸。在邹，聚徒讲学。

　　公元前 352 年　周显王十七年　秦孝公十年　魏惠王十八年　齐威王五年　21 岁

　　卫鞅任秦大良造，将兵攻取魏安邑。在邹，聚徒讲学。

　　公元前 351 年　周显王十八年　秦孝公十一年　魏惠王十九年　齐威王六年　22 岁

　　秦围取魏固阳。魏还邯郸于赵，两国盟于漳水。在邹，聚徒讲学。

　　公元前 350 年　周显王十九年　秦孝公十二年　魏惠王二十年　齐威王七年　23 岁

　　齐筑长城。卫鞅在秦第二次变法，徙都咸阳，实行县制，"废井田，开阡陌"。在邹，聚徒讲学。

　　公元前 349 年　周显王二十年　秦孝公十三年　魏惠王二十一年　齐威王八年　24 岁

　　在邹，聚徒讲学。

公元前 348 年　周显王二十一年　秦孝公十四年　魏惠王二十二年　齐威王九年　25 岁

秦"初为赋"。在邹，聚徒讲学。

公元前 347 年　周显王二十二年　秦孝公十五年　魏惠王二十三年　齐威王十年　26 岁

齐威王励精图治，厚招文学游说之士。孟子第一次由邹入齐，为稷下先生，与匡章交游。

公元前 346 年　周显王二十三年　秦孝公十六年　魏惠王二十四年　齐威王十一年　27 岁

在齐稷下学宫。

公元前 345 年　周显王二十四年　秦孝公十七年　魏惠王二十五年　齐威王十二年　28 岁

魏败韩于马陵。在齐稷下学宫。

公元前 344 年　周显王二十五年　秦孝公十八年　魏惠王二十六年　齐威王十三年　29 岁

魏惠王始称王。秦孝公会诸侯于京师。在齐稷下学宫，被淳于髡讥讽，与之进行"礼"的辩论。

公元前 343 年　周显王二十六年　秦孝公十九年　魏惠王二十七年　齐威王十四年　30 岁

齐魏马陵之战，齐田忌用孙膑计，大破魏军，庞涓自杀，魏太子申被俘。在齐稷下学宫，不受重用，被齐人讥讽，孟子以"我无官守，我无言责"自解。

公元前 342 年　周显王二十七年　秦孝公二十年　魏惠王二十八年　齐威王十五年　31 岁

商鞅帅秦兵伐魏，俘公子卬。在齐稷下学宫。

公元前 341 年　周显王二十八年　秦孝公二十一年　魏惠王二十九年　齐威王十六年　32 岁

在齐稷下学宫。

公元前 340 年　周显王二十九年　秦孝公二十二年　魏惠王三十年　齐威王十七年　33 岁

秦封卫鞅于商于，号商鞅。在齐稷下学宫。

公元前 339 年　周显王三十年　秦孝公二十三年　魏惠王三十一年　齐威王十八年　34 岁

在齐稷下学宫。

公元前 338 年　周显王三十一年　秦孝公二十四年　魏惠王三十二年　齐威王十九年　35 岁

秦孝公卒，商鞅遭车裂而死。秦败魏于岸门，俘魏将错。在齐稷下学宫。

公元前 337 年　周显王三十二年　秦惠文王一年　魏惠王三十三年　齐威王二十年　36 岁

申不害卒。在齐稷下学宫。

公元前 336 年　周显王三十三年　秦惠文王二年　魏惠王三十四年　齐威王二十一年　37 岁

秦"初行钱"。在齐稷下学宫。大概在此前后，孟子获得"客卿"的地位。

公元前 335 年　周显王三十四年　秦惠文王三年　魏惠王三十五年　齐威王二十二年　38 岁

秦攻取韩宜阳。与孟子交好的匡章为齐将，败秦。魏惠王与齐威王徐州相王。惠王改元。在齐稷下学宫。

公元前 334 年　周显王三十五年　秦惠文王四年　魏惠王后元一年　齐威王二十三年　39 岁

楚灭越。在齐稷下学宫。

公元前 333 年　周显王三十六年　秦惠文王五年　魏惠王后元二年　齐威王二十四年　40 岁

秦惠王用魏人公孙衍为大良造。在齐稷下学宫。

公元前 332 年　周显王三十七年　秦惠文王六年　魏惠王后元三

年　齐威王二十五年　41 岁

在齐稷下学宫。

公元前 331 年周显王三十八年　秦惠文王七年　魏惠王后元四年　齐威王二十六年　42 岁

秦败魏，俘其将龙贾，斩首 8 万。在齐稷下学宫。

公元前 330 年周显王三十九年　秦惠文王八年　魏惠王后元五年　齐威王二十七年　43 岁

秦败魏，俘其将龙且，魏献河西之地于秦。在齐稷下学宫。

公元前 329 年　周显王四十年　秦惠文王九年　魏惠王后元六年　齐威王二十八年　44 岁

秦渡河取魏汾阴、皮氏、焦等地。在齐稷下学宫。

公元前 328 年　周显王四十一年　秦惠文王十年　魏惠王后元七年　齐威王二十九年　45 岁

秦始设相邦，以倡连横之议的张仪为相。魏献上郡 15 县赂秦。在齐稷下学宫。

公元前 327 年　周显王四十二年　秦惠文王十一年　魏惠王后元八年　齐威王三十年　46 岁

母病逝，奉灵柩归鲁，以卿大夫之礼葬母，后来这里形成了孟母林（在今之曲阜凫村）。

公元前 326 年　周显王四十三年　秦惠文王十二年　魏惠王后元九年　齐威王三十一年　47 岁

韩宣王始称王。在鲁守丧。

公元前 325 年　周显王四十四年　秦惠文王十三年　魏惠王后元十年　齐威王三十二年　48 岁

秦惠文均称王。燕易王称王。荀子自赵至齐游学（据钱穆考证）。在鲁守丧。

公元前 324 年　周显王四十五年　秦惠文王更元一年　魏惠王后元十一年　齐威王三十三年　49 岁

魏惠王与齐威王会于平阿。三年之丧毕，孟子返齐。

公元前 323 年　周显王四十六年　秦惠文王更元二年　魏惠王后元十二年　齐威王三十四年　50 岁

魏惠王与齐威王会于甄。公孙衍约魏、赵、韩、燕、中山"五国相王"。

此时稷下学宫衰落，孟子见齐威王难以实现其"仁政"主张，又闻宋国将"仁政"，故离齐奔宋。在宋，与宋大夫戴盈之论"废关市之征"，行什一税；对戴不胜哀叹宋王周围"贤人"太少。

滕文公过宋见孟子，孟子与之"道性善，言必称尧舜"。

与宋勾践论游说之道。

受宋王七十镒馈赠离宋，过薛，又受赠五十镒。

归邹，正值邹、鲁冲突，答邹穆公问。与屋庐子讨论"礼与食孰重"，至任见任季。

与曹交论"人皆可以为尧舜"。

滕文公派然友至邹问葬礼，答三年之丧。

公元前 322 年　周显王四十七年　秦惠文王更元三年　魏惠王后元十三年　齐威王三十五年　51 岁

张仪为魏相。秦攻魏曲沃、平周。齐国封田婴于薛，十月城薛。

鲁平公初即位，用孟子弟子乐正克为政，孟子至鲁，希望见鲁侯，遭臧仓阻挠未果，归邹。归邹前曾与浩生不害论"乐正子何人也"，并反对鲁使兵家慎子为将。

归邹后，于十月前之滕，"馆于上宫"。与滕文公详论"仁政"、"井田"、"什一之税"以及"小国事大国"等主张。

公元前 321 年　周显王四十八年　秦惠文王更元四年　魏惠王后元十四年　齐威王三十六年　52 岁

在滕，与农家许行之徒陈相辩论劳心劳力问题。答公孙丑"不耕而食"之问。滕更学于孟子，挟贵而问。

公元前 320 年　周慎靓王元年　秦惠文王更元五年　魏惠王后元十五

年　齐威王三十七年　53 岁

齐威王卒。

离滕赴大梁（今开封）。与梁惠王对话，谈仁义与利。与景春对话，讥公孙衍、张仪为"妾妇之道"。与白圭论税收问题。与周宵论君子之仕。

公元前 319 年　周慎靓王二年　秦惠文王更元六年　魏惠王后元十六年　齐宣王一年　54 岁

魏惠王卒，张仪被驱出魏国，公孙衍任魏相。

孟子与梁襄王论"天下何乎定?"因不满梁襄王，离魏赴齐，经平陆时，与大夫孔距心辩论。至临淄，与齐宣王对话，论"仁政"。

公元前 318 年　周慎靓王三年　秦惠文王更元七年　魏襄王一年　齐宣王二年　55 岁

宋王偃自立为王。魏、赵、韩、楚、燕五国合纵攻秦，败。燕王哈让国子之。

孟子继续与齐宣王论政。与弟子公孙丑论"四十不动心"和"养浩然之气"。

公元前 317 年　周慎靓王四年　秦惠文王更元八年　魏襄王二年　齐宣王三年　56 岁

秦败三晋联军于修鱼，张仪复相秦。滕文公卒。孟子由齐吊滕文公丧。乐正子赴齐。孟子与匡章对话。

公元前 316 年　周慎靓王五年　秦惠文王更元九年　魏襄王三年　齐宣王四年　57 岁

秦派司马错伐蜀，蜀亡。

孟子论伐燕，认为"燕可伐"。

公元前 315 年　周慎靓王六年　秦惠文王更元十年　魏襄王四年　齐宣王五年　58 岁

齐派匡章率师伐燕。燕内乱。孟子在齐，为齐宣王筹谋伐燕。

公元前 314 年　周赧王一年　秦惠文王更元十一年　魏襄王五年　齐宣王六年　59 岁

匡章下燕都，杀燕王哙和子之，燕昭王立。秦攻韩、魏、义渠。

孟子在齐，对燕策略，建议"置君而后去"。

公元前 313 年　周赧王二年　秦惠文王更元十二年　魏襄王六年　齐宣王七年　60 岁

秦攻赵，俘赵将赵庄。张仪至楚，实施连横战略。

齐宣王召孟子，孟子称病不朝。

公元前 312 年　周赧王三年　秦惠文王更元十三年　魏襄王七年　齐宣王八年　61 岁

秦大败楚军于丹阳，取汉中；再败楚军于蓝田。

孟子拒绝万钟的俸禄，离开齐国。与陈子论"君子之仕"。归邹。

公元前 311 年　周赧王四年　秦惠文王更元十四年　魏襄王八年　齐宣王九年　62 岁

秦伐楚，取照陵。合纵、连横激烈斗争。

孟子在邹，讲学和著述。

公元前 310 年　周赧王五年　秦武王一年　魏襄王九年　齐宣王十年　63 岁

惠施约卒于是年。

孟子在邹，讲学和著述。

公元前 309 年　周赧王六年　秦武王二年　魏襄王十年　齐宣王十一年　64 岁

秦初置丞相，张仪卒。

孟子在邹，讲学和著述。

公元前 308 年　周赧王七年　秦武王三年　魏襄王十一年　齐宣王十二年　65 岁

秦取韩宜阳。孟子在邹，讲学和著述。

公元前 307 年　周赧王八年　秦武王四年　魏襄王十二年　齐宣王十三年　66 岁

赵武灵王"胡服骑射"。孟子在邹，讲学和著述。

公元前 306 年　周赧王九年　秦昭王一年　魏襄王十三年　齐宣王十四年　67 岁

楚灭越，赵攻中山。孟子在邹，讲学和著述。

公元前 305 年　周赧王十年　秦昭王二年　魏襄王十四年　齐宣王十五年　68 岁

秦内乱，赵攻中山，中山献四邑以和。孟子在邹，讲学和著述。

公元前 304 年　周赧王十一年　秦昭王三年　魏襄王十五年　齐宣王十六年　69 岁

秦楚盟于黄棘。孟子在邹，讲学和著述。

公元前 303 年　周赧王十二年　秦昭王四年　魏襄王十六年　齐宣王十七年　70 岁

秦攻韩、魏。孟子在邹，讲学和著述。

公元前 302 年　周赧王十三年　秦昭王五年　魏襄王十七年　齐宣王十八年　71 岁

秦、韩、魏会于临晋。孟子在邹，讲学和著述。

公元前 301 年　周赧王十四年　秦昭王六年　魏襄王十八年　齐宣王十九年　72 岁

齐、魏、韩大败楚军于垂沙，楚庄蹻起义。孟子在邹，讲学和著述。

公元前 300 年　周赧王十五年　秦昭王七年　魏襄王十九年　齐湣王一年　73 岁

孟尝君田文专齐国之政。孟子在邹，讲学和著述。

公元前 299 年　周赧王十六年　秦昭王八年　魏襄王二十年　齐湣王二年　74 岁

楚怀王入秦被扣。孟尝君入秦为相。

公元前 298 年　周赧王十七年　秦昭王九年　魏襄王二十一年　齐湣王三年　75 岁

孟尝君由秦回齐。齐、魏、韩联军败秦于函谷关。孟子在邹，讲学和著述。

公元前 297 年　周赧王十八年　秦昭王十年　魏襄王二十二年　齐湣王四年　76 岁

齐、魏、韩联军再攻秦。孟子在邹，讲学和著述。

公元前 296 年　周赧王十九年　秦昭王十一年　魏襄王二十三年　齐湣王五年　77 岁

齐、魏、韩联军攻入秦函谷关。赵灭中山。燕昭王以乐毅为亚卿。楚怀王卒于秦。孟子在邹，讲学和著述。

公元前 295 年　周赧王二十年　秦昭王十二年　魏昭王一年　齐湣王六年　78 岁

魏冉为秦相。孟子在邹，讲学和著述。

公元前 294 年　周赧王二十一年　秦昭王十三年　魏昭王二年　齐湣王七年　79 岁

魏昭王以孟尝君为相。燕昭王派苏秦入齐说齐湣王伐宋。孟子在邹，讲学和著述。

公元前 293 年　周赧王二十二年　秦昭王十四年　魏昭王三年　齐湣王八年　80 岁

秦将白起败韩、魏于伊阙，斩首二十四万。齐攻宋。孟子在邹，讲学和著述。

公元前 292 年　周赧王二十三年　秦昭王十五年　魏昭王四年　齐湣王九年　81 岁

秦将白起攻魏取垣。孟子在邹，讲学和著述。

公元前 291 年　周赧王二十四年　秦昭王十六年　魏昭王五年　齐湣王十年　82 岁

秦将白起攻韩取宛。秦将司马错攻魏取轵，攻韩取邓。孟子在邹，讲学和著述。

公元前 290 年　周赧王二十五年　秦昭王十七年　魏昭王六年　齐湣王十一年　83 岁

魏献河东地四百里于秦，韩献武遂地二百里于秦。孟子在邹，讲学和著述。

公元前 289 年　周赧王二十六年　秦昭王十八年　魏昭王七年　齐湣王十二年　84 岁

秦攻魏，取城六十一座。孟子卒于邹。

孟子虚龄 84 岁，实龄 83 岁。

后　记

　　孟子是中国思想史，尤其是中国儒学史上的巨擘。如果说因为有了孔子而促成儒学的诞生，那么，应该说因为有了孟子而使儒学立下了更牢固的根基。再进一步说，因为有了荀子而使儒学成为深固不摇的参天大树。他们是使儒学在世界思想文化史上永远巍然挺立的鼎足而三的无可替代的伟大人物。因为他们创造了中国传统思想文化的元典，为中华民族构筑了具有永恒魅力的精神家园，从而使中华文明占领了与世界任何文明都能进行对话的制高点。孟子是中国历代各种著作中提及频率最高的人物之一，仅收录《四库全书》的著作中，就有15000卷左右出现他的名字。《孟子》一书也译成拉丁、英、日、德、法、俄、意、朝、越、西班牙、阿拉伯等数十种文字在世界各地传播。孟子显然是屈指可数的世界顶尖级的伟人，为我们民族赢得了巨大的荣誉。

　　多年来，为孟子撰写一部传记的愿望一直萦绕心怀。这倒不是因为自己忝列孟子后裔，而是因为他的思想和人格魅力时时使自己激动不已。尽管海内外已有数以十计的孟子传记著作问世，我仍然愿意将自己对孟子的认识和理解贡献给读者：因为我对孟子的认识和理解与前贤还有同中之异。

　　写作本书主要依据的文献是《孟子》。在中国，孟子其人其书虽然家喻户晓，但对一般读者而言，直接理解《孟子》一书的原文还有困难，所以我在尽量引据原文的同时，也将原文译成现代汉语。《孟子》的现代汉语译本不下十数种，这些译文除个别地方略有差异外，绝大部分都相同或雷同。其中最权威的译本当属杨伯峻先生的《孟子译注》，我的译文主要参考了他的这本著作，在此特地说明并向先生致以崇高敬意！

本书是在 2013 年出版的《孟子传》的基础上增益修改而成。此次再版增加了"怒斥纵横""王权法据"和"孟学之史"三章，字数增加三分之一以上。纵横策士是春秋战国特别是战国时期政坛上极其活跃的一个群体，在司马谈《论六家要旨》中被列为六家之一，司马迁在《史记》中为之列数个专传翔实记载其事功。他们中的最著名代表人物苏秦、张仪尽管与孟子没有交集，但孟子却是他们最激烈的批判者。单设一章记述其纵横捭阖的权术和孟子对他们的批判，可以展示儒家与纵横策士的纠结和不同的价值理想。君权合法性一直是中国古代思想家关注的论题，而孟子是对此一问题论述最为充分和对后世影响最大的儒学大师。单列一章突出孟子的观点似有必要。孟子身后，思想学术界对他及其著作的关注和研究几乎与历史的前进成正比，形成了内容颇为丰富而深邃的孟学之史，对此加以简介，对读者了解孟子及其思想在后世的影响或有裨益。

今年是孔子诞辰 2573 年，逝世 2500 年；是孟子诞辰 2393 年，逝世 2309 年。作为中国儒学史上的双子星座，他们的思想以孔孟之道沾溉中国社会已经超过 2000 年。记载他们思想和事功的《论语》与《孟子》作为中国传统思想文化的元典，不仅传遍中国的每一个角落，而且广被世界各国的思想和文化界，继续为中华民族赢得巨大的荣誉。他们的名字和著作，在一定意义上成为中国传统思想文化的硕大符号，愈来愈展示光芒四射的无穷魅力。

作为学习和研究传统中国思想文化的史学工作者，随着年龄的增长和阅历的积累，愈益增加对传统中国思想文化的痴迷和钟爱之情。此前，我为中国少年儿童出版社撰写了《世界大人物传·孔子》《中国人物故事全书·古代部分·思想家卷》，在人民出版社、中国社会科学出版社、齐鲁书社、上海古籍出版社出版了《先秦人物和思想散论》《山东思想文化史》《齐鲁思想文化史》《秦汉政治思想史》《孔子新传》《孟子传》等著作。

今后，我更想在有生之年为那些贡献中国传统思想文化元典的巨擘们撰写一批思想学术传记，深入开掘和诠释这些伟人在构建优秀传统思想文化和民族精神方面的卓越贡献。如果这些著作能够对青年读者了解和认识中国传统思想文化发挥一点助益，那就是我最期待的回报。

　　在本书撰写过程中，人民出版社编审王萍女士、齐鲁书社总编刘玉林先生提供了不少切中肯綮的修改意见，山东大学易学研究中心的刘保贞教授帮助核对了部分资料。在本书即将付梓之际，谨对他们的辛劳表示衷心感谢！

孟祥才

2021 年 6 月 30 日于山东大学兴隆山寓所